Abenteuer ETHIK neu 1

Berlin

Bearbeitet von Birgit Danderski, Jörg Freier, Sophia Gerber, Melanie Heise, Nora Held und Angelika Rzehak mit Beiträgen von Jörg Peters, Bernd Rolf, Rita Sandbrink und Monika Sänger

C.C.BUCHNER

Abenteuer Ethik Berlin neu
Unterrichtswerk für Ethik in der Sekundarstufe I

Abenteuer Ethik 1
Bearbeitet von Birgit Danderski, Jörg Freier, Sophia Gerber, Melanie Heise, Nora Held und Angelika Rzehak mit Beiträgen von Jörg Peters, Bernd Rolf, Rita Sandbrink und Monika Sänger

Geeignet für die Niveaustufen D bis F

1. Auflage, 2. Druck 2017
Alle Drucke dieser Auflage sind, weil untereinander unverändert, nebeneinander benutzbar.

Dieses Werk folgt der reformierten Rechtschreibung und Zeichensetzung. Ausnahmen bilden Texte, bei denen künstlerische, philologische oder lizenzrechtliche Gründe einer Änderung entgegenstehen.

Die Mediencodes enthalten ausschließlich optionale Unterrichtsmaterialien. Auf verschiedenen Seiten dieses Buches finden sich Verweise (Links) auf Internetadressen. Haftungshinweis: Trotz sorgfältiger inhaltlicher Kontrolle wird die Haftung für die Inhalte externer Seiten ausgeschlossen.

Layout und Satz: HOCHVIER GmbH & Co. KG, Bamberg
Illustrationen: Bettina Kumpe, Braunschweig
Umschlag: HOCHVIER GmbH & Co. KG, Bamberg
Druck und Bindung: creo Druck & Medienservice GmbH, Bamberg

www.ccbuchner.de

ISBN: 978-3-661-**20081**-1

Jedes große Kapitel hat eine eigene Kapitelfarbe und beginnt mit einer farbigen Auftaktseite. Auf der Auftaktseite findest du Bilder oder Texte und Aufgaben, die dich auf das Thema des Kapitels einstimmen.
Ganz oben auf jeder Seite findest du die Titel des Kapitels und des Unterkapitels. So weißt du immer, wo du dich gerade befindest. Die Themen eines Kapitels sind immer auf Doppelseiten aufbereitet. Es gibt Doppelseiten, die dich auffordern, etwas zu tun – alleine oder mit anderen –, andere wiederum zeigen dir, wie du richtig nachdenken, fragen und diskutieren lernst. Dann gibt es Doppelseiten, die dich mit schon recht anspruchsvollen Texten vertraut machen, die du sorgfältig lesen und über die du nachdenken musst. Jede Doppelseite stellt dir jeweils eine Frage. Am Ende der Unterrichtseinheit wirst du über die Frage dann nachgedacht, sie mit deinen Mitschülerinnen und Mitschülern diskutiert und eine Antwort gefunden haben.

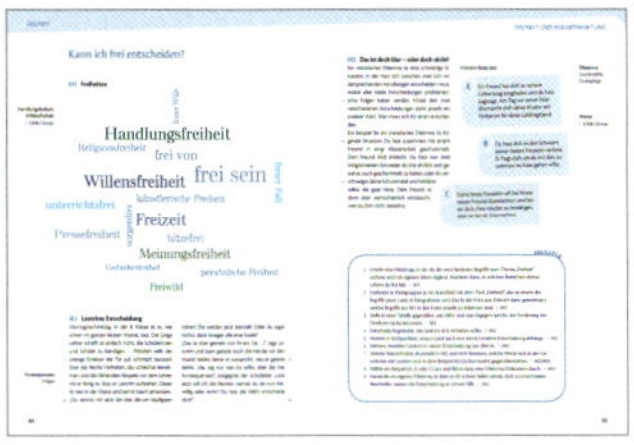

Auf jeder Doppelseite findest du ganz verschiedene Materialien, die farbig mit einem **M** gekennzeichnet und nummeriert sind. Das können Texte aus Büchern, aber auch Zeitungsartikel oder Cartoons und Bilder sein. In der Randspalte sind schwierige Wörter und Begriffe kurz erklärt. Mitunter findest du dort auch einen TIPP zu einem Internetlink, einem Buch oder Film, dem du nachgehen kannst.
Zu jedem Material gibt es eine oder mehrere Aufgaben, die du immer in einem Aufgabenblock auf der rechten Seite findest. Am Ende der Aufgabenstellung zeigen dir kurze Hinweise (> M), welches Material oder welche Materialien du für die Bearbeitung der Aufgabe heranziehen solltest. Gelegentlich ist es zur Beantwortung hilfreich, sich in Erinnerung zu rufen, was du bereits an anderer Stelle gelernt hast. Hierzu gibt es dann Hinweise in Klammern. Aufgaben, die etwas kniffliger sind oder mehr Zeit zur Bearbeitung erfordern wie z. B. Projektaufgaben, erkennst du an dem Logo *plus*.

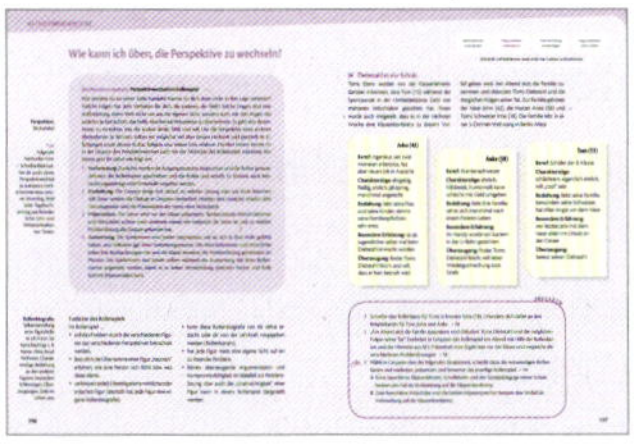

Auf den farblich unterlegten Methodenseiten wird in jedem Kapitel eine für den Ethik-Unterricht besonders wichtige Methodenkompetenz vorgestellt. Jede dieser Seiten bietet dir zunächst ein Beispiel, wie die Methode funktioniert und angewandt wird. An einem weiteren Material kannst du die Methode dann selbst anwenden und üben.

Der Glossar-Hinweis (> Ethik-Glossar) in der Randspalte macht auf ein Wörterverzeichnis am Ende des Buches aufmerksam, in dem du die genannten Begriffe – in der Regel handelt es sich um wichtige ethische Begriffe und bedeutende Philosophinnen und Philosophen – nachschlagen kannst. Am Ende des Buches kannst du auch verschiedene Methoden noch einmal nachlesen, die du für die Bearbeitung von einzelnen Aufgaben benötigst.

Am Ende eines Kapitels auf den Seiten „Was wir wissen – was wir können" kannst du alles Erlernte noch einmal anhand eines Materials, zu dem verschiedene Aufgaben gestellt werden, üben und dein Können testen. Mit einer Selbstdiagnosetabelle kannst du beurteilen, wie gut du die im Kapitel vermittelten Inhalte und Kompetenzen beherrschst. Mithilfe von Mediencodes (QR-Codes oder Internetcodes) gelangst du entweder direkt (QR-Code ⟷ Smartphone) oder über das Suchfeld der Verlagshomepage www.ccbuchner.de zu der Selbstdiagnosetabelle im Internet und kannst sie dir als Arbeitsblatt herunterladen.

Ethik und Philosophie

Identität und Rolle

Freiheit und Verantwortung

Recht und Gerechtigkeit

Mensch und Gemeinschaft

Handeln und Moral

Wissen und Glauben

Welche Fragen stellen wir uns im Fach Ethik?

Was ist eine gute Freundin ?

Was ist gerecht ?

Wer bin ich ? Was macht mich einmalig ?

Wie frei bin ich ? Welche Pflichten habe ich ? Darf ich einen Jungen im Rollstuhl doof finden ?

Was macht mein Leben sinnvoll ? Woran glaube ich ? Warum müssen wir sterben ?

Muss ich immer die Wahrheit sagen ? Was ist der Mensch ? Was soll ich tun ?

Was kann ich wissen ? Wofür fühle ich mich verantwortlich ? Was bedeutet Toleranz für mich ?

Warum habe ich überhaupt ein schlechtes Gewissen ?

Wie sieht für mich eine gerechte Schule aus ?

Ethik und Philosophie

AUFGABEN

1 Formuliert in Gruppenarbeit Überschriften zu einzelnen Szenen im Bild. Beschreibt eine dieser Szenen. Beachtet dabei, in welchem Verhältnis die Personen zueinander stehen.

2 Nennt Fragen, auf welche die Kinder und Jugendlichen in eurer Szene (siehe Aufgabe 1) eine Antwort suchen könnten. Unterscheidet Fragen, auf die es befriedigende Antworten gibt, und Fragen, auf die es eher keine befriedigenden Antworten gibt.

3 Formuliert Fragen, zu denen ihr noch keine befriedigende Antwort habt und vielleicht durch langes Nachdenken eine Antwort finden könnt.

4 Ordnet die Fragen dieser Seite den Themenfeldern des Fachs Ethik (siehe S. 10, M3) zu und begründet eure Zuordnung.

Was lernen wir im Fach Ethik?

M1 E-Mail an Anna

reflektieren:
1. zurückstrahlen, spiegeln;
2. (über etwas) nachdenken, erwägen

Lukas hatte auf der neuen Schule seine erste Stunde im Fach Ethik. Nun löst er sein Versprechen ein und berichtet seiner älteren Schwester Anna in einer E-Mail, wie der Ethikunterricht ablief. Anna studiert Medizinethik und freut sich schon, Lukas aus der Ferne helfen zu können.

An: annaberlin1993@stud.uni-mainz.de
Kopie:
Betreff: Erste Ethikstunde

Liebe Anna,
eigentlich kann ich dir immer noch nicht sagen, was Ethikunterricht ist. Wir haben nur erzählt und zugehört. Als wir in den Raum kamen, standen alle Stühle in einem weiten Kreis. In der Mitte lagen farbige, große Fotos und Bilder.
Nachdem jeder auf einem dieser Stühle saß, bat uns die Lehrerin, ein Foto aus der Mitte herauszusuchen, welches uns besonders gefiel. Dieses sollten wir ohne zu sprechen mit zum Stuhl nehmen. Nacheinander zeigte jeder sein Bild und erzählte dazu, warum er dieses Bild gewählt hat. Dann war eigentlich die Stunde um. Die Lehrerin sagte nur noch, dass wir toll reflektiert hätten und gut gearbeitet haben.
Weißt du, was die Lehrerin meint? Kennst du Kinder, die gut in Ethik waren?
Jetzt ruft Vati, meine PC-Zeit ist um.
Liebe Grüße
Dein Lukas

M2 Die Ethik und mein gutes Leben

Interesse:
Begriff für das, woran jemandem sehr gelegen ist, worauf er seine Aufmerksamkeit richtet

Im Mittelpunkt der Ethik steht das Verhältnis des Menschen zu sich selbst, zur Mitwelt und zur Umwelt und damit die Frage: „Was ist ein gutes Leben und wie kann man es führen?" Die Ethik geht davon aus, dass alle Menschen ein grundlegendes Interesse daran haben, dass ihr Leben gelingt und dass sie das Recht haben, selbstständig und bewusst entscheiden zu können, was das eigene Leben zu einem guten, sinnvollen und wertvollen, kurz: zu einem gelingenden Leben macht.

M3 Themenfelder im Fach Ethik

- Wer bin ich? – Identität und Rolle
- Wie frei bin ich? – Freiheit und Verantwortung
- Was ist gerecht? – Recht und Gerechtigkeit
- Was ist der Mensch? – Mensch und Gemeinschaft
- Was soll ich tun? – Handeln und Moral
- Worauf kann ich vertrauen ? – Wissen und Glauben

M4 Was kann ich – soll ich – lernen?

Kompetenzen des Fachs Ethik:

Wahrnehmen und deuten – **Perspektiven einnehmen** – **Sich im Dialog verständigen** – **Argumentieren und urteilen**

Ethisch reflektieren und sich im Leben orientieren

M2-M4: Senatsverwaltung für Bildung, Jugend und Wissenschaft Berlin

Kompetenz: Fähigkeit, was jemand (gut) kann

M5 Kinder, die es drauf haben

- Achmed kann immer gut zuhören, wenn ein Kind in der Klasse Probleme hat. Er gibt einem das Gefühl, dass er die Sorgen des anderen versteht.
- Mara findet immer tolle Beispiele, um ihre Argumente zu begründen. Sie traut sich, ihren eigenen Standpunkt zu äußern und ihn verständlich zu machen.
- Hao ist ein super Streitschlichter. Dabei hilft er den Streithähnen, sich in die Rolle des anderen zu versetzen, um den anderen besser zu verstehen.
- Sascha ist oft die letzte Rettung in der Gruppenarbeit. Er kann die Ideen und Gedanken so gut aufschreiben, dass sie jeder gleich versteht.
- Pascal meldet sich nie im Ethikunterricht und macht kaum mit. Aber jeder in der Klasse weiß, dass er ein zuverlässiger und ehrlicher Freund ist und beim Fußballtraining der fairste Spieler.

AUFGABEN

1. Formuliere Sätze, in denen das Wort „reflektiert“ vorkommt. Vergleicht eure Sätze und bildet Gruppen von ähnlichen Sätzen. Diskutiert dann, in welcher Bedeutung die Lehrerin das Wort „reflektiert“ meinen könnte. > M1
2. Recherchiere im Internet Studiengänge und Ausbildungsrichtungen, die etwas mit Ethik zu tun haben. Erarbeitet gemeinsam eine Tabelle nach folgendem Schema: > M1

Studium / Beruf	Thema	Worüber wird reflektiert?
Biologie	Bioethik	Umgang des Menschen mit Natur und Tieren ...
...	...	...

3. Entwirf eine Antwortmail an Lukas und beantworte ihm seine Fragen. > M1/M2
4. Entscheide dich für ein Themenfeld. Nenne Filme, Bücher, Geschichten, Lieder oder eigene Erlebnisse, bei denen dieses Themenfeld im Mittelpunkt stand. Tragt eure Ergebnisse zusammen. > M3
5. Ordne Achmed, Mara, Hao und Sascha die Kompetenzen des Fachs Ethik zu. Schlage unbekannte Begriffe nach und begründe deine Zuordnung. > M4/M5
6. Bewerte die Leistung im Ethikunterricht von Pascal und begründe deine Bewertung. > M5

TIPP
Gebt in die Suchmaschine folgende Begriffe ein: Ethik – Studium – Modul oder Ethik – Beruf – Modul. Ihr könnt auch die Module weglassen und nur nach Studiengängen suchen.

Wie können wir uns besser verstehen?

M1 Was siehst du?

Ahmad, 4 Jahre

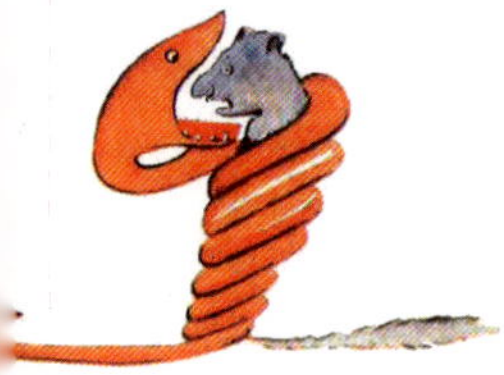

M2 Riesenschlange oder Hut?

Als ich sechs Jahre alt war, sah ich einmal in einem Buch über den Urwald, das „Erlebte Geschichten" hieß, ein prächtiges Bild. Es stellte eine Riesenschlange dar, wie sie ein Wildtier verschlang. In dem Buche hieß es: „Die Boas verschlingen ihre Beute als Ganzes, ohne sie zu zerbeißen. Daraufhin können sie sich nicht mehr rühren und schlafen sechs Monate, um zu verdauen." Ich habe damals viel über die Abenteuer des Dschungels nachgedacht, und ich vollendete mit einem Farbstift meine erste Zeichnung. Meine Zeichnung Nr. 1. So sah sie aus:

Ich habe den großen Leuten mein Meisterwerk gezeigt und sie gefragt, ob ihnen meine Zeichnung nicht angst mache. Sie haben mir geantwortet: „Warum sollen wir vor einem Hute Angst haben?" Meine Zeichnung stellte aber keinen Hut dar. Sie stellte eine Riesenschlange dar, die einen Elefanten verdaut. Ich habe dann das Innere der Boa gezeichnet, um es den großen Leuten deutlich zu machen. Sie brauchen ja immer Erklärungen. Hier meine Zeichnung Nr. 2:

Antoine de Saint-Exupéry: war von Beruf Pilot und gleichzeitig Schriftsteller (1900-1944). 1943 erschien sein bekanntestes Buch „Der kleine Prinz". Saint-Exupéry erzählt darin eine märchenhafte Geschichte von einem Flieger und einem kleinen Jungen von einem fernen Planeten. Auf vielen Seiten des Buches sind eigene Zeichnungen des Autors zu sehen.

Die großen Leute haben mir geraten, mit den Zeichnungen von offenen oder geschlossenen Riesenschlangen aufzuhören und mich mehr für Geografie, Geschichte, Rechnen und Grammatik zu interessieren. So kam es, dass ich eine großartige Laufbahn, die eines Malers nämlich, bereits im Alter von sechs Jahren aufgab. Der Misserfolg meiner Zeichnungen Nr. 1 und Nr. 2 hatte mir den Mut genommen. Die großen Leute verstehen nie etwas von selbst, und für die Kinder ist es zu anstrengend, ihnen immer und immer wieder erklären zu müssen. *Antoine de Saint-Exupéry*

M3 Das Ganze sehen

Jedes Mal, wenn du dich fragst, was man zu meiden oder was zu erstreben habe, richte deinen Blick auf das höchste Gut, als auf das eigentliche Ziel deines ganzen Lebens. Denn was wir auch vornehmen mögen, es muss mit diesem in Einklang stehen. Will man das Einzelne richtig anfassen, so muss einem schon der Endzweck des Lebens klar vor Augen stehen. Ein Maler mag alle Farben bereit haben; von einem Gelingen des Bildes kann doch nur dann die Rede sein, wenn er bestimmt weiß, *was* er malen will. Das ist die Hauptquelle unserer Fehler, dass wir alle bei unseren Entschließungen das Leben immer nur stückweise in Betracht ziehen, niemals das Ganze.

Seneca

Entschließungen: einen Entschluss fassen, sich entscheiden

Seneca
> Ethik-Glossar

M4 Das Glas ist voll leer

Verschiedene Menschen nehmen ein und dieselbe Tatsache oder Situation verschieden wahr und interpretieren sie auch unterschiedlich.

AUFGABEN

1 Beschreibt, was ihr auf den Bildern erkennt. > M1

2 Entwerft kleine Geschichten zu den Bildern. Vergleicht eure Ideen zu den Geschichten. Begründet anschließend, warum es wichtig ist, die Ideen anderer zu verstehen. > M1

plus 3 Präsentiert eigene Kinderzeichnungen, selbst gefertigte Figuren oder Basteleien, die euch etwas bedeuten. Begründet, warum sie euch wichtig sind. > M1

4 Erkläre dem Ich-Erzähler in einem Brief, warum manche Menschen seine Zeichnung nicht erkennen. Nenne Argumente, die ihm Mut machen könnten, wieder zu zeichnen. > M2

5 Sammelt Beispiele für Situationen, in denen Menschen einander nicht verstehen und nennt Gründe dafür. Welche möglichen Folgen haben solche Missverständnisse? > M2

6 Entwickelt gemeinsam Ideen, wie diese Missverständnisse beseitigt werden können. Welchen Beitrag kann dabei das Fach Ethik leisten? > M2

7 Arbeitet die Ratschläge aus dem Brief von Seneca an Lucilius heraus und vergleicht seine Ideen mit denen, die ihr in Aufgabe 6 genannt habt. > M3

8 Diskutiert, ob wir seine Ratschläge heute noch beherzigen sollten. > M3

9 Wer hat hier recht? Vergleicht eure Standpunkte und nennt Gründe für die unterschiedlichen Antworten. > M4

Ist die Moral nur eine alte Geschichte?

M1 Von der Weisheit Lehren

Also lautet ein Beschluss:
Dass der Mensch was lernen muss. –
– Nicht allein das A-B-C
Bringt den Menschen in die Höh';
Nicht allein im Schreiben, Lesen
Übt sich ein vernünftig Wesen;
Nicht allein in Rechnungssachen
Soll der Mensch sich Mühe machen;
Sondern auch der Weisheit Lehren
Muss man mit Vergnügen hören. –
Dass dies mit Verstand geschah,
War der Lehrer Lämpel da. –

Wilhelm Busch

Wilhelm Busch: Dichter und Zeichner (1832-1908), der durch seine humorvollen Bildergeschichten bekannt ist (z. B. „Max und Moritz").

M2 Das Bad am Samstagabend

Hier sieht man Bruder Franz und Fritzen
Zu zweit in einer Wanne sitzen.

Die alte Lene geht; – und gleich
Da treibt man lauter dummes Zeug. [...]

Die Wanne wird zu enge
Für dieses Kampfgedränge.

Perdatsch!! – Die alte, brave Lene
Kommt leider grad zu dieser Szene.

Sie spricht voll Würde und voll Schmerz:
„Die Reinlichkeit ist nicht zum Scherz!!“

Und die Moral von der Geschicht':
Bad zwei in einer Wanne nicht!

Wilhelm Busch

AUFGABEN

1 Beschreibe, wie du dir den Unterricht bei Lehrer Lämpel vorstellst. Vergleiche diesen mit deinen Erwartungen an den Ethikunterricht. > M1

2 Nenne Beispiele für „der Weisheit Lehren“, die in den Versen gemeint sein können. > M1

3 Ordne den Bildern der alten Moralgeschichte Gefühle zu, die diese Bilder auslösen. Erkläre, welchen Zweck diese Geschichten damals hatten. Nenne Medien und Beispiele aus heutiger Zeit, die einen ähnlichen Zweck erfüllen. > M2

4 Entscheidet in Gruppenarbeit, vor welchem moralischen Fehlverhalten ihr heute warnen würdet. > M2

plus **5** Übertrage „Das Bad am Samstagabend“ in unsere Zeit: Zeichne eine neue Bildergeschichte oder schreibe einen neuen Text. > M2

Moral
> Ethik-Glossar

Medien
> S. 80

Gibt es eine Regel für alle Menschen?

M1 Die Goldene Regel

Was du nicht willst,
dass man dir tu, das füg
auch keinem andern zu.
Sprichwort

Keiner von euch ist ein Gläubiger,
solange er nicht seinem Bruder wünscht,
was er sich selbst wünscht.
An-Nawawi, Kitab Al Ar-ba'in (Vierzig Hadithe), 13

Ein Begriff, der ein ganzes Leben lang als Richtschnur des Handelns dient, ist gegenseitige Rücksichtnahme: Was man mir nicht antun soll, will ich auch anderen Menschen nicht zufügen.
Konfuzius, Gespräche 15,23

Was dir selbst verhasst, das tue deinem Nächsten nicht an. Das ist die ganze Lehre der Thora, alles andere ist nur Kommentar.
Hillel, Talmud, Schabbat 31a

Verletze andere nicht auf
Wegen, die dir selbst als
verletzend erscheinen.
Buddha, Udanavarga 5,18

Alles, was ihr also
von anderen erwartet,
das tut auch ihnen!
Jesus, Neues Testament, Matthäus 7,12

Zitate (außer Sprichwort) nach Paul McKenna

M2 Wie funktioniert die Goldene Regel?

Herr Ibarra gibt eine Erklärung:

„Jedes Mal wenn du in einer bestimmten Situation Zweifel hast, ob du gerade gut oder schlecht handelst, musst du dich fragen, was die anderen in deiner Lage tun sollten, was du von ihnen erwarten würdest, so als ob es eine allgemeine Regel für diese besondere Situation geben würde."

[...]

„Um zu klären, ob du gut oder schlecht handelst, musst du dich fragen, wie du selbst behandelt werden möchtest; dann wirst du zugeben, dass du nicht bestohlen werden willst, dass die Versprechen gehalten werden sollen, die man dir gibt, dass dir geholfen werden soll, wenn du Hilfe brauchst, und so weiter. Und wenn du all das für dich selbst beanspruchst und du dir zugleich klarmachen kannst, dass es allen anderen genauso geht, dann heißt das, dass du auch willst, dass so zu handeln eine allgemeine Regel sei."

Ernst Tugendhat

M3 Wann gilt die Goldene Regel?

Wenn ich gute Freunde habe, werde ich mich zu ihnen wie ein guter Mensch verhalten. Aber weshalb sollten mich alle anderen Menschen interessieren? Im Umgang mit meinen Freunden benehme ich mich moralisch, aber gegenüber den übrigen Menschen macht es mir nichts aus, mich auch unmoralisch zu verhalten.

Sebastian

Ich glaube, wir müssen alle Menschen achten und dürfen keine solchen Unterschiede machen. Es stimmt, dass wir für unsere Freunde etwas Besonderes empfinden, aber das heißt nicht, dass wir nicht diejenigen, die wir nicht lieben oder die uns unsympathisch sind, nicht achten dürften.

Camilla

nach Ernst Tugendhat

AUFGABEN

1 Beschreibe das Bild. Erläutere, was es deiner Meinung nach zeigen soll. > M1

2 Informiere dich über die Herkunft der verschiedenen Formulierungen der Goldenen Regel. Schlage dazu die Namen nach oder recherchiere im Internet. > M1

3 Analysiere die Unterschiede und begründe, welche Formulierung dir am besten gefällt. > M1

plus 4 Ein Bild von dem Maler Norman Rockwell mit dem Titel „The Golden Rule" ist als Wandgemälde im Gebäude der Vereinten Nationen in New York zu sehen. Recherchiere das Bild und finde mögliche Gründe, warum es dort angebracht worden ist. > M1

5 Erkläre in eigenen Worten, wie die Goldene Regel funktioniert. Zeige anschließend an einem selbstgewählten Beispiel, wie man nach der Goldenen Regel handeln kann. > M2

6 Beurteile die Aussagen von Sebastian und Camilla zur Frage „Wann gilt die Goldene Regel?". Schreibe eine eigene Sprechblase. > M3

Vereinte Nationen: Die Vereinten Nationen sind ein Zusammenschluss von über 190 Staaten, der 1945 gegründet wurde. Zu den Aufgaben zählen die Sicherung des Weltfriedens und die Förderung der Zusammenarbeit der Staaten.

Was sind Normen?

M1 Alles geregelt?

Nur mit sauberen Schuhen betreten!

Halte die Umwelt sauber!

Grünflächen nicht betreten!

Halte gegebene Versprechen!

Trage beim Experimentieren eine Schutzbrille!

Du sollst nicht lügen!

No smoking!

Nimm regelmäßig am Unterricht teil!

M2 Welche Normen gibt es?

Normen
> Ethik-Glossar

Es ist nicht immer alles unbedingt erlaubt, was nicht verboten ist. Das liegt daran, dass es eine Vielzahl von Verhaltensregeln (= Normen) gibt.
Diese Normen lassen sich nach ihrer Herkunft in rechtliche und moralische Normen unterscheiden.
Rechtliche Normen: Ursprung ist das Recht, also die Gesetzgebung (z. B. Schulgesetz, Straßenverkehrsordnung, Strafgesetz usw.). Ein Verstoß gegen rechtliche Normen wird durch rechtliche Maßnahmen wie Bußgeld oder Haft bestraft. Da in verschiedenen Ländern unterschiedliches Recht gilt, sind auch die rechtlichen Normen zum Teil verschieden.
Moralische Normen resultieren aus Moralvorstellungen der Menschen. Ein Teil der moralischen Normen ist identisch mit den rechtlichen Normen (z. B. du sollst nicht töten), andere jedoch nicht (z. B. du sollst nicht lügen). Wer gegen moralische Normen verstößt, muss damit rechnen, dass er z. B. verachtet wird, dass niemand mehr mit ihm zu tun haben will, dass man ihm nicht mehr vertraut.
Daneben gibt es noch weitere Normen, die oft auch Konventionen genannt werden. Dies können Anstands- und Benimmregeln sein (sei höflich, benutze Messer und Gabel), aber auch Normen, die die Gesundheit betreffen (putze deine Zähne regelmäßig).

M3 Total normal

TIPP
Informationen zum Begriff „DIN“: www.din.de

- Denkst du eigentlich, das ist normal, so wie du dich verhältst?
- Der Brief entspricht leider nicht der Standardnorm; er ist wesentlich teurer.
- Normalerweise regnet es im April häufig, im Juli dagegen kaum in unseren Breiten.
- Die Entscheidung des Schiedsrichters im Endspiel verstieß gegen jede Norm.
- Die Heizplatte entspricht den Sicherheitsnormen.
- Das ist kein DIN-A4-Blatt.

M4 Die Besonderheit moralischer Normen

Normen sind Handlungsregeln; wo Normen sind, sprechen wir von einem Sollen. So sagen wir z. B. „Du sollst nicht töten". Der Vogel hingegen stößt den Warnschrei nicht aus, weil er es tun soll. Für den Vogel selbst gibt es hier gar kein „weil". Er tut es, weil er es tun muss. Der Unterschied besteht darin, dass die Menschen eben nicht so handeln müssen, wie sie handeln sollen. Sie sind in diesem Sinne frei: Sie können auch anders handeln, als sie sollen. Nicht alle Normen sind moralische Gebote. Auch eine Spielregel z. B. ist eine Norm, und es gibt viele andere Arten von Normen. [...] Wenn du wissen willst, um was für eine Norm es sich handelt, frag dich, was passiert, wenn man sich nicht an die Norm hält. Wenn du beim Schach oder beim Fußball gegen die Regeln, also gegen die Normen verstößt, werden die anderen nicht mehr mit dir spielen wollen. Das Besondere der moralischen Normen hingegen ist, dass die anderen, wenn du dagegen verstößt, mit Empörung reagieren.

Ernst Tugendhat

Empörung: Entrüstung, Aufgebrachtheit, von starken Gefühlen begleitete Verärgerung über etwas

M5 Aufgabe der Ethik

Die Ethik lehrt uns beurteilen, ob eine Handlung richtig ist oder falsch, natürlich oder gegen die Natur gerichtet, gut oder schlecht. Für die ethische Bewertung einer Handlung benötigen wir ein doppeltes Wissen: Zum einen müssen wir die menschliche Natur als den Maßstab unseres Verhaltens kennen. Das ist ein sehr allgemeines Wissen, das zu allgemeinen Verhaltensregeln führt wie „Mord ist schlecht" oder „Zu Freunden muss man stehen". Zum anderen müssen wir wissen, wie wir das Gesetz auf den Einzelfallanwenden. Darf ich zum Beispiel jemanden erschießen, der versucht, meine Mutter zu vergewaltigen? Soll ich weiter zu einem Freund halten, der ein Neonazi geworden ist? Wir müssen also wissen, ob etwas hier und jetzt, unter den gegebenen Umständen und in diesem Augenblick, gut oder schlecht ist.

Héctor Zagal/José Galindo

AUFGABEN

1 Vergleiche die Anweisungen auf den Schildern. Welche Lebensbereiche betreffen sie? > M1
2 Nenne und beschreibe die Einteilung für Normen. Erstelle dazu eine Tabelle. > M2
3 Ordne die Anweisungen den verschiedenen Normen zu. > M1/M2
4 Nenne Regeln, Richtlinien und Vorschriften, die dein tägliches Handeln bestimmen. Ordne diese den verschiedenen Normen zu. > M1/M2
5 Beschreibe die unterschiedlichen Bedeutungen von „Norm" in den Sätzen. > M3
6 Erläutere, was das Besondere an moralischen Normen ist. Formuliere dazu auch mögliche Gedanken einer Person, die mit Empörung auf einen Normenverstoß reagiert. > M4
7 Ethische Bewertungen sind nicht so einfach. Findet Beispiele, in denen eine allgemeine moralische Regel (z. B. du sollst nicht stehlen) nicht ohne Schwierigkeiten angewendet werden kann. > M4/M5

Sind uns allen die gleichen Werte wichtig?

Werte
> Ethik-Glossar

M1 Was sind unsere Werte?

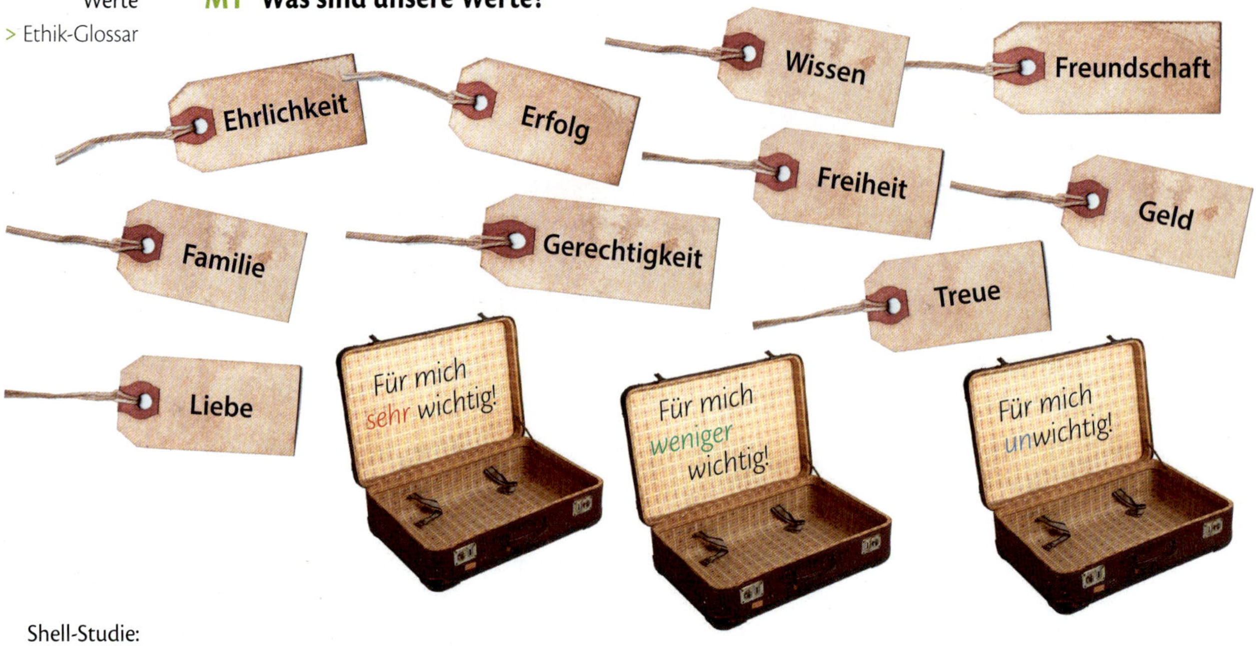

Shell-Studie: Hier werden regelmäßig alle paar Jahre Kinder, Jugendliche und junge Erwachsene im Alter zwischen 12 und 25 Jahren zu unterschiedlichen Bereichen ihres Lebens befragt. U. a. werden sie darüber befragt, welche Werte ihnen besonders wichtig sind.

hoher Lebensstandard: meint hier, dass jemand ein gutes Leben führen kann, sich seine alltäglichen Wünsche und Bedürfnisse erfüllen kann (reicht von Nahrung, Kleidung, Wohnung, ärztlicher Versorgung bis zu Hobbys etc.)

M2 Die Jugend und ihre Werte

Die Grafik zeigt das Ergebnis der Shell-Studie aus dem Jahr 2010 zum Thema „Werte".

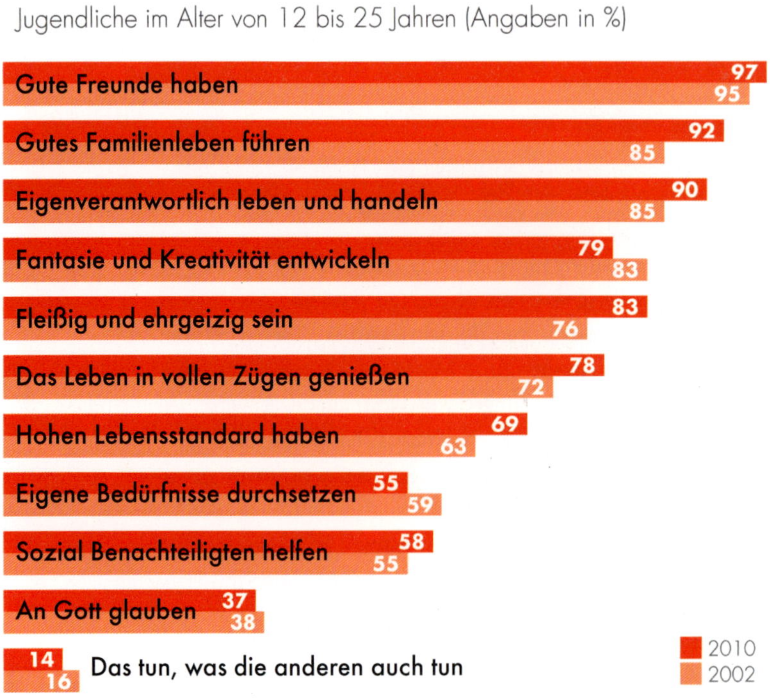

Quelle: 16. Shell Jugendstudie, Stand: 2010

M3 Werte erkennen

Das Wort „Wert“ hat viele Bedeutungen:

1. **Wert als Sache von größter Wichtigkeit:** Werte sind Dinge, die zählen, die wichtig sind. In diesem Sinne steht den Werten alles gegenüber, was trivial oder von geringer Wichtigkeit ist.
2. **Werte als Bewertung von etwas Erfreulichem:** Manchmal bewerten wir erfreuliche Ereignisse und stufen diese als etwas Wertvolles ein.
3. **Werte als Einstellungen:** Manchmal sagt man, dass wir unsere Werte durch gewisse Handlungen zeigen. Nehmen wir an, dass jemand meistens freundlich ist, man sagt dann, dass derjenige Freundlichkeit ausstrahlt. Genauso ist Herzlichkeit ein Wert oder Gastfreundschaft.
4. **Werte als Ideale:** Einige Leute verwenden das Wort „Werte“ und meinen „Ideale“. Ein Ideal ist eine Form der Vollkommenheit, nach der der Mensch strebt.

nach Matthew Lipman

trivial: von geringer Bedeutung, alltäglich, gewöhnlich

M4 Moralische Werte

Werte sind materielle oder geistige Güter, die zur Befriedigung der Bedürfnisse oder Erfüllung von Wünschen dienen. Wenn moralische Werte zu Richtlinien gemacht werden, erhalten sie einen verbindlichen Charakter, d. h. sie gelten dann unabhängig von unseren persönlichen Vorlieben und Wünschen. Unser moralisches Verhalten sollte sich danach richten. Darum sind sie auch inhaltlich in unseren moralischen Regeln und Normen enthalten:

Werte geben ein Ziel, eine Einstellung an:	Normen sagen, wie wir handeln sollen:
Gerechtigkeit	Du sollst jeden gleich behandeln.
Ehrlichkeit	Du sollst nicht lügen.
Leben	Du sollst nicht töten.

materielle Güter: Sachgüter, körperliche Gegenstände (im Gegensatz zu geistigen Gütern, die nicht körperlich sind)

AUFGABEN

1 Ordne die zehn Kofferanhänger den Koffern zu. Nenne weitere Werte, die dir wichtig sind. > M1

2 Bringe die Werte, die dir wichtig sind, in eine Rangfolge. > M1

3 Vergleicht eure Wertelisten und erstellt eine Klassen-Rangliste. > M1

4 Beschreibe die Grafik und werte diese aus. Schreibe über die Ergebnisse der Shell-Studie einen kurzen Artikel für die Schülerzeitung. Gib der Grafik bzw. deinem Artikel einen passenden Titel. > M2

5 Vergleicht eure Rangliste aus Aufgabe 3 mit den Ergebnissen der Shell-Studie. Wo gibt es Gemeinsamkeiten, wo Unterschiede? > M1/M2

6 Nenne weitere Werte, die sich durch Handlungen zeigen (z. B. Handlung: „großzügig einladen“ → Wert: Gastfreundschaft). > M3

7 Formuliere Sätze mit passenden Idealen. Beispiel: Überall herrscht Verlogenheit; wir müssen nach (dem Ideal) Wahrheit streben. > M3

8 Diskutiert, ob es Werte gibt, die jedem wichtig sind. Begründet eure Meinung. > M4

Wie kann ich „sein“ und „sollen“ unterscheiden?

Erhebung: Nachforschung, Umfrage

Normen > Ethik-Glossar

Methodenkompetenz: **Normative und deskriptive Aussagen unterscheiden**

In unserem alltäglichen Sprachgebrauch fällen wir ständig Urteile über Tatsachen, Dinge, Menschen, Situationen, ohne viel darüber nachzudenken. Dabei ist es ein grundlegender Unterschied, ob wir sie nur beschreiben oder auch beurteilen und bewerten. Wir unterscheiden also:

- **Deskriptive Aussagen:** Mit deskriptiven Aussagen informierst du über einen realen, also wirklich existierenden Zustand (IST-Zustand). Du beschreibst, möglichst ohne Wertung, *wie etwas ist.* Das kann auch das Ergebnis einer Umfrage oder einer wissenschaftlichen Versuchsreihe sein. Du kannst dich dabei auf Statistiken, Erhebungen, Beobachtungen oder andere Tatsachen beziehen.
- **Normative Aussagen:** Normative Aussagen sollen Personen zu einem bestimmten Handeln bewegen, schreiben etwas vor oder bewerten einen Zustand. Normative Aussagen beinhalten, *wie etwas sein soll*, was moralisch falsch und moralisch richtig, gut oder böse ist (SOLL-Zustand). Normative Aussagen werden oft als Sätze (Normen) formuliert, die uns helfen sollen, gut und moralisch richtig zu handeln.

Normative und deskriptive Aussagen helfen dir beim guten Argumentieren und Begründen von Urteilen. Dabei musst du jedoch aufpassen, dass du nicht von dem, wie etwas ist, schlussfolgerst, wie etwas sein soll. Übe, beides voneinander zu unterscheiden.

Unterscheide

Sachurteil = informativ, beschreibend, *deskriptiv*	Werturteil = bewertend, *normativ*
bezieht sich auf Tatsachen: Peter wohnt in Berlin.	**bezieht sich auf Normen:** Peter ist ein guter Freund.
Aussage = So ist es.	Forderung = So soll es sein.

M1 So ist es

- Viele Jungen schauen verlegen weg, wenn Mädchen ihnen sagen, dass sie sie nett finden.
- Die drei Freundinnen von Jolina tragen zu ihrem Geburtstag rote Kleider.
- Mehrere Jungen aus der Klasse hören der Lehrerin nicht zu und stören den Unterricht.
- Marten hat Tarik den Füller gestohlen und wurde dabei gesehen.
- In den Pausen unterhalten sich Jugendliche kaum noch miteinander, sondern starren auf ihr Handy.

Die Aussagen in M1 sind informativ bzw. beschreibend *(deskriptiv)*. Sie können wahr oder unwahr sein.

M2 So soll es sein

- Jungen sollten wegschauen, wenn sie von Mädchen angesprochen werden.
- Alle Mädchen sollen zu Geburtstagen rote Kleider tragen.
- Du sollst den Unterricht nicht stören und der Lehrerin zuhören.
- Du sollst nicht stehlen.
- Jugendliche sollen täglich nur eine Stunde mit dem Computer spielen.
- Schau mich an, wenn ich mit dir rede.
- Flüchtlinge soll man retten.

Die Aussagen in M2 sind bewertend *(normativ)*. Sie beinhalten, wie etwas sein soll, was moralisch falsch oder moralisch richtig ist.

M3 Normativ oder deskriptiv?

- Zur Freude der Rentner singen die Kinder der 8a im Pflegeheim.
- Gute Freunde müssen immer ehrlich zueinander sein.
- Du bist krank.
- Tür zu!
- Die Tür ist zu.
- Im Fernsehen werden die langen, guten Filme von Werbung unterbrochen.
- In guten langen Filmen soll drei Minuten Werbung laufen.
- Fahre stets auf der rechten Straßenseite.
- Alle Kinder schauen den Film.
- Um 21 Uhr müssen alle Kinder der 8. Klasse schlafen.

AUFGABEN

1 Beschreibe, wie man deskriptive Aussagen formulieren kann. > M1
2 Formuliere weitere deskriptive Aussagen. > M1
3 Entscheide, welchen Aussagen du zustimmen kannst, und begründe deine Entscheidung. > M2
4 Formuliere weitere normative Aussagen. > M2
5 Ordne die Aussagen danach, ob sie normativ oder deskriptiv sind. Erläutere, woran du das erkannt hast. > M3
plus 6 Begründe, warum es so wichtig ist, diese beiden Aussagetypen zu unterscheiden. > M1-M3

Wie sehen mich die anderen ?

Wolf-Rüdiger Marunde

Identität und Rolle

> Ich und die anderen
> Freundschaft
> Glück und gutes Leben

AUFGABEN

1 Beschreibe das Bild. Begründe, ob die Fragen der Tochter durch die Mutter beantwortet werden.

2 Schreibe in dein Heft weitere Sprech- oder Gedankenblasen mit Fragen, die du über dich selbst hast.

3 Führt in kleinen Gruppen ein Schreibgespräch zu einer selbst gewählten Frage aus Aufgabe 2 oder zu einer der folgenden Aussagen: 1. „Ich bin nicht wie die anderen", 2. „Freundschaften können manchmal ganz schön kompliziert sein", 3. „Zum Glücklichsein braucht man nicht viel".

Wer bin ich?

M1 Lust auf Entdeckungsreisen?

Quino, Mafalda

M2 Wer bist du?

Im Roman „Sofies Welt" von Jostein Gaarder erhält die 15-jährige Sofie Amundsen geheimnisvolle Briefe, die sie anregen, über sich selbst und ihr Verhältnis zur Welt nachzudenken.

Heute lag in dem großen grünen Briefkasten nur ein kleiner Brief – und der war für Sofie. „Sofie Amundsen", stand auf dem kleinen Briefumschlag. „Klovereien 3". Das war alles, kein Absender. Der Brief hatte nicht einmal eine Briefmarke. Sowie Sofie das Tor hinter sich geschlossen hatte, öffnete sie den Briefumschlag. Darin fand sie nur einen ziemlich kleinen Zettel, nicht größer als der dazugehörige Umschlag. Auf dem Zettel stand: Wer bist du? [...] Wenn sie das wüsste! Sie war natürlich Sofie Amundsen, aber wer war das? Das hatte sie noch nicht richtig herausgefunden. Wenn sie anders hieße? Anne Knutsen zum Beispiel. Wäre sie dann auch eine andere?

M3 Die Antwort des Spiegels

Nun sprang sie vom Hocker und ging mit dem seltsamen Brief in der Hand ins Badezimmer. Sie stellte sich vor den Spiegel und starrte sich in die Augen. „Ich bin Sofie Amundsen", sagte sie. Das Mädchen im Spiegel schnitt als Antwort nicht einmal die kleinste Grimasse. Egal, was Sofie auch machte, sie machte genau dasselbe. Sofie versuchte, dem Spiegelbild mit einer blitzschnellen Bewegung zuvorzukommen, aber die andere war genauso schnell. „Wer bist du?", fragte Sofie. Auch jetzt bekam sie keine Antwort, aber für einen kurzen Moment wusste sie einfach nicht, ob sie oder ihr Spiegelbild diese Frage gestellt hatte. Sofie drückte den Zeigefinger auf die Nase im Spiegel und sagte: „Du bist ich." Als sie keine Antwort bekam, stellte sie den Satz auf den Kopf und sagte: „Ich bin du."

M4 Selbst-Bewusstsein

Sofie Amundsen war mit ihrem Aussehen nie besonders zufrieden gewesen. Sie hörte oft, dass sie schöne Mandelaugen hätte, aber das sagten sie wohl nur, weil ihre Nase zu klein und ihr Mund etwas zu groß war. Die Ohren saßen außerdem viel zu nah an den Augen. Am schlimmsten aber waren die glatten Haare, die sich einfach nicht legen ließen. [...]

War es nicht ein bisschen komisch, dass sie nicht wusste, wer sie war? Und war es nicht auch eine Zumutung, dass sie nicht über ihr eigenes Aussehen bestimmen konnte? Das war ihr einfach in die Wiege gelegt worden. Ihre Freunde konnte sie vielleicht wählen, sich selber hatte sie aber nicht gewählt. Sie hatte sich nicht einmal dafür entschieden, ein Mensch zu sein. Was war ein Mensch? Sofie sah wieder das Mädchen im Spiegel an.

„Ich glaube, ich mache jetzt lieber meine Bio-Aufgaben", sagte sie. *M2-M4: Jostein Gaarder*

M5 Meine ganze Person

mein Kern	Selbstbewusstsein
meine 3. Hülle	meine Gedanken, Wünsche, Hoffnungen, Gefühle
meine 2. Hülle	meine Begabungen, Fertigkeiten, Wissen, Können
meine 1. Hülle	meine Körperhaltung, Gang, Gestik, Mimik, Stimme
meine Basis	mein Körper, Aussehen, Kleidung

Person, Selbstbewusstsein
> Ethik-Glossar

Gestik:
Bewegungen z. B. mit den Armen, mit denen viele Menschen bewusst oder unbewusst ihre mündlichen Äußerungen begleiten und verstärken

Mimik:
Gesichtsausdruck (vermittelt Gefühle und Stimmungen)

AUFGABEN

1 Stellt eine Ausrüstung für die Forschungsreise ins „Ich" zusammen (z. B. Fotos, Tagebücher, ...). > M1

2 Du erhältst wie Sofie einen Brief, der dich fragt: „Wer bist du?" Beantworte ihn. Benutze hierfür deine Ausrüstung aus Aufgabe 1. > M1/M2

3 Erläutere die Probleme, die Sofie vor dem Spiegel hat. > M3/M4

4 Formuliere Ratschläge, um Sofie bei der Problemlösung zu helfen. Berücksichtige dabei, was dein Äußeres über dich selbst aussagt und wie wichtig dein Aussehen für dein Selbstbewusstsein ist. > M5

plus 5 Schreibe eine kurze Geschichte zum englischen Sprichwort: „Beurteile nie ein Buch nach seinem Einband." > M1-M5

Bin ich immer dieselbe Person?

M1 Personalausweis (Identitätskarte)

Personalausweis: Identitätsnachweis in Form einer Karte, der neben Angaben zur Person ein Bild, eine Unterschrift und sogenannte biometrische Merkmale enthält (Gesichtsbild und Fingerabdrücke auf einem Chip). Deutsche ab 16 Jahren müssen einen Personalausweis oder Reisepass besitzen.

Identität, Person
> Ethik-Glossar

Personalausweis Vorder- und Rückseite

M2 Immer wieder ich?

M3 Dasselbe Ich

Substanz: (hier) Körper

John Locke
> Ethik-Glossar

„Es bleibt dasselbe Ich, soweit sich dasselbe Bewusstsein auf vergangene oder künftige Handlungen erstrecken kann. Der Abstand der Zeit oder der Wechsel der Substanz würde aus einem solchen Wesen ebenso wenig zwei Personen machen, wie ein Mensch dadurch zu zwei Menschen wird, dass er heute andere Kleider trägt als gestern, nachdem er zwischendurch längere oder kürzere Zeit geschlafen hat.“

John Locke

M4 Ratschläge einer Raupe

Im Kinderbuch „Alice im Wunderland“ des britischen Schriftstellers Lewis Carroll (1832-1898) erlebt die zehnjährige Alice zahlreiche Abenteuer in einem unterirdischen Wunderland. Ständig ändert sie ihre Größe, wächst oder schrumpft, sobald sie etwas isst oder trinkt.

Alice und die Raupe sahen sich eine Weile stumm an. Schließlich nahm die Raupe ihre Wasserpfeife aus dem Mund und fragte mit träger, schläfriger Stimme: „Wer bist denn du?“
Das war kein besonders ermutigender Auftakt für eine Unterhaltung. Ein wenig schüchtern sagte Alice: „Ich ... ich weiß es selbst eigentlich nicht so genau, jedenfalls im Augenblick ... also, ich weiß, wer ich war, als ich heute Morgen aufgestanden bin, aber seitdem bin ich wohl ein paarmal verwandelt worden.“ „Was meinst du damit?“, fragte die Raupe streng. „Erkläre dich genauer!“ „Ich kann mich nicht genauer erklären, fürchte ich“, sagte Alice, „denn ich bin eben nicht mehr ich, verstehen Sie?“ „Nein, ich verstehe nicht“, sagte die Raupe. „Leider kann ich mich nicht klarer ausdrücken“, sagte Alice sehr höflich, „denn ich begreife es ja selbst nicht, und außerdem bringt es einen ganz durcheinander, wenn man am selben Tag so oft die Größe ändert.“ „Keineswegs“, sagte die Raupe.
„Nun, vielleicht ist es Ihnen noch nie so gegangen“, sagte Alice, „aber wenn Sie sich verpuppen – und das werden Sie eines Tages tun, wissen Sie – und dann zu einem Schmetterling werden, kommen Sie sich bestimmt auch ein bisschen komisch vor, nicht?“ „Nicht im Geringsten“, sagte die Raupe. „Na ja, vielleicht sehen Sie das anders“, sagte Alice. „Mir jedenfalls würde es ausgesprochen komisch vorkommen.“
„Dir!“, sagte die Raupe geringschätzig. „Wer bist du überhaupt?“

Lewis Carroll

AUFGABEN

1 Nenne die Merkmale, mit denen auf dem Ausweis die Identität einer Person festgestellt wird. > M1

2 Natürlich reichen Staaten die Angaben auf dem Personalausweis, um eine Person einwandfrei bestimmen zu können. Wir jedoch fühlen uns als Person hiervon nur unvollständig beschrieben. Diskutiert, welche Eigenschaften eurer Meinung nach fehlen und gestaltet eure eigenen „Identitätskarten“. > M1

3 Beschreibt die Fotos und nennt Gemeinsamkeiten und Unterschiede. > M2

4 Ergänze folgenden Satz: Nach John Locke ist ein Ich dasselbe dadurch, dass ..., und nicht dadurch, dass ... > M3

5 Diskutiert, ob es sich wirklich um dieselbe Person handelt. > M2/M3

6 Erläutere, warum Alice an sich selbst zweifelt und die Raupe nicht. > M4

7 Finde Beispiele, in denen eine körperliche Veränderung (z. B. Pubertät, Krankheit) auch das Ich verändert. > M4

plus **8** Erstelle einen Ausweis für die Raupe. Braucht die Raupe als Schmetterling einen neuen Ausweis? Begründe deine Antwort. > M1-M4

Welche Rollen spiele ich im Alltag?

M1 Die Rollen meines Lebens

M2 Der Begriff „Rolle"

Soziologe: Wissenschaftler, der sich mit dem Zusammenleben der Menschen in der Gesellschaft befasst

Betrachtet man verschiedene Väter, Mütter, Bankangestellte, Ärzte, Lehrerinnen, Schüler usw., so kann man feststellen, dass ihr Verhalten sich in vielem unterscheidet, in vielem aber auch ähnlich ist. Beim Versuch, diese Gemeinsamkeiten zu verstehen, verwendet die Soziologie das Bild der „Rolle": Für alle Rollen in der Gesellschaft (Vater, Schüler, Angestellter, Lehrer) kann man eine Art Drehbuch annehmen, in dem zusammengefasst ist, wie jemand, der diese Stellung einnimmt, sich zu verhalten hat bzw. was er zu unterlassen hat (Rollenerwartungen).

M3 Mutter und Tochter

Yakbutter: Rindermilch, die in Asien zum Salzen von Tee genutzt wird

Goretex-Klamotten: (hier) wetterfeste Kleidung

Krätze, Ruhr, Dengue-Fieber: drei Infektionskrankheiten; werden oft aufgrund mangelnder Hygiene verbreitet

desinfizieren: etwas durch bestimmte Mittel von Krankheitserregern befreien

In der Kurzgeschichte „Mein erster Achttausender" kümmert sich die jugendliche Erzählerin zu Hause um ihren kranken Vater. Die Mutter schreibt Reiseführer und ist oft unterwegs.

Wieder einmal kam Mama nachts zurück. Sie beugte sich über mich, küsste mich zwischen die Augen, und mir wurde schlecht von ihrem Geruch nach ranziger Yakbutter, nach Qualm und verdorbenem Magen. Noch halb im Schlaf tippte ich auf Tibet oder Nepal. [...] Am nächsten Morgen saß sie am großen Tisch im Esszimmer und rührte Gerstenmehl in ihren Tee. „Morgen, Schätzchen", sagte sie, als ich hereinkam, „ist es nicht längst Zeit für die Schule?" „Wir haben Ferien", sagte ich. Ich begann im Esszimmer herumzulaufen und ihre Sachen aufzusammeln, die sie in der Nacht einfach überall hingeschmissen hatte. Matschverkrustete Goretex-Klamotten, Alutöpfe mit angetrockneten Gerstenbreiresten, ein Spezialkocher, die Fotoausrüstung und ihre stinkenden Bergschuhe waren über das ganze Zimmer verteilt. [...] Ich schleppte alles hinaus auf die Veranda. Nur mit dem Kochgeschirr lief ich ins Badezimmer. Ich stellte es in die Wanne und ließ heißes Wasser darüber laufen. „Setz dich hin", sagte Mama, als ich zurück ins Esszimmer kam. Sie zeigte auf den Stuhl neben sich. „Hast du etwas mitgebracht, wovon ich wissen sollte?", fragte ich und setzte mich ans entgegengesetzte Ende des Tisches. „Läuse, Krätze, Ruhr, Dengue-Fieber?" „Ich glaube nicht", sagte Mama. „Nur Blasen an den Füßen." [...] „Mama", sagte ich schließlich, „wir müssen dir die Haare waschen!" [...] Zwei Stunden später hatte ich den letzten Knoten aus ihren Haaren gekämmt und alle Blasen an ihren Füßen aufgestochen und desinfiziert. Dann war Mama wieder so müde, dass sie sich aufs Sofa legte und sofort einschlief. *Malin Schwerdtfeger*

M4 Stark

Ich bin seit Wochen unterwegs
und trinke zu viel Bier und Wein.
Meine Wohnung ist verödet,
meinen Spiegel schlag ich kurz und klein.
Ich bin nicht der, der ich sein will
und will nicht sein, wer ich bin.
Mein Leben ist ein Chaos,
schau mal genauer hin.

Ich bin tierisch eifersüchtig
und ungerecht zu Frauen.
Und wenn es ernst wird,
bin ich noch immer abgehauen.
Ich frage gerade dich:
Macht das alles einen Sinn?
Mein Leben ist ein Chaos,
schau mal genauer hin.

Refrain
Und du glaubst, ich bin stark
und ich kenn' den Weg.
Du bildest dir ein,
ich weiß, wie alles geht.
Du denkst, ich hab alles im Griff
und kontrollier', was geschieht.
Aber ich steh nur hier oben
und sing mein Lied.

Ich bin dauernd auf der Suche
und weiß nicht mehr wonach.
Ich zieh nächtelang durch Bars,
immer der, der am lautesten lacht.
Niemand sieht mir an,
wie verwirrt ich wirklich bin.
Ist alles nur Fassade,
schau mal genauer hin.

Refrain

Stell dich mit mir in die Sonne
oder geh mit mir ein kleines Stück.
Ich zeig dir meine Wahrheit
für einen Augenblick.
Ich frage mich genau wie du:
Wo ist hier der Sinn?
Mein Leben ist ein Chaos,
schau mal genauer hin.

Refrain

Ich + Ich

verödet: menschenleer

Fassade: äußeres Erscheinungsbild

AUFGABEN

1 Sammelt verschiedene Rollen aus eurem Alltag und stellt sie in einer Mindmap dar. > M1/M2

2 Nennt die Erwartungen, die andere an euch in den jeweiligen Rollen haben (z. B. Eltern, Lehrer, Mitschülerinnen, Freunde). > M1/M2

3 Schreibe ein Drehbuch für einen typischen Tag in deinem Leben mit Angaben zur Zeit und zum Ort des Geschehens, Szenenbeschreibungen, Personen sowie kurzen Dialogen. Diskutiert anschließend, ob und inwiefern ihr an manchen Stellen improvisieren könnt. > M2

4 Beschreibe das Mutter-Tochter-Verhältnis. Erläutere, welche Rollenerwartungen die beiden jeweils erfüllen und welche nicht. > M3

plus 5 Die Tochter möchte ihre Mutter bei der nächsten Reise begleiten, um mehr Zeit mit ihr zu verbringen und Abenteuer zu erleben. Doch sie geht noch zur Schule und kümmert sich um ihren kranken Vater. Schreibe einen Tagebucheintrag aus der Sicht der Tochter. Beschreibe darin den Rollenkonflikt und formuliere Lösungsvorschläge. > M3

plus 6 Findet eigene Beispiele für Rollenkonflikte und spielt dazu kleine Szenen. > M3

7 Beschreibe, wie sich der Sänger den anderen zeigt und wie er sich selbst sieht. > M4

8 Diskutiert, warum der Sänger sein wahres Ich hinter einer „Fassade" versteckt, und vergleicht den Begriff „Rolle" mit dem der „Maske". Sind Rollen Masken, die wir tragen? > M4

improvisieren: frei Erfundenes von der Bühne sprechen, seinem Rollentext hinzufügen (Begriff aus dem Theater)

Rollenkonflikt
> Ethik-Glossar

Typisch Mädchen, typisch Junge?

M1 Mann oder Frau?

Der österreichische Sänger und Travestiekünstler Thomas Neuwirth gewann 2014 als Kunstfigur Conchita Wurst den „Eurovision Song Contest".

Travestie: Darstellung einer Bühnenrolle durch eine Person des anderen Geschlechts

M2 „Jungen gehen nicht zum Ballett"

Im Film „Billy Elliot – I Will Dance" lebt der elfjährige Billy Elliot nach dem Tod seiner Mutter mit seinem Vater, seinem Bruder und seiner Großmutter zusammen. Trotz der Armut bezahlt der Vater Billys Boxunterricht. In derselben Turnhalle findet auch ein Balletttraining statt: Billy entdeckt sein Interesse fürs Tanzen und nimmt heimlich an den Stunden teil. Als der Vater davon erfährt, kommt es zum Streit:

„Ballett", sagte er schließlich.

„Und? Was ist so schlimm am Ballett?", sagte ich. [...] Aus den Augenwinkeln sah ich, dass er wieder rot anlief.

„Was ist so schlimm am Ballett? Guck mich an, Billy! Willst du mich auf den Arm nehmen?"

„Ballett ist total normal!", sagte ich und wandte mein Gesicht ihm zu.

„Normal?" Dad war um die Lippen herum ganz weiß geworden. Ich bekam Angst. [...]

„Mädchen, Billy. Nicht Jungen. Jungen spielen Fußball oder machen Boxen oder Ringen oder so was." [...]

„Ich weiß einfach nicht, was daran verkehrt sein soll." [...]

„Doch, das weißt du, verdammt noch mal. Für wen hältst du mich? Du weißt das ganz genau."

„Das ist doch bloß Tanzen. Weiter nichts. Was ist denn daran verkehrt?" [...]

„Du willst wohl eine Tracht Prügel."

„Nein, will ich nicht. Ehrlich nicht, Dad." [...]

„Doch, Billy."

„Das sind nicht bloß Schwule, Dad. Balletttänzer sind genauso fit wie Sportler. Das ist harte Arbeit." [...]

Aber jetzt hatte Dad genug. „Pass auf. Mein Sohn, ab sofort ist Schluss mit dem Ballett." *Melvin Burgess*

M3 „Jungen wollen manchmal Mädchen sein"

Kleinen Jungen wird das Kokettieren verboten. „Ein Junge will nicht geküsst sein ... Ein Junge steht nicht vor dem Spiegel ... Ein Junge weint nicht!", heißt es dann. Er soll ein „kleiner Mann" sein. Er gefällt den Erwachsenen, wenn er nicht zu gefallen sucht. Deshalb wollen kleine Jungen manchmal viel lieber Mädchen sein.

Simone de Beauvoir

M4 „Fußballspielen ist männlich"

Der niederländische Biologe und Psychologe Frederik J. J. Buytendijk (1887-1974) war der Meinung, dass Fußballspielen als Spielform im Wesentlichen eine Demonstration von Männlichkeit sei. Es sei noch nie gelungen, Frauen Fußball spielen zu lassen, „wohl aber Korbball, Hockey, Tennis, und so fort". Das Treten sei „wohl spezifisch männlich", schreibt Buytendijk in seiner psychologischen Studie „Das Fußballspiel" aus dem Jahr 1953.

kokettieren: versuchen, jemandem zu gefallen

Simone de Beauvoir > Ethik-Glossar

Demonstration: (hier) Beweis

Korbball: Ballsportart (ähnlich Basketball)

M5 „Sex" und „gender"

Im Gegensatz zum Deutschen gibt es in der englischen Sprache zwei unterschiedliche Bezeichnungen für das Wort „Geschlecht": „sex" bezeichnet das biologische Geschlecht und „gender" das sogenannte soziale Geschlecht. Das biologische Geschlecht ist genetisch festgelegt. Das soziale Geschlecht ergibt sich aus dem gesellschaftlichen Verständnis der Frauen- bzw. Männerrolle und ist anerzogen.

Kleinkinder werden von Geburt an (bewusst oder unbewusst) unterschiedlich behandelt, betont der Soziologe Erving Goffmann: eben als Mädchen oder als Junge. Die Kinder machen damit unterschiedliche Erfahrungen, dürfen andere Erwartungen stellen und müssen unterschiedliche Erwartungen erfüllen. In der Folge passen sie sich dann auch in der Regel in der äußeren Erscheinung, in ihrem Handeln diesen Erfahrungen und Erwartungen an. Das „soziale" Geschlecht kann sich dabei in unterschiedlichen Gesellschaften durchaus unterscheiden: Es gibt also verschiedene Ideen davon, was „typisch Mädchen" oder „typisch Junge" ist. Und schließlich kann diese Idee des „Typischen" auch selbst hinterfragt werden.

Soziologe: Wissenschaftler, der sich mit dem Zusammenleben der Menschen in der Gesellschaft befasst

AUFGABEN

1 Beschreibe, warum man Thomas Neuwirth alias Conchita Wurst für eine Frau halten könnte. > M1

2 Erstelle eine Mindmap zu den Eigenschaften und Fähigkeiten von Mädchen und Jungen (biologische Geschlechtsmerkmale, Aussehen, Verhalten, Interessen usw.). > M1

3 Erkläre, worum es in dem Streit zwischen Billy und seinem Vater geht. > M2

4 Führt in Kleingruppen (Jungen und Mädchen getrennt) ein Schreibgespräch zu folgenden Satzanfängen: „Ich bin gerne ein Mädchen/Junge, weil ..." – „Manchmal bin ich nicht gerne ein Mädchen/Junge, weil ... " – „Wenn ich ein Mädchen/Junge wäre, dürfte ich ..." – „Wenn ich ein Mädchen/Junge wäre, müsste ich ..." > M3

plus 5 Schreibe einen fiktiven Brief an Frederik Buytendijk, in dem du begründet Stellung zu seiner Auffassung nimmst. > M4

6 Fasse kurz zusammen, wie Erving Goffmann das soziale Geschlecht erklärt. > M5

7 Schreibt einen Dialog zwischen Vater und Sohn, in dem ihr das Gespräch fortführt und eine Konfliktlösung findet. Begründet dabei eure Meinung und geht aufeinander ein, ohne euch gegenseitig zu verletzen. > M2/M5

8 Vergleicht nun eure Mindmaps aus Aufgabe 2 in der Klasse und diskutiert über Gemeinsamkeiten und Unterschiede. Ordnet diesen die Begriffe „sex" und „gender" zu. > M1-M5

Wie kann ich die Gefühle anderer erkennen?

M1 Gefühle erkennen

M2 Gefühle benennen

elend · interessiert · verärgert · gelangweilt · scheu
enttäuscht · ängstlich · verliebt · beunruhigt · unbekümmert
ärgerlich · nervös · froh · verstimmt · beleidigt · traurig
aufgeregt · erfreut · bedrückt · verzweifelt · strahlend
verächtlich · aufgedreht · heiter · unsicher · wütend
bestürzt · munter · niedergeschlagen · entnervt · unbeschwert
gespannt · erschrocken · verunsichert · ausgelassen · tatkräftig
belästigt · fröhlich · geknickt · eifrig
begeistert · unzufrieden · verzückt · zufrieden

M3 Ein Tag voller Gefühle

Um 6.30 Uhr klingelt der Wecker. Nina stellt ihn ab und denkt an den kommenden Tag: ein Test in Biologie, Volleyballspiel gegen die 6b, Rückgabe der Deutscharbeit und Pizza zum Mittagessen, sie ist ganz ❶ .... Nina rollt sich aus dem Bett und will ihr liebstes T-Shirt anziehen, das ihre Schwester aber als Nachthemd benutzt hat. Nina ist ❷ .... „Mama, Melanie trägt mein schönstes T-Shirt im Bett!" – „Nimm doch ein anderes!", hört sie ihre Mutter, „und komm endlich zum Frühstück." – Melanie darf sich alles erlauben, denkt Nina und fühlt sich ❸ .... Um 7.15 Uhr verlässt sie das Haus. Auf dem Weg zur Bushaltestelle sieht sie schon von weitem Michael, mit dem sie jeden Morgen gemeinsam zur Schule fährt. Sie fühlt sich ❹ .... Michael hat heute ein wichtiges Fußballspiel. „Kommst du zum Zuschauen?", fragt er sie. Nina ist ❺ .... „Ich komme bestimmt", antwortet sie und schaut auf die Uhr. Es klingelt in drei Minuten und sie haben noch fast 500 Meter bis zur Schule. Beide fühlen sich ❻ .... Sie rennen los und kommen gerade noch rechtzeitig zum Unterricht. Um 8.15 Uhr sitzt Nina noch außer Atem im Biologieraum. Vor ihr liegt der Test. Ich habe mich auf diesen Test wirklich gut vorbereitet, denkt sie und fühlt sich ❼ .... Um 10.30 Uhr hat Nina Sport. Heute ist endlich das lange erwartete Volleyballspiel gegen die Parallelklasse. Nina wird zur Mannschaftsführerin gewählt. Sie ist ❽ .... Die Mannschaften sind fast gleich stark. Am Ende verpasst Nina allerdings einen Ball, und ihre Mannschaft verliert knapp mit 14:16. Im Umkleideraum klopft ihr eine Mitspielerin auf die Schulter: „Mach dir nichts draus." Nina fühlt sich ❾ .... In der großen Pause sieht sie, wie Michael sich angeregt mit Sabine unterhält. Jetzt ist sie ❿ .... In der letzten Stunde bekommt sie ihre Deutscharbeit zurück. Sie hat eine Drei, zum ersten Mal in diesem Schuljahr. Sie fühlt sich ⓫ .... Um 13.20 Uhr ist die Schule zu Ende.

Lions-Quest „Erwachsen werden"

AUFGABEN

1 Ordne den Gesichtern ein Gefühl zu. Begründe deine Auswahl. > M1/M2
2 Erläutere, in welchen Situationen es wichtig ist, die Gefühle anderer zu erkennen. > M1/M2
3 Sortiere die Gefühle in gute und schlechte Gefühle und erstelle eine Rangliste. > M2
4 Diskutiert, ob man Gefühle immer in Worte fassen kann. > M1/M2
plus 5 Beurteile, ob man Gefühle auch mit Musik oder Kunst für andere verständlich ausdrücken kann. > M1/M2
6 Schreibe heraus, wie sich Nina jeweils fühlt. Versuche dabei, die Gefühle möglichst genau sprachlich zu bestimmen. Du kannst auch Beispiele aus der Liste in M2 nehmen. > M2/M3
7 Vergleiche die Ergebnisse mit deinem Nachbarn und dann in der Gruppe. Erklärt, weshalb es mögliche Unterschiede gab. > M3
8 Spielt in Kleingruppen den anderen bestimmte Gefühlszustände vor, die diese dann erraten müssen. > M1-M3

Wie kann ich eigene Gefühle wahrnehmen?

neutral: unabhängig, weder positiv noch negativ festgelegt, unvoreingenommen

TIPP
Folgende Methoden helfen dir auch, die eigenen und fremden Gefühle und Empfindungen wahrzunehmen:
> Bilddialog
> Standbild
> Schreibanlässe wie z. B. Tagebucheintrag

Methodenkompetenz: Gefühle wahrnehmen

Gefühle spielen in unserem Leben eine wichtige Rolle. Sie werden von jedem Menschen anders empfunden und können angenehm oder unangenehm sein. Um sich über seine Gefühle und Empfindungen klar zu werden, ist es wichtig, sich selbst zu beobachten. Dabei kannst du so vorgehen:

1. Versetze dich in eine bestimmte Situation, die du dir ausdenkst oder die du erlebt hast.
2. Beschreibe, wie du dich fühlen würdest.
3. Setze dich gleichzeitig als *neutralen* Beobachter ein. Erstelle eine Liste, in der du den negativen Gedanken und Gefühlen die positiven gegenüberstellst.
4. Anschließend kannst du die Ergebnisse auswerten. Begründe, warum du dich so gefühlt und darum so gehandelt hast.

M1 Die Robinson-Methode

Der Roman „Robinson Crusoe" von Daniel Defoe erzählt die Geschichte des Schiffbrüchigen Robinson, der auf einer einsamen Insel strandet. Die Lage erscheint hoffnungslos. Dennoch nimmt Robinson sich die Zeit, seine Gedanken und Gefühle wahrzunehmen und aufzuschreiben. Er gibt nicht auf, überlebt und wird Jahre später sogar gerettet.

Robinsons Selbstbeobachtung:

1. Ich bin auf einer einsamen Insel gestrandet.
2. Ich fühle mich allein, hilflos und verzweifelt.
3.

Übel	Gut
Ich bin auf eine einsame Insel verschlagen, ohne Hoffnung, je wieder fortzukommen.	Aber ich bin doch am Leben, und nicht ertrunken wie alle meine Kameraden.
Ich bin, getrennt von den Menschen, zu lauter Unglück ausgewählt.	Aber ich wurde auch unter der ganzen Schiffsbesatzung ausgesondert, um dem Tod zu entgehen.
Ich bin ein Einsiedler und Verbannter.	Aber ich sterbe nicht vor Hunger und der Boden ist fruchtbar.
Ich habe keine Kleider, mich zu bedecken.	Aber ich bin in einem heißen Landstrich, wo ich kaum Kleider tragen könnte, auch wenn ich welche hätte.
Ich habe nichts, um mich gegen Überfälle von wilden Tieren oder Menschen zu schützen.	Aber ich sehe keine wilden Tiere, die mir schaden könnten.

4. Es gibt kaum einen Zustand auf der Welt, und sei er noch so elend, der neben dem Üblen nicht auch etwas Gutes hat, wofür man dankbar sein kann.

M2 Schlechte Noten

AUFGABEN

1 Stell dir vor, du strandest auf einer einsamen Insel. Beschreibe, ob du ähnlich wie Robinson fühlen und handeln würdest. > M1

2 Erinnere dich an eine Situation, in der es dir schlecht ging (z. B. schlechte Note in der Klassenarbeit). Erstelle eine Liste, wie sie in der Robinson-Methode beschrieben ist. > M1/M2

3 Sucht in Zeitungen, Zeitschriften oder im Internet Bilder, die Gefühle, die ihr schon einmal hattet, besonders gut ausdrücken, und erstellt daraus eine Collage. > M1/M2

plus 4 Sammelt weitere Möglichkeiten, um von negativen Gedanken und Gefühlen wegzukommen (z. B. mit Familie und Freunden reden, heiße Schokolade trinken, spazieren gehen). > M1/M2

Was ist ein guter Freund für mich?

M1 Über Freundschaft

Aristoteles
> Ethik-Glossar

„Wer Freunde ohne Fehler sucht, bleibt ohne Freunde."
aus England

„Ein Freund aller ist niemandes Freund."
Aristoteles

„Nur wahre Freunde sagen es dir, wenn dein Gesicht schmutzig ist."
aus Sizilien

„Freundschaft: Ein Schiff, groß genug, um bei gutem Wetter zwei zu tragen, aber nur einen bei schlechtem."
Ambrose Bierce

„Geld ist leichter gewonnen als erhalten, heißt es; und genauso ist es mit der Freundschaft."
Samuel Butler

„Eine Freundschaft ist eine einzige Seele, die in zwei Körpern wohnt."
nach Aristoteles

„Freunde sind die Familie, die du dir selbst aussuchst."
unbekannt

„Ein Freund ist ein Mensch, mit dem ich aufrichtig sein kann. Vor ihm kann ich laut denken."
Ralph Waldo Emerson

M2 Zwei Freunde

Bartolomé Esteban Murillo, Trauben- und Melonenesser, um 1645-1655

M3 Zwei Freundinnen

Friedrich Overbeck, Italia und Germania, 1828

M4 Huck und Tom

In „Die Abenteuer des Huckleberry Finn“ (1884) erzählt der amerikanische Schriftsteller Mark Twain die Geschichte des jungen Ausreißers Huck. Zusammen mit dem entflohenen schwarzen Sklaven Jim fährt er auf einem selbst gebauten Floß den Fluss Mississippi hinunter. Als Jim wieder eingefangen wird, bittet Huck seinen Freund Tom um Hilfe – und bekommt dann Bedenken.

Eins war todsicher: Tom meinte es ernst und wollte wirklich dabei helfen, Jim aus der Sklaverei zu befreien. Das war eigentlich zu hoch für mich. Tom war doch 'n guterzogener Junge, der was an Ansehen zu verlieren und der Angehörige mit Charakter hatte. [...] Und trotzdem war er jetzt drauf und dran, sich an dieser Geschichte zu beteiligen und sich und seiner Familie Schande zu machen. [...] Das war ungeheuerlich. Ich musste ihn daran erinnern, wenn ich sein Freund sein wollte. Ich musste ihm sagen, er sollte die Finger davon lassen und an sich denken. Als ich anfing, ihm all das klarzumachen, fuhr er mir übers Maul und sagte: „Denkste vielleicht, dass ich nicht weiß, was ich tu? Weiß ich sonst auch nicht, was ich tu?“

„Doch.“

„Hab ich dir nicht gesagt, dass ich dir helfen will, Jim zu stehlen?“

„Ja.“

„Na also ...“

Das war alles nichts mehr. Es hatte auch gar keinen Zweck; denn wenn Tom einmal gesagt hatte, er würde was tun, dann tat er's auch. Schleierhaft blieb mir allerdings, warum er alles mitmachte.

Mark Twain

AUFGABEN

1 Entscheidet jeweils in einer Positionslinie, ob ihr den Zitaten zustimmt oder widersprecht. Begründet eure Meinungen. > M1

2 Schreibe dein Lieblingszitat auf eine Karteikarte und gestalte diese. Schreibe anschließend eine Begründung auf die Rückseite der Karteikarte: „Freunde sind für mich wichtig, weil ...“ > M1

3 Beschreibe die Bilder. Achte dabei besonders auf Körpersprache, Gesichtsausdruck, Aussehen, Kleidung und Handlungen. > M2/M3

4 Erkläre, warum die dargestellten Personen Freunde bzw. Freundinnen sein könnten. > M2/M3

5 Gestaltet einen Bilddialog zu einem der Bilder. Jeder sucht sich eine Person des Bildes aus und versucht, sich in diese hineinzusetzen: Was fühlt diese Person? Welche Gedanken hat sie? Welche Beziehung hat sie zu der jeweils anderen Person des Bildes? > M2/M3

plus 6 Begründe, ob du heute „beste Freunde“ auch noch so malen würdest. Entwirf eine Skizze, wie du dich und deinen besten Freund bzw. deine beste Freundin malen würdest. > M2/M3

7 Benenne die Eigenschaften, die Huck an seinem Freund Tom schätzt. > M4

plus 8 Erstelle eine Mindmap zum Begriff „Freunde“ und ergänze diese durch Eigenschaften, die du von deinen Freunden erwartest. > M1-M4

9 Diskutiert, ob ihr wie Tom eurem Freund helfen würdet. Begründet eure Meinungen. > M4

10 Erstelle ein Akrostichon zum Begriff „Freundschaft“. > M1-M4

Dürfen Freunde auch nützlich sein?

M1 Drei Arten der Freundschaft

Wesen: das, was die Sache (hier Menschen) ausmacht

Lust: angenehmes Gefühl

trefflich: tugendhaft, moralisch gut

Aristoteles
> Ethik-Glossar

Es gibt also drei Arten von Freundschaft […]. Wo also Nutzen das Motiv der Freundschaft bildet, da lieben sich die Menschen nicht um ihres Wesens willen, sondern nur soweit sie etwas voneinander haben können, und ebenso ist es bei denen, die um der Lust willen befreundet sind. Denn nicht wegen seiner Charaktereigenschaften lieben sie den anderen, sondern weil sie ihn unterhaltsam finden. […] Denn nicht deshalb, weil er der ist, der er ist, wird der Befreundete geschätzt, sondern insofern er irgendein Gut oder eine Lust verschafft. Solche Freundschaften gehen […] leicht auseinander […]. Denn wenn der eine Partner nicht mehr angenehm oder nützlich ist, so hört man auf, ihn zu lieben. […]

Vollkommene Freundschaft ist die der trefflichen Charaktere und an Trefflichkeit einander Gleichen. Denn bei dieser Freundschaft wünschen sie einer dem anderen in gleicher Weise das Gute, aus keinem anderen Grunde, als weil sie eben trefflich sind, und trefflich sind sie „an sich", wesensmäßig. Nun sind aber Menschen, die dem Freunde um des Freundes willen das Gute wünschen, die echtesten Freunde […]. Freundschaft dieser Art ist, so darf man mit gutem Grund sagen, ein Wert, der dauert, denn in ihr treffen alle Grundvoraussetzungen der Freundschaft zusammen […]. Solche Freundschaft ist natürlich selten, denn Menschen dieser Art gibt es nur wenige.

nach Aristoteles

M2 Nützlich, angenehm oder vollkommen?

1. Matthias hilft Patrick zweimal in der Woche bei den Hausaufgaben. Dafür beschützt Patrick Matthias in der Schule vor den Jungs aus der 9. Klasse. Außer in der Schule und an den „Hausaufgabentagen" treffen sich die beiden Jungen nicht.

   ……………………………………………………………………

2. Said und Juri treffen sich nach der Schule immer zum Computerspielen. Als Saids Computer in der Reparatur ist, sehen sich die beiden nachmittags nicht mehr und sprechen auch in der Schule nicht miteinander.

   ……………………………………………………………………

3. Sarah und Melike kennen sich seit dem Kindergarten. Sie gehen gemeinsam durch dick und dünn. Sarah wünscht sich für Melike, dass sie sich wieder mit ihrer Cousine verträgt, auch wenn sie so weniger Zeit mit Melike verbringen kann. Melike hofft hingegen, dass Sarah in der nächsten Ethikarbeit eine Zwei schreibt, und hilft ihr beim Lernen, auch wenn sie deswegen ihre Lieblingsserie nicht sehen kann.

   ……………………………………………………………………

4. Mareike und Ines trainieren gemeinsam an den Wochenenden für den Schulmarathon. Danach gehen sie immer noch in ein Café und tauschen sich über ihre Fortschritte und Erfolge aus.

   ……………………………………………………………………

M3 Alles Freunde?

Wer leiht dir schon mal'n Schein?
Wer treibt ihn auch gleich wieder ein?
Gute Freunde.
Wer zieht dich in sein Vertrauen,
um dir seine Probleme vorzukauen?
Deine Freunde!

Wer weiß mehr von dir als du?
Wer gibt zu allem seinen Senf dazu?
Alte Freunde.
Wer füllt den Totozettel mit dir aus,
rückt dann den Gewinn nicht 'raus?
Alles Freunde, viele Freunde!

Du kannst auf sie zählen,
sind zu jedem Dienst bereit,
haben nur meistens keine Zeit,
dir würde 'was fehlen!
Sie quatschen ohne Rast und Ruh'
mit Tratsch und Gerüchten dir die Ohren zu!
Wer hat schon immer an dich geglaubt,
sich das nur nie zu sagen getraut?

Alte Freunde.
Wer kennt dich schon von klein auf
und klärt darüber jeden auf?
Alles Freunde, viele Freunde!

Bist du aus dem Ärgsten 'raus,
stehst du erst für Saus und Braus
kommen sie mit dir gern ins Geschäft,
weil sich's mit dir gut leben lässt.
Oh, gehen bei dir aus und ein,
oh, weihen dich in Geheimnisse ein,
oh, lässt sie mit deiner Freundin nie allein
immer auf'm Sprung!

Herbert Grönemeyer

AUFGABEN

1 Arbeite aus dem Text die drei Arten der Freundschaft nach Aristoteles und ihre Merkmale heraus. Erstelle eine Tabelle. > M1

2 Begründe schriftlich, ob die folgenden Aussagen richtig oder falsch sind. Vergleiche mit deinem Nachbarn und schreibe die richtigen Aussagen als Merksätze in dein Heft: > M1

1. Bei der Freundschaft der Lust sind Menschen miteinander befreundet, weil sie gern gemeinsam etwas erleben wollen.
2. Bei der Freundschaft der Lust sind Menschen miteinander befreundet, weil sie die Persönlichkeit des anderen mögen.
3. Der Nutzen ist nicht der einzige Zweck der Freundschaft des Nutzens.
4. Die Freundschaft des Nutzens endet, wenn sich die Freunde keinen Nutzen mehr bringen oder das gemeinsame Ziel erreicht ist.
5. Bei der vollkommenen Freundschaft mögen sich die Partner wegen ihrer persönlichen Eigenschaften.
6. Bei der vollkommenen Freundschaft ist man an dem anderen interessiert, weil der Freund einen Nutzen bringt.

3 Begründe, um welche Art der Freundschaft nach Aristoteles es sich in M2 und M3 jeweils handelt. > M1-M3

4 Findet eigene Beispiele und spielt kleine Szenen, die die anderen zuordnen sollen. > M1/M2

5 Diskutiert, ob eine Freundschaft um des Nutzens willen trotzdem eine Freundschaft ist. Bezieht dabei eigene Erfahrungen ein. Vergleicht auch mit euren Ergebnissen der Doppelseite „Was ist ein guter Freund für mich?" (siehe S. 38f.). > M1-M3

Verändern sich Freundschaften mit der Zeit?

Dokumentarfilm: Film, der im Gegensatz zu einem Spielfilm nicht „ausgedacht" ist, sondern tatsächliche Geschehnisse und Personen zeigt

M1 An der Schwelle zum Erwachsenwerden

Der Dokumentarfilm „Prinzessinnenbad" aus dem Jahr 2007 zeigt das Leben von drei Freundinnen. Die Dreharbeiten haben mehr als ein Jahr gedauert.

Klara, Mina und Tanutscha sind fünfzehn. Aufgewachsen bei ihren Müttern in Berlin Kreuzberg kennen sie sich seit ihrer Kindheit. Sie teilen dieselben Interessen, gehen zusammen auf Parties, stehen auf ähnliche Jungs oder verbringen die Sommertage mit Freunden im Prinzenbad. Eigentlich sind sie unzertrennlich. Doch an der Schwelle zum Erwachsenwerden fangen die drei Mädchen an, ihre eigenen Wege im Leben zu suchen: Klara bricht die Schule ab und nimmt an einem Schulverweigererprojekt teil. Mina möchte mit ihrem Freund zusammen sein, der jedoch einen Auslandsaufenthalt plant. Die Halbiranerin Tanutscha träumt davon, Altenpflegerin zu werden, und fordert von ihrer Mutter mehr Freiheit.

nach Stefanie Schlüter

M2 Freundschaft und Zukunft

Mina [...] wird immer meine beste Freundin bleiben, auch wenn wir grad nicht miteinander reden oder dies und das, wenn wir Streit haben oder so. Sie wird immer bei mir bleiben. Mit Tanutscha ist es eigentlich auch so, bloß dass wir uns halt jeden Tag sehen.

Klara über ihre Freundinnen

Klara ist der einzige Mensch, vor dem ich alles sagen könnte, mit dem ich über alles reden kann. Es gibt immer irgendeine Freundin, der man was nicht sagen kann, aber bei ihr ist das nicht so. [...] Was ich an ihr schätze? Dass sie alles für sich behält, dass sie sehr witzig ist und man mit ihr viel Spaß haben kann und dass sie meine Macken auch so akzeptiert.

Tanutscha über Klara

In der Grundschule, da waren wir noch so vom Denken her [...] ziemlich gleich. Aber dann in der Oberschule gar nicht mehr. Aber trotzdem verstehen wir uns ja noch gut – ist ja die Hauptsache.

Mina über Klara

Mina, du hast dich übertrieben, nicht vom Gesicht her verändert, aber vom Äußerlichen. Dein Stil, dein Style, alles ...

Tanutscha am Ende des Films zu Mina

zitiert nach Prinzessinnenbad/Filmheft

TIPP
Wenn ihr wissen wollt, was aus Klara, Tanutscha und Mina geworden ist, dann lest nach: Pamo Roth: Die Geheimnisse der Mädchen. In: www.berliner-zeitung.de, 30.05.2011 (http://www.pamoroth.de/artikel/die-geheimnisse-der-maedchen)

M3 Wahre Freundschaft lässt sich nicht teilen

Die wahre Freundschaft aber ergreift vom ganzen Menschen Besitz und beherrscht ihn so uneingeschränkt, dass sie sich unmöglich vervielfachen lässt. […] Bei dem, was wir gewöhnlich *Freunde* und *Freundschaft* nennen, handelt es sich allenfalls um nähere Bekanntschaften, die bei gewissen Anlässen oder um irgendeines Vorteils willen geknüpft wurden und uns nur insoweit verbinden. Bei der Freundschaft hingegen, von der ich spreche, verschmelzen zwei Seelen und gehen derart ineinander auf, dass sie sogar die Naht nicht mehr finden, die sie einte. Wenn man in mich dringt zu sagen, warum ich [meinen Freund] Étienne de La Boétie liebte, fühle ich, dass nur eine Antwort dies ausdrücken kann: „Weil er er war, weil ich ich war."

nach Michel de Montaigne

Michel de Montaigne
> Ethik-Glossar

M4 Beste Freundinnen?

Klara und Tanutscha über das Besondere ihrer Freundschaft

Wir haben unsere eigene Sprache! Wir haben für bestimmte Dinge oder Personen Wörter erfunden. Das hat sich so über die Jahre entwickelt. Aber wir verstehen uns auch ganz ohne Worte. Nur durch Blicke. Wir kennen uns so gut, dass uns die gleichen Sachen oder Leute auffallen. Und dann regen wir uns gleichzeitig auf, oder lachen eben, ohne vorher miteinander darüber gesprochen zu haben.

zitiert nach Prinzessinnenbad/Presseheft

AUFGABEN

1 Erstelle eine Personenkonstellation. Beziehe dabei ein, welche Eigenschaften die Mädchen aneinander schätzen, was sie verbindet und was sie trennt. > M1/M2

plus 2 Schreibe einen Brief an deine beste Freundin oder an deinen besten Freund, in dem du darlegst, wie du eure Freundschaft in fünf Jahren siehst. > M2

3 Befragt eure Eltern und/oder erwachsene Verwandte, wie sich ihre Freundschaften entwickelt haben. > M2

4 Diskutiert, wie realistisch die Einschätzungen der Mädchen über die Zukunft ihrer Freundschaft sind. Bezieht auch die Ergebnisse eurer Befragung (Aufgabe 3) mit ein. > M2

5 Entwickle Kriterien zum Unterschied von Freundschaft und Bekanntschaft und arbeite dann die Auffassung von Montaigne über Freundschaft heraus. > M3

plus 6 Vergleiche Montaignes Auffassung von Freundschaft mit der von Aristoteles (siehe S. 40, M1). > M3

7 Beurteile, ob die Freundschaft zwischen Tanutscha und Klara eine wahre Freundschaft nach Montaigne ist. > M3/M4

8 Diskutiert, ob man nur eine wahre Freundin bzw. einen wahren Freund haben kann. > M1-M4

Kriterien: Merkmale, Kennzeichen

Kontakte im Netz: alle meine Freunde?

M1 Freunde aus aller Welt

Ich heiße Angelica und ich lebe in Australien.
Meine Hobbys sind Schwimmen gehen, essen und tanzen. Gar nicht mag ich Mode aus den achtziger Jahren und schlechte Filme …
Wenn ich genug Geld hätte, würde ich mir eine Insel kaufen. Ich wäre gerne schon etwas älter – so 21, dann könnte ich eine Riesen-Party machen. Ach ja, ich mag fröhliche Musik, Salsa, Pop oder Musik aus den sechziger Jahren.

Hi, ich bin Jake. Ich wohne in Queenstown,
das ist in Neuseeland. Am schönsten ist es, dort in der Glendhy-Bucht Wasserski zu fahren! Echt cool! Mein größtes Hobby ist Rugby spielen. Ich höre auch gerne Musik – am liebsten Eminem. Und ich esse gerne Pizza. Was ich gar nicht mag ist Snowboarden.

Ich bin Emmanuel aus Angola.
Ich stelle mich mal kurz vor: Am liebsten höre ich Hip Hop und unterhalte mich über lustige Sachen. Richtig toll war, als wir kürzlich in unserer Schule Musik gemacht haben – denn vielleicht nehmen wir das mal auf einer CD auf! Mein größter Wunsch wäre es, in Europa oder Amerika studieren zu können.

---

nach Beatrix Schnippenkoetter

M2 Freunde und soziale Netzwerke

Alternative: andere Möglichkeit

sich die Blöße geben: eine Schwäche zeigen

Cybermobbing, Mobbing: Mobbing ist das gezielte Schikanieren und Ausgrenzen von Einzelnen aus einer Gemeinschaft (englisch „to mob“: anpöbeln). Beim Cybermobbing wird mit Hilfe neuer Techniken (Chatrooms, Internet usw.) schikaniert.

Sogenannte soziale Netzwerke sind heute sehr beliebt: Online-Plattformen, auf denen man Schulfreunde oder Gleichgesinnte trifft, sich über Hobbys, Spiele, Musik und Filme austauscht oder sich verabredet. Doch WhatsApp, Facebook, Twitter & Co. haben auch ihre Schattenseiten.

Nachrichten per SMS zu verschicken ist fast schon out – heute verschickt man seine Nachrichten über Messenger-Apps wie „WhatsApp“. […] Gründe für die Beliebtheit der Messenger-App gibt es einige. Es ist eine günstige und komfortable Alternative zu SMS und MMS, bei der Nachrichten beliebig lang sein können und Unterhaltungen in Gruppenchats möglich sind. Es ist bequem, dass die Einrichtung der Kontakte automatisch geschieht (was sich gleichzeitig als problematisch für Datenschutz und Sicherheit darstellt!). In den Gruppenchats ist man – anders als bei Facebook – eher unter sich. Der Zugang durch ungebetene Erwachsene, durch Eltern oder Lehrer, ist eingeschränkt.
Auch ein gewisser Gruppendruck trägt zu den hohen Nutzerzahlen bei: Wenn der gesamte Freundeskreis über das Programm kommuniziert, bleibt einem kaum eine andere Wahl, um „dabei“ zu sein. […] Gerade Jugendliche möchten nichts verpassen, beliebt und „in“ sein. Da fällt es schwer sich auszuklinken, das Handy abzuschalten oder sich die Blöße zu geben, nicht immer sofort auf Nachrichten zu reagieren. Man ist ständig verfügbar und hat das Gefühl, auf jede Nachricht sofort reagieren zu müssen. […] Insbesondere in den Gruppenchats kommt es [auch] zu Beleidigungen, Übergriffen und Mobbingattacken. […] Selbst „Hass-Gruppen“ werden gegründet, deren Zweck darin besteht, andere fertig zu machen.

Internet-ABC e.V.

M3 Mach' doch mal was mit deinen Freunden!

Sepp Buchegger

M4 Online-Freunde besuchen

Die US-Amerikanerin Tanja Hollander hat hunderte Freunde auf Facebook. Sie hat sich zum Ziel gesetzt, jeden von ihnen rund um die Welt zu besuchen und zu fotografieren. [...] Besonders begeistert ist sie von der Großzügigkeit der Leute, die sie besucht. Weil sie wenig Geld hat, verbringt sie die Nächte bei ihren Facebook-Freunden, die ihr gerne einen Schlafplatz anbieten. [...] Macht es bei über 600 Freunden auf Facebook für sie einen Unterschied, ob sie im „echten Leben" oder auf Facebook mit ihnen Kontakt hat? Die klare Antwort: „Nein." Facebook sei für sie in erster Linie ein Mittel zur Kommunikation mit ihren Freunden, sagt Hollander. Sie habe Freunde, mit denen sie sich sehr viel schreibe, allerdings noch nie telefoniert habe. [...]

Sie behält auch nicht jeden in ihrer Freundesliste: „Antwortet mir jemand nicht auf Nachrichten oder verärgert mich, fliegt er sofort raus."

Gideon Ötinger

Blog: Internet-Tagebuch, das öffentlich zugänglich ist

AUFGABEN

1 Recherchiere im Internet Informationen zu den Ländern, aus denen die Jungen und Mädchen kommen. > M1

2 Wähle ein Mädchen oder einen Jungen aus und verfasse eine WhatsApp-Nachricht, in der du dich ihm/ihr vorstellst. Formuliere weitere Fragen, die du ihm/ihr in der WhatsApp-Nachricht stellen würdest. > M1

3 Erarbeitet in Kleingruppen die Vor- und Nachteile von Freundschaften in sozialen Netzwerken. > M2-M4

4 Schreibe das Gespräch zwischen Mutter und Sohn weiter und arbeite in den Dialog deine eigene Sichtweise mit ein. > M3

5 Tanja Hollander hat hunderte Freunde auf Facebook. Diskutiert, ob man so viele Freundschaften überhaupt pflegen kann. > M4

plus 6 Schreibe einen Blog-Eintrag aus der Sicht von Tanja Hollander. Berichte darin über die Erlebnisse und Erfahrungen während des Besuchs bei einer früheren Schulfreundin, mit der nur noch über Facebook Kontakt bestand. > M4

Mein Hund – mein bester Freund?

M1 Auf den Hund gekommen

„Hachiko – Eine wunderbare Freundschaft" ist ein US-amerikanischer Spielfilm aus dem Jahr 2009. Er basiert auf einer wahren Begebenheit. Musikprofessor Parker Wilson (im Film gespielt von Richard Gere) nimmt darin einen herrenlosen Hund bei sich auf, der ihn fortan morgens zum Zug begleitet und abends pünktlich auf dessen Rückkehr wartet. Als das Herrchen stirbt, kommt Hachiko dennoch jeden Tag weiter zum Bahnhof und wartet auf den Professor – zehn Jahre lang.

M2 Zähme mich!

In der Geschichte des kleinen Prinzen verlässt dieser seinen Heimatplaneten, um andere Planeten und Menschen zu entdecken. Auf seiner Reise besucht er auch die Erde und trifft dort einen Fuchs.

„Guten Tag", sagte der Fuchs.
„Guten Tag", antwortete höflich der kleine Prinz […]. „Wer bist du?" […]
„Ich bin ein Fuchs", sagte der Fuchs.
„Komm und spiel mit mir", schlug ihm der kleine Prinz vor. „Ich bin so traurig …"
„Ich kann nicht mit dir spielen", sagte der Fuchs. „Ich bin noch nicht gezähmt!"
„Ah, Verzeihung!", sagte der kleine Prinz. Aber nach einiger Überlegung fügte er hinzu: „Was bedeutet das: ‚zähmen'?" […]
„Das ist eine in Vergessenheit geratene Sache", sagte der Fuchs. „Es bedeutet: ‚sich vertraut machen'."
„Vertraut machen?"
„Gewiss", sagte der Fuchs. „Du bist für mich noch nichts als ein kleiner Knabe, der hunderttausend kleinen Knaben völlig gleicht. Ich brauche dich nicht, und du brauchst mich ebenso wenig. Ich bin für dich nur ein Fuchs, der hunderttausend Füchsen gleicht. Aber wenn du mich zähmst, werden wir einander brauchen. Du wirst für mich einzig sein in der Welt. Ich werde für dich einzig sein in der Welt …"
„Ich beginne zu verstehen", sagte der kleine Prinz. „Es gibt eine Blume … ich glaube, sie hat mich gezähmt …" […]
Der Fuchs verstummte und schaute den Prinzen lange an: „Bitte … zähme mich!", sagte er. […]
„Was muss ich da tun?" sagte der kleine Prinz.
„Du musst sehr geduldig sein", antwortete der Fuchs. „Du setzt dich zuerst ein wenig abseits von mir ins Gras. Ich werde dich so verstohlen, so aus dem Augenwinkel anschauen, und du wirst nichts sagen. Die Sprache ist die Quelle der Missverständnisse. Aber jeden Tag wirst du dich ein bisschen näher setzen können …"
Am nächsten Tag kam der kleine Prinz zurück. […] So machte denn der kleine Prinz den Fuchs mit sich vertraut. Und als die Stunde des Abschieds nahe war:
„Ach!", sagte der Fuchs, „ich werde weinen. […] Du wirst wiederkommen und mir adieu sagen

und ich werde dir ein Geheimnis schenken." [...] Und der kleine Prinz kam zum Fuchs zurück. [...] „Adieu!", sagte der Fuchs. „Hier mein Geheimnis. Es ist ganz einfach: Man sieht nur mit dem Herzen gut. Das Wesentliche ist für die Augen unsichtbar. [...] Die Menschen haben diese Wahrheit vergessen, [...] aber du darfst sie nicht vergessen. Du bist zeitlebens für das verantwortlich, was du dir vertraut gemacht hast."

nach Antoine de Saint-Exupéry

Antoine de Saint-Exupéry: französischer Schriftsteller und Pilot (1900-1944); berühmtestes Werk: „Der kleine Prinz"

M3 Gegenüber Tieren nicht grausam sein

Mary Wollstonecraft

Wer Eltern und Geschwister oder auch nur die Haustiere nicht lieben gelernt hat, findet selten zu großer Menschenliebe. [...] Der menschliche Umgang mit dem Tier sollte ein wichtiger Teil der staatlichen Erziehung sein, gehört er doch im Augenblick nicht zu unseren nationalen Tugenden. [...] Gewohnheitsmäßige Grausamkeit [gegenüber Tieren] wird meist in der Schule erworben, wo die Knaben in ihrer kargen Freizeit die armen Kreaturen quälen, die ihnen in die Hände fallen. [...] Gerechtigkeit oder auch Güte können nur dann ein Maßstab des Handelns sein, wenn sie sich auf die ganze Schöpfung beziehen. Meiner Meinung nach ist es fast schon ein Grundsatz, dass ein Mensch, der das Leiden anderer ungerührt mit ansehen kann, auch bald lernen wird, Leid zuzufügen.

karg: wenig

Kreatur: Geschöpf, Lebewesen

Güte: freundliche Einstellung gegenüber jemandem

Schöpfung: die von Gott erschaffene Welt

Mary Wollstonecraft, Tugend
> Ethik-Glossar

AUFGABEN

1 Schreibe eine kurze Geschichte zu dem Bild. Wer ist der Mann? In welchem Verhältnis steht er zu dem Hund? Was ist vorher passiert? Wie geht es weiter? > M1

2 Lest nun den Text und diskutiert, ob Hunde oder andere Tiere bessere Freunde sein können als Menschen. Berücksichtigt dabei die Gemeinsamkeiten und Unterschiede zwischen Mensch und Tier. > M1

3 Erkläre, was der Fuchs unter „zähmen" versteht. > M2

4 Begründe, ob man die Beziehung zwischen dem kleinen Prinzen und dem Fuchs als Freundschaft bezeichnen kann. > M2

5 Der kleine Prinz pflegt auf seinem Heimatplaneten eine Rose, mit der er sogar spricht. Diskutiert, ob Menschen auch mit Pflanzen befreundet sein können. > M2

plus 6 Führt ein Schreibgespräch zur Aussage des Fuchses „Man sieht nur mit dem Herzen gut. Das Wesentliche ist für die Augen unsichtbar". Inwiefern lässt sich die Aussage auf Tiere beziehen? > M2

7 Erläutere, warum Mary Wollstonecraft die Grausamkeit gegenüber Tieren ablehnt. > M3

plus 8 Das Zitat von Mary Wollstonecraft ist aus dem 18. Jahrhundert. Schreibe einen fiktiven Brief an die Philosophin, in dem du Stellung zu ihren Aussagen nimmst. Welche Aussagen über den Umgang mit Tieren treffen heute noch zu? > M3

plus 9 Recherchiere, was das Tierschutzgesetz in Deutschland zum Umgang mit Tieren vorschreibt. Überprüfe, ob du einzelne Vorschriften ergänzen oder ändern würdest.

TIPP
Zum Tierschutzgesetz siehe auch S. 95, M3

Glück haben oder glücklich sein?

M1 Schwein gehabt

Bestimmt hattest du schon einmal eine schwere Klassenarbeit oder Musikaufführung vor dir und warst sehr aufgeregt. Vielen Menschen helfen in solchen Situationen Glücksbringer, um sich sicherer zu fühlen. Es gibt Glücksbringer, die allgemein bekannt sind, wie zum Beispiel ein kleines Glücksschwein oder ein vierblättriges Kleeblatt. Doch auch ganz persönliche Gegenstände können als Glücksbringer dienen. Sie werden Talisman genannt. Das können Schmuckstücke, Kuscheltiere oder auch eine besonders schöne Muschel aus dem letzten Urlaub sein. Jogi Löw, der Trainer der deutschen Fußballnationalmannschaft, hat etwa einen „Glückspulli". Er ist fest davon überzeugt, dass der Pullover dem deutschen Team bei der WM […] Glück gebracht hat.

Aktion Schulstunde zur ARD-Themenwoche „Zum Glück"

M2 Das alles ist „Glück"

„Da hattest du aber Glück im Unglück."

„Du Glückspilz!"

„Trautes Heim, Glück allein!"

„Er hatte mehr Glück als Verstand."

„Jeder ist seines Glückes Schmied."

„Glück und Glas, wie leicht bricht das."

„Dem Glücklichen schlägt keine Stunde."

„Denn eine Schwalbe macht noch keinen Frühling und auch nicht ein Tag. So macht auch nicht ein Tag oder eine kleine Zeitspanne den Menschen glücklich und selig."
Aristoteles

„Der Mensch vermehrt sein Glück in dem Maße, in welchem er es anderen verschafft." *Jeremy Bentham*

„Das größte Glück des Menschen ist, dass er selber Urheber seiner Glückseligkeit ist, wenn er fühlt, das zu genießen, was er sich selbst erworben hat." *Immanuel Kant*

Aristoteles, Jeremy Bentham, Immanuel Kant
> Ethik-Glossar

M3 Die Lebenshaltung des Habens

Der Philosoph Erich Fromm unterscheidet in seinem Buch „Haben oder Sein" (1976) zwei Lebenshaltungen: das Haben und das Sein. Zum Haben schreibt er Folgendes:

Existentielles Haben: Um überleben zu können, ist es erforderlich, dass wir bestimmte Dinge haben, behalten, pflegen und gebrauchen. Dies gilt für unseren Körper, für Nahrung, Wohnung, Kleidung und für die Werkzeuge, die zur Befriedigung unserer Grundbedürfnisse vonnöten sind. Dieses funktionale Haben kann man auch als existentielles Haben bezeichnen, da es in der menschlichen Existenz wurzelt. […] Existentielles (funktionales) Haben gerät nicht in Konflikt mit dem Sein, wohl aber charakterbedingtes Haben.

Erich Fromm
> Ethik-Glossar

Grundbedürfnisse: Bedürfnisse, die erfüllt sein müssen, damit man leben kann (z. B. essen, trinken, schlafen).

Charakterbedingtes Haben: In der aufs Haben orientierten Existenz ist die Beziehung zur Welt die des Besitzergreifens und Besitzens, eine Beziehung, in der ich jedermann und alles, mich selbst mit eingeschlossen, zu meinem Besitz machen will.

Ein Beispiel: Der Besitz eines Autos erscheint denjenigen, die eines haben, als vitale Notwendigkeit, allen übrigen, die diesen Besitz erst anstreben, als Inbegriff des Glücks. Dennoch ist die Zuneigung zum eigenen Wagen nicht tief und dauerhaft, sie ist von kurzer Dauer, denn die Besitzer wechseln ihre Wagen häufig; nach ein, zwei Jahren hat man das alte Auto satt und hält Ausschau nach einem neuen, wobei möglichst ein „gutes Geschäft" dabei herausspringen soll.

funktional: auf eine bestimmte Aufgabe bezogen

existentiell: lebenswichtig

Konflikt: Streit, Widerstreit

vitale Notwendigkeit: Lebensnotwendigkeit

M4 Die Lebenshaltung des Seins

In der Existenzweise des Seins kann mehr als ein Mensch, können in der Tat Millionen Menschen sich an der gleichen Sache erfreuen, da keiner von ihnen sie *haben* muss, um sie genießen zu können.

Diese Tatsache verhindert nicht nur Streit, sie bewirkt eines der tiefsten Erlebnisse menschlichen Glücks, *geteilte Freude.* Nichts vereinigt Menschen mehr (ohne ihre Individualität einzuengen) als ihre gemeinsame Bewunderung und Liebe für einen Menschen oder wenn sie durch einen Gedanken, ein Musikstück, ein Gemälde oder ein Ritual verbunden sind oder gar das Leiden teilen.

M3/M4: Erich Fromm

Individualität: Einzigartigkeit, auch: Persönlichkeit

Ritual: Brauch, Gewohnheit

AUFGABEN

1 Recherchiert im Internet einige Glücksbringer und deren Bedeutung. > M1

plus 2 Gestalte deinen eigenen Glücksbringer. Erläutere, inwiefern dieser für dich Glück symbolisiert. > M1

3 Diskutiert, ob Glücksbringer wirklich Glück bringen. > M1

4 Begründe, in welchen dieser Redewendungen und Zitate „Glück" eher für „glücklich sein", in welchen eher für „Glück haben" steht. > M2

5 Stelle in einer Tabelle die Merkmale von „glücklich sein" und „Glück haben" gegenüber. Ordne dazu die folgenden Begriffe ein: Empfindung bzw. Gefühl – Zufall – eigene Anstrengung – luck – happiness – Zufriedenheit mit dem Leben – langer Zeitraum – kurzer Moment – äußere Umstände. > M2

plus 6 Entwerft eine Collage zum Thema „Glück". Stellt dabei die Aspekte „Glück haben" und „glücklich sein" dar. > M2

7 Erkläre, worin sich „existentielles Haben" und „charakterbedingtes Haben" unterscheiden. > M3

8 Entwerft jeweils ein Standbild zur Lebenshaltung des charakterbedingten Habens und zur Lebenshaltung des Seins nach Erich Fromm. Diskutiert im Anschluss, welcher Weg zu einem glücklichen Leben führt. > M3/M4

9 Begründe, für welche Lebenshaltung du dich entscheiden würdest. > M3/M4

symbolisieren: sinnbildlich darstellen

Was brauchen wir zum guten Leben?

M1 Koffer packen

Du bekommst einen großen Koffer, in den du die Dinge packen darfst, die dir wichtig sind und von denen du denkst, dass du sie unbedingt benötigst. Die Größe spielt keine Rolle, da der Koffer ein geheimnisvolles „Komprimier-Programm" enthält. Du musst für den Zoll des fremden Landes aber eine Liste anfertigen mit allen Gütern, die du einführen willst.

komprimieren: zusammenpressen

M2 Bedürfnisse im internationalen Vergleich

Jugendliche aus aller Welt wurden gefragt, was sie zum (guten) Leben benötigen. Hier einige Antworten:

Aus Tansania:

„Bildung ist wichtig, eine gesunde Umwelt, Liebe, Sicherheit und die Freiheit, meinen eigenen Glauben zu leben. Dass ich glauben darf, was ich möchte. Außerdem brauche ich ein gutes Haus und etwas Geld für meine nötigsten Bedürfnisse."

Aus Tansania:

„Unser Problem hier ist das Wasser. Die Brunnen sind zu weit entfernt, also bekommen wir nicht genug Wasser. Auch haben wir nicht die medizinische Versorgung, die wir benötigen. Und für Entwicklung bräuchten wir Elektrizität."

Aus Sri Lanka:

„Zum Leben braucht man nur Luft, Wasser und etwas zu Essen. Diese Dinge sind lebenswichtig. Schön wäre es, für ein gutes Leben auch ein Auto, ein Haus und ein gutes Ansehen im Dorf zu haben."

Aus Sri Lanka:

„Unser Leben basiert auf Liebe. Für uns Kinder ist die Liebe der Mutter und des Vaters sehr wichtig. Sie zahlen und sorgen für uns."

Aus Deutschland:

„Das Wichtigste im Leben ist für mich, dass ich Menschen habe, auf die ich mich verlassen kann – wie meine Familie und meine Freunde – und dass ich immer einen Ort habe, wohin ich zurückkehren kann, wenn es mir schlecht geht."

Aus Deutschland:

„Wichtig ist für mich, dass ich viel von der Welt sehen und das Leben genießen kann. Ich möchte so leben können, wie ich das will, und nicht so, wie es mir vorgeschrieben wird."

Global Lernen

M3 Fähigkeiten zum guten Leben

Die amerikanische Philosophin Martha Nussbaum hält bestimmte menschliche Fähigkeiten für notwendig, um ein gutes Leben zu führen.

Martha Nussbaum
> Ethik-Glossar

Die genannten Fähigkeiten sind für ein menschliches Leben von grundlegender Bedeutung. Wir behaupten, dass bei einem Leben, dem eine dieser Fähigkeiten fehlt, ernsthaft bezweifelt werden kann, ob es wirklich menschliches ist, unabhängig davon, was es sonst noch aufweist.

Martha Nussbaum

AUFGABEN

1 Erstelle für den Zoll des fremden Landes die Liste mit deinen ausgewählten Gütern und begründe, warum du sie einführen willst (z. B. Handy → „Ich will in dem fernen Land immer erreichbar sein und Nachrichten schicken können."). > M1

2 Erläutere, welche Lebenseinstellung du mit deinen Gütern aus Aufgabe 1 verbindest (z. B. „Zu einem guten Leben gehört der ständige Kontakt zu meinen Freunden oder Freundinnen, weil mir Freundschaften sehr wichtig sind und ich sie pflegen möchte."). > M1

plus 3 Recherchiere im Internet wichtige Informationen zu den Ländern, aus denen die Jugendlichen kommen (Geografie, Bevölkerung, politisches System, Wirtschaft). > M2

4 Liste die genannten Bedürfnisse auf. Welche Gemeinsamkeiten, welche Unterschiede gibt es? > M2

5 Prüft, ob die Bedürfnisse der Jugendlichen sich mit der Liste von Martha Nussbaum vereinbaren lassen. Diskutiert dann, ob und inwiefern die Jugendlichen in ihren Herkunftsländern die Fähigkeiten zu einem guten Leben entwickeln können. > M2/M3

6 Diskutiert, ob ihr die von Nussbaum aufgeführten Fähigkeiten noch ergänzen oder sogar einige wegstreichen würdet. > M3

Welche Rolle spielt das Geld beim Glück?

im Geld schwimmen: sehr viel Geld besitzen

M1 Im Geld schwimmen

M2 Ich wär' so gerne Millionär

Refrain
Ich wär' so gerne Millionär,
Dann wär mein Konto niemals leer.
Ich wär' so gerne Millionär,
millionenschwer
Ich wär' so gerne Millionär.

1. Ich hab' kein Geld, hab' keine Ahnung,
doch ich hab 'n großes Maul.
Bin weder Doktor noch Professor,
aber ich bin stinkend faul.
Ich habe keine reiche Freundin
und keinen reichen Freund.
Von viel Kohle hab' ich bisher
leider nur geträumt.

2. Was soll ich tun, was soll ich machen?
Bin vor Kummer schon halb krank.
Hab' mir schon paar Mal überlegt:
Vielleicht knackst du eine Bank.
Doch das ist leider sehr gefährlich,
bestimmt werd' ich gefasst
und außerdem bin ich doch ehrlich und
will nicht in den Knast.

3. Es gibt so viele reiche Witwen,
die begehr'n mich sehr.
Sie sind scharf auf meinen Körper,
doch den geb' ich nicht her.
Ich glaub', das würd' ich nicht verkraften
um keinen Preis der Welt.
Deswegen werd' ich lieber Popstar
und schwimm' in meinem Geld.

Die Prinzen

Knast: umgangssprachlicher Begriff für Gefängnis

Kohle: (hier) umgangssprachlicher Begriff für Geld

M3 Macht mehr Geld zufriedener?

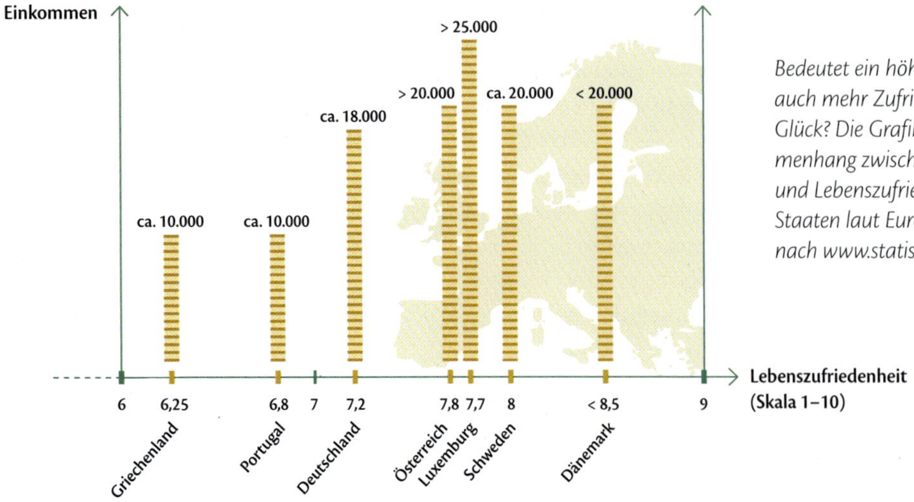

Bedeutet ein höheres Einkommen auch mehr Zufriedenheit und Glück? Die Grafik zeigt den Zusammenhang zwischen Einkommen und Lebenszufriedenheit in den EU-Staaten laut Eurostat 2014 (Grafik nach www.statista.de).

M4 Kann man alles kaufen?

Das Geld ist für fast alles nützlich, aber dennoch kann man mit ihm keine echte Freundschaft kaufen (für viel Geld bekommt man Unterwürfigkeit, Schmarotzer als Freunde oder käuflichen Sex, aber nicht mehr). Also, ein Videogerät kann einem anderen ein Ersatzteil geben, aber keinen Kuss. Wenn wir Menschen einfache Sachen wären, würde uns das genügen, was uns die Sachen geben können. Aber das ist die Komplikation, von der ich gesprochen habe: Weil wir keine reinen Sachen sind, brauchen wir „Dinge", die die Sachen nicht haben. Wenn wir die anderen wie Sachen behandeln, [...] erhalten wir von ihnen ebenfalls nur Sachen: Auf Druck geben sie Geld heraus, dienen uns (wie Automaten), gehen weg, kommen herein, berühren uns oder lachen, wenn wir den richtigen Knopf drücken. Aber auf diese Weise geben sie uns niemals die [...] Güter, die nur Menschen geben können. So erhalten wir keine Freundschaft, keinen Respekt und noch viel weniger Liebe.

Keine Sache [...] kann uns diese Freundschaft, Achtung, Liebe, mit einem Wort, diese fundamentale Anteilnahme geben, die man sich nur unter Gleichen gewährt und die uns – [...] die wir Menschen sind – nur die Menschen geben können, die wir als solche behandeln.

nach Fernando Savater

schmarotzen: faul auf Kosten anderer leben

Komplikation: Schwierigkeit

fundamental: sehr wichtig

M5 Glücklich ohne Geld?

Raphael Fellmer lebt komplett ohne Geld – er verdient nichts, er bezahlt nichts. [...] Er ernährt sich vegan von weggeworfenen Lebensmitteln, die noch genießbar sind, aber nicht mehr verkauft werden können. „Lebensmittel retten" nennt er das. Seine Klamotten bekommt er gebraucht von Freunden und Verwandten. Mit seiner Konsumverweigerung will der dreißigjährige Berliner aufzeigen, wie viele Ressourcen heute unnötig verschwendet werden. *http://www.raphaelfellmer.de*

vegane Ernährung: Verzicht auf tierische Produkte

Konsum: Verbrauch von Gütern

Ressourcen: Rohstoffe

AUFGABEN

1 Schreibe in eine Sprech- oder Gedankenblase, was Dagobert Duck in dieser Situation fühlen oder denken könnte. > M1
2 Begründe, ob du auch gern im Geld schwimmen würdest. > M1
3 Nenne Dinge, die du machen würdest, wenn du eine Million Euro besitzen würdest. > M2
4 Beurteile, welche Möglichkeiten du für moralisch vertretbar hältst, um an Geld zu gelangen. > M2
5 Untersuche den Zusammenhang zwischen Einkommen und Lebenszufriedenheit. > M3
6 Gestalte ein Schaubild, das zeigt, was sonst noch das Glücklichsein fördert oder erschwert. Du kannst die Dinge oder Umstände mit positivem Einfluss durch Ballons und die mit negativem Einfluss durch Gewichte darstellen. > M3
7 Nenne Merkmale, die den Menschen von einem Ding unterscheiden. > M4
8 Erläutere, ob sich alle Bedürfnisse durch Kaufen befriedigen lassen. > M4
9 Stell dir vor, du müsstest eine Woche lang ohne Geld auskommen. Schreibe einen Tagebucheintrag. > M5
plus 10 Schreibe einen Kommentar zur Lebensweise von Raphael Fellmer. Nimm dabei die Frage „Welche Rolle spielt das Geld beim Glück?" als Ausgangspunkt. > M5

Machen Drogen glücklich?

M1 Die Erlebnismaschine

Neuropsychologe: Wissenschaftler, der Vorgänge im zentralen Nervensystem und deren Auswirkungen auf psychische, geistige Prozesse untersucht

Elektrode: Teil, das elektrischen Strom weiterleitet

Man stelle sich eine Erlebnismaschine vor, die einem jedes gewünschte Erlebnis vermittelt. Super-Neuropsychologen können das Gehirn so reizen, dass man glaubt und das Gefühl hat, man schriebe einen großen Roman, schlösse eine Freundschaft oder läse ein interessantes Buch. Dabei schwimmt man die ganze Zeit in einem Becken und hat Elektroden ans Gehirn angeschlossen. [...] Danach kommt man zehn Minuten oder Stunden aus dem Becken heraus und kann sich seine Erlebnisse für die nächsten zwei Jahre aussuchen. Während man im Becken schwimmt, weiß man natürlich nichts davon; man glaubt, alles, was man erlebt, geschähe wirklich. *Robert Nozick*

M2 Genuss oder Sucht?

M3 Sucht hat viele Gesichter

Der Begriff Sucht geht zurück auf das althochdeutsche Wort „siechen" (an einer Krankheit leiden; vgl. das englische Wort „sick" für krank). Er bezeichnet das dringliche Verlangen nach einem bestimmten Gefühls- und Erlebniszustand. In medizinischen und sozialen Bereichen ist der Begriff Sucht heute nicht mehr gebräuchlich. Mittlerweile spricht man von einer Abhängigkeit. Man unterscheidet stoffliche Abhängigkeiten (z. B. von Alkohol, Zigaretten, Haschisch, Ecstasy, LSD, Kokain, Heroin) und nichtstoffliche Abhängigkeiten (z. B. Essstörungen, Computersucht, Kaufsucht), die auch als Verhaltenssüchte bezeichnet werden. Solche Abhängigkeiten sind Krankheiten, die von Fachleuten behandelt werden müssen.

M4 Drogen in der Clique

Im Buch „Wir Kinder vom Bahnhof Zoo" (1978) schildert die Berlinerin Christiane F., wie sie als Jugendliche immer weiter in die Drogensucht abrutschte.

Meine Familie war die Clique. Da gab es so was wie Freundschaft, Zärtlichkeit und irgendwie auch Liebe. Schon der Kuss bei der Begrüßung gefiel mir eben wahnsinnig. Jeder küsste jeden zärtlich und freundschaftlich. Mein Vater hatte mich nie so geküsst. Probleme gab es in der Clique nicht. Wir redeten nie über unsere Probleme. Keiner belästigte den anderen mit seinem Scheiß zu Hause oder auf der Arbeit. Wenn wir zusammen waren, gab es für uns die miese Welt der anderen gar nicht. Wir redeten über Musik und Dope. […] Nach dem Trip fühlte ich mich echt wie die anderen aus der Clique. Der Trip war unheimlich schau gewesen. […] Die meisten kommen bei der ersten Pille auf einen Horrortrip. Aber ich hatte das ganz cool durchgestanden. Ich fühlte mich bestätigt. Ich nahm die Pille jetzt, wenn ich sie bekam.

M5 Härtere Drogen

Irgendwann gab es dann aber einen Stillstand in der Gruppe. Shit, also Haschisch, und Trips gaben nicht mehr den richtigen Kick. Man hatte sich daran gewöhnt. Irgendwie war das der Normalzustand, auf Shit oder Pille breit zu sein. Es brachte keine neue Erfahrungen mehr. […] Das Heroin kam rein wie eine Bombe. Auch in unserer Clique wurde jetzt ständig über H gequatscht. Eigentlich waren alle dagegen. Es gab ja für uns schon genügend Beispiele von Leuten, die das H kaputtgemacht hatte. Aber dann probierte doch einer nach dem anderen den ersten Druck, und die meisten blieben dabei. […] Während der Schulstunden, an denen ich noch teilnahm, pennte ich nun völlig apathisch vor mich hin. Oft richtig tief, mit geschlossenen Augen, den Kopf auf der Bank. Wenn ich morgens viel Dope gehabt hatte, bekam ich nur ganz mühsam ein paar Worte raus. Die Lehrer mussten merken, was mit mir los war. Aber nur ein einziger sprach mich in dieser Zeit mal auf Rauschgift an und fragte sogar nach meinen Problemen. Die anderen taten so, als wäre ich eben eine faule, verpennte Schülerin und schrieben mir Sechsen an.

M4/M5: Christiane F.

Dope:
Droge, besonders Haschisch

Trip:
Rauschzustand nach dem Genuss von Drogen

schau:
umgangssprachlicher und veralteter Begriff für „wunderbar"

Kick:
durch Drogen hervorgerufene Hochstimmung

apathisch:
teilnahmslos, gleichgültig

AUFGABEN

1 Fertige eine Skizze mit einer Erklärung an, wie Nozicks Erlebnismaschine aussehen und funktionieren könnte. > M1

2 Begründe, ob du dich an die Erlebnismaschine anschließen lassen würdest. > M1

3 Erkläre den Zusammenhang zwischen der Erlebnismaschine und dem Konsum von Drogen. > M1

4 Beschreibt die Bilder. Diskutiert, ob ihr mit der jeweils dargestellten Situation eher den Begriff „Genuss" oder den Begriff „Sucht" verbindet. > M2

5 Wähle ein Bild aus und schreibe in eine Sprech- oder Gedankenblase, was die dargestellten Personen denken oder fühlen könnten. > M2

6 Entwerft Cluster zu den Begriffen „Sucht" und „Glück". > M3

7 Führt in Kleingruppen eine Internetrecherche zu verschiedenen stofflichen und nichtstofflichen Süchten durch. Gestaltet aus den Ergebnissen Plakate und geht dabei auf folgende Aspekte ein: Welche Ursachen hat die Sucht? Woran erkennt man sie? Welche Hilfsmöglichkeiten gibt es für Betroffene und Angehörige? Präsentiert eure Ergebnisse in einem Museumsgang. > M3

8 Sammelt Gründe dafür, dass Christiane beginnt, Drogen zu nehmen. Erklärt, warum es nicht beim Haschischkonsum geblieben ist. > M4

9 Erkläre, welche Folgen der Drogenkonsum bei ihr kurz- und langfristig hat. > M4/M5

plus **10** Recherchiere im Internet, was aus Christiane F. geworden ist. > M4/M5

TIPP
Besucht den Verein „Karuna" in Berlin-Reinickendorf. Dieser bietet Mitmach-Parcours zu den Themen Rauchen, Alkohol, Cannabis, Glücksspiel und Internet an. Informationen: http://www.karuna-prevents.de/

Können Tiere Glück empfinden?

M1 Bitte lächeln!

M2 Haben Tiere eine Seele?

Lieber Vittorio,

vielen Dank für Deine beiden Briefe! Entschuldigung, dass ich so spät schreibe, aber in der letzten Woche hatte ich ziemlich viel zu tun. Na ja, als erstes werde ich Deinen ersten Brief, so gut es geht, beantworten. Also, mir hat sich eine Frage gestellt: Haben Tiere wirklich keine Seele? Das war doch auch Renés Frage, oder? Er ist zu dem Schluss gekommen, dass Tiere keine Seele haben, stimmt's? Ich weiß nicht so recht, was ich dazu sagen soll, denn bei unserem Hund kann man viele Eigenschaften feststellen die eigentlich zu einer Seele gehören. Zum Beispiel: Er kann Freude, Schmerz, Trauer (wenn er jault) und auch ein bisschen Heimweh empfinden. Aber das sind ja nicht alle Eigenschaften einer Seele. Da gibt es ja noch die Liebe oder den Verstand. Huch, da fällt mir etwas auf: Etwas Verstand müssen Tiere doch auch haben, denn Tiermütter sorgen sich ja ganz zärtlich um ihre Kinder, und tadeln tun sie sie auch! Hm, das ist wirklich sehr schwer! Vielleicht haben Tiere auch eine Art Tierseele? Oder eine halbe Seele? Was meinst Du denn? Gehört Freude zum Bewusstsein? Haben Tiere vielleicht nur ein Bewusstsein, keine richtige Seele? Vielleicht haben Tiere eine Erkenntnis!? Aber eines kannst Du René sagen: Tiere sind sicherlich keine Computer! […]

Deine Nora

Vittorio Hösle

René Descartes, Seele
> Ethik-Glossar

TIPP
Wenn du wissen möchtest, was Vittorio Nora geantwortet hat, dann lies nach: Vittorio Hösle: Das Café der toten Philosophen. München: C.H. Beck 1998, S. 29ff.

M3 Ich wollt, ich wär' kein Huhn

Gerd Bauer

M4 Glückliche Hühner

Idyllisch ist das Bild, das sich auf dem Bioland-Hof der Familie Bonhoff […] bietet. Hier laufen Hühner auf der grünen Wiese […]. Der Tag des Huhns beginnt dabei, wie Hubert Bonhoff erklärt, um 5.30 Uhr im Stall mit einem durch eine Lichtanlage gesteuerten Sonnenaufgang. Es folgen putzen, trinken und essen, bevor es dann an die „Arbeit" geht. „Zwischen sieben und neun Uhr werden fast 90 Prozent der Eier gelegt", sagt Bonhoff […]. Danach haben die Hühner Freizeit. „Hühner beschäftigen ist eine Kunst", sagt Herbert Bonhoff. Nicht zuletzt deshalb gibt es pro Huhn, neben dem Legehennenfutter von einem Biobetrieb, 15 bis 20 Gramm Körner, die im Außenbereich verscharrt werden. Wenn nicht gerade Dauerregen herrscht, geht es gegen 10 Uhr auf die Wiese – ganz zur Freude der Hühner, wie der „Chicken-Run" – der Sprint aufs Feld – zeigt. Ein Hektar Auslauf steht zur Verfügung. Macht zehn Quadratmeter pro Huhn. In der konventionellen Haltung […] beträgt der die Größe eines DIN-A4-Blattes.

Isabell Hülser

idyllisch: schön und friedlich

konventionelle Tierhaltung: Massentierhaltung

AUFGABEN

1 Beschreibe das Foto. Begründe, ob der Affe glücklich aussieht. > M1

2 Führe die folgende Gedankenkette fort: > M1
Affen haben **Empfindungen**. **Empfindungen** sind wichtig, um glücklich zu sein. **Glücklich zu sein** heißt …
Deshalb finde ich, dass der Affe glücklich ist / nicht glücklich sein kann.

3 Schreibe Nora einen fiktiven Antwortbrief. Nimm darin begründet Stellung zu ihren Überlegungen, ob Tiere eine Seele haben. > M2

4 Beschreibe die Karikatur und erläutere das darin dargestellte Problem. > M3

5 Schreibe aus Sicht eines Huhns einen Tagebucheintrag. Begründe darin, ob du auf dem Bauernhof der Familie Bonhoff glücklich bist. > M4

6 Führt eine Talkshow durch zum Thema „Sollte die Käfighaltung verboten werden?" Informiert euch dazu über die verschiedenen Haltungsformen von Legehühnern (Käfig-, Boden-, Freiland-, ökologische Haltung). Als Gäste eingeladen sind: ein konventioneller Bauer, ein Bio-Bauer, ein Tierschützer, ein Supermarkt-Betreiber und ein Auszubildender, der nicht viel Geld zur Verfügung hat. > M3/M4

Wie kann ich ethische Begriffe besser verstehen?

Methodenkompetenz: Begriffe klären

Manchmal verwendet man in Diskussionen ethische Begriffe (z. B. Identität, Freundschaft, Glück, Gerechtigkeit, Wahrheit), ohne sie genau zu verstehen. Um die Bedeutung und den Inhalt eines Begriffs zu erschließen, kannst du wie folgt vorgehen:

- **Den Begriff einordnen:** Finde über- und untergeordnete Begriffe, die zu dem zu klärenden Begriff gehören.
- **Beispiele untersuchen:** Untersuche Fallbeispiele, die typische Merkmale des jeweiligen Begriffs aufweisen. Indem du die Gemeinsamkeiten dieser Fallbeispiele herausarbeitest, bestimmst du den Begriff näher.
- **Den Begriff abgrenzen:** Wähle einen Begriff, der dem Begriff, den du bestimmen möchtest, ähnlich oder entgegensetzt ist. Untersuche, durch welche Merkmale sich die beiden Begriffe unterscheiden.
- **Definition erarbeiten:** Formuliere aufgrund deiner Arbeitsergebnisse eine allgemeine Erklärung.

Im Folgenden werden zwei Methoden vorgestellt, die du für die Begriffsklärung nutzen kannst: das „Akrostichon" und der „verrückte Fall".

TIPP
Folgende Methoden helfen dir auch, ethische Begriffe zu klären:
> Elfchen
> Cluster bilden
> Mindmap

Definition:
genaue Bestimmung eines Begriffs, indem sein Inhalt erklärt wird

M1 Akrostichon

Bei einem Akrostichon handelt es sich um ein Schreibspiel, bei dem du die einzelnen Buchstaben eines Wortes senkrecht in Großbuchstaben untereinander schreibst. Jeder Buchstabe stellt dabei den Anfang eines neuen Wortes oder auch einer ganzen Zeile dar. Dabei ist es wichtig, dass die neuen Wörter oder die neuen Zeilen zusammengenommen inhaltlich auch zu dem senkrechten Begriff passen. Zusammen bzw. hintereinander gelesen ergeben die einzelnen Zeilen dann oftmals sogar ein Gedicht. Die Methode des Akrostichons hilft dir so, passende Unterbegriffe zu einem ethischen Begriff zu finden.

Beispiel: Begriff „Freunde"

F reunde –
R ichtige Freunde sind
E hrlich
U nd überlassen dich
N icht
D er
E insamkeit

M2 Der verrückte Fall

Die Methode des verrückten Falls hilft dir, einen ethischen Begriff anhand von Beispielen zu erklären, wesentliche Merkmale eines Begriffes zu erläutern und eine Definition zu erarbeiten. Und so gehst du dabei vor:

1. Formuliere einen Satz, in dem der ethische Begriff oder abgeleitete Wortarten seltsam oder unwahrscheinlich angewendet werden.
2. Begründe, ob der Satz möglich oder unmöglich ist.
3. Formuliere die negativen Merkmale in positive Merkmale um und leite daraus eine Definition ab.

Idee nach Philip Cam

Beispiel: Der verrückte Pizzabäcker

1. Der Koch ist befreundet mit der Pizza.
2. Das ist nicht möglich, weil eine Pizza kein Lebewesen ist, keine Gefühle hat, nicht sprechen kann und nicht von Dauer ist (z. B. wenn sie aufgegessen oder schlecht wird).
3. Eine Freundschaft ist eine Beziehung zwischen zwei Menschen, die auf gegenseitiger Zuneigung und Vertrauen beruht.

M3 Können Blumen glücklich sein?

„Tante Gerties Blumen sind wieder glücklich", berichtete Fred.

„Blumen können nicht glücklich sein", sagte Alice in der Ecke finster, über eine Schüssel Cornflakes gebeugt. „Tante Gertie spricht gern über Blumen, als ob sie Menschen wären. Aber in Wirklichkeit haben sie gar keine Gefühle. Sie können nicht durstig, traurig oder glücklich sein."

„Ist das richtig, Mama?", fragte Fred enttäuscht.

„Du solltest darüber lieber mit deiner Tante Gertie sprechen", sagte die Mutter, „sie weiß viel mehr über Blumen als wir alle zusammen."

Gareth B. Matthews

AUFGABEN

1 Erstelle ein Akrostichon zum Begriff „Glück". > M1

2 Entwirf einen „verrückten Fall" zum Satz „Tante Gerties Blumen sind glücklich." > M2/M3

3 Führt aufgrund eurer Arbeitsergebnisse aus Aufgabe 2 ein Streitgespräch zu folgender Frage: „Können Blumen glücklich sein?" > M2/M3

Was wir wissen – was wir können

M Sterntaler

Es war einmal ein kleines Mädchen, dem war Vater und Mutter gestorben, und es war so arm, dass es kein Kämmerchen mehr hatte, darin zu wohnen, und kein Bettchen mehr hatte, darin zu schlafen, und endlich gar nichts mehr als die Kleider auf dem Leib und ein Stückchen Brot in der Hand, das ihm ein mitleidiges Herz geschenkt hatte. Es war aber gut und fromm. Und weil es so von aller Welt verlassen war, ging es im Vertrauen auf den lieben Gott hinaus ins Feld. Da begegnete ihm ein armer Mann, der sprach: „Ach, gib mir etwas zu essen, ich bin so hungrig." Es reichte ihm das ganze Stückchen Brot und sagte: „Gott segne dir's", und ging weiter. Da kam ein Kind, das jammerte und sprach: „Es friert mich so an meinem Kopfe, schenk mir etwas, womit ich ihn bedecken kann." Da tat es seine Mütze ab und gab sie ihm. Und als es noch eine Weile gegangen war, kam wieder ein Kind und hatte kein Leibchen an und fror: da gab es ihm seins; und noch weiter, da bat eins um ein Röcklein, das gab es auch von sich hin. Endlich gelangte es in einen Wald, und es war schon dunkel geworden, da kam noch eins und bat um ein Hemdlein, und das fromme Mädchen dachte: „Es ist dunkle Nacht, da sieht dich niemand, du kannst wohl dein Hemd weggeben", und zog das Hemd ab und gab es auch noch hin. Und wie es so stand und gar nichts mehr hatte, fielen auf einmal die Sterne vom Himmel, und waren lauter blanke Taler; und ob es gleich sein Hemdlein weggegeben, so hatte es ein neues an, und das war vom allerfeinsten Linnen. Da sammelte es sich die Taler hinein und war reich für sein Lebtag.

Brüder Grimm

Leib: Körper

fromm: gläubig; auch (veraltet): anständig, ehrlich

Taler: Geldstück

Linnen: Leinen

AUFGABEN

1 Beschreibe die Entwicklung des Lebens des Mädchens in eigenen Worten und formuliere die Botschaft des Märchens in zwei bis drei Sätzen.

2 Bearbeite entweder die folgenden Aufgaben zu den Fähigkeiten nach Martha Nussbaum oder die Aufgaben zu den Lebensformen nach Erich Fromm:

a) Nenne Fähigkeiten, die der Mensch nach Martha Nussbaum für ein gutes Leben braucht.
b) Erläutere, welche Fähigkeiten zu einem guten Leben dem Mädchen zu Beginn der Geschichte fehlen (Z. 1-8).

a) Beschreibe die Lebensformen des Habens und des Seins nach Erich Fromm.
b) Begründe, ob das Mädchen eher der Lebensform des Habens oder der des Seins angehört.

3 Beurteile, ob das Mädchen am Ende der Geschichte glücklich ist. Berücksichtige dabei, welche Rolle Geld beim Glück spielt.

SELBSTDIAGNOSE

1 Übertrage die Tabelle in dein Heft oder lade dir die Tabelle als Arbeitsblatt aus dem Internet herunter und fülle sie aus. Wenn deine Antwort „nicht gut" lautet, schlage die passende Schulbuchseite nach, die dir bei dem Thema weiterhelfen kann, und lies noch einmal nach.

2 Ergänzt zusammen die Tabelle: Was könnt ihr noch? Berücksichtigt auch die Fragen, die ihr in den Sprechblasen zusammengetragen habt (siehe S. 24f.). Markiert alle Fragen, die noch offen sind, farbig.

Ich kann ...	sehr gut	gut	nicht gut
den Begriff „Identität" erläutern.			
die verschiedenen Rollen, die ich im Alltag einnehme, nennen.			
Rollenerwartungen und Rollenkonflikte beschreiben.			
Gefühle benennen und darstellen.			
wichtige Eigenschaften von Freunden begründen.			
die Arten von Freundschaft nach Aristoteles erklären.			
„Glück haben" von „glücklich sein" unterscheiden.			
erläutern, ob sich alle Bedürfnisse durch Geld befriedigen lassen.			
...			

Arbeitsblatt:
Selbstdiagnose-tabelle „Identität und Rolle"

Mediencode: 20081-01

Freiheit und Verantwortung

> Freiheit
> Medien und Konsum
> Verantwortung

AUFGABEN

1 Freiheit heißt für mich … Vervollständige den Satz in Bezug auf die Bilder.

2 Recherchiere oder gestalte selbst ein Bild zum Thema „Freiheit", das deine Vorstellung von Freiheit ausdrückt. Gib deinem Bild eine Überschrift.

3 Führt Interviews mit Mitschülerinnen und Mitschülern, Freundinnen und Freunden oder auch Verwandten und lasst sie benennen, was sie unter Freiheit verstehen. Definiert die verschiedenen Bedeutungen von Freiheit jeweils in einem Satz.

4 Wertet die Interviews aus: Fällt darin auch der Begriff „Verantwortung"? Wenn ja, in welchem Zusammenhang? Besprecht die Ergebnisse und formuliert eigene Fragen zu den Begriffen „Freiheit und Verantwortung", die euch interessieren.

Kann ich frei entscheiden?

M1 Freiheiten

Handlungsfreiheit, Willensfreiheit
> Ethik-Glossar

freier Wille
Handlungsfreiheit
Religionsfreiheit
frei von
Willensfreiheit
frei sein
freier Fall
künstlerische Freiheit
unterrichtsfrei
sorgenfrei
Freizeit
Pressefreiheit
hitzefrei
Meinungsfreiheit
Gedankenfreiheit
persönliche Freiheit
Freiwild

M2 Leotrims Entscheidung

Konsequenzen: Folgen

Montagnachmittag. In der 8. Klasse ist es, wie schon im ganzen letzten Monat, laut. Der junge Lehrer schafft es einfach nicht, die Schülerinnen und Schüler zu bändigen ... Plötzlich reißt der strenge Direktor die Tür auf, schimpft lautstark über das freche Verhalten, das schlechte Benehmen und den fehlenden Respekt vor dem Lehrer. Als er fertig ist, lässt er Leotrim aufstehen. Dieser ist neu in der Klasse und kennt kaum jemanden. „Du nennst mir jetzt die drei, die am häufigsten stören! Die werden jetzt bestraft! Oder du sagst nichts, dann kriegen alle eine Strafe!"
„Das ist aber gemein von Ihnen, Sie ...!", sagt Leotrim und kann gerade noch die Hände vor den Mund halten, bevor er ausspricht, was er gerade denkt. „Na, sag nur was du willst, aber das hat Konsequenzen!", entgegnet der Schulleiter. „Und jetzt will ich die Namen, nennst du sie nun freiwillig oder nicht? Du hast die Wahl, entscheide dich!"

M3 Das ist doch klar – oder doch nicht?

Ein moralisches Dilemma ist eine schwierige Situation, in der man sich zwischen zwei sich widersprechenden Handlungen entscheiden muss, wobei aber beide Entscheidungen problematische Folgen haben werden. Hinter den zwei verschiedenen Entscheidungen steht jeweils ein anderer Wert. Man muss sich für einen entscheiden.

Ein Beispiel für ein moralisches Dilemma ist folgende Situation: Du hast zusammen mit einem Freund in einer Klassenarbeit geschummelt. Dein Freund wird erwischt. Du hast nun zwei Möglichkeiten: Entweder du bist ehrlich und gestehst, auch geschummelt zu haben, oder du verschweigst deine Schummelei und behältst selbst die gute Note. Dein Freund ist dann aber wahrscheinlich enttäuscht, weil du ihm nicht beistehst.

Weitere Beispiele:

A Ein Freund hat dich zu seinem Geburtstag eingeladen und du hast zugesagt. Am Tag vor seiner Feier überrascht dich deine Mutter mit Freikarten für deine Lieblingsband.

B Du hast dich in den Schwarm deiner besten Freundin verliebt. Er fragt dich, ob du mit ihm zusammen ins Kino gehen willst.

C Deine beste Freundin will bei ihrem neuen Freund übernachten und bittet dich, ihrer Mutter zu bestätigen, dass sie bei dir übernachtet.

Dilemma: Zwickmühle, Zwangslage

Werte
> Ethik-Glossar

AUFGABEN

1 Erstelle eine Mindmap, in der du die verschiedenen Begriffe zum Thema „Freiheit" ordnest und mit eigenen Ideen ergänzt. Markiere dann, in welchen Bereichen deines Lebens du frei bist. > M1
2 Erarbeitet in Kleingruppen je ein Standbild mit dem Titel „Freiheit!", das zu einem der Begriffe passt. Lasst es fotografieren und druckt das Foto aus. Erörtert dann gemeinsam, welche Begriffe aus M1 in den Fotos jeweils zu erkennen sind. > M1
3 Stelle in einer Tabelle gegenüber, was dafür und was dagegen spricht, der Forderung des Direktors nachzukommen. > M2
4 Entscheide begründet, wie Leotrim sich verhalten sollte. > M2
5 Notiere in Stichpunkten, wovon (und auch von wem) Leotrims Entscheidung abhängt. > M2
6 Erörtere, inwiefern Leotrim in seiner Entscheidung (un-)frei ist. > M2
7 Welche Werte findest du jeweils in M2 und M3? Benenne, welche Werte sich in der Geschichte mit Leotrim und in dem Beispiel M3 (Schummeln) gegenüberstehen. > M2/M3
8 Wähle ein Beispiel (A, B oder C) aus und führe dazu eine Dilemma-Diskussion durch. > M3
9 Entwickle ein eigenes Dilemma, in dem es dir schwer fallen würde, dich zu entscheiden. Beschreibe, warum die Entscheidung so schwer fällt. > M3

Wie viel Freiheit braucht der Mensch?

M1 Im Museum

Vivien Thiessen

Grundgesetz: Bezeichnung für die Verfassung der Bundesrepublik Deutschland. In der Verfassung legt ein Staat die wichtigsten Regeln für sich selbst und das Zusammenleben der Menschen fest.

Allgemeine Erklärung der Menschenrechte
> S. 130f.

M2 Das Recht auf Freiheit

In Artikel 2 des Grundgesetzes wird die „Freie Persönlichkeitsentfaltung" geregelt. Der Artikel lautet:

(1) Jeder hat das Recht auf die freie Entfaltung seiner Persönlichkeit, soweit er nicht die Rechte anderer verletzt und nicht gegen die verfassungsmäßige Ordnung oder das Sittengesetz verstößt.

(2) Jeder hat das Recht auf Leben und körperliche Unversehrtheit. Die Freiheit der Person ist unverletzlich. In diese Rechte darf nur auf Grund eines Gesetzes eingegriffen werden.

Grundgesetz für die Bundesrepublik Deutschland

Die „Allgemeine Erklärung der Menschenrechte" betont gleich zu Beginn in Artikel 1 die Bedeutung der Freiheit. Das heißt:

Wenn die Menschen zur Welt kommen, sind sie frei und müssen in allem gleich behandelt werden (gerecht und anständig).

http://youth.amnesty.ch

M3 Das Mill-Limit

Der englische Philosoph John Stuart Mill formulierte in seiner Schrift „On Liberty" („Über die Freiheit") im Jahr 1859 eine Grenze für die Freiheit der Menschen. Er meint, dass Menschen freiwillig eine Grenze dafür anerkennen, nicht alles tun zu können, was sie wollen. Sie einigen sich darauf, dass wir Rücksicht aufeinander nehmen, um andere nicht zu schädigen. Diese Grenze nennt man noch heute das „Mill-Limit" und sie gilt bis heute in vielen Ländern als Grundlage der staatlich begrenzten oder eben gewährten Freiheit.
Die Begrenzung der Freiheit durch den Staat ist also nach Mill nur erlaubt, wenn dadurch andere vor einer „Schädigung" bewahrt werden. Was aber einzelne Menschen unter einer Schädigung verstehen, kann sehr verschieden sein. Deshalb müssen folgende drei Kriterien erfüllt sein:

1. Die Schädigung muss mehr als nur nervig und lästig sein.
2. Es darf keinerlei Gründe geben, die die Schädigung rechtfertigen würden.
3. Es muss sicher oder zumindest sehr wahrscheinlich sein, dass diese Schädigung auch passieren wird und die Einschränkung der ausgeübten Freiheit damit vertretbar ist.

John Stuart Mill
> Ethik-Glossar

Limit:
Grenze, die nicht überschritten werden darf

Kriterium:
unterscheidendes Merkmal, Kennzeichen (Plural: Kriterien)

John Stuart Mill

Dies Prinzip lautet: dass der einzige Grund aus dem die Menschheit einzeln oder vereint sich in die Handlungsfreiheit eines ihrer Mitglieder einzumengen befugt ist, der ist: sich selbst zu schützen. Dass der einzige Zweck, um dessentwillen man Zwang gegen den Willen eines Mitglieds einer zivilisierten Gesellschaft rechtmäßig ausüben darf, der ist: die Schädigung anderer zu verhüten.

Handlungsfreiheit
> Ethik-Glossar

AUFGABEN

1 Erkläre, was „Freiheit" hier für die Mutter des Kindes heißt. > M1
2 Schreibe auf, was der Mann der Mutter wohl antwortet. > M1
3 Prüfe, inwiefern die Mutter in M1 sich (nicht) auf Artikel 2 des Grundgesetzes berufen kann. > M1/M2
4 Diskutiert folgende Fragen: Wenn alle Menschen von Geburt an frei sind, warum brauchen Menschen dann überhaupt Regeln? Warum sollten alle Menschen gleich behandelt werden, wenn sie alle doch unterschiedlich sind? > M2
5 Findet in Gruppenarbeit mögliche Gründe, warum diese drei Kriterien angelegt werden. Was sollen sie verhindern? > M3
plus 6 Diskutiert mögliche Probleme bei der Einhaltung der genannten Kriterien. > M3
plus 7 Benenne, wodurch du deine Freiheit im Alltag möglicherweise freiwillig begrenzt. Beispiele: Höflichkeit, Rücksicht ... > M1-M3
8 Entwickelt mindestens drei Regeln, die Eltern und/oder Lehrkräfte bei der Erziehung befolgen sollten. Bedenkt, dass euer gemeinsames Miteinander funktionieren soll, ohne eure Freiheit(en) zu sehr einzugrenzen. > M1/M3
9 Besprecht eure Regeln aus Aufgabe 8 mit euren Eltern und/oder Lehrerinnen und Lehrern. Könnt ihr euch auf gemeinsame Grundlagen einigen? > M1/M3

Muss Freiheit auch geregelt werden?

M1 Meine Freiheit, deine Freiheit

„Freiheit ist niemals nur meine, sondern schließt das Interesse an der Freiheit des anderen mit ein.“

Wolfgang Huber

M2 Gestrandet

M3 Wie können wir frei zusammenleben?

Glaubt man aktuellen Studien, dann verstehen die meisten Deutschen unter Freiheit vor allem, sicher zu leben und vor Gefahren und auch Armut geschützt zu sein. Dafür soll der Staat sorgen. Wie schafft es der Staat aber, dass möglichst alle frei sein können?

Menschen fühlen sich frei, wenn sie tun können, was sie wollen, ohne daran gehindert oder gar deswegen bedroht zu werden. Als frei gilt ein Mensch auch, wenn er sich traut, für das einzustehen, was er wichtig findet, wenn er dafür mutig auch anstrengende Wege geht und die Folgen seiner Handlungen und Entscheidungen trägt.

Der Staat, in dem wir leben, soll die Voraussetzungen für die Freiheit seiner Bürgerinnen und Bürger schaffen, indem er die Menschen beschützt. Das soll er aber so tun, dass der Einzelne möglichst viel von dem tun kann, was er will, ohne die anderen Menschen darin zu beschränken, was sie wiederum tun wollen. Aber Freiheit ist nicht nur der eigene Wille, Freiheit betrifft nicht nur das eigene Wollen und Handeln. Freiheit heißt auch, an die anderen Menschen zu denken und sie nicht in ihrer Freiheit einzuschränken. Jeder soll sein Leben möglichst so leben können, wie er will. Jeder einzelne. Immer. Um der Freiheit willen.

AUFGABEN

1 Wählt in Kleingruppen jeweils ein Bild aus und gestaltet einen Bilddialog. Erklärt anschließend, was Freiheit für die verschiedenen Personen auf den Bildern bedeutet. > M1

2 Diskutiert, ob und wenn ja, inwiefern die Personen in ihrer Freiheit eingeschränkt werden. > M1

3 Stimmst du der Aussage von Wolfgang Huber zu? Begründe deine Antwort und erörtere, was deine Freiheit mit deinem Umgang mit anderen zu tun hat. > M1

4 Im Roman „Herr der Fliegen" von William Golding stranden einige Jungen auf einer einsamen Insel und sind ohne Erwachsene ganz auf sich allein gestellt. Die Bilder zeigen, was in einem solchen Fall geschehen könnte. Besprecht, wie es nach dem dritten Bild weiter gehen könnte. Begründet eure Annahmen. > M2

5 Entscheide begründet, ob die Kinder auf der einsamen Insel freier oder unfreier als vorher in der zivilisierten Welt sind. > M2

6 Entwerft Regeln, die den gestrandeten Kindern eurer Meinung nach helfen können, um miteinander friedlich zu überleben, bis Hilfe kommt. > M2

7 Erstellt eine Verfassung oder einen Regelkatalog mit mindestens fünf Grundsätzen für ein möglichst freies und friedliches Zusammenleben in einer Gruppe. > M2

8 Benenne die Beispiele für Freiheiten, die im Text genannt werden. Welche Voraussetzungen für Freiheit werden genannt? Vergleicht die Ergebnisse mit eurem Regelkatalog aus Aufgabe 7. > M3

Roman
„Herr der Fliegen"
> S. 114, M1/M2

Wie schaffst du dir Freiraum?

M1 Frei von ...

M2 Frei zu ...

M3 Positive und negative Freiheit

Was bedeutet es nun eigentlich, frei zu sein? Darüber haben sich schon viele Philosophinnen und Philosophen Gedanken gemacht. Isaiah Berlin hat die „positive" von der „negativen" Freiheit abgegrenzt und damit eine wichtige Unterscheidung getroffen. Was ist darunter zu verstehen?

Negative Freiheit heißt **frei von** etwas zu sein, zum Beispiel frei von Zwängen und Grenzen zu sein, auch frei von Bedürfnissen. Wenn beispielsweise eine Kuh auf einer Weide steht und kein Gatter sie einsperrt oder eine Taube aus ihrem Käfig in den Himmel flattert, dann ist sie frei von Begrenzungen. Oder wenn du dir den Fuß verstaucht hast, und du vom Sportunterricht befreit wirst, du bist be*freit* vom Unterricht. Wir verstehen unter negativer Freiheit eben diese **Abwesenheit von Beschränkungen**. Eine Handlung ist für jemanden durchführbar, weil keine Grenze ihn aufhält. Auch wenn man beispielsweise seine Meinung frei äußern kann, ohne daran gehindert zu werden, ist das eine Art von negativer Freiheit. Im Unterschied dazu ist **positive Freiheit** ein bisschen schwerer zu beschreiben, weil sie nicht so greifbar ist wie der fehlende Zaun. Aber sie ist deutlich **spürbar** und wirkt sich auf uns aus. Sie ist erlebbar, zum Beispiel wenn du vom Unterricht befreit bist und früher nach Hause gehen kannst, dann kannst du zu Hause wahrscheinlich frei **entscheiden**, was du tun möchtest. Du bist dann **frei zu …** Du könntest dich entschließen, ein Computerspiel zu spielen oder Musik zu hören. Das ist dann positive Freiheit.
Beide Arten von Freiheit hängen zusammen. Manchmal müssen wir erst *frei von* etwas werden, um schätzen zu können, dass wir *frei zu …* sind. Wenn man Zahnschmerzen hatte, ist es toll, *frei von* Schmerz zu sein. Danach weiß man es genau zu schätzen, dass man wieder *frei zu …* ist. Wenn man also etwas kontrolliert und selbstbestimmt handeln kann, dann ist man positiv frei.

Isaiah Berlin:
britischer Philosoph russischer Herkunft (1909-1997)

AUFGABEN

1 Vervollständige die Titel von M1 und M2. Sammelt eure Ergebnisse anschließend in einer Tabelle: Wozu und wovon kann man frei sein? > M1/M2

2 Beschreibe, inwiefern es in den Bildern um Freiheit geht. Verwende hierbei die Begriffe „frei von …" und „frei zu …". > M1/M2

3 Erkläre die Begriffe positive und negative Freiheit in deinen eigenen Worten. Lege dann eine Tabelle an, in der du weitere Beispiele für positive und negative Freiheit einander gegenüberstellst. > M3

4 Benenne, welches der Bilder zur negativen oder positiven Freiheit passt. Suche weitere Bilder zur positiven bzw. negativen Freiheit und begründe deine Zuordnung. > M1-M3

5 Erörtere, in welchem Zusammenhang positive und negative Freiheit stehen. Welche Freiheit erscheint dir als die wichtigste? Begründe deine Antwort. > M1-M3

Was heißt Freiheit unter Freibeutern?

M1 Achtung Piraten!

Das Piratenleben wird in Filmen oft romantisch verklärt. Die Darstellung von Seefahrt und Piraterie, wie sie zum Beispiel in „Fluch der Karibik" gezeigt wird, entspricht jedoch nicht ganz der Wirklichkeit …

M2 Aus dem „Bordbuch des Satans"

Im „Bordbuch des Satans" führt Autor Hans Leip die Leserinnen und Leser durch die aufregende Geschichte der Piraterie. Folgende Begriffserläuterungen sind darin zu finden:

„**Freibeuter:** 1. Seeräuber. 2. Wer rücksichtslos seinen Vorteil sucht."
Sprachbrockhaus 1958

„**Freibeuter, Seeräuber** […] gewissenlose Beutemacher."
Der neue Herder 1949

„**Pirat** von lateinisch pirata, griechisch peirates, zu peiraomei = sich auf Abenteuern versuchen, sein Glück auf See suchen."
Wasserzieher 1918

„Wenn *sie ein Schiff erobern*, darf niemand plündern, um es für sich zu behalten, sondern alles Erbeutete wird ganz und gar unter sie geteilt." *A.O. Exquemelin 1678*

M3 Das Leben von Freibeutern

Die Seefahrer [...] ließen sich durch [...] keine Galgendrohung abschrecken, der menschlichen Begierde nachzugehen, Anteil zu suchen, wo Überfluss herrscht. [...] Wer als [...] Abenteurer, Tunichtgut, Abgeschobener, Flüchtling oder auch als ernsthafter Händler, Handwerker oder Siedler sich in die geheimnisvolle Flur der [...] Inseln verfügte, war vogelfrei. Keine Regierung trat für ihn ein oder übernahm Verantwortung für sein Tun, er war aus jedem Schutz, jeder Aufsicht, aber auch vorerst jeder Besteuerung entlassen.

Trotzdem hatten auch die Piraten das Bedürfnis nach eigenen Gesetzen und einer Gemeinschaft. Bekanntestes Zeugnis davon stellt eine kleine Insel in der Karibik dar, das Piratennest Tortuga:

Die letzte, schwerzugängliche Zuflucht der Desperados unterschiedlicher Nationen [...]. Auf Tortuga herrschte allein die selbstgewählte Ordnung [...], eine Art Demokratie, in der jeder Stimme hatte und seinen Obolus für gemeinsame Auslagen [...] beisteuerte. Solches in Europa und auch in den Kolonien noch völlig ungewohnte Maß von Freiheit gab es selbst auf Jamaika nicht, dem englischen Gegenstück vonTortuga [...]. Tortugas Bukaniere hielten sich abseits, stolz auf ihre größere Unbeschränktheit. Im Gedenken daran, [...] spukt noch heute in zivilisierten Kreisen ein Schein von Romantik um jene unappetitlichen und brutalen Burschen, der sie ganz gewiss nicht schmückte.

M4 Wie frei war das Leben auf See?

Das Leben auf dem Meer war mühsam: Verschmutztes Wasser, verdorbenes Essen, mangelnde Hygiene und Krankheiten gab es auf Piratenschiffen genauso wie auf Handels- und Kriegsschiffen.

Verglichen mit dem Dienst auf Kauffahrern oder gar Kriegsschiffen war das Piratendasein trotzdem höchst verlockend, und nicht nur wegen größerer Gewinngelegenheit. Die würgende Unterordnung dort war hier durch Gleichberechtigung ersetzt. Kapitän und Offiziere, von der Bordgemeinschaft gewählt und durch diese jederzeit absetzbar, wohnten nicht besser als der letzte Mann der Mannschaft, und bei den Mahlzeiten aßen sie alle zu je sieben aus einem Holznapf das gleiche. Freiwillige Selbstdisziplin machte Strafen – die gemeinsam beschlossen wurden – selten [...]. Bei Mord wurde der Mörder mit dem Ermordeten zusammengebunden und ins Meer geworfen. [...] Da jeder wusste, was auf dem Spiel stand: Gewinn oder Galgen, und jeder auf den anderen angewiesen war, auf dessen Anständigkeit und Hilfsbereitschaft, betrug sich jeder danach. *M2-M4: nach Hans Leip*

vogelfrei: ausgestoßen, keine Rechte mehr besitzend

Desperado: ein Verzweifelter; auch: ein Bandit

Obolus beisteuern: einen finanziellen Beitrag beisteuern

Bukaniere: bestimmte Seeräuber

Kolonie: auswärtiges, (politisch) abhängiges Gebiet eines Staates

zivilisiert: Kultur und Bildung habend

Kauffahrer: veralteter Begriff für Handelsschiff

Hygiene: Sauberkeit

Selbstdisziplin: Selbstbeherrschung

AUFGABEN

1. Johnny Depp hat als Captain Jack Sparrow im Film „Fluch der Karibik" die Piraterie des 17./18. Jahrhunderts wieder populär gemacht. Näher am Leben erscheint das zweite Bild. Betrachte die Bilder und formuliere, was so aufregend und reizvoll am Freibeuterleben erscheint und wie das Piratenleben tatsächlich war. > M1
2. Lies die verschiedenen Definitionen und arbeite heraus, was einen Freibeuter zu einem „freien Erbeuter" macht. > M2
3. Benenne, welche Freiheit Tortuga den dort lebenden Piraten bot. > M3
4. Stelle Vermutungen darüber an, warum manche Menschen freiwillig unter die Piraten gingen. Lies anschließend im Text nach, wer Pirat wurde, und begründe, wie frei du diese Entscheidung findest. > M4

Definition
> S. 58

Wie kann ich Bilder analysieren?

Rezipient: Betrachter; auch: Hörer oder Leser

Mimik: Gesichtsausdruck (vermittelt Gefühle und Stimmungen)

abstrakt: nicht gegenständlich; eine Darstellung, die Dinge und Figuren nur andeutet oder sich völlig von ihnen loslöst

Methodenkompetenz: Bilder analysieren

Um Bilder bzw. Fotos zu analysieren, solltest du unter anderem wissen, wie die Sprache der Bilder funktioniert, wie bildliche Darstellungen die Wirklichkeit präsentieren und dabei auch die Sichtweise der Rezipienten beeinflussen (können). Folgende Vorgehensweise kann dir helfen:

1. Betrachte das Bild kurz und formuliere einen ersten Eindruck: Was fällt zuerst ins Auge (Eyecatcher)? Wie wirkt das Bild auf dich?
2. Untersuche das Bild nun genauer: Was genau ist abgebildet? Achte dabei zum Beispiel bei Personen auf Aussehen, Kleidung, Körpersprache, Mimik und Handlungen.
3. Untersuche das Bild nun nach formalen Merkmalen, z. B.: Ist das Dargestellte abstrakt oder figürlich? Wie ist das Bild aufgebaut? (Zum Beispiel Ausschnitt oder Gesamtschau: „Nahaufnahme oder Weitwinkel"?) Welche Perspektive (Blickwinkel) nimmt der Künstler/Fotograf in seinem Bild ein? (Zum Beispiel Froschperspektive, Normalperspektive oder Vogelperspektive?) Sind bestimmte Farben vorherrschend?
4. Versuche nun, die Einzelaspekte zu einer Gesamtinterpretation zusammenzufügen. Welche Botschaft hat das Bild? Welche ethische Fragestellung kann sich aus dem Bild ableiten?

M1 Der Disney-Pirat

TIPP

Es können natürlich nicht nur Bilder analysiert werden; gerade bei diesem Bild aus dem Film „Fluch der Karibik" wird die Stimmung stark durch die Musik beeinflusst. Hört euch einmal die Titelmelodie zum Film an und sammelt die Gefühle, die Bild und Musik zusammen bei euch wecken.

Was ist abgebildet?

ein Pirat, allein und frei, stolz, sicher; Sonnenuntergang

Aussehen, Kleidung, Körperhaltung, Mimik?

wild; gekleidet wie ein Pirat: weiter Mantel, hohe Stiefel, Kleidung wirkt heruntergekommen, Lederhut; verfilzte, im Wind frei wehende Haare; steht sicher in der Takelage, fast als würde er in der Luft stehen

Perspektive?

er steht in er Mitte des Bildes neben dem Mast; Blick des Betrachters von schräg vorne

Farben?

Sonnenuntergang, romantisches Abendrot, hellblau-violettes Wasser, rosa Himmel …

Stimmung?

romantisch, der Pirat wirkt voller Tatendrang, optimistisch, kämpferisch, bereit für alles was vor ihm liegt …

Vordergrund/Hintergrund/Zentrum?

hinter ihm der Horizont und das Meer, die untergehende Sonne, romantische Stimmung

M2 Ruby Bridges

Was ist abgebildet?

Aussehen, Kleidung, Körperhaltung, Mimik?

Vordergrund/ Hintergrund/ Zentrum?

Farben?

Stimmung?

Perspektive?

TIPP
Folgende Information hilft dir, das Bild zu analysieren: Die Männer auf dem Bild arbeiten für den „United States Marshalls Service", das ist eine Behörde des amerikanischen Justizministeriums.

AUFGABEN

1 Betrachte das Bild von Jack Sparrow und beschreibe, was du siehst. Führe die Bildanalyse mit den Hilfestellungen aus M1 durch, formuliere die Botschaft des Bildes und präsentiere deine Ergebnisse. > M1
2 Vergleicht die Ergebnisse aus Aufgabe 1 mit der Darstellung des Piratenlebens auf S. 72f. Erörtert, wie das Piratenleben in der Realität noch war. > M1
3 Stelle Vermutungen an, welches ethische Thema sich aus dem Bild von Ruby Bridges ableiten lässt. > M2
4 Analysiere das Bild M2 und präsentiere dein Ergebnis. Weitere Hintergrundinformationen zum Bild findest du auf S. 128. > M2

Nicht ohne mein Smartphone?!

M1 Gut erzogen!

Michael Hüter

M2 Hier ist das Handy (un-)verzichtbar?

Ich brauche mein Handy unbedingt X
Ich kann auf mein Handy verzichten O

Skala: Stufenleiter, Maßeinteilung für Abstufungen

Szenario: hier gemeint im Sinne „Vorstellung", ausgedachtes Ereignis

M3 Schockmeldung: Smartphone vergessen ...?!

Mal ehrlich, Hand aufs Herz: Wie schlimm wäre es für dich, morgens auf dem Weg in die Schule festzustellen, dass du dein Smartphone zu Hause vergessen hast? Auf einer Skala von 1 bis 10, wie hoch wäre dein Stresslevel? Was kannst du nicht machen? Welche Gedanken gehen dir durch den Kopf?

Ob wohl ausgerechnet heute ein Notfall passiert? Ob dich jemand anrufen muss? Oder musst du ganz dringend jemanden erreichen? Welche WhatsApp- oder Facebook-Statusmeldung entgeht dir? Welches Spiel kannst du nicht mehr spielen? Welche App fehlt dir am meisten?

Oder ist das alles gar nicht so wild? Wie ist es denn nun ohne Handy bzw. Smartphone? Horrorszenario oder nicht?

M4 Smartphone oder Liebe?

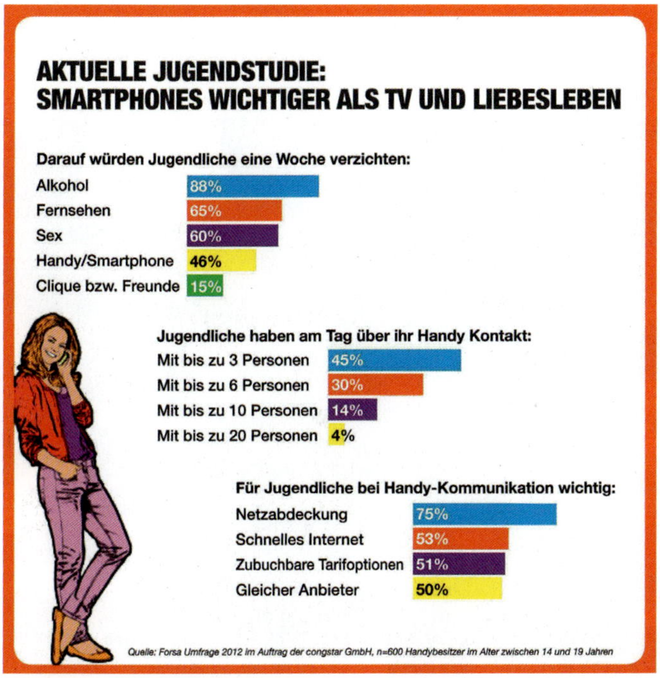

AUFGABEN

1 Erkläre, inwiefern sich Smartphones und gutes Benehmen (nicht) vertragen. Wie denkst du darüber? > M1

2 Notiere in einer Tabelle, wann du auf dein Handy/Smartphone verzichten kannst und wann nicht. Ergänze eigene Beispiele. Begründe deine Antworten. > M2

3 Formuliere mögliche Befürchtungen von Jugendlichen, die einen Tag ohne Smartphones auskommen müssen. Entwickle aus diesen Befürchtungen eine kurze Geschichte: „Der Tag, an dem ich mein Smartphone vergessen hatte, begann eigentlich wie immer ...“ > M3

4 Erarbeite in einer Liste, wofür man Handys/Smartphones heute alles nutzen kann. Ordne deine Einträge in Kategorien: Ablenkung/Spiele – Information – technische Funktion (Wecker/Taschenrechner/Taschenlampe ...) – ... Welche Funktionen nutzt du selbst am häufigsten? Markiere die Einträge, die du als tatsächlich sinnvoll erachtest. > M1-M3

5 Erkläre, wie schlimm ein Tag ohne Handy/Smartphone für dich auf der Skala von 1 bis 10 wäre. Begründe deine Antwort. > M3

6 Gestalte einen kurzen Text oder ein Gedicht mit dem Titel: „Ohne mein Handy bin ich ...“ > M1-M3

7 Betrachte die Statistik und arbeite heraus, was den Jugendlichen am wichtigsten ist. Wie ist das bei dir? > M4

8 Prüfe, warum Smartphones für Jugendliche so wichtig geworden sind. Was haben Handy & Co. in unserem Zusammenleben verändert? Wie bewertest du das? Wie bewerten das wohl ältere Menschen, z. B. deine Großeltern? > M4

Sind wir app-hängig oder frei?

M1 Zeit zu zweit

M2 Ein wundervoller Moment

Manche Menschen sind so sehr in ihre Smartphones versunken, dass sie ihre Umwelt überhaupt nicht mehr wahrnehmen. Ein besonders deutliches Beispiel hat der Fotograf Eric Smith auf Instagram veröffentlicht: Auf dem Foto sitzt ein junger Mann an Deck eines Segelbootes und starrt auf sein Smartphone – während kaum einen Meter von ihm entfernt ein riesiger Buckelwal vorbeischwimmt.

„Das Segelboot fuhr richtig nah an die Wale heran und der Mann saß die ganze Zeit so da und hat sich nicht bewegt", erzählte Smith dem US-Sender „ABC News". „Vielleicht hat er auch seiner Mutter im Krankenhaus Nachrichten geschrieben, kann alles sein. Trotzdem ist es blöd, dass er diesen wundervollen Moment verpasst hat, der direkt neben ihm passiert ist."

Smith habe insgesamt fünf Fotos des Mannes

auf dem Segelschiff gemacht und in all der Zeit habe er sich nicht von seinem Smartphone lösen können. „Wir sind alle viel zu sehr auf unsere Smartphones fixiert, auch ich", räumte Smith gegenüber „ABC News" ein. „Aber wenn du denkst, dass das wahre Leben auf deinem Display stattfindet, verpasst du alles, was um dich herum passiert."

dn, in: www.fokus.de, 05.02.2015

M3 Smartphone und Co.

Smartphone und Co. sind aus dem Alltag nicht mehr wegzudenken. Sie sind ständig in Reichweite und absorbieren einen Teil unserer Aufmerksamkeit. Zuwendung zum Gegenüber ist etwas, das man nur noch nebenher gibt. […] Genauso sabotieren auch Handys und Tablets Intimität und Zuwendung. Sie sind immer dabei, man schielt auch im Beisein anderer immer wieder auf das Display. Doch „Ablenkungen sind für ein intimes Gespräch das, was Wasser für Feuer ist", schreiben Edward und Sue Hallowell im Buch „Liebe in Zeiten der Ablenkung". „Das Schielen auf das Handy gibt dem Gegenüber das Gefühl: Es gibt etwas Besseres, Dringenderes, Wichtigeres", sagt die Zürcher Therapeutin Dania Schiftan. Dabei stecke keinerlei schlechte Absicht dahinter. „Man merkt gar nicht, wie oft man auf das Display schaut." […] Klar ist: Smartphone und Co. werden in der Zukunft unser Leben noch mehr durchdringen. Das muss aber nicht zum Schaden für Liebe und Freundschaft sein. „Wenn man darüber spricht und zusammen Regeln festlegt, gibt es keinen Grund zur Sorge", sagt Dania Schiftan.

nach www.migrosmagazin.ch

absorbieren: völlig beanspruchen

sabotieren: etwas stören, vereiteln

Intimität: vertrautes Verhältnis, (köperliche) Nähe

AUFGABEN

1 Wähle ein Bild aus und notiere, was dir spontan zu dem Bild einfällt. Vergleicht eure Ergebnisse. > M1

2 Diskutiert die Frage, ob es Situationen gibt, in denen Smartphones oder Handys stören. > M1

3 Es mache sie traurig, dass es Momente gebe, „in denen wir nicht präsent sind, weil wir auf ein Telefon schauen", sagte Charlene deGuzman (Schauspielerin und Tänzerin) der „New York Times". Erkläre, was ihre Aussage mit der Walgeschichte (M2) verbindet. > M2

a) Benenne weitere Situationen, in denen du oder andere vom Handy abgelenkt von etwas Wichtigem waren. Formuliere, welche Nachteile die Verbreitung von Smartphones mit sich bringt.

b) Wobei ist das Smartphone hilfreich? Benenne Situationen, in denen du es nützlich findest. Stelle den Nachteilen (a) auch Vorteile gegenüber. Beispiel: Das Foto von dem Mann, der den Wal verpasste, könnte auch mit einem Smartphone aufgenommen worden sein …

4 Wie könnten solche Regeln aussehen? Formuliert mit Freunden und/oder Familie Regeln in einem „Handyvertrag", auf die ihr euch im Umgang mit Smartphone und Co. einigen wollt. > M3

5 Machen Handys die Menschen eher frei oder sollten sich die Menschen auch einmal von den Handys befreien? Führt eine Pro-Contra-Diskussion zu dieser Frage durch. > M1-M3

Ist ein Leben ohne Medien (un-)möglich?

M1 Schichtwechsel

Thomas Plaßmann / Baaske Cartoons

M2 Ein Leben ohne moderne Medien?

Medien: Begriff für alles, was dem Austausch von Informationen dient, von der Sprache über die Tontafel bis zum Internet. Oft wird er auch für Massenmedien (z. B. Zeitungen, Fernsehen und Hörfunk), die mit einem Medium möglichst viele Menschen erreichen.

Natürlich kam die Idee von der Ethiklehrerin: Vier Wochen ohne moderne Medien verbringen, d. h. ohne Fernsehen, Internet, iPhone, Tablet, MP3-Player, Computer oder Playstation … Das Projekt stieß nicht gerade auf Begeisterung, aber nach einigem Zögern fanden sich schließlich zwölf Freiwillige aus verschiedenen siebten und achten Klassen, die diesen Selbstversuch machen wollten. Die meisten Eltern waren hocherfreut, aber auch skeptisch, ob die Schülerinnen und Schüler das durchhalten würden. 28 Tage ohne Facebook, WhatsApp, Tumblr und Candy Crush?

M3 Das Experiment beginnt

Das Experiment „medienfrei“ konnte also beginnen. Spannend war schon, überhaupt alle modernen Medien zu erkennen und zu benennen, mit denen man tagtäglich umgeben ist. Das war ein erster Schritt in die Richtung, bewusster mit Medien umzugehen. Als Testzeit wurden die vier Wochen vor den Sommerferien gemeinsam festgelegt. In der ersten Woche ging die Fußballweltmeisterschaft los und in der letzten Woche fanden die Klassenfahrten statt. Bei einem der ersten Treffen wurde festgehalten, wer wie viel Zeit mit welchen Medien verbrachte (für Hausaufgaben, Musik hören, Fernsehen, Computer nutzen für Chatten/Spielen/Lesen etc.). Die gleichen Fragen wurden den anderen Klassenmitgliedern, die nicht an dem Experiment teilnahmen, gestellt. Bei der Auswertung der Antworten wurden auch Befürchtungen aufgeschrieben, welche Probleme ein Leben ohne Medien mit sich bringen könnte.

M4 Offene Fragen

Beim nächsten Treffen wurde überlegt, welche Strategien helfen könnten, damit sich die erwarteten Befürchtungen nicht erfüllten.

In einer weiteren Sitzung wurden offene Fragen gesammelt und geklärt. Was ist in besonders wichtigen Fällen, darf man dann telefonieren, simsen oder E-Mails lesen bzw. schreiben? Was wären solche Ausnahmen? Darf meine Freundin mir wichtige Facebook-Meldungen ausdrucken und vorlesen? …

Die Antworten wurden gemeinsam gefunden und in einem Vertrag festgehalten, den alle Teilnehmer und Teilnehmerinnen sowie die Erziehungsberechtigten unterzeichneten.

Strategie: genauer Plan für ein Vorgehen (Plural: Strategien)

PROJEKT

Ich bin so frei – ein Experiment

Überlegt euch ein eigenes medienfreies Projekt. Wie lange schafft ihr ohne Smartphone, Tablet, Playstation und Co.? Formuliert als erstes einen Vertrag für euer eigenes Experiment. Legt fest, wie lange ihr ohne welche Medien auskommen wollt. Formuliert auch genau, was ein Notfall wäre, in dem man Ausnahmen machen darf.

Freiwillige, die das Experiment durchführen, halten jeden Tag fest, wie ihr Leben ohne Medien verläuft und wie sie sich fühlen. Beantwortet auch folgende Fragen: Was habe ich stattdessen gemacht? Wie geht es mir dabei? Hierüber sollten sich die Projektteilnehmer und -teilnehmerinnen auch regelmäßig austauschen.

Tipp: Am Ende des Experiments schreibt jeder eine Zusammenfassung und eine Beurteilung: Welche Erfahrungen habe ich gesammelt?

AUFGABEN

1 Beschreibe die Situation auf dem Bild und benenne, was das Fernsehen hier für eine Aufgabe hat. > M1

plus 2 Erläutere, welche Aufgabe(n) Fernsehsendungen deiner Ansicht nach haben sollten. > M1

3 Erläutert mögliche Gründe, warum die Lehrerin das Experiment durchführen will und warum manche Schüler und Schülerinnnen teilnehmen wollen. Welche Bedenken könnten geäußert werden? > M2

4 Erstellt eine Liste mit Medien, die ihr kennt. Ordnet sie in alte und neue Medien. Markiert die Medien, auf die ihr nicht verzichten könntet und begründet eure Entscheidung. > M2

5 Formuliert eine Umfrage zu Medien und Medienkonsum für eure Mitschülerinnen und Mitschüler. Fragt zum Beispiel: Welche Medien nutzt ihr wie lange? Führt die Umfrage durch und wertet sie aus. Überraschen euch die Ergebnisse? > M2/M3

6 Benenne Maßnahmen, die man vorher und auch während des Experiments ergreifen kann, um es zu erleichtern, ohne Medien auszukommen. Beispielsweise sollte man seine Familie und Freunde informieren, Ideen für Unternehmungen sammeln etc. > M4

plus 7 Führe ein Gedankenexperiment durch: Ist ein Leben ohne Medien denkbar oder überhaupt möglich? Vergleicht eure Ergebnisse.

Ist Freiheit (un-)bezahlbar?

M1 Die Freiheit nehm' ich mir ...

Es gibt Momente, die kann man nicht kaufen, für alles andere gibt es ...

Freiheit ist ansteckend. Der neue ...

Die Freiheit nehm' ich mir ...

Weniger Laufzeit mehr Freiheit.

Wir machen den Weg frei.

M2 I want you!

Stars and Stripes: Sterne und Streifen; auch insgesamt Bezeichnung für die Flagge der USA. Die roten und weißen Streifen stehen für die 13 Gründungsstaaten, die weißen Sterne auf blauem Feld für die 50 Bundesstaaten.

Uncle Sam ist eine sehr populäre Werbefigur, die stellvertretend für die USA steht. Das erkennt man zum Beispiel an den Farben rot, blau und weiß, die die Nationalfarben von Amerika sind. Wie die „Stars and Stripes", die auf seinem Zylinder erkennbar sind, sind diese Farben auch in der Flagge der USA zu finden. Uncle Sam ist mittlerweile oft Markenname oder Produktbezeichnung in der Werbung. Als Werbung wurde er beispielsweise auch im ersten Weltkrieg verwendet, um für das US-Militär zu werben.

M3 Die Wahlfreiheit und die Freiheit zur Wahl

Die Freiheit besteht nicht nur in der Möglichkeit, sich zwischen zwei oder mehreren Dingen für das eine oder das andere zu entscheiden (Wahlfreiheit), für den Urlaub in den Bergen oder für den Urlaub am Meer, [...] für einen schwarzen oder einen blauen Lidschatten. Neben der Fähigkeit das eine zu wählen oder das andere, umfasst unsere Freiheit außerdem die Möglichkeit, zu wählen oder nicht zu wählen (Freiheit zur Wahl). Auf eine Entscheidung ganz zu verzichten, sich einer Entscheidung überhaupt zu enthalten, gehört auch zu den einzigartigen Fähigkeiten des Menschen. Ein Hund zum Beispiel kann zwar entweder das eine Stück Fleisch oder das andere fressen, aber er kann sich einer Entscheidung für das eine oder das andere nicht versagen [...]. Bei der Freiheit kommt es nicht wesentlich darauf an, dass einem möglichst viele Möglichkeiten des Handelns offen stehen. Die Grundlage der Freiheit ist vielmehr die Fähigkeit, sich selbst zu bestimmen. Die Wahlfreiheit hat ihre Wurzeln in der Freiheit zur Wahl. *Héctor Zagal / José Galindo*

M4 Schüler verkauft Niere für ein iPhone

2012 war folgende Meldung der Nachrichtenagentur dpa zu lesen:

Ein chinesischer Schüler hat eines seiner Organe für 2 700 Euro an einen illegalen Händlerring gegeben. Mit dem Geld kaufte er sich ein Smartphone und ein iPad. Wie chinesische Staatsmedien berichten, hat die Polizei nun fünf Verdächtige wegen illegalen Organhandels festgenommen. Zuvor hatte der Junge seiner Mutter gestanden, wie er an das Geld für sein neues Smartphone gekommen war. Der 17-Jährige hatte sich im Vorjahr auf eine Anzeige im Internet gemeldet. [...] Die entnommene Niere verkaufte der Hauptverdächtige für den zehnfachen Preis an einen Transplantationspatienten in China. Staatsanwälte [...] haben nun den Händler, den Arzt und drei weitere Verdächtige angeklagt. Gegen weitere angebliche Mitglieder des Organhändlerrings werde ermittelt, hieß es.

Der „Spender" selbst wird mit einem unvorhergesehenen Problem leben müssen: Seine verbleibende Niere funktioniert nicht mehr richtig. Nach Angaben des Gesundheitsministeriums werden in China jedes Jahr etwa 10 000 Organe verpflanzt. Auf eine Organspende warten 1,5 Millionen Menschen. Die hohe Nachfrage lässt den illegalen Markt boomen. [...] Die Regierung hat im Jahr 2007 den Handel mit menschlichen Organen verboten und harte Strafen für Organhändler eingeführt.

dpa

illegal:
gesetzwidrig;
Gegenteil von legal
(= gesetzlich erlaubt)

AUFGABEN

1 Benennt, welche Produkte mit den Zitaten zum Thema Freiheit beworben werden und sammelt weitere Beispiele für Werbung mit dem Thema Freiheit. Erörtert anschließend, welche Art von Freiheit man laut Werbung kaufen kann. Welche kann man (nicht) kaufen? > M1

2 Setze dich mit der Forderung „I want you" („Ich will dich") auseinander. Inwiefern will die Werbung immer etwas von dir? > M2

3 Stelle die zwei Arten der Freiheit, die im Text genannt werden, einander gegenüber. > M3

4 „Die Fähigkeit, das Wort ‚Nein' auszusprechen, ist der erste Schritt zur Freiheit." Nimm Stellung zu diesem Zitat. > M2/M3

plus 5 Stell dir vor, in einem Geschäft erklärt dir ein Verkäufer, dass du frei bist, dich für die eine oder die andere Jeans zu entscheiden. Was vergisst er hier zu erwähnen? Entwirf eine passende Antwort und nimm den Text hierbei zur Hilfe. > M3

6 Nimm Stellung zu der Frage, wie weit du gehen würdest, um ein iPhone zu bekommen. > M4

7 Erörtere die Frage, ob der Junge frei in seiner Entscheidung war oder ob ihn jemand beeinflusst hat. > M4

8 Setze dich mit der Frage auseinander, ob sich der Junge hier Freiheit erkauft hat. > M4

9 Entwirf eine eigene Werbung, in der du für echte Freiheit wirbst. > M1-M4

Haben wir (k)eine Wahl?

M1 Wer zieht an den Strippen?

Marie Marcks

M2 Äußere und innere Freiheit

Es gibt äußere und innere Hindernisse, die unsere Freiheit einschränken können:

- Can hat kein Geld mehr übrig, um ins Kino zu gehen.
- Jasmin will mit zum Skifahren, hat aber gar keine Skier.
- Marvin kann nicht schlafen, weil die Musik vom Nachbarn sehr laut ist.
- Melissa hat keinen Netzempfang und kann ihre Mutter nicht anrufen.
- Edda hat die Hausaufgaben nicht gemacht, weil sie die Aufgabe nicht verstanden hat.
- Dennis ist zu müde, um aufzustehen.
- Joe hat Angst vor der Mathearbeit und kann nicht einschlafen.
- Alex ist sehr hungrig, er kann sich nicht konzentrieren.
- Joyce muss unbedingt eine Zigarette rauchen, sie muss das Kino dafür verlassen.

M3 Natur und Freiheit

Die Tiere gelangen notwendigerweise zur Erfüllung ihres Tierseins. Sie entscheiden sich nicht dafür, voll und ganz das zu werden, was sie sind. Ihre Instinkte drängen sie einfach dazu. Anders der Mensch: Er muss sich dazu entscheiden, voll und ganz Mensch zu werden. Ob ich mich zu einem vollkommenen Menschen machen will, ist die große Entscheidung meines Lebens. Denn der Mensch wird nicht als fertiger Mensch geboren, sondern muss sich erst dazu machen: der Mensch ist eine Aufgabe. Was […] seine persönliche Erfüllung angeht, so ist der Mensch eigentlich nie fertig: Er bleibt immer eine unvollendete Aufgabe, ein unabgeschlossenes Projekt.

Der Mensch trifft frei die Entscheidung, ob er im Einklang mit seiner eigenen Natur leben will oder nicht. Er *soll* sich wie ein vernünftiges Lebewesen verhalten, aber er kann auch anders. Wir können an unserer Aufgabe, Mensch zu sein, auch scheitern. Wer gegen seine menschliche Natur verstößt, erniedrigt sich selbst, bringt sich um seine Freiheit.

Héctor Zagal / José Galindo

Instinkt: die angeborene Fähigkeit von Lebewesen, auf bestimmte innere oder äußere Reize mit einem gleichförmigen Verhaltensablauf zu antworten

M4 Alles frei-willig?

Macht folgendes Experiment:

Nehmt eine Tüte Bonbons (oder auch Gummibärchen, Obst usw.) mit verschiedenen Farben bzw. Sorten. Mischt sie. Jeder darf sich nun ein Bonbon nehmen. Allerdings nur eines.

Diskutiert anschließend: Inwiefern hat jeder Einzelne frei entschieden, ob und welches Bonbon er/sie nimmt? Notiere zunächst Fragen, die hierbei eine Rolle spielen, z. B.:

- Wolltest du keins und hast nun doch eines genommen, weil das alle gemacht haben?
- Hattest du Hunger, der dich dazu verleitet hat, zwei oder mehr zu nehmen?
- Möchtest du aus religiösen/ethischen Gründen nur ein Bonbon/Gummibärchen ohne Gelatine nehmen?
- Hast du aus gesundheitlichen Gründen kein Bonbon genommen, willst aber eigentlich eines?

Wie frei war deine eigene Entscheidung?

AUFGABEN

1 Formuliere, welche Menschen dich und andere junge Menschen beeinflussen. Ordne deine Ergebnisse danach, welche Gruppen an den „Strippen" ziehen (Eltern, Mitschülerinnen/Mitschüler, ...). Markiere farbig, wer besonders stark an einer Strippe zieht. > M1

2 Nimm Stellung zu der Frage, ob du dich von den verschiedenen Fäden befreien kannst. Von welchen geht das nicht oder nur sehr schwer? > M1

3 Ordne die Beispiele danach, ob es sich um äußere oder innere Beschränkungen der Freiheit handelt. Ergänze eigene Beispiele. > M2

4 Formuliere ausgehend von deinen Ergebnissen aus Aufgabe 3, wann ein Mensch in seinen Entscheidungen nicht frei, sondern äußerlich/innerlich beschränkt ist. > M2

5 Erörtere, in welchen Situationen derjenige/diejenige auch anders handeln könnte. Begründe, welche Schranken schwerer zu überwinden sind: äußere oder innere? > M2

6 Stelle in einer Tabelle die Kennzeichen der Natur des Tieres und des Menschen gegenüber. Erläutere, inwiefern nur der Mensch seine Freiheit verspielen kann. > M3

plus 7 Erkläre, inwiefern ein Straftäter sich selbst unfrei macht noch bevor dies womöglich ein Richter tut. > M3

8 Führt das Experiment durch und erörtert anschließend, inwiefern der Mensch in seinem Handeln frei oder von inneren/äußeren Beschränkungen beeinflusst ist. Hat der Mensch eine freie Wahl? > M4

Wofür bin ich verantwortlich?

M1 Für wen bzw. für was bin ich verantwortlich?

M2 Was heißt eigentlich Verantwortung?

In unserer Alltagssprache begegnet uns das Wort „Verantwortung" häufig: Verantwortung übernehmen, … tragen, … haben, … ablehnen, … gewachsen sein usw. Im Kern meinen wir hier, dass wir unser Handeln nicht nur daran ausrichten, was uns jetzt gerade angemessen erscheint, sondern auch die Folgen für uns und andere bedenken. Ursprünglich fand der Begriff vor allem in der Rechtsprechung besondere Beachtung, weil er im Fall einer Anklage vom Beschuldigten das Rechenschaftgeben über sein Tun und Lassen forderte. In der Ethik beschränken wir uns nicht allein darauf, Rechenschaft nur im juristischen Sinne abzulegen, sondern jeder muss sich verpflichtet sehen, die Folgen des eigenen Handelns moralisch zu beurteilen und sich zukünftig daran orientieren zu wollen. Verantwortung setzt Mündigkeit voraus, d. h. die Fähigkeit, das eigene Handeln frei zu bestimmen und dessen Folgen abzusehen.

nach Schülerduden Religion und Ethik

Instanz: zuständige Stelle (meist im Zusammenhang mit Behörden oder dem Gericht)

M3 Eine Frage

Sich verantworten heißt, auf eine Frage antworten.

Wer verantwortet **was** vor **wem**?

Täter	Tat/Handlung	Instanz
Ich	lügen	Eltern
…	stehlen	Gewissen
…	…	…
…	…	…
…	…	…

AUFGABEN

1. Wie sehr fühlst du dich verantwortlich? Ordne die Bilder nach der Intensität deines Gefühls. Beschreibe, warum du so empfindest. > M1
2. Beschreibe, wie du in den drei Situationen, die bei dir das stärkste Gefühl ausgelöst haben (siehe Aufgabe 1), jeweils handeln würdest, um Verantwortung zu übernehmen. > M1
3. Erläutere zwei Situationen, in denen du schon einmal für jemanden verantwortlich warst. > M2
4. Setze die Liste fort: Finde ein Beispiel für eine Tat und überlege nach dem Schema, *wofür* und *vor wem* du verantwortlich bist. > M3
5. Erkläre in eigenen Worten, was Verantwortung bedeutet. Erläutere, welche Voraussetzungen erfüllt sein müssen, damit jemand überhaupt Verantwortung übernehmen kann. > M2/M3
6. Schreibe zu einem der Bilder eine Geschichte. Mache darin deutlich, warum es für das menschliche Zusammenleben unverzichtbar ist, Verantwortung zu übernehmen. > M1-M3

Wer ist dafür verantwortlich?

Cybermobbing, Mobbing: Mobbing ist das gezielte Schikanieren und Ausgrenzen von Einzelnen aus einer Gemeinschaft (englisch „to mob": anpöbeln). Beim Cybermobbing wird mit Hilfe neuer Techniken (Chatrooms, Internet usw.) schikaniert.

Ethik-Kommission
> Ethik-Glossar

Anonymous: Name (übersetzt: „namenlos") für eine lose, weltweit „geheim" tätige Verbindung von Internetnutzern, die mit ihren Aktionen (u. a. Hackerangriffe) bekannt geworden sind.

Depression: allgemein: Niedergeschlagenheit; auch: Name einer Krankheit

M1 Der Fall Amanda Todd

Anfang Oktober [2012] hat die junge Kanadierin Amanda Todd [im Alter von 16 Jahren] Selbstmord begangen, nachdem sie jahrelang das Opfer von Mobbing-Angriffen im Netz und in der Schule gewesen war. [...] Todd hatte als Zwölfjährige in einem Videochat einem Fremden ihren Oberkörper entblößt, nicht ahnend, dass der Mann sie später damit erpressen würde. Nachdem er das Bild veröffentlicht hatte, wurde sie Opfer von Mobbing im Netz und in der Schule. Sie bekam Panikattacken und Depressionen. Wenige Wochen bevor sie sich umbrachte, schilderte sie in einem inzwischen weltberühmten YouTube-Video ihre Verzweiflung.

Kurz darauf veröffentlichte die Hackergruppe Anonymous Namen, Adresse und Internetprofile eines Mannes, der angeblich Auslöser des Mobbings gewesen sein soll. Doch schnell stellte sich heraus, dass es sich dabei nicht um Amandas Erpresser handelte. [...] Der angebliche Täter wurde so selbst Opfer von Cybermobbing. [...] Immer neue Anschuldigungen und Gerüchte tauchten im Netz auf. [...]

Amandas Schicksal sorgt international für Bestürzung. Insbesondere in Kanada wurden viele Forderungen nach besserem Jugendschutz im Internet laut. [...] Auch in Europa mehren sich Stimmen, die eine Strategie im Umgang mit Cybermobbing fordern. Europarlamentarier Alexander Alvaro (FDP) sprach sich für eine Ethik-Kommission aus, die aus Datenschützern, Psychologen und Netzaktivisten bestehen solle. [...] Dabei gehe es vor allem darum, zu überwachen, ob Anbieter wie Google solche Verletzungen innerhalb von 24 Stunden aus dem Netz löschten.

Stefanie Schütten

M2 Freiheit ist Verantwortung

Wenn wir Menschen uns als freie Wesen ansehen, dann behaupten wir, dass wir nicht durchgängig bestimmt sind durch natürliche Gesetze und soziale Zwänge. Denn wie sollten wir uns gute oder schlechte Taten zuschreiben, wenn wir nicht in irgendeiner Weise die Freiheit der Wahl hätten?

Wenn du eine gute Note in der Mathearbeit bekommst, bist du stolz auf deine Leistung, wenn der Füller deines Banknachbarn auf deinem Heft ausläuft, auf wen bist du sauer? Sicher nicht auf den Füller. Wenn ein Hund ein Kind schwer verletzt, dann wird nicht der Hund zur Verantwortung gezogen, sondern der Hundehalter. Warum? Weil wir nur Menschen, nicht aber Dinge und Tiere moralisch und rechtlich verantwortlich machen für die Wirkungen und Folgen, die sie verursacht haben.

Verantwortung entsteht aus dem Bewusstsein, der wahre Täter der Tat, der wahre Urheber der Handlung zu sein und selbständig, aus eigenem Antrieb, aus eigenen Wünschen heraus gehandelt zu haben. Unser Verantwortungsgefühl setzt voraus, dass wir frei gehandelt haben. Darum nehmen wir auch einen Tadel für unser Verhalten willig hin oder machen uns selbst Vorwürfe und geben damit zu, dass wir auch anders hätten handeln können.

M3 Aus dem Jugendgerichtsgesetz

§ 3 Verantwortlichkeit

Ein Jugendlicher ist strafrechtlich verantwortlich, wenn er zur Zeit der Tat nach seiner sittlichen und geistigen Entwicklung reif genug ist, das Unrecht der Tat einzusehen und nach dieser Einsicht zu handeln. *Jugendgerichtsgesetz*

Jugendgerichtsgesetz:
Gesetz für Straftäter im Alter von 14 bis 18 Jahren und, unter bestimmten Voraussetzungen, für Heranwachsende bis 21 Jahre

Fair Trade
> Ethik-Glossar

M4 Fair handeln

Schülerinnen und Schüler des Berliner Humboldt-Gymnasiums setzen sich mit ihrem Lehrer Jens Augner mit der Frage auseinander, was „fair handeln" heißen kann.

„Wir beschäftigen uns mit Entwicklungspolitik und unterstützen durch den Verkauf von FairTrade-Produkten und andere Aktivitäten Projekte in Sambia, vor allem das Tikondane Community Centre in Katete (Sambia)."

Jens Augner

AUFGABEN

1 In dem Wort „Ver-antwort-ung" steckt auch der Begriff „Antwort". Nenne alle Beteiligten im Fall Amanda. Erstelle eine Tabelle und ordne darin ein, wer wofür verantwortlich ist (siehe auch S. 87, M3). > M1

2 Wie kann man Kinder und Jugendliche verantwortungsbewusster im Umgang mit neuen Medien machen? Formuliere hierfür Vorschläge für die Ethik-Kommission. > M1

3 Bestimme das Verhältnis von Freiheit und Verantwortung und erkläre, wie Verantwortung entsteht. > M2

4 Erörtere, warum wir Menschen und nicht Dinge oder Tiere verantwortlich sind. > M2

5 Gib den Inhalt des Gesetzes in deinen Worten wieder. > M3

6 Begründe, ob jemand bzw. wer laut Jugendgerichtsgesetz im Mobbingfall Amanda Todd zur Verantwortung gezogen werden sollte. > M3

7 Verantwortung tragen heißt handeln. Diskutiert unter diesem Blickwinkel das vorgestellte Verantwortungsprojekt. Welches Projekt könntet ihr an eurer Schule umsetzen? Sammelt Ideen. > M4

8 Gestaltet Werbeplakate für euer Klassenzimmer oder eure Schule, in denen ihr auf etwas hinweist, das Schülerinnen und Schüler oder auch Lehrkräfte verantworten (sollten).

Medien
> S. 80

Was hat Liebe mit Verantwortung zu tun?

M1 (Un-)Endliche Liebe?

M2 Über die Liebe

infantil: kindlich, kindisch

Erich Fromm > Ethik-Glossar

„Infantile Liebe folgt dem Prinzip: „Ich liebe, weil ich geliebt werde."
Reife Liebe folgt dem Prinzip: „Ich werde geliebt, weil ich liebe."
Unreife Liebe sagt: „Ich liebe dich, weil ich dich brauche."
Reife Liebe sagt: „Ich brauche dich, weil ich dich liebe.""

Erich Fromm

M3 Wahre Liebe

Unglaublich aber wahr: Das Ehepaar Simpson starb nach 62 Jahren Ehe am selben Tag, Hand in Hand. Kennen und lieben gelernt hatten sich Don und Maxine vor über 64 Jahren, im Jahr 1950, auf einer Bowlingbahn. Sechs Monate später waren sie verlobt. Nach der Hochzeit adoptierten sie die Zwillinge James und Jim aus einem deutschen Waisenhaus. Don und Maxine Simpson blieben stets beisammen, auch als sie älter wurden und krank. Ihre Enkelin holte die beiden zu sich nach Hause, räumte ein großes Zimmer aus und kümmerte sich um das Ehepaar, damit die Liebenden zusammen sein konnten. Einen Abend vor ihrem Tod hielten die Eheleute zum letzten Mal Händchen. „Guck mal, Opa, wer da neben dir liegt", sagte die Enkelin zu Don, der noch geantwortet habe: „Es ist meine wundervolle Frau" – und das mit einem glücklichen Lächeln in seinem Gesicht. Von diesem Moment machte die Enkelin das Foto (M4).

M4 In guten wie in schlechten Zeiten

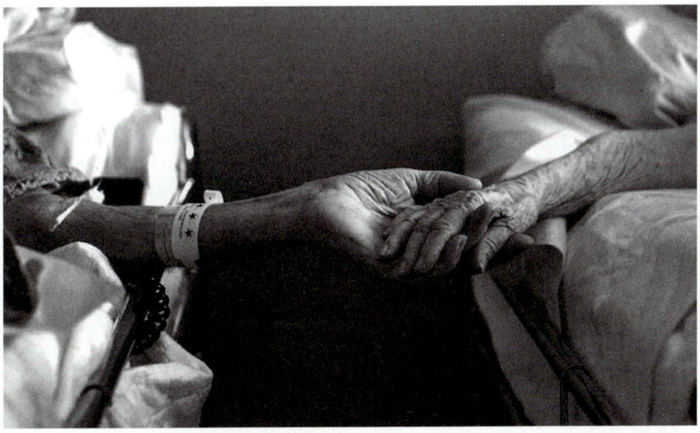

M5 Freiheit und Verzicht

Freiheit ist nicht dasselbe wie Unabhängigkeit. [...] In Wirklichkeit sind Freiheit und Engagement keine Gegensätze. [...] Wenn ich mich unter den 1,8 Milliarden heiratsfähigen Frauen, die es auf der Welt gibt, für eine entscheide, dann verzichte ich damit auf die übrigen 1,799999999 Milliarden. Aber dadurch, dass ich mich an die eine binde, durch mein Engagement für nur eine von ihnen, wird meine Freiheit nicht gemindert; sondern erst so verwirkliche ich meine Freiheit. Den Zweck meiner Freiheit erreiche ich nur, wenn ich mich festlege, wenn ich mich für einen Lebensentwurf entscheide: wenn ich mich im Leben engagiere. [...] Jede Entscheidung ist Verpflichtung, und ohne Entscheidung gibt es keine Freiheit.

Héctor Zagal / José Galindo

AUFGABEN

1 Heutzutage verloben sich und heiraten viele Paare – und trennen sich dann wieder. Arbeite aus dem Zitat von Erich Fromm heraus, woran das liegen könnte. Welche Gründe fallen dir noch ein? > M1/M2

2 Erklärt, was Liebe mit Verantwortung zu tun hat. Symbolisiert das Bild den Zusammenhang zwischen Liebe und Verantwortung? Beschreibt das Bild und diskutiert in Partnerarbeit. > M2/M4

3 Lies den Text und benenne, wer für wen aus welchem Grund die Verantwortung übernommen hat. > M3

4 „Liebe ist ..." Vervollständige den Satz aus der Perspektive von Maxine, Don und der Enkelin. Stimmst du zu? Formuliere eine eigene Definition. Vergleicht eure Ergebnisse. > M3

plus 5 Sollte man in einer Beziehung Verantwortung *füreinander* übernehmen? Betrachte dazu das Bild M4 und verfasse eine kurze Geschichte, in der sich Verantwortung füreinander zeigen könnte. > M3/M4

6 Freiheit durch Verzicht? Arbeite aus dem Text heraus, warum Freiheit und Verzicht sich nicht ausschließen. > M5

7 Sind Menschen in einer Beziehung oder als Single freier? Erkläre deinen Standpunkt. > M5

symbolisieren: sinnbildlich darstellen

Definition > S. 58

Gemeinsam sind wir stark?

M1 Mit vereinten Kräften

Als sich in der australischen Stadt Perth ein Mann das Bein zwischen einem Zug und dem Bahnsteig einklemmt, droht ihm Lebensgefahr. Mit vereinter Macht kippen die übrigen Menschen auf dem Bahnhof gemeinsam den Zug an und befreien den Mann.

M2 Wegen eines Krugs Wein

Es war einmal ein König, in dessen Reich seine Untertanen immer schon Weintrauben anbauten und Wein kelterten. Er wollte ein sehr gerechter und guter König sein und beschloss, die Steuern abzuschaffen. Stattdessen verfügte er, dass alle Einwohner seines Landes ihm einmal pro Jahr einen Krug mit einem Liter von ihrem besten Wein bringen sollten. Diesen Wein wollte er in einem großen Fass lagern und verkaufen, um die Ausgaben des Landes tragen zu können. Die Summe des besten Weines müsste gut zu verkaufen und besonders edel sein, so dachte der König. Und die Untertanen waren überglücklich …

Schließlich kam der Tag der ersten „Zahlung". Einer nach dem anderen brachte seine Abgabe und kletterte über eine große Leiter zu einer großen Tonne, leerte seinen Krug aus und machte dem nächsten Platz. Am Abend kam der König auf seinen Balkon. Stolz schaute er auf sein Volk. In einem wunderschönen Kristallkelch wurde ihm ein Glas des gesammelten Weins gereicht. Ein Diener zeigte ihm das edle Glas und der Monarch wollte soeben von dem Wein kosten und dem Volk noch zuprosten – da erstarrte er: Das Glas in seiner Hand schien leer! Doch nein, sein Inhalt war nur vollkommen klar … Er nippte vorsichtig daran. Statt dunklem Wein war nur Wasser im Glas! Der König war ratlos, was geschehen war. Entsetzt schickte er nach den Weisen des Landes, nach Magiern und Priestern, doch niemand konnte das Rätsel klären. Wie konnte aus dem allerbesten Wein nur Wasser werden? Welcher Zauber, welches Wunder war geschehen? Schließlich sprach einer der ältesten Minister den König an: „Eure Majestät, ich glaube, ich kann euch helfen. Wisst ihr, eure ergebenen Untertanen sind einfach nur normale Bürger. Menschen eben. Zum Beispiel Juan. Als er heute Morgen herkam, überlegt er ganz bei sich, was wohl wäre, wenn er Wasser statt Wein ins Fass gießen würde? Wer würde das merken, ein einziger Krug Wasser unter fünfzehntausend Litern Wein? Das würde keiner bemerken! Und so gesehen wäre es schade um seinen guten Wein ... Und es hätte auch niemand gemerkt, wenn da nicht eine Kleinigkeit gewesen wäre: So wie Juan haben es eben alle Bürgerinnen und Bürger gemacht!"

nach Jorge Bucay

M3 Welche Macht hat die Masse?

Facebook [...] verärgert seine Mitglieder regelmäßig mit ausgelesenen Adressbüchern, fragwürdigen Gesichtserkennungsprogrammen, komplizierten Privatsphäre-Einstellungen oder immer weiter reichenden Verwertungsrechten für Fotos und Daten. Trotzdem steigen auch hier die Nutzerzahlen munter weiter. [...] Der Einzelne kann [...] offenbar wenig ändern [...]. Solange die Nutzer meckern, aber den eingeführten Marken trotzdem weiter treu bleiben, können Konzerne sich durchmogeln [...]. Gut, wenn es Nervensägen gibt, die sich davon nicht beeindrucken lassen. [...] Diese Aktivisten sind auf Internet, soziale Medien und die Macht der Empörung angewiesen. Vor allem aber auf Verbraucher, die Worten Taten folgen lassen. Wenn Nutzerzahlen und Umsätze einbrechen, werden Produktions- und Geschäftsbedingungen womöglich geändert.

Astrid Herbold

Privatsphäre: nichtöffentlicher, privater Bereich, in dem ein Mensch völlig unbehelligt von Einflüssen von außen ist

Konzern: Zusammenschluss mehrerer Unternehmen, welche von einem Unternehmen beherrscht werden

AUFGABEN

1. Wie könnte es zu der Aktion gekommen sein? Beschreibe, was auf dem Bahnsteig vorher geschehen sein könnte. > M1
2. Arbeite an dem Beispiel heraus, was der Satz bedeutet: „Gemeinsam sind wir stark". Prüfe, inwieweit das auch für andere Situationen gilt. > M1
3. Formuliere in zwei bis drei Sätzen eine weitere Lehre, die die Geschichte für dich aussagt. > M2
4. Erkläre, inwiefern die Geschichte M2 zu dem Bild M1 passt. Stelle Gemeinsamkeiten und Unterschiede in einer Tabelle gegenüber. > M1/M2
5. „Wenn jeder auf seinem Platz das Beste tut, wird es in der Welt bald besser aussehen." Erkläre dieses Zitat von Adolph Kolping, beziehe dich dabei auch auf M1 und M2 und nimm Stellung dazu. > M1/M2
6. Arbeite aus dem Text heraus, was einzelne Menschen tun können, um gegen fragwürdige Maßnahmen großer Firmen wie z. B. Facebook vorgehen zu können. > M3
7. „Der Einzelne kann wenig ändern" oder „Die Verbraucher sind mächtig"? Stelle Argumente für die beiden Thesen einander gegenüber. > M3
8. Nimm Stellung zu der Frage, ob bzw. inwiefern das Internet die Welt verbessern kann. Denke dabei auch an Organisationen wie Greenpeace usw. > M3
9. Nimm Stellung zu der Frage, ob Menschen allein machtlos sind und nur gemeinsam etwas bewirken können. > M1-M3

Dürfen wir Tiere (be-)nutzen?

M1 Stell dir mal vor ...

Alien: außerirdisches Wesen, Lebewesen von einem anderen Planeten

Spezies: die biologische Art eines Lebewesens (z. B. Tier- oder Pflanzenart)

... Aliens landen auf dem Planeten Erde ...

Bevor sie sich entscheiden, ob sie sich den Menschen zu erkennen geben, wollen sie beobachten, wie die Spezies Mensch mit anderen Spezies umgeht.

Was sehen sie?

Szene aus dem Film „E.T. – Der Außerirdische“, 1982

M2 Unser Verhältnis zu Tieren heute

Parasit: Lebewesen, das aus dem Zusammenleben mit einem anderen Lebewesen (dem „Wirt“), einseitig Nutzen zieht, sich oft davon ernährt und es auch schädigt

Medien > S. 80

Angesichts der totalen Ausbeutung der Natur durch den Menschen liegt es auf der Hand, die Menschheit als Ganze in ihrem Verhalten gegenüber der Natur als einen Parasiten zu bezeichnen. Für den Menschen können dabei fast sämtliche Arten sowohl von Pflanzen wie auch von Tieren zu einem Wirt werden. [...] Der Mensch als Parasit ist ein Unmensch. Zum Zwecke der Fleischproduktion und der Pelzgewinnung hält er die Tiere in sogenannten Tierfabriken zu den untierischsten Bedingungen gefangen und fügt ihnen ungeheure Leiden zu. Gegen Ende ihres Leidensweges werden die Tiere dann in fahrende Kisten eingepfercht, als wären sie bereits tot, und unter großen Qualen noch um die halbe Welt zu ihrem Schlachter transportiert. Wir alle kennen die entsprechenden Bilder aus den Medien. Die Fleischproduktion steht dabei im Dienste nicht nur der Ernährung des Menschen selber, sondern auch der Ernährung ausgewählter anderer Tiere, der Lieblingstiere Hund und Katze. Das fabrikmäßig hergestellte Fleisch und die hergestellten Pelze werden ergänzt durch das Fleisch und die Pelze aus der Jagd sowie der Fallenstellerei.

Auch zum Spaß geht der Mensch jagen, er nennt es Safari. Im Tierexperiment bzw. Tierversuch muss das Tier die abartigsten Torturen über sich ergehen lassen zum sogenannten Nutzen des Menschen. Ferner werden Wildtiere als Arbeitstiere missbraucht; sie werden durch vollkommen artfremde Haltung zu Haustieren gemacht. Die sogenannten Haustiere werden zu Wohnungstieren verkrüppelt und als Ersatzpartner ausgenutzt. Das Tier ist Gefangener im Zoo, im Großaquarium und im Zirkus. Es wird gequält beim Rodeo, geschunden beim Pferdesport, gehetzt beim Hunderennen, es wird zur Unterhaltung getötet beim Stierkampf, Hundekampf, Hahnenkampf. Die parasitäre Ausbeutung des Tieres durch den Menschen hat Methode und System.

nach Urs Thurnherr

Tortur:
Folter, Quälerei

System:
(hier) Ordnung, Plan (nach dem vorgegangen wird)

M3 Aus dem Tierschutzgesetz

Im Tierschutzgesetz ist geregelt, wie Tiere in Deutschland gehalten werden dürfen. In § 2 heißt es hierzu:

Wer ein Tier hält, betreut oder zu betreuen hat,

1. muss das Tier seiner Art und seinen Bedürfnissen entsprechend angemessen ernähren, pflegen und verhaltensgerecht unterbringen,
2. darf die Möglichkeit des Tieres zu artgemäßer Bewegung nicht so einschränken, dass ihm Schmerzen oder vermeidbare Leiden oder Schäden zugefügt werden,
3. muss über die für eine angemessene Ernährung, Pflege und verhaltensgerechte Unterbringung des Tieres erforderlichen Kenntnisse und Fähigkeiten verfügen.

Tierschutzgesetz

AUFGABEN

1. Sammle mögliche Beobachtungen der Aliens. > M1
2. Vergleicht eure Beobachtungen und ordnet eure Ergebnisse aus Aufgabe 1 in einer Mindmap oder einer Tabelle nach der Art der Tiernutzung in Kategorien (z. B. Zirkustiere, Wildtiere, Nutztiere, Versuchstiere, Haustiere, ...). > M1
3. Formuliere ethische Fragen, die sich dir zur Tiernutzung stellen. Beispiel: Hat der Mensch überhaupt das moralische Recht, Tiere zu essen? > M1/M2
4. Arbeite aus dem Text heraus, wie der Mensch Tiere für seine Zwecke nutzt. Ergänze deine Ergebnisse aus Aufgabe 2 und erkläre, warum der Autor den Menschen als Parasiten bezeichnet. > M2
5. Stelle Vermutungen darüber an, wie die Aliens den menschlichen Umgang mit anderen Spezies bewerten werden. Schreibe einen Bericht darüber, den die Aliens für ihren Heimatplaneten verfassen. Sprich darin eine Empfehlung für den Umgang mit den Menschen aus: Sollen sich die Aliens z. B. den Menschen zu erkennen geben? Sollen Sie lieber weiterfliegen? > M1/M2
6. Stell dir vor, die Menschen erfahren von diesen Berichten aus Aufgabe 5. Erkläre als Vertreter deiner Spezies Mensch den Aliens das Verhalten deiner Mitmenschen. > M2
7. Erkläre einem jüngeren Mitschüler oder einer jüngeren Mitschülerin das Gesetz in eigenen Worten. > M3
8. Benenne genau, was er/sie nach dem Tierschutzgesetz beachten muss, wenn er/sie ein Haustier hat. > M3
9. Erkläre den Aliens, warum die Tiere so behandelt werden, obwohl es doch Gesetze gibt, die Tiere schützen sollen. Formuliert einen Vertrag mit den Aliens, in dem ihr festhaltet, wie man mit (gerade auch unterlegenen) Spezies umgehen sollte. > M1-M3

Wie können wir ein Dilemma diskutieren?

Methodenkompetenz: Ein Dilemma diskutieren

Es gibt im Alltag viele Situationen, in denen man in einen Konflikt mit sich selbst geraten kann, wenn man moralisch richtig handeln will. Man gerät dann in eine Zwickmühle, ein sogenanntes Dilemma. Das heißt, man muss sich zwischen zwei einander widersprechenden Handlungen entscheiden. Von einem moralischen Dilemma spricht man also, wenn jemand eine Entscheidung zwischen zwei Handlungsmöglichkeiten treffen muss, die eigentlich beide moralisch geboten sind. So kann es z. B. in einer Situation moralisch richtig sein, die moralische Norm A zu befolgen, und auch, die moralische Norm B zu befolgen. Wenn ich aber A befolge, verstoße ich gegen B und umgekehrt.

Norm(en)
> Ethik-Glossar

Wenn ihr euch mit einem Dilemma auseinandersetzt, könnt ihr wie folgt vorgehen, um zu einer begründeten Entscheidung zu kommen:

1. Erfasst zunächst die gegebene **Situation** und bestimmt, welche **Personen** in dem Fall **betroffen** sind.
2. Klärt, welche **Handlungsmöglichkeiten** es in dieser Situation gibt. Prüft auch, welche **moralischen Normen** dabei wichtig sind.
3. Analysiert, was **für** und **gegen** die jeweiligen Handlungsmöglichkeiten und moralischen Normen spricht.
4. Führt eine **Abwägung** durch: Welcher Handlungsmöglichkeit bzw. welcher Norm ist in dieser Situation der Vorzug zu geben?
5. Trefft eine dementsprechende Entscheidung.

M1 Ehrlich ...?!

Situation:
Ein Käufer gibt Henrik aus Versehen zehn Euro zu viel.

Entscheidung A:
ehrlich sein und Geld zurückgeben

Entscheidung B:
mit dem Geld Tieren in Not helfen

Henrik und Mike gehen in dieselbe Klasse. Sie sind beide sehr tierlieb und haben gerade im Ethikunterricht über Tierschutz gesprochen. Um dem örtlichen Tierheim zu helfen, das seit Jahren überfüllt ist und dringend Geld für die Versorgung der Tiere benötigt, verkaufen sie auf einem Flohmarkt ihr altes Spielzeug. Das Geld soll dem Tierheim gespendet werden. Ein Mann kauft von Henrik ein Elektroauto und gibt ihm aus Versehen zehn Euro zu viel. Henrik überlegt: Einerseits sollte er ehrlich sein und dem Mann hinterherlaufen, um die zehn Euro zurückzugeben ... Andererseits brauchen die Tiere in Not das Geld sicher dringender als der Mann ... Soll er es also behalten und spenden, oder wäre das falsch?

Vorgehensweise bei einer Dilemmadiskussion

1. Situation und Betroffene

Henrik und Mike verkaufen auf einem Flohmarkt altes Spielzeug, um den Erlös dem Tierheim zu spenden. Beim Bezahlen gibt ein Mann, der ein Spielzeugauto kauft, Henrik aus Versehen zehn Euro zu viel und merkt es nicht – Henrik jedoch schon.

2. Handlungsmöglichkeiten und moralische Normen

Handlungsmöglichkeit A:
Henrik läuft dem Mann nach und gibt ihm die zehn Euro zurück.

Moralische Norm:
Man soll Geld, das einem nicht gehört, seinem Eigentümer zurückgeben.

Handlungsmöglichkeit B:
Henrik spendet das zu viel gezahlte Geld dem Tierheim.

Moralische Norm:
Man soll Tieren in Not helfen.

3. Was spricht für / gegen diese Handlungsmöglichkeiten und Normen?

+ Henrik ist moralisch verpflichtet, dem Mann das Geld zurückzugeben, weil es diesem gehört.

– Der Verlust von zehn Euro wiegt für den Mann nicht sehr schwer.

+ Henrik fühlt sich für den Tierschutz verantwortlich. Das Geld kann hier helfen.

– Das Geld, das Henrik dem Tierheim spenden möchte, wäre unrechtmäßig erworben. Er darf nicht darüber verfügen, weil es ihm nicht gehört.

4. Abwägung

z. B.: Dass er sich schuldig machen würde, Geld unrechtmäßig an sich zu nehmen, wiegt für Henrik schwerer als seine moralische Verpflichtung, Tieren in Not zu helfen. Dem Tierheim kann auch durch rechtmäßig erworbenes Geld geholfen werden. Hierfür dient schließlich der Flohmarkt-Erlös.

5. Entscheidung

z. B.: Henrik entscheidet sich, dem Mann das Geld zurückzugeben. Zusammen mit Mike hat er dann zusätzlich die Idee, auch eine Spendendose für das Tierheim aufzustellen, um noch mehr Geld für das Tierheim zu sammeln.

M2 Toms Fete

Die 15-jährige Pakistanin Kamala ist von ihrem Klassenkameraden Tom zu seinem 16. Geburtstag eingeladen worden. Kamalas Vater verbietet seiner Tochter strikt, die Party zu besuchen. Er argumentiert, dass sie als Muslimin nicht alleine ausgehen darf, zumal auf solchen Feiern alkoholische Getränke angeboten werden und Jungen Mädchen „anmachen". Wenn sie dort Alkohol trinken oder sich mit einem Jungen einlassen würde, brächte sie Schande über die ganze Familie. Kamala will aber unbedingt auf diese Party gehen.

TIPP
Bei der Dilemmadiskussion geht es um *moralische* Normen; Informationen zu den *gesetzlichen* Regelungen zum Thema Jugendliche und Alkohol findest du im Internet z. B. unter http://www.kenn-dein-limit.info/gesetzliche-regelungen.html.

AUFGABEN

1 Lest das erste Dilemma und geht gemeinsam die einzelnen Schritte der Anleitung zur Dilemmadiskussion durch. Stimmt ihr mit der beispielhaft vorgenommenen Abwägung und Entscheidung überein? Begründet eure Auffassung. > M1

2 Versetzt euch in Kamalas Lage und führt eine Dilemmadiskussion durch. Schreibt die einzelnen Schritte auf und begründet, wie ihr entscheiden würdet. > M2

Was wir wissen – was wir können

M Frei wie der Wind

Wir Freibeuter der Meere stehen immer fest zusammen

(Komm mit uns auf große Fahrt)

Ein jeder für den andern sind Brüder Mann für Mann

(Komm mit uns auf große Fahrt)

Denn an Bord sind alle gleich egal ob arm ob reich
Und Freiheit ist und Freiheit ist der Lohn

Chorus:

Wir sind frei
Frei wie der Wind
Wir sind frei
Wir sind wer wir sind
Wir sind stolz ohne Scheu
Unzertrennlich und treu
Ja wir sind frei
Wie der Wind
Ohne Grenzen ohne Mauern ans Ende dieser Welt

(Komm mit uns auf große Fahrt)

Kein Sturm zerstört die Bande die uns zusammen hält

(Komm mit uns auf große Fahrt)

Wirst du heut mit uns gehn dann wirst du es verstehn
Denn Freiheit ist dein Lohn

Chorus

Wirst du heut mit uns gehn dann wirst du es verstehn
Denn Freiheit ist und Freiheit ist dein Lohn

Chorus

Santiano

AUFGABEN

1 Lies den Songtext „Frei wie der Wind" der Band „Santiano". Schreibe aus dem Text heraus, was Freiheit für „Santiano" bedeutet. Gib jeweils Zeilenangaben dazu an.

2 Benenne, wann du dich selbst richtig frei fühlst. Vergleiche dies mit deinen bisherigen Überlegungen im Unterricht, was Freiheit bedeutet, und den Vorstellungen von „Santiano".

3 Erläutere, was „Santiano" andererseits fehlt, um ganz frei zu sein.

plus 4 Beziehe in deine Überlegungen zu Aufgabe 3 die Begriffe „negative Freiheit" und „positive Freiheit" mit ein (siehe S. 70f.).

5 Begründe, inwiefern „Santiano" deiner Meinung nach tatsächlich frei sind oder nicht.

SELBSTDIAGNOSE

1 Übertrage die Tabelle in dein Heft oder lade dir die Tabelle als Arbeitsblatt aus dem Internet herunter und fülle sie aus. Wenn deine Antwort „nicht gut" lautet, schlage die passende Schulbuchseite nach, die dir bei dem Thema weiterhelfen kann, und lies noch einmal nach.

2 Ergänzt zusammen die Tabelle: Was könnt ihr noch? Berücksichtigt die Ergebnisse eurer Arbeit in diesem Kapitel. Markiert alle Fragen, die noch offen sind, farbig.

Ich kann ...	sehr gut	gut	nicht gut
erklären, was Freiheit bedeutet.			
verschiedene Vorstellungen von Freiheit benennen.			
erläutern, warum Freiheit für verschiedene Menschen ganz unterschiedlich ist.			
erläutern, warum Freiheit Grenzen braucht.			
die Begriffe „negative Freiheit" und „positive Freiheit" erläutern und Beispiele dafür benennen.			
die Begriffe „negative Freiheit" und „positive Freiheit" passend verwenden.			
erörtern, was Freiheit für mich persönlich bedeutet.			
das Verhalten von Menschen beurteilen, die nach Freiheit streben.			
den Begriff „Verantwortung" erklären.			
...			

Arbeitsblatt:
Selbstdiagnose-tabelle „Freiheit und Verantwortung"

Mediencode: 20081-02

Recht und Gerechtigkeit

> Ganz einfach gerecht
> Gleiche Rechte für alle?
> Eine gerechte Welt

AUFGABEN

1 Erkläre, wie eine alte Küchenwaage funktioniert und wie es zum Ausgleich zwischen den Waagschalen kommt. Diskutiert, inwieweit eine Waage ein Symbol für Gerechtigkeit sein kann.

2 Entscheide, ob der Platz auf der Bank zwischen den fünf Personen gerecht aufgeteilt ist und begründe deine Entscheidung. Vergleicht mit Fotos von Schülergruppen aus eurer Klasse. Diskutiert, ob die Platzverteilung in eurer Klasse immer gerecht ist.

3 Sammelt oder zeichnet weitere Bilder und Symbole, die eurer Meinung nach zum Thema Gerechtigkeit passen. Vergleicht eure Bilder und Symbole und ordnet diese in Gruppen.

4 Gestaltet zu jeder Gruppe von Bildern und Symbolen ein großes Plakat und ordnet Fragen zu, die ihr zum Thema Gerechtigkeit habt.

Warum ist Fairness wichtig?

M1 Die Sechs gewinnt

Tabea würfelt mit den zwei roten und Kevin mit den beiden orangefarbenen Würfeln. Jeder würfelt zehn Mal. Wer die meisten Sechsen hat, hat gewonnen.

fair: anständig, ordentlich; fair sein heißt, sich anständig, aufrichtig und ehrlich zu benehmen

M2 Ein fairer Wettkampf?

Maria Sebald

M3 Total ungerecht!?

Endlich sitzt Marie auf der Zuschauerbank. Alex ist froh, dass seine neue Freundin heute mal seine Stärken kennen lernen kann. Beim Fußball spielen fühlt er sich sicher, da ist er der Beste in der Mannschaft, sagt sein Trainer. Mit kleinen Fouls und „Schwalben" überlistet er den Gegner, das machen alle so, aber er ist darin Meister. Aber heute hat er Pech. Als der Schiedsrichter ihm nach einem Foul die gelbe Karte zeigt, bleibt er noch ruhig. Von jetzt an will er fairer spielen. Aber kurz darauf fällt ein Spieler in einem Zweikampf unglücklich über seine Füße und Alex wird mit einer roten Karte vom Platz genommen. Diese Entscheidung des Schiedsrichters findet Alex total ungerecht.

M4 Der fairste Trainer der Welt

Der wohl fairste Fußball-Lehrer der Welt betreut die Mannschaft der Kleinstadt Guijuelo in Mittelspanien. Der 35-Jährige forderte seine Elf lauthals auf, ein Eigentor zu schießen. Seine Schützlinge waren im Amateurligaspiel gegen Salamanca mit einem Tor 2:1 in Führung gegangen, das auf unsportliche Weise erzielt wurde. Ein Stürmer hatte den Ball kurz vor dem Abpfiff unbedrängt ins Tor geschossen, weil sich die Spieler aus Salamanca gerade um einen verletzten Kameraden kümmerten. Benito stieß mit seiner Aufforderung allerdings auf taube Ohren. Den Kickern waren die drei Punkte wichtiger als alle Fairness. Nur der Torwart hörte auf seinen Coach. Er ließ einen Schuss absichtlich passieren, aber der Ball prallte nur an den Pfosten.

dpa, 03.12.1998

AUFGABEN

1. Nenne das Ergebnis des Würfelspiels, wenn die orangefarbenen Würfel je zweimal die Augenzahl sechs haben, die roten Würfel dagegen nur je eine Augenzahl sechs. Würdest du hier mitspielen? Begründe deine Entscheidung. > M1
2. Interpretiere die Karikatur. Erkläre, warum es nicht fair ist, was dort passiert. > M2
3. Diskutiert, unter welchen Bedingungen ein Brett- oder Kartenspiel (oder auch ein sportlicher Wettkampf) für alle Mitspieler bzw. Beteiligten fair ist. > M1/M2
4. Erläutert, wann jemand unfair spielt. Formuliert gemeinsam eine Definition von Fairness. > M2/M3
5. Schreibe die Geschichte von Alex und Marie weiter. Entscheide dabei, welchen Standpunkt Marie zur Fairness im Fußballspiel einnimmt und wie sie Alex als Freund bewertet. > M3
6. Bewertet selbst das Verhalten von Alex. Sammelt weitere Beispiele für faires oder unfaires Verhalten im Alltag, z. B. im Unterricht oder Sportwettkampf. Diskutiert die Gründe, warum sich die Personen in diesen Situationen fair oder unfair verhalten. > M3
7. Stell dir vor, du wärst ein Spieler der Mannschaft von Guijuelo. Wie würdest du handeln? Begründe deine Antwort. > M4
8. *plus* Erstellt zusammen eigene Fairnessregeln, sammelt sie auf einem Plakat und hängt sie im Klassenzimmer auf. > M1-M4

Definition
> S. 58

Gibt es ein Maß für Gerechtigkeit?

M1 Deine Idee von Gerechtigkeit

Was ist Gerechtigkeit?

Du hast sicherlich bereits eine Vorstellung davon, was Gerechtigkeit ist. Beschreibe, was Gerechtigkeit ist. Schreibe nicht mehr als drei Sätze.

M2 Einfach gerecht sein?

Stellt euch eine Familie vor: Mutter, Vater, ein 18-jähriger Sohn und zwei Töchter (zehn und vier Jahre alt).

- Der Vater hat einen Kuchen gebacken.
- Die Mutter hat das ganze Wochenende das Wohnzimmer renoviert.
- Der 18-jährige Sohn war bei einem Freund und ist jetzt sehr hungrig.
- Die 10-jährige Tochter hat dem Vater beim Kuchenbacken geholfen.
- Die 4-jährige Tochter liebt besonders diese Kuchensorte.

M3 Prinzipien der Gerechtigkeit

Prinzip: Regel, Richtschnur, Grundsatz

- **Gleichheitsprinzip:** Jeder erhält den gleichen Anteil.
- **Leistungsprinzip:** Jeder erhält einen Anteil nach seiner erbrachten Leistung.
- **Bedürfnisprinzip:** Das Maß der Zuteilung richtet sich danach, wie dringend es jemand braucht.
- **Prinzip des sozialen Ausgleichs:** Verteilung unter dem Gesichtspunkt des Mangels: Derjenige erhält mehr, der deutlich weniger besitzt als die anderen.
- **Autoritätsprinzip:** Derjenige bestimmt, was gerecht ist, der die Macht dazu besitzt (Staat/ Machthaber).
- **Eigentumsprinzip:** Jeder darf sein Eigentum und den Gewinn, den er damit erzielt, für sich allein behalten.
- **Zufallsprinzip:** Jeder hat die gleiche Chance etwas zu bekommen (z. B. durch Lose).

M4 Formen von Gerechtigkeit

Gerechtigkeit ist seit der Antike ein zentrales Thema der Ethik und Religionen. Zudem spielt dieser Begriff auch im Recht und im politischen und gesellschaftlichen Leben eine bedeutende Rolle. Es wird zum Beispiel von Generationengerechtigkeit, Verteilungsgerechtigkeit oder auch Einkommensgerechtigkeit gesprochen und darüber gestritten. Wir empfinden und beurteilen Handlungen, Personen, Regeln und Normen, soziale Verhältnisse, bestimmte Reaktionen von Personen usw. als gerecht oder ungerecht. Dabei haben wir oft unterschiedliche Auffassungen von Gerechtigkeit.

Der Philosoph Aristoteles unterschied verschiedene Formen von Gerechtigkeit, die bis heute gelten: die austeilende und die ausgleichende Gerechtigkeit.

- Unter der **ausgleichenden Gerechtigkeit** wird der gerechte Austausch verstanden, beispielsweise zwischen dem Preis und dem gekauften Gegenstand, zwischen Tat und Strafe, zwischen Ergebnis und Belohnung. Diese Gerechtigkeit spielt also vor allem in Beziehungen zwischen den Menschen eine Rolle.
- Bei der **austeilenden Gerechtigkeit** (auch Verteilungsgerechtigkeit genannt) geht es zum Beispiel darum, wie bestimmte Güter wie Geschenke, Einkommen, Noten usw. verteilt werden. Sie spielt also vor allem im Verhältnis von Einzelnen und Gemeinschaft eine Rolle.
- Daneben grenzt Aristoteles noch die **formale Gerechtigkeit** ab, d. h. die Gesetzes- und Rechtmäßigkeit. Demnach ist das gerecht, was dem Gesetz/dem Recht entspricht.

Aristoteles, Normen
> Ethik-Glossar

AUFGABEN

1. Hängt eure Definitionen an einer langen Schnur auf. Dann seid ihr gefragt: Lest euch die Definitionen durch. Beurteilt, welche euch am besten gefallen. Jeder kann eine Stimme für die Definition abgeben. > M1
2. Nehmt ein DIN-A-3-Blatt mit einem runden Kreis: Das ist euer Kuchen. Macht dann einen Vorschlag, wie ihr den Kuchen unter den Familienmitgliedern aufteilen wollt. Begründet euren Vorschlag ausführlich und präsentiert ihn in der Klasse. > M2
3. Ordnet eure Ergebnisse aus Aufgabe 2 den verschiedenen Prinzipien der Gerechtigkeit zu. > M2/M3
4. Vergleicht die Prinzipien mit der von euch in Aufgabe 1 gewählten Definition von Gerechtigkeit. Ordnet weitere Definitionen aus Aufgabe 1 den Gerechtigkeitsprinzipien zu. > M1/M3
5. Diskutiert, inwieweit die Prinzipien sich ergänzen oder widersprechen. Findet weitere Prinzipien. > M1/M3
6. Erstellt eine Rangliste für die Prinzipien nach deren Wichtigkeit. > M3
7. Erkläre deinen Mitschülerinnen und Mitschülern, was Aristoteles unter Gerechtigkeit versteht. Um welche Form der Gerechtigkeit nach Aristoteles handelt es sich bei dem Problem in M2? Ordne begründet zu. > M2/M4
8. Was meinst du, warum ist es Aristoteles wichtig, diese verschiedenen Formen der Gerechtigkeit zu unterscheiden? Begründe deine Antwort. >M4
9. *plus* Nenne weitere Beispiele für die austeilende und ausgleichende Gerechtigkeit. > M4

Definition
> S. 58

Für alle das Gleiche – ist das gerecht?

M1 Die Prüfungsaufgabe

Hans Traxler

„Im Sinne einer gerechten Auslese lautet die Prüfungsaufgabe für Sie alle gleich: Klettern Sie auf den Baum!"

M2 Ist das wirklich eine 3?

Diese Frage hat sich jeder von euch bestimmt schon einmal gestellt. Ein Blick in die Parallelklasse oder die Nachbarschule lässt einen manchmal zweifeln. Aber auch in der eigenen Klasse gibt es Unterschiede. Nur ein Beispiel: Brian strengt sich kaum an, hat immer gleich eine Lösungsidee und ist in kurzer Zeit mit den Aufgaben fertig. Da er seine Aufgaben nicht noch mal kontrolliert, hat er meist ein paar Rechenfehler. Max dagegen findet selten allein den Lösungsansatz. Er übt lange, um sich einen Lösungsweg einzuprägen. Für die vollständige Lösung einer Aufgabe braucht er viel Zeit. Beide erhalten eine 3.

Ist das gerecht? Sollte Max leichtere oder andere Aufgaben erhalten? Sollten beide verschieden bewertet werden?

Sind wirklich alle zufrieden, wenn alle die gleiche Aufgabe haben und gleiche Ergebnisse, gleich bewertet werden? Der prozentuale Anteil an der geforderten Gesamtleistung erbringt die Note. Sogar die Eltern wissen von jedem Fach, mit wie viel Prozent es die Note 3 gibt. In den schriftlichen Prüfungen zum MSA ist das genauso. Haben wirklich alle die gleichen Chancen auf diesen Abschluss?

MSA: Mittlerer Schulabschluss in Berlin (seit 2006 eingeführt); Informationen: http://bildungsserver.berlin-brandenburg.de/msa.html

M3 Drei Klagen

Die Hendriks hat ihre Lieblinge. Wenn die mal Quatsch in der Stunde machen, dann ermahnt sie die mit einem – wie soll ich das sagen – verständnisvollen Lächeln auf den Lippen. Man merkt, das ist gar nicht so ernst gemeint. Aber wenn ich oder die Meli miteinander reden – nicht mal laut –, dann wird die richtig sauer. Das ist aber nicht alles. Bei den Klassenarbeiten übersieht die bei ihren Lieblingen sogar Fehler, die bei uns dick angestrichen werden. Und die Noten für die Arbeiten und für das Mündliche: Man merkt sofort, wen die mag und wen die nicht mag. Gottseidank sind nicht alle Lehrer so.

Tini, Schülerin der 8. Klasse

Ich dachte, mich trifft der Schlag. Bis jetzt war ich mit meinem Job sehr zufrieden. Von meinen Chefs wurde ich über den grünen Klee gelobt. Es hieß, ich sei eine Leistungsträgerin. Zufällig ist mir die Gehaltsabrechnung unserer Abteilung in die Hände gefallen. Neugierig, wie ich bin, habe ich reingeschaut – was ich natürlich nicht darf. Und: Ich stehe am Ende der Gehaltsliste! Ich dachte zunächst, ich hätte einen Sehfehler. Ich verdiene – man höre und staune – 30% weniger als der Durchschnitt der Männer meiner Abteilung. Das nenne ich Gleichstellung von Mann und Frau!

Frau Jacob, Ingenieurin

jemanden über den grünen Klee loben: umgangssprachliche Redewendung; Bedeutung: jemanden übertrieben stark loben

Ich habe mal wieder viel zu lange beim Arzt warten müssen. Es gab immer wieder Leute, die nach mir gekommen sind, aber vor mir ins Sprechzimmer gerufen wurden. Ich glaube, das waren bestimmt Privatpatienten. Die werden bevorzugt. Das finde ich einfach ungerecht.

Herr Becker, Rentner

AUFGABEN

1 Diskutiert, ob die Prüfungsaufgabe in der Karikatur gerecht ist. Was spricht dafür? Was spricht dagegen? > M1

2 Beschreibe eine vergleichbare Situation aus deinem Alltag und nenne für diese Situation eine gerechtere Lösung. Begründe deine Lösung. > M1

3 Diskutiert, was gerechte Noten sind und was eigentlich dagegen spricht, allen Schülerinnen und Schülern die gleiche Note zu geben. > M2

4 Nennt Vor- und Nachteile der derzeitigen Regeln zur Notengebung an eurer Schule. Beschreibt ein eurer Meinung nach gerechtes Bewertungssystem. > M2

plus 5 Recherchiere, mit welchen Abschlüssen man in Berlin die Schule verlassen kann und welche Ausbildungsberufe damit möglich sind. > M2

6 Nennt die in den Fallbeispielen beteiligten Personen und schreibt sie auf Rollenkärtchen. Ordnet ihnen jeweils ihre Gedanken und Gefühle in der beschriebenen Situation zu. Verteilt die Rollenkärtchen und erstellt Standbilder zu den Fallbeispielen. Formuliert die Botschaft der Standbilder in wenigen Sätzen und erstellt dazu ein Cluster an der Tafel. > M3

plus 7 Beschreibt weitere Fälle, in denen gegen den Grundsatz der Gleichbehandlung verstoßen wurde. > M3

Warum handeln wir gerecht?

M1 Zwei Spiele

Ultimatum: Forderung (an eine bestimmte Person oder Personengruppe), die unter bestimmten Bedingungen (z. B. Zeitvorgaben) einzuhalten ist. Wird ein Ultimatum nicht eingehalten, hat dies negative Folgen für die Person, der das Ultimatum gestellt worden ist.

Das Ultimatumspiel

Das Ultimatumspiel ist ein sehr bekanntes, einfaches Experiment, das schon seit 20 Jahren Wirtschaftswissenschaftler, Psychologen, Philosophen und viele andere beschäftigt. Mit 10 Bonbons statt 10 Euro lässt es sich leicht nachspielen.

Spielanleitung:
Ein Spielleiter gibt dir (Person A) 10 Euro mit der Auflage, einem anderen (Person B, zum Beispiel ein Klassenkamerad oder auch ein Fremder) etwas davon abzugeben. Es ist egal, wie viel du dem anderen abgibst, aber ihr erhaltet das Geld nur, wenn der andere (Person B) dem Angebot zustimmt; lehnt Person B ab, so erhält niemand das Geld.

Wichtige Zusatzregel:
Die beiden Testpersonen dürfen nicht miteinander reden, so dass nichts ausgehandelt werden kann.

fair: anständig, gerecht

Egoist > Egoismus, Ethik-Glossar

Das Trittbrettfahrspiel

Spielanleitung:
In diesem Spiel erhalten mehrere Versuchspersonen eine bestimmte Geldausstattung, zum Beispiel 10 Euro. Sie sollen nun einen Teil des Geldes verdeckt auf ein gemeinsames Konto zahlen (öffentliches Gut). Nachdem jeder einen Betrag in dieses Konto eingezahlt hat, verdoppelt der Spielleiter den eingezahlten Betrag. Nun wird dieses „öffentliche Gut", also der eingezahlte Betrag, gleichmäßig auf alle verteilt, egal wie viel jeder eingezahlt hat. Ein „Trittbrettfahrer", der weniger einzahlt, hat also auch etwas davon. Auch dieses Spiel lässt sich mit 10 Bonbons gut nachspielen.

Zusatzregel:
Die fairen Einzahler dürfen nun die Trittbrettfahrer bestrafen. Sie zahlen hierfür eine Gebühr und der Spielleiter muss den Trittbrettfahrern einen Strafzoll abfordern, d. h. die Fairen müssen Geld zahlen, um die Egoisten zu bestrafen.

Ergebnisse Ultimatumspiel:
In westlichen Gesellschaften werden kaum unfaire Angebote gemacht, die Mehrheit bietet um die 5 Euro an. Wenn unfaire Angebote gemacht werden z. B. 7 Euro und mehr für Spieler A, so werden diese meist abgelehnt. Alter, Geschlecht, Bildung erklären nach den Untersuchungen der Wissenschaftler das Handeln ebenso wenig wie etwa Reichtum. Selbst sehr arme Leute gaben häufig vergleichsweise viel ab.

Ergebnisse Trittbrettfahrspiel:
Obwohl die Bestrafung kostspielig ist und man selbst nichts davon hat, sind die fairen Einzahler bereit, Kosten auf sich zu nehmen, um Trittbrettfahrer zu strafen. Diese merken, dass sie bestraft werden, wenn sie nichts zum Gemeinschaftskonto beitragen, und ändern deshalb ihr Verhalten.

M2 Woher kommt unser Sinn für gerechtes Verhalten?

Aus Elternhaus, Schule, Kirche, dem Freundeskreis: Das werden wohl die meisten sagen. Das Gerechtigkeitsgefühl ist also keine unveränderliche Größe, es wird von der Kultur geprägt, in der ein Mensch lebt. Nicht zuletzt auch von seiner sozialen Position: Je weiter unten jemand steht, desto mehr Angst hat er vermutlich, zu kurz zu kommen – und legt besonderen Wert auf Gleichheit. Und je privilegierter jemand ist, umso mehr fürchtet er, von anderen betrogen zu werden.

Den starken Einfluss der jeweiligen Kultur auf das Gerechtigkeitsempfinden zeigt eine Studie, die Wissenschaftler erarbeitet haben. Sie veranstalteten das Ultimatum-Spiel mit 15 Naturvölkern in Asien, Afrika und Südamerika. Ergebnis: Die Angebote der „Geber" schwankten sehr viel deutlicher als in westlich geprägten Marktgesellschaften. Die Lamalera zum Beispiel, Walfänger in Indonesien, gaben [von 100 Euro Kapital] im Schnitt mehr als die Hälfte ihres Besitzes, nämlich 58 Euro, ab. Die Regenwaldnomaden der Machiguenga in Peru hingegen nur 26 Euro. Der Alltag beider Völker erklärt die Unterschiede: Die Machiguenga arbeiten seit jeher nur innerhalb der Familie zusammen – sie haben wenig Sinn dafür, mit Fremden zu teilen. Die Walfänger dagegen sind es gewohnt, ihren Fang nach genauen Regeln in ihrer Gemeinschaft zu verteilen.

nach Ines Possemeyer

Kultur
> Ethik-Glossar

Privilegien:
Vorteile, die einer Person oder Personengruppe gewährt werden

Strategie:
vorausschauend geplante Verhaltensweise, um langfristig ein Ziel zu erreichen

Nomaden:
Angehörige eines Volkes, das in einem Gebiet umherzieht

AUFGABEN

1 Spielt die beiden Spiele mehrmals. Führt zu jeder Runde ein Protokoll: a) Beschreibung der Handlung der Spielerinnen und Spieler, b) Begründung für das jeweilige Handeln, c) Welche Strategie war am erfolgreichsten? > M1

2 Was haben die Spiele mit Gerechtigkeit zu tun? Erläutert eure Ergebnisse und vergleicht sie mit den genannten Ergebnissen der Forschung. > M1

3 Lies den Text M2 aufmerksam. Erstelle eine Mindmap zum Thema „Gerechtigkeitsempfinden". Beschreibe anschließend die Motive und Gründe, warum ein Mensch gerecht handelt, mit eigenen Worten. > M2

4 Beurteilt, ob diese Motive und Gründe ausreichen, um in einer gerechten Gesellschaft zu leben. > M2

Gibt es eine gerechte Schule für alle Kinder?

M1 Gemeinsam lernen

M2 Der Rollstuhl muss mit

Pia ist sieben Jahre alt und wohnt in Hamburg. Das erste Mal habe ich sie im Winter getroffen. Heute sind wir verabredet, um zusammen zur Schule und danach ins Schwimmbad zu gehen: Pia, ihr Vater Gerold und ich. Gehen stimmt allerdings nicht. Denn Pia wurde mit einer seltenen Krankheit geboren und sitzt deshalb im Rollstuhl. Durch die Krankheit fallen Pia viele Dinge sehr schwer, die für andere Kinder leicht sind. Und manches kann sie gar nicht lernen, zum Beispiel Gehen. Oder Sprechen. Man nennt diese Krankheit Rett-Syndrom. Leider kann man sie bislang nicht heilen. Deswegen fährt ihr Vater Pia morgens mit dem Rollstuhl zur Schule. Der Rollstuhl hat eine Bremse und eine Klingel. Wenn es einmal besonders schnell gehen soll, hängt Pias Vater oder Mutter den Rollstuhl an das Fahrrad – und saust los! Der Weg zur Schule dauert nur zehn Minuten. […] Vor dem Klassenzimmer wartet Cihan. „Hallo Pia!", ruft er, als wir hereinkommen. […] Pia kann zwar nicht sprechen, das heißt aber noch lange nicht, dass sie nicht antworten könnte. Als Cihan sie begrüßt, legt Pia den Kopf zur Seite und grinst. Die beiden sind Freunde, im Stuhlkreis in der Klasse sitzen sie nebeneinander.

Mathias Krupa

M3 Inklusive Schule – was ist das?

Im Schulalltag bedeutet Inklusion das gleichberechtigte Lernen von Schülerinnen und Schülern mit und ohne Behinderungen in einer Lerngruppe. Während früher behinderte Schüler ausschließlich in Sonderschulen lernten, hat die gemeinsame Bildung und Erziehung von Kindern mit und ohne Behinderung jetzt Vorrang, dies ist im Berliner Schulgesetz festgelegt. Inzwischen lernen mehr als die Hälfte aller Schüler mit einer Behinderung an allgemeinen Schulen zusammen mit nicht behinderten Kindern.

UN-Behindertenrechtskonvention: Übereinkommen der Vereinten Nationen über die Rechte von Menschen mit Behinderungen. Es gilt seit März 2009 in Deutschland.

M4 Finde den Unterschied!

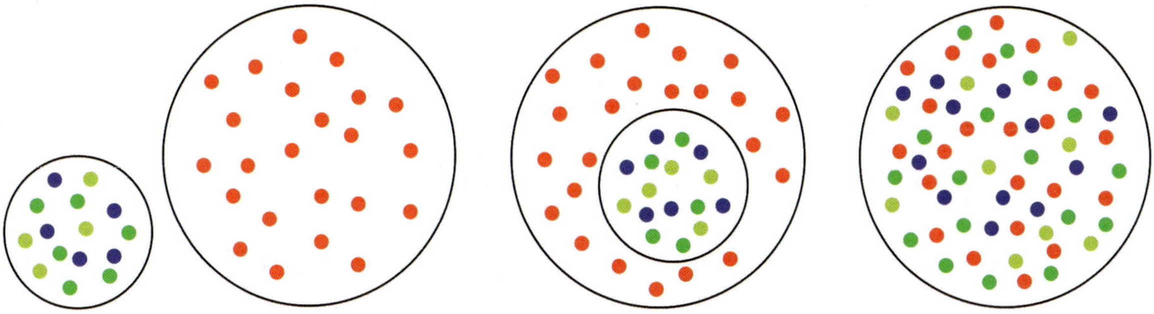

Separation (Absonderung) | **Integration** (Einbeziehung, Eingliederung) | **Inklusion** (Einschluss)

M5 Gerechte Chancen in der Schule?

Mit dem Gesamtkonzept „Inklusive Schule in Berlin" soll die UN-Behindertenrechtskonvention schrittweise umgesetzt werden. Ziel ist es, den Anteil der Schülerinnen und Schüler mit sonderpädagogischem Förderbedarf, die am gemeinsamen Unterricht an allgemeinen Schulen teilnehmen, zu erhöhen. Wir wollen die Chancen von Kindern mit Behinderungen verbessern, Schulabschlüsse zu erlangen, die ihnen eine berufliche Perspektive ermöglichen. Dazu gehört auch, dass wir erkennen, welche Potentiale Menschen mit Behinderung haben, und wo uns Inklusion neue Impulse geben kann.

M3/M5: Senatsverwaltung für Bildung, Jugend und Wissenschaft

Impulse geben: einen Anstoß oder eine Anregung geben; etwas auf den Weg bringen

berufliche Perspektive: Zukunftschancen, Aussicht auf einen Berufsabschluss

Potential eines Menschen: Kräfte und Fähigkeiten, die ein Mensch in sich trägt, aber noch nicht nutzt

symbolisieren: sinnbildlich darstellen

AUFGABEN

1 Beschreibe das Bild. Vergleiche das Bild mit einer typischen Situation aus dem Unterricht in deiner Klasse. > M1

2 Zeichne Bilder/Schilder, die Barrieren in deiner Schule symbolisieren, welche Schülerinnen wie Pia im Schulalltag behindern (würden). > M2

3 Erarbeitet einen Plan für die Beseitigung der Barrieren aus Aufgabe 2 in eurer Schule. > M2

4 Erkläre mit eigenen Worten, was du unter Inklusion, Integration und Separation verstehst. Nenne Unterschiede zwischen Integration und Inklusion im Schulalltag für Kinder mit und ohne Behinderungen. > M3/M4

5 Arbeite die Ziele der Inklusion in der Schule heraus. > M5

plus 6 Führt eine Pro- und Contra-Diskussion zu der Frage, ob die Inklusion vollständig an jeder Schule umgesetzt werden sollte bzw. umgesetzt werden kann. Informiert euch vorab, welche verschiedenen Arten bzw. Formen von Behinderungen es gibt. > M1-M5

7 Formuliere deinen eigenen Standpunkt zu der Frage, inwieweit Inklusion für alle Kinder in der Schule Gerechtigkeit bringt. > M1-M5

TIPP

Eine Liste von Behinderungsarten findet ihr im Internet z. B. unter http://www.lwl-integrationsamt.de/links/allgemeines/behinderungsarten.

Wie kann ich mich im Dialog verständigen?

Dialog: Gespräch oder Unterredung zwischen zwei oder mehreren Personen

Werte, Normen, Vorurteil
> Ethik-Glossar

TIPP
Folgende Methoden helfen dir, einen Dialog vorzubereiten:
> Brainstorming zu einem Problem
> Rollenspiel
> Schreibgespräch

Methodenkompetenz: Einen Dialog führen

Durch die Teilnahme an einem achtungsvollen Dialog können sich dir die Gedanken und Gefühle anderer erschließen. Aber auch die Werte und Normen, die das Handeln deines Dialogpartners oder deiner Dialogpartnerin beeinflussen, werden erfahrbar. Umgekehrt gibt dir der Dialog die Möglichkeit, deine Gedanken, Gefühle und Argumente zugänglich zu machen. Ein Dialog kann gelingen, wenn

1. jeder dem anderen zuhört und bereit ist, verstehen zu wollen,
2. alle einander respektieren und jeder ohne Vorurteile die Meinung des anderen achtet,
3. jeder in der Lage ist, das Gehörte mit eigenen Worten verständlich wiederzugeben,
4. jeder sich bemüht, die Ansichten des anderen in seine Argumentation mit einzubeziehen,
5. eigene Gefühle und Gedanken ehrlich und verständlich ausgesprochen werden und Kritik sachlich geäußert wird.

M1 Gerechtigkeit im Dialog

Die Klasse 8d wertet im Ethikunterricht mit ihrer Lehrerin den letzten Projekttag aus. Es ist alles prima gelaufen. Die Schulleitung lobt die ganze Klasse überschwänglich und verspricht allen eine kleine Belohnung. Aber Kevin, Achmed und Jördis, die das Projekt geleitet haben, freuen sich nicht so richtig mit den anderen. Jördis spricht das Problem der drei Projektleiter aus: „Wir fühlen uns ungerecht behandelt, denn wir hatten viel mehr zu tun als die anderen." Die Projektgruppe ist ratlos und Maria will wie immer sofort dagegenreden. Paul versucht jedoch, den Dialog zu unterstützen:

„Übliche" Kommunikation (Maria)	Dialog (Paul)
Das stimmt doch gar nicht. Wir haben genauso viel gemacht!	Das tut mir leid. Wann genau habt ihr euch ungerecht behandelt gefühlt?
Das bildet ihr euch nur ein.	Was meinst du mit „ungerecht"?
Das sagt ihr, weil ihr immer von den Lehrern gelobt werden wollt und diesmal wurden alle gelobt.	Habe ich dich richtig verstanden, dass du traurig bist, weil ihr als Projektleiter nicht besonders gelobt worden seid?
Ihr seid selber ungerecht. Ständig habt ihr gemeckert.	Ich dachte, ihr braucht unsere Hilfe nicht und, dass du traurig bist, habe ich nicht gemerkt.
Ihr habt uns nicht gesagt, was zu tun ist und wolltet am liebsten alles alleine machen.	Wenn mir das so gegangen wäre, hätte ich die Gruppe angesprochen.

M2 Ein Chat unter Freundinnen

Blümchen<3: Du hast dich heute in der Schule wieder nur mit den anderen unterhalten. Immer muss ich zu dir kommen, nie kommst du zu mir.

Blackgirl: Du spinnst doch.

Blümchen<3: Deine Freundschaft will ich nicht mehr, du verstehst ja nicht mal mein Problem.

Blackgirl: Da ist kein Problem, du redest dir was ein. Wenn du meinst, dass du unsere Freundschaft nicht mehr brauchst, lass mich doch in Ruhe.

Blümchen<3: Jetzt bist du wirklich gemein.

M3 Dialoge im Internet

Mimik, Gestik und der Ton sollten im Dialog deine Offenheit, Achtung und Zugewandtheit unterstreichen. Im Internet ist das schwieriger, denn diese Hilfsmittel entfallen beim Chatten. Smileys sollen diese Lücke schließen.

lachen	:)	so lala	:/
glücklich	:D	Kuss	:*
zwinkern	;)	weinen	:'(
zufrieden	^_^	geschockt	:o
genervt	>:o	naseweis	8)
beleidigt	>:-(	cool	8-l
traurig	:(	ätschbätsch	:p
verdutzt	O.o	Liebe	<3

Mimik:
Gesichtsausdruck (vermittelt Gefühle und Stimmungen)

Gestik:
Bewegungen z. B. mit den Armen, mit denen viele Menschen bewusst oder unbewusst ihre mündlichen Äußerungen begleiten und verstärken

AUFGABEN

1 Nenne Gründe, warum die genannten Punkte zum Gelingen eines Dialogs beitragen können. > Methodenkompetenz

2 Vergleiche die Sätze von Maria mit denen von Paul. Beschreibe, welche Ergebnisse die jeweilige Kommunikation bringen könnte. Bewerte das vermutete Ergebnis. > M1

3 Schreibe einen Dialog für den Chat von Blümchen<3 und Blackgirl mit dem Ziel, dass Blackgirl ihre beste Freundin behält. > M2/M3

4 Erkläre die Bedeutung von Smileys für einen schriftlichen Dialog im Internet. > M3

plus 5 Beschreibe Situationen aus deinem Alltag oder des Weltgeschehens, in denen ein Dialog diese Situationen verbessert hat.

Warum brauchen wir Regeln?

M1 Ein Experiment

Stellt euch doch einmal vor, ihr könntet ganz frei und ohne äußere Rücksichten selbst die Regeln eures Zusammenlebens festlegen […]. Vielleicht macht ihr sogar mal ein Experiment und geht am Wochenende hinaus aufs Land und stellt euch vor, ihr wäret die einzigen Überlebenden bei einem Flugzeugabsturz. Ihr kennt das Gebiet nicht, auf dem ihr euch befindet, es ist völlig einsam und meilenweit von jeder Zivilisation entfernt. Ihr könntet euch daher auch aller Übereinkünfte entledigen, die ihr vorher immer akzeptiert hattet. Mit anderen Worten, ihr müsstet neu anfangen und jetzt in irgendeiner Form euer Zusammenleben regeln. Ihr müsstet gemeinsam überlegen und gemeinsam entscheiden, wie das aussehen soll.

Ernst Tugendhat

M2 Wir müssen uns retten!

Das Experiment aus M1 findet in William Goldings Roman „Herr der Fliegen" statt: Nach einem Flugzeugabsturz findet sich eine Gruppe von Jungen, von denen sich nur die Schulchorsänger schon kennen, auf einer einsamen Koralleninsel wieder. Die Insel ist unbewohnt und es leben keine Erwachsenen mehr. Schnelle Rettung scheint nicht in Sicht. Jenseits der Zivilisation mit Recht und Ordnung, müssen die Jungen nun ihr Überleben selbst regeln.

Dann sprach Jack. „Wir müssen was zu unserer Rettung unternehmen."

Ein Stimmengewirr war die Antwort.

Einer der Kleinsten, Henry, sagte, er wolle nach Hause.

„Halt die Klappe", sagte Ralph mit unbeteiligter Stimme. Er hob das Muschelhorn hoch. „Ich glaub, wir brauchen einen Anführer, dann geht das besser."

„Einen Anführer! Ja, einen Anführer!"

„Das mache ich am besten", sagte Jack mit selbstverständlicher Anmaßung, „ich bin Kapitelsänger und Klassensenior. Und ich kann das hohe C singen."

Erneutes Stimmengewirr.

„Also gut", sagte Jack, „ich –"

Er zögerte. Der Dunkelhaarige, Roger, gab endlich seine Zurückhaltung auf. „Am besten, wir stimmen ab."

„Ja!"

„Wir wählen unsern Anführer!"

„Au ja! Los, wir stimmen ab!"

William Golding

M3 Regeln für das Überleben

M4 Warum brauchen Menschen Regeln?

Wenn alle Menschen völlig egoistisch miteinander umgingen, jeder mit Gewalt seine Wünsche durchsetzte, dann könnte es kein Zusammenleben der Menschen geben. Stattdessen herrschten Mord und Totschlag. Der Mensch muss sich daher ganz bewusst Gesetze geben. Er muss sich die Handlungsmöglichkeiten verbieten, die ein friedliches Zusammenleben unmöglich machen. Er muss also seinen Mitmenschen respektieren als jemanden, dem die gleichen Rechte zustehen, die er sich selbst zubilligt. Also muss man das Leben der anderen achten, ihren Besitz und ihre Interessen. […] Die Gesetze, die die Menschen sich geben, regeln das Verhalten des Einzelnen jedem beliebigen anderen gegenüber. Wenn wir uns die zehn Gebote der alten Hebräer anschauen und die drei wichtigsten Verbote: Lügen, Stehlen, Töten, betrachten, so erkennen wir: Es geht darum, den anderen, wer er auch sei, zu achten, ihn nicht zu verletzen, geschweige denn zu töten. Wenn alle Menschen diese Gesetze befolgen, dann können sie friedlich miteinander leben. […] Nun ist es leicht zu sagen: Das ist ja schön und gut, aber die Menschen handeln doch zumeist gar nicht so altruistisch, d. h. auf den andern Rücksicht nehmend, wie die Gebote es fordern, sondern im Wesentlichen egoistisch. Das ist, was das Verhalten der Menschen anlangt, richtig beobachtet, aber: Gebote sind keine Theorien über das Verhalten, sondern sie sind Anweisungen zum richtigen, d. h. guten Handeln. Das Gebot „Du sollst nicht töten" gilt auch dann, wenn die Menschen, z. B. im Bürgerkrieg, sich plötzlich gegenseitig umbringen. Nicht das Gebot ist damit falsch und widerlegt, sondern die Menschen handeln falsch.

Roland Simon-Schaefer

egoistisch
> Egoismus, Ethik-Glossar

Hebräer:
Angehöriger einer Völkergruppe, früher ein Angehöriger des Volkes Israel in der Bibel (> S. 220); auch: Buch des Neuen Testaments (Teil der christlichen Bibel)

AUFGABEN

1 Führe das Gedankenexperiment durch. Nenne Regeln, die du in dieser Gruppe für das Zusammenleben aufstellen würdest. Was soll das Gedankenexperiment testen? > M1

2 Leitet aus diesen Regeln (siehe Aufgabe 1) Handlungen ab und begründet diese. Vergleicht eure Ergebnisse. > M1

3 Erläutere, was mit einem Anführer oder einer Anführerin deiner Meinung nach „besser geht". Nenne Beispiele aus deinem Alltag, in denen es sinnvoll ist, einen Anführer oder eine Anführerin zu haben. Beschreibe Situationen, in denen deiner Meinung nach ein Anführer oder eine Anführerin überflüssig sind. > M2

4 Was macht einen Anführer bzw. eine Anführerin aus? Beschreibe eine Person und deren Charaktereigenschaften, die du für geeignet hältst. > M2

5 Erkläre verschiedene Wege, wie man zum Anführer oder zur Anführerin werden kann. Bewerte die jeweiligen Möglichkeiten. > M2

6 Beschreibe das Szenenbild. Nenne Regeln der Jungengruppe, die hier sichtbar werden. Bewerte ihre Bedeutung für das Überleben. > M3

7 Lies M4 aufmerksam. Formuliere Fragen, auf welche einzelne Textzeilen oder Textausschnitte eine Antwort geben. Erklärt euch gegenseitig die Antworten auf eure Fragen. > M4

8 Vergleicht eure Vorstellungen darüber, wie sich das Zusammenleben der Menschen ohne Regeln und Gesetze entwickeln könnte. Einigt euch auf drei Grundregeln. > M1-M4

plus 9 Erörtere, ob man Regeln des Zusammenlebens und Gesetze immer konsequent durchsetzen muss. > M1-M4

Was ist Recht?

M1 Wer ist Justitia?

Recht
> Ethik-Glossar

symbolisieren: sinnbildlich darstellen

Justitia ist blind und doch ist sie überhaupt nicht blind.

Justitia – die römische Göttin der Gerechtigkeit und des Rechtswesens – wird auch heute noch oft als Wahrzeichen für die Justiz verwendet.

Sie wird zumeist als Jungfrau mit verbundenen Augen dargestellt; in der einen Hand hält sie eine Waage, in der anderen ein Schwert. Dies soll veranschaulichen, dass das Recht ohne Ansehen der Person (Augenbinde), nach sorgfältiger Abwägung der Sachlage (Waage) gesprochen und schließlich mit der nötigen Härte (Richtschwert) durchgesetzt wird. Der leicht schräg gestellte Balken der Waage symbolisiert den Grundsatz *In dubio pro reo* (im Zweifel für den Angeklagten).

M2 Das Recht hat Aufgaben

Wenn man aus philosophischer Sicht auf die Geschichte der Rechtsprechung schaut, erkennt man vier Aufgaben, auch Funktionen genannt:

1. Ordnungsfunktion
2. Gerechtigkeitsfunktion
3. Herrschaftsfunktion
4. Herrschaftskontrollfunktion

Verfassung: Grundordnung eines Staates, in der die wichtigsten Regeln für den Staat selbst und das Zusammenleben der Menschen festgelegt werden

Für das Zusammenleben der Menschen muss es eine bestimmte Ordnung geben. Ein Beispiel dafür ist der Straßenverkehr. Wie man den Straßenverkehr genau regelt, ist letztlich nicht so wichtig. Aber: Es muss konkrete Regeln geben und damit eine Ordnung festgelegt sein (z. B., ob man links oder rechts fährt). Das ist fast immer die Funktion von Recht, nicht nur im Straßenverkehr.
Zweitens hat das Recht die Aufgabe, für Gerechtigkeit innerhalb der Gemeinschaft zu sorgen. Außerdem hat das Recht die Funktion, Herrschaft aufrecht zu erhalten, d. h. die Einhaltung des Rechts zu kontrollieren und umzusetzen. Um zu verhindern, dass diese Herrschaft missbraucht wird, hilft das Recht auch zur Kontrolle dieser Herrschaft. In Deutschland ist das im Wesentlichen die Funktion der Verwaltungs- und der Verfassungsgerichte.

nach Uwe Wesel

M3 Gesetze und Gerechtigkeit

Dass es zwischen den Menschen gerecht zugehen soll, dass man selbst gerecht behandelt wird, wünschen sich die meisten Menschen. Gerechtigkeit bezeichnet also ein bestimmtes Verhalten, es ist eine Tugend. Schon die alten griechischen Philosophen wie Aristoteles und Platon dachten über die Gerechtigkeit nach und darüber, dass ohne Gerechtigkeit ein Staat und ein Gemeinwesen nicht funktionieren können. In einem Rechtsstaat wie der Bundesrepublik Deutschland ist die Gerechtigkeit das oberste Ziel. Die Verfassung und die Gesetze schreiben die Regeln fest, die im Staat gelten, und diese Gesetze gelten für alle Menschen gleich. Damit soll der äußere Rahmen festgelegt werden, damit es für alle Bürgerinnen und Bürger möglichst gerecht zugeht.

Die Menschen sind sich allerdings nicht immer einig, was genau gerecht ist. Über viele Einzelfragen bestehen unterschiedliche Ansichten. Ist es zum Beispiel gerecht, wenn zwei Schwestern gleichviel Taschengeld von ihren Eltern bekommen, obwohl eine Schwester regelmäßig Geld von ihrer Patentante bekommt, die andere Schwester aber nicht? Oder ist es gerecht, wenn alle Menschen, die falsch parken, das gleiche Bußgeld bezahlen müssen, egal wie viel sie verdienen?
Die Frage nach der Gerechtigkeit spielt auch für die internationale Politik eine große Rolle. So geht es etwa in den Beziehungen zwischen den armen und reichen Staaten oft alles andere als gerecht zu.

Gerd Schneider/Christiane Toyka-Seid

Aristoteles, Platon, Tugend
> Ethik-Glossar

Bußgeldkatalog: Hier sind alle Bußgelder, Punkte und Fahrverbote bei Fehlverhalten im Straßenverkehr festgelegt (www.bussgeldkatalog.org).

AUFGABEN

1 Nenne die drei Symbole der Justitia und deren Bedeutung. > M1
2 Erkläre die Aussage: „Justitia ist blind und doch ist sie überhaupt nicht blind." > M1
3 Erläutere die vier Funktionen von Recht mit eigenen Worten. Beschreibe je ein Beispiel, in dem sich diese Funktion widerspiegelt. > M2
4 Stellt euch vor, wir verzichten auf eine der Aufgaben des Rechts. Prüft in einem Gedankenexperiment die Folgen dieses Verzichts und diskutiert eure Überlegungen. > M2
plus 5 Begründe in einer kurzen Stellungnahme, auf welche Aufgabe des Rechts du das Schwergewicht legst. > M2
6 Diskutiert die Einzelfragen, die in M3 genannt werden. > M3
7 Nennt weitere Fragen aus eurem Alltag, die unterschiedliche Ansichten erwarten lassen. Stellt die verschiedenen Positionen gegenüber. > M3
8 Nenne staatliche Gesetze und Regelungen die deinen Lebensalltag beeinflussen und erkläre diesen Einfluss. > M3
9 Fertige zu deinen Ergebnissen aus Aufgabe 8 eine Collage an, bei der deine Person im Mittelpunkt steht. Beziehe ähnliche Bilder wie auf der Auftaktseite (siehe Seite 100) ein.
plus 10 Informiere dich und nenne neue Gesetzesvorlagen, über die der Bundestag gerade zu entscheiden hat. > M3

Gleiche Rechte für Jungen und Mädchen?

M1 Der kleine Unterschied ...

Chromosomen: fadenförmige Gebilde im Zellkern und Träger der Erbanlagen. Bei der Befruchtung entscheidet ein im Spermium vorhandenes X- oder Y-Chromosom über das Geschlecht des Neugeborenen (XX weiblich, XY männlich).

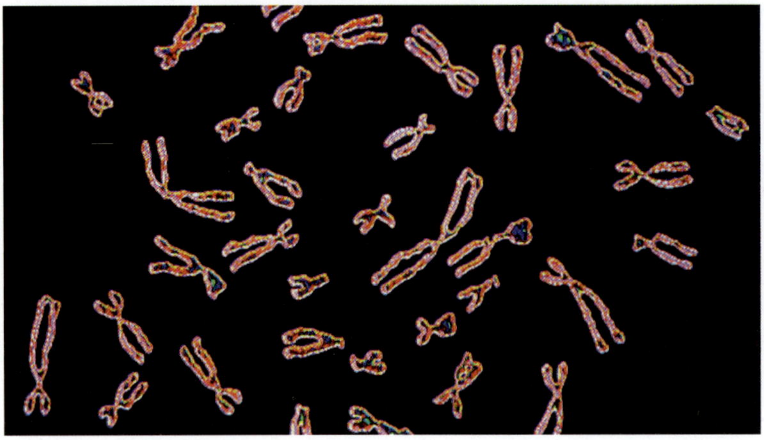

M2 ... und die Folgen?

Konsens: Übereinstimmung der Meinungen

Aggression: Angriffshaltung; umfasst mehr als Gewalt, nämlich auch die Gewaltbereitschaft, die Drohung, Kränkungen usw.

Wenn die Erstklässler auf den Schulhof strömen, neigen die Mädchen auch nach 30 Jahren Feminismus und geschlechtergerechter Erziehung zu gesitteten Spielen, halten Händchen, schnattern viel und geben sich wichtig. Derweil rotten sich die Jungen immer noch zu Bolzgemeinschaften zusammen, brüllen, rennen, schwitzen.
Haben ihre Mütter ihnen das so beigebracht? Hätten ihre Väter öfter mit ihnen ins Kindertheater gehen, still Quartett spielen oder gar die Bohr- und Dübelstunde für die Mädchen ansetzen sollen? Gib einem Bub eine Barbie, und er wird sie so zurechtbiegen, dass sie wie eine Pistole aussieht, und „peng!" sagen. Gib einem Mädchen einen Panzer, und sie wird ihn an ihren Bruder weiterreichen. [...] Mädchen suchen den Konsens, wollen beliebt sein, stimmen mit dem andern gern überein. Sie wollen mit Worten überzeugen, nicht wie die Jungen ihr Ziel mit Aggression erreichen.

Christine Brinck

M3 Gleiche Chancen für Mädchen?

Wiltrud Thies und Charlotte Röhner haben für eine Untersuchung je eine Unterrichtsstunde Physik bei einer Lehrerin und bei einem Lehrer beobachtet. Folgende Erkenntnisse gewinnen sie unter anderem daraus:

sex und gender
> S. 33, M5

Die Lehrkräfte erwarten von Jungen und Mädchen bestimmte Verhaltensweisen und Fähigkeiten aufgrund des jeweiligen Geschlechts. Grundsätzlich wird Jungen eine größere Vorerfahrung, insbesondere eine praktische „Bastelerfahrung" zugesprochen, die leicht zu verwechseln ist mit einer angeborenen männlichen „Begabung". Mädchen wird Fleiß und Sorgfalt zugeschrieben. Insgesamt wird von Mädchen weniger Leistung erwartet. [...]
Jungen stören den Unterricht erheblich häufiger als Mädchen. Wenn Mädchen den Unterricht stören, so wird dies seitens der Lehrkräfte viel heftiger und negativer wahrgenommen. Denn von Mädchen wird ein erwünschtes Verhalten erwartet. Bei Jungen gilt ein unerwünschtes Verhalten als selbstverständlich. Das hat alleine für Jungen Vorteile. Die Mädchen haben den Nachteil, dass ihr positives Verhalten im Unterricht nicht wertgeschätzt wird.

nach Wiltrud Thies, Charlotte Röhner

M4 Gleiche Chancen für Jungen?

Jahrzehntelang nahm man an, dass die Schule Mädchen vernachlässige. Inzwischen mehren sich die Stimmen derer, die betonen, Jungen seien die eigentlich Benachteiligten.

Gelegentlich wird gemutmaßt, dass das schlechte Abschneiden von Jungen in der Schule auf einer unfairen Behandlung von Lehrerinnen beruht oder darauf, dass den Jungen in der Schule die männlichen Bezugspersonen fehlen. Seit Jahren steigt nämlich der Anteil der Lehrerinnen in allen Schulformen. Nachdem den Jungen biographisch betrachtet erst die Väter fehlen, so wird argumentiert, fehlen ihnen dann Erzieher in den Kindergärten und schließlich die Lehrer an den Schulen. Tatsächlich nehmen sich Väter im Durchschnitt weniger Zeit für ihre Kinder als Mütter, selbst dann, wenn die Mütter auch erwerbstätig sind. In den Schulkindergärten besteht das pädagogische Personal zu 96 % aus Frauen, in den Grundschulen zu 86 %. In den weiterführenden Schulen ist das Verhältnis ausgewogener. […]
Als Erklärung für eine möglicherweise schlechtere Förderung von Jungen kommt in Betracht, dass leistungsschwache Jungen häufiger als leistungsschwache Mädchen verhaltensauffällig werden.

pädagogisches Personal: Lehrkräfte und Erzieher(innen)

M5 Was kann die Schule tun?

Jungen sind in der Schule vermutlich nicht per se benachteiligt. Gesellen sich bei Jungen aber zu einer Leistungsschwäche Dominanzgebaren und Lernunwilligkeit, dann tut sich die Schule schwer, diesen Jungen eine Hilfestellung anzubieten, die sie akzeptieren. Die Ursachen für die Leistungsdefizite von Jungen dürfen allerdings nicht allein in der Schule gesucht werden. Ähnliches gilt auch für die Leistungsschwächen von Mädchen und deren geringeres Selbstvertrauen. Auch hier ist sicher die Schule nicht allein verantwortlich zu machen. Dennoch stellt sich die Frage, wie die Schule dazu beitragen kann, dass Mädchen und Jungen ihre Potenziale besser entfalten können. Der Weg zurück zur alten Geschlechtertrennung ist keine Lösung, er wird von Schülerinnen und Schülern in den allermeisten Fällen auch abgelehnt.

M4/M5: nach Waltraud Cornelissen

per se: automatisch, von sich aus

Dominanzgebaren: jemand spielt sich als Herrscher bzw. Chef auf

AUFGABEN

1. Stelle die biologischen Unterschiede zwischen Männern und Frauen einander gegenüber. > M1
2. Lies M2 und schreibe jeweils die Verhaltensweisen von Mädchen oder Jungen auf Karten. Beachte: nur ein Beispiel pro Karte! Ergänze weitere Karten mit eigenen Gedanken. > M2
3. Erstellt ein Cluster aus den Karten aus Aufgabe 2. Mögliche Oberbegriffe: angeboren – Erziehung – Rollenzuweisung. > M2
4. Arbeite die Erwartungen der Lehrkräfte an das Verhalten von Mädchen bzw. Jungen aus dem Material M3 heraus. Vergleiche diese mit deinen eigenen Erfahrungen. > M3
5. Untersucht den Text hinsichtlich der Gründe, die für die schlechteren Schulleistungen der Jungen genannt werden. Nennt Gegenargumente und formuliert euer eigenes Urteil. > M4
6. Entwickelt ein Rollenspiel mit Rollenkärtchen (Lehrer/in, Schüler/innen), in dem Jungen und Mädchen im Unterricht gleichgestellt sind und gleich behandelt werden. Beurteilt, ob damit Gerechtigkeit erzielt wird. > M5

Rolle
> S. 30, M2

Gleiche Rechte für Jung und Alt?

M1 Jung und Alt in Deutschland

Bevölkerung von Deutschland: alle Menschen, die in Deutschland wohnen

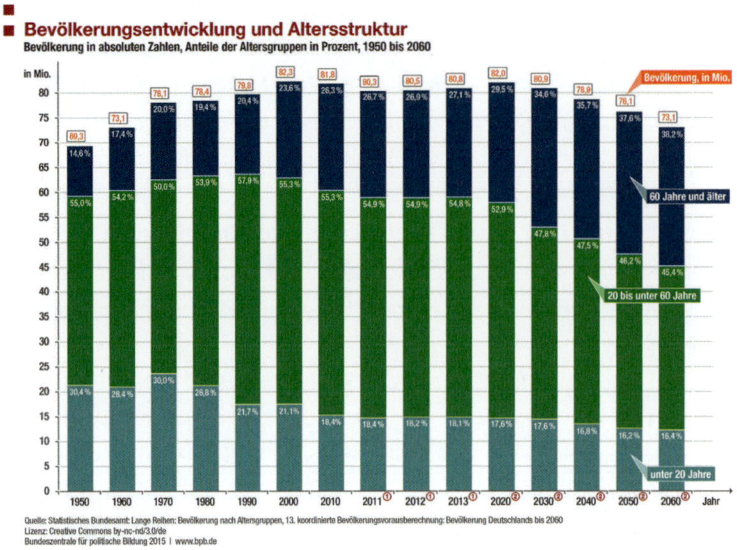

M2 Jugendwahn

motiviert: starkes Interesse habend, etwas zu tun; angeregt sein

Kürzlich ist dem Personalchef Jochen Möller wieder diese Frau Mitte 50 eingefallen, die so gern weitergearbeitet hätte. Sie liebte ihren Job, war viele Jahre im Betrieb und brauchte das Geld, aber das zählte nicht. Die Ältere passe nicht ins moderne junge Team, befand die Geschäftsführung, außerdem sei sie längst nicht so motiviert und leistungsfähig wie die anderen. Die Frau sei einfach zu alt. [...]

Heute bereut der Personalchef die Entscheidung. Für ihn ist Unvorstellbares wahr geworden: Er selbst, der Personalchef Möller, die Führungskraft, wird nicht mehr gebraucht. Einen wie ihn will niemand mehr haben: zu alt. Möller ist 52. [...] Jochen Möller ist eines von vielen Opfern des Jugendwahns. Rund 60 Prozent aller deutschen Unternehmen beschäftigen keine Mitarbeiter über 50. Über eine Million Menschen dieser Altersgruppe sind arbeitslos, darunter immer mehr leitende Angestellte. Tausende ältere Bosse stürzten in den letzten zehn Jahren aus den Chefetagen in die Arbeitslosigkeit.

Bruno Schrep

M3 Seniorenexperten

Auf der Parkbank sitzen? Kaffee trinken? Zu Hause vor dem Fernseher hocken? Das ist nichts für Dieter Peterscheck. Der pensionierte Bäcker reist um den Globus, schult Menschen in Nepal, Mosambik oder Kasachstan in deutscher Brotbackkunst – und exportiert so ein Stück Heimat in die weite Welt. Dieter Peterscheck, 66, kann in neun Sprachen Mehl, Wasser, Hefe und Salz sagen. Er hat die Wörter in den vergangenen vier Jahren gelernt, so lange ist er jetzt schon im Ruhestand. Ruhe hat er in dieser Zeit wenig gehabt. In den vier Jahren hat er mehr Länder bereist als in den 62 Jahren davor. Er war in Nepal, in Lettland, in Kasachstan, Moldau und Mosambik. In Rumänien, Kirgisien, Aserbaidschan und Syrien. Und überall hat man ihn nach Mehl, Wasser, Hefe und Salz gefragt – den Zutaten für deutsches Brot. [...] „Überleg dir, was du später mal machen willst, zu Hause 'rumsitzen, das ist nichts für dich." Peterscheck war noch nicht einmal 60, als seine Frau das sagte. Er überlegte – und fand die Lösung im Fernsehen. Es war ein Bericht über den Senior Experten Service, kurz SES, eine Stiftung der Deutschen Wirtschaft, die Senioren an kleine und mittlere Betriebe im Ausland vermittelt, damit sie dort ihr Wissen weitergeben. Malawi statt Mallorca, Hütte statt Hotel, Wassereimer statt Whirlpool – das überzeugte Peterscheck. Er meldete sich sofort an. Mit 62 ging er in Rente, wenige Wochen später saß er im Flieger nach Moldau.

Verena Töpper

M4 Was Jüngere von Älteren lernen können

1. Erfahrung (Lebens-, Berufserfahrung)
2. Gelassenheit (Ruhe, Geduld, Ausgeglichenheit)
3. Kontinuität (Weitergabe von Bewährtem)
4. Rücksichtnahme (Verständnis, Einfühlungsvermögen)
5. Abgewogenheit (Bedachtheit vor dem Handeln)
6. Zuhören können (Freundlichkeit, Höflichkeit, Respekt)
7. Pragmatismus (Praxisnähe)
8. Traditionsbewusstsein („Lebende Geschichte", „Alte Werte")
9. Langfristperspektive (Zeitfaktor, „reifen lassen")
10. Wertschätzung von Gesundheit

nach Horst Opaschowski

Pragmatismus: sachliche Denk- und Handlungsweise, in der nach dem „Machbaren" entschieden wird

Praxis: Tätigsein, durch Tätigkeit gewonnene Erfahrung

Tradition: Überlieferung, Herkommen; auch: Brauch, Gewohnheit

Werte > Ethik-Glossar

M5 Die Rechte zukünftiger Generationen

Die Stiftung für die Rechte zukünftiger Generationen fordert Gerechtigkeit zwischen den Generationen:

„Generationengerechtigkeit ist erreicht, wenn die Chancen nachrückender Generationen auf Befriedigung ihrer eigenen Bedürfnisse mindestens so groß sind wie die der ihnen vorangegangenen Generationen."

Stiftung für die Rechte zukünftiger Generationen (Hrsg.)

AUFGABEN

1. Beschreibe das Diagramm und werte es aus. Nenne mögliche Ursachen für die Veränderung der Anteile der Altersgruppen und die Probleme, die daraus entstehen. > M1
2. Erkläre, was mit der Überschrift „Jugendwahn" gemeint ist, und nenne mögliche Gründe für diesen „Jugendwahn". > M2
3. Begründe, weshalb die Experten mit den „weißen Haaren" gerade für diese Aufgaben besonders geeignet sind. In welchen anderen Bereichen können sie viel leisten? > M3
4. Entscheide dich für vier Antworten, die dir richtig erscheinen. Begründe mit je einem Satz deine Entscheidung und schreibe den Satz auf eine Karte. Sortiert eure Sätze an der Tafel und vergleicht sie. > M4
5. Nennt Situationen, in denen diese Werte auch für Jüngere wichtig sind. > M4
6. Erstellt eine Gegen-Liste: Was können Ältere von Jüngeren lernen? > M4
7. Erstelle ein Cluster über Bedürfnisse, die für alle Generationen erfüllt sein sollten. > M5
8. Erläutert die Forderung der Stiftung. Formuliert anschließend gemeinsam Tipps zur Erfüllung der Forderung und diskutiert ihre Umsetzbarkeit. > M5
9. *plus* Zeichne ein Bild, welches für dich Generationsgerechtigkeit symbolisiert. Erkläre anschließend dein Bild. > M5

symbolisieren: sinnbildlich darstellen

Brauchen Kinder eigene Rechte?

M1 In aller Kürze

Die Kinderrechtskonvention der Vereinten Nationen stammt aus dem Jahre 1989 und gilt für alle Menschen, die jünger als 18 Jahre alt sind. Bis auf Somalia und den USA haben ihr alle Länder der Erde zugestimmt.

Konvention: Übereinkunft, Abkommen, Vertrag

Bürgerrechte: Rechte, die sich auf das Verhältnis zwischen Staat und Bürger beziehen

Moral
> Ethik-Glossar

Die 54 Artikel der Konvention verknüpfen erstmals politische Bürgerrechte, kulturelle, wirtschaftliche und soziale Rechte der Kinder in einem völkerrechtlich bindenden Vertrag. Schutz und Hilfe für Kinder sind damit nicht mehr allein von Mitgefühl oder Moral abhängig, sondern die Staaten verpflichten sich, alles zu tun, um Kindern menschenwürdige Lebensbedingungen zu bieten. Die Kinderrechtskonvention beruht auf vier Prinzipien:

§ **Das Recht auf Gleichbehandlung:** Kein Kind darf benachteiligt werden – sei es wegen seines Geschlechts, seiner Herkunft, seiner Staatsbürgerschaft, seiner Sprache, Religion oder Hautfarbe, einer Behinderung oder wegen seiner politischen Ansichten.

§ **Das Wohl des Kindes hat Vorrang:** Wann immer Entscheidungen getroffen werden, die sich auf Kinder auswirken können, muss das Wohl des Kindes vorrangig berücksichtigt werden – dies gilt in der Familie genauso wie für staatliches Handeln.

§ **Das Recht auf Leben und Entwicklung:** Jedes Land verpflichtet sich, in größtmöglichem Umfang die Entwicklung der Kinder zu sichern – zum Beispiel durch Zugang zu medizinischer Hilfe, Bildung und Schutz vor Ausbeutung und Missbrauch.

§ **Achtung vor der Meinung des Kindes:** Alle Kinder sollen als Personen ernst genommen und respektiert und ihrem Alter und Reife gemäß in Entscheidungen einbezogen werden.

Aus diesen Prinzipien leiten sich zum Beispiel das Recht auf medizinische Hilfe, auf Ernährung, auf den Schutz vor Ausbeutung und Gewalt sowie auf freie Meinungsäußerung und Beteiligung ab.

unicef Österreich

M2 Kinder dürfen sagen, was sie denken

Es gibt viele Dinge auf der Welt, die für Kinder wichtig sind: die Trennung der Eltern, die Gestaltung der Pausenplätze, die Gefahren im Straßenverkehr usw. Die Konvention sagt, dass Kinder zu allen Dingen, die sie betreffen, sagen können, was sie denken, was sie fühlen und was sie möchten. Die Meinung der Kinder muss von den Regierungen berücksichtigt werden, die bei ihren Entscheidungen an die Kinder denken sollen. Seine Meinung frei äußern heißt aber noch nicht, dass der andere mit mir einverstanden sein muss. Es bedeutet erst mal, dass er mir zuhören soll, über meine Ideen nachdenken wird und erst dann entscheidet. Immer aber muss gefragt werden, ob das, was das Kind sagt, auch gut für das Kind selbst, für die anderen Kinder und die Erwachsenen ist. Je älter das Kind ist, desto mehr weiß es von der Welt und ihren Problemen. Es macht sich Gedanken darüber, ob das, was es denkt und tut, nur für es selbst vorteilhaft ist oder auch anderen dient. Je mehr die Kinder sich mit solchen Gedanken auseinandersetzen, desto stärker werden die Erwachsenen ihre Meinung berücksichtigen. Sie sagen dann, die Kinder sind reif genug mitzubestimmen. Kleinere Kinder haben eine andere Reife als größere Kinder und Jugendliche. Sie sind von anderen Dingen betroffen und bestimmen somit auch bei anderen Dingen mit.

unicef Schweiz

M3 Setz dich für deine Rechte ein!

M4 Nebenher verdienen

Sina hat eine Frage: „Ich würde gern in den Ferien mal einen Ferienjob machen, aber ich bin erst zwölf Jahre alt und würde daher gern wissen, ob ich einen Ferienjob machen darf und wo bzw. was."

Die Antwort des Deutschen Kinderhilfswerks: Ab wann du dir etwas Taschengeld dazu verdienen darfst, regelt das Jugendarbeitsschutzgesetz und das sagt, dass grundsätzlich niemand arbeiten darf, der jünger als 13 Jahre ist. Ab 13 Jahren sind dann leichte Arbeiten erlaubt, z. B. Zeitungen austragen, Nachhilfestunden geben und ähnliches. Diese entgeltlichen Tätigkeiten dürfen aber nur zwischen 8:00 und 18:00 Uhr und nur mit Zustimmung eines Erziehungsberechtigten ausgeführt werden. Jugendliche ab 15 Jahren dürfen bis zu vier Wochen Vollzeit (ca. 35 bis 40 Stunden in der Woche) in den Ferien arbeiten.

nach www.kindersache.de

Kinderrechtstag: Am 20. November 1989 wurde die UN-Kinderrechtskonvention unterzeichnet. Jedes Jahr am 20. November wird deshalb der UN-Kinderrechtstag begangen.

Grundgesetz: Bezeichnung für die Verfassung der Bundesrepublik Deutschland. In der Verfassung legt ein Staat die wichtigsten Regeln für sich selbst und das Zusammenleben der Menschen fest.

M5 Kinderarbeit ist verboten

Artikel 32:

(1) Die Vertragsstaaten erkennen das Recht des Kindes an, vor wirtschaftlicher Ausbeutung geschützt und nicht zu einer Arbeit herangezogen zu werden, die Gefahren mit sich bringen, die Erziehung des Kindes behindern oder die Gesundheit des Kindes oder seine körperliche, geistige, seelische, sittliche oder soziale Entwicklung schädigen könnte.

unicef

Jugendarbeitsschutzgesetz: Gesetz zum Schutz von arbeitenden Kindern und Jugendlichen; enthält Regelungen für die Beschäftigung von unter 18-Jährigen

AUFGABEN

1 Nennt Beispiele dafür, dass die genannten Grundsätze nicht eingehalten werden. Diskutiert die Beispiele: Inwieweit ist es euch möglich, hier selbst zu mehr Gerechtigkeit beizutragen? > M1

2 Nennt Themen, bei denen Kinder und Jugendliche eurer Meinung nach öffentlich Gehör finden sollten. Gestaltet eure Meinung zu einem dieser Themen auf einem Plakat. > M2

3 Erläutere die Gründe, warum im Jugendschutzgesetz die Arbeit für Kinder unter 13 Jahren verboten ist. > M3

4 Beschreibe das Bild und erkläre, wofür die Kinder eintreten. Beurteile ihre Aktion aus deiner Sicht. > M4

plus 5 Erläutert den Artikel 32 der UN-Kinderrechtskonvention an Beispielen. > M5

6 Nimm abschließend Stellung zur Frage „Brauchen Kinder eigene Rechte?" > M1-M5

Muss man Ungerechtigkeit ertragen?

TIPP
Malalas Geschichte erzählt auch der Dokumentarfilm „Malala - Ihr Recht auf Bildung“ aus dem Jahr 2015 bzw. ihr Buch „Ich bin Malala“ (2013).

M1 Die jüngste Nobelpreisträgerin

Sie erfuhr von der Ehrung mitten im Unterricht: Die 17-jährige Malala Yousafzai hatte gerade Chemiestunde, als die Nachricht kam, dass sie den Friedensnobelpreis erhält. Sie reagierte recht untypisch für einen Teenager.

Friedensnobelpreisträgerin Malala Yousafzai hat sich von der hohen Auszeichnung tief geehrt gezeigt. „Der Preis ist eine Ermutigung für mich, weiterzumachen“, sagte die 17-Jährige in Birmingham. Sie widme den Preis „allen Kindern, die keine Stimme haben, die aber gehört werden müssen“. Sie sei stolz darauf, als erste Pakistanerin mit dem Preis geehrt worden zu sein. „Das ist nicht das Ende der von mir eingeleiteten Kampagne, sondern erst der Anfang“, betonte die Schülerin. „Ich möchte, dass jedes Kind in die Schule geht.“ Millionen von Kindern werde dieses Recht weiterhin vorenthalten.

Malala hat nach eigener Darstellung während einer Chemiestunde im Klassenzimmer erfahren, dass sie den Friedensnobelpreis zugesprochen bekommen hat und damit zur jüngsten Nobelpreisträgerin der Geschichte geworden ist. Sie bestand aber darauf, erst ihren Schultag zu Ende zu bringen, ehe sie sich an die Weltpresse wandte […].

ulz/dpa/AFP, in: www.spiegel.de

*Malala Yousafzai (*1997) erhielt 2014 zusammen mit dem indischen Kinderrechtsaktivisten Kailash Satyarthi den Friedensnobelpreis (geteilter Preis).*

M2 Wie Malala Yousafzai die Welt veränderte

Malala Yousafzai wurde am 12. Juli 1997 in Mingora (Pakistan) geboren. Bis sie elf Jahre alt war, verbrachte sie ein – für pakistanische Verhältnisse – normales Leben. Doch 2007 übernahmen Taliban die Herrschaft über Malalas Heimat. Diese Gruppe radikaler Islamisten steht oft im Zusammenhang mit Terrorismus und wird verdächtigt, an den Anschlägen auf das World Trade Center in den USA vom 11. September 2001 beteiligt gewesen zu sein. Die Taliban wollen einen Gottesstaat errichten. Sie wollen zum Beispiel erreichen, dass Frauen in der Öffentlichkeit Burkas (Ganzkörperschleier) tragen müssen, nicht arbeiten und ab einem Alter von acht Jahren nicht mehr zur Schule gehen dürfen. In Malalas Heimatregion durften Mädchen außerdem keine Musik mehr hören. Diese, für die westliche Welt, unverständliche Unterdrückung von Frauen machte die Webseite des TV-Senders BBC zum Thema. Malalas Vater, Ziauddin Yousafzai, schlug seine Tochter als Autorin für den Blog „Gul Makai“ (Kornblume) vor.

In kurzen Notizen beschrieb Malala fortan zehn Wochen lang, wie die Taliban die Menschen unterdrückten. Sie erzählte von Selbstmordattentaten, Angst und Trauer und insbesondere von Mädchen, die nicht mehr zur Schule gehen durften. Innerhalb kürzester Zeit wurde sie weltweit berühmt: Sie trat in Fernsehshows auf und gab Interviews zu den Themen Bildung und Frauen. Als eine der wenigen traute sie sich in die Öffentlichkeit. […] Doch den Taliban war sie ein Dorn im Auge. Sie wollten das Mädchen ruhig stellen. Deshalb stürmten sie im Oktober 2012 einen Bus, in dem Malala saß und schossen auf sie. Malala wurde schwer verletzt und musste zuletzt in einer Fachklinik in Großbritannien behandelt werden. Aber das furchtbare Attentat ging für die Taliban trotzdem nach hinten los: Denn es verhalf der jungen Freiheitskämpferin zu noch mehr Berühmtheit. Malala gilt seither für Frauen weltweit als Symbolfigur für Freiheit und Bildung.

Wiebke Plasse

Attentat: ein Anschlag auf jemanden, meist auf einen (politischen) Gegner

Symbolfigur: Person oder Figur, die stellvertretend für etwas anderes (einen nicht sichtbaren Sachverhalt) steht bzw. damit verbunden wird

M3 Malalas Botschaften

Ein Mädchen ist nicht vorherbestimmt, eine Sklavin zu sein. Es muss vorwärts gehen in ihrem Leben […]. Es ist nicht nur eine Mutter, nicht nur eine Schwester, nicht nur eine Ehefrau – es sollte eine Identität haben und anerkannt werden, mit den gleichen Rechten wie ein Junge.

Der Malala-Tag ist nicht mein Tag, heute ist der Tag jeder Frau, jedes Jungen und jedes Mädchens, die ihre Stimme für ihre Rechte erhoben haben.

Meine Botschaft für Kinder in aller Welt ist, dass sie für ihre Rechte aufstehen sollten.

Also lasst uns einen weltweiten Kampf wagen, gegen Analphabetismus, Armut und Terrorismus, lasst uns unsere Bücher und Stifte holen, sie sind unsere stärksten Waffen. Ein Kind, ein Lehrer, ein Buch und ein Stift können die Welt verändern. Bildung ist die einzige Lösung. Bildung zuerst.

ulz/dpa/AFP, in: www.spiegel.de; www.kindernetz.de

Identität
> Ethik-Glossar

Analphabetismus: mangelhafte oder fehlende Fähigkeit zu lesen und zu schreiben

AUFGABEN

1 Recherchiert, wer den Friedensnobelpreis bereits in vergangenen Jahren bekommen hat und wofür. Erstellt eine Übersicht. > M1

2 Nenne Gründe, warum es wichtig ist, auf das Unrecht weltweit aufmerksam zu machen. Beschreibe, welche Möglichkeiten der Information der Öffentlichkeit Malala gewählt hat. > M2

3 Formuliere Malalas Forderungen mit eigenen Worten. > M3

4 Ordne Malalas Forderungen Werte zu und begründe, inwieweit diese Werte für dich wichtig sind. Stelle diesen Werten andere Werte gegenüber, die Malala geopfert hat. > M3

5 Beschreibe eine Situation, in der jemand Nachteile hatte, weil er für eine gerechte Sache eingetreten ist. > M3

6 Bewerte Malalas Verhalten und schreibe ihr einen persönlichen Brief. > M1-M3

plus 7 Diskutiert, welche Rolle die Achtung und der Schutz der Menschen- und Kinderrechte (siehe auch S. 122f. und 130f.) im Leben der Gesellschaft spielen. > M1-M3

Werte
> Ethik-Glossar

Ungerechtigkeit im Handy – (m)ein Problem?

M1 Was steckt hinter meinem Display?

In unseren Mobiltelefonen sind etliche Metalle verbaut, vor allem Kupfer findet sich darin, aber auch Nickel, Zink, Tantal oder Gold …

Transparenz: Durchsichtigkeit

illegal: ohne Genehmigung, ohne rechtliche Grundlage

Rebellen: Menschen, die aktiven Widerstand leisten, sich gegen etwas auflehnen

korrupt: bestechlich

M2 Klebt Blut am Smartphone?

Die Republik Kongo ist eine der rohstoffreichsten Regionen der Welt. Vor allem verfügt das Land über Kobaltvorräte. Kobalt ist Bestandteil von Akkus. Aber auch Zinn, Diamanten, Tantal und Gold werden abgebaut. Gerade Coltan ist sehr begehrt. Das ist ein Erz, aus dem Tantal gewonnen wird, ein wichtiges Metall für die Elektronikbranche. Doch von den Einnahmen hat die Bevölkerung dieses Landes, das als eines der ärmsten der Erde gilt, nichts. Denn die Unternehmen zahlen nur wenig Steuern, die Verträge sind oft schlecht, und es fehlt Transparenz. Viele Metalle werden illegal abgebaut und geschmuggelt, das Geld fließt immer noch in die Taschen von Rebellen. Bis heute gibt es bewaffnete Gruppen, die um die Bodenschätze kämpfen. Letztlich stützt der Rohstoffabbau hier eine korrupte Regierung und finanziert Waffen für Bürgerkriege – auf dem Rücken der Bevölkerung.

Diese ist auch betroffen, wenn es um die Umweltfolgen und Gesundheitsschäden geht.

M3 Unrecht beim Kobalt- und Coltanabbau

Nahe der Kobaltminen sind oft die Böden und das Wasser verseucht. Das entzieht den Bauern ihre Lebensgrundlage, denn sie brauchen für ihre Arbeit gesunde Äcker und Felder. Menschen, die im Umfeld der Metallminen wohnen, leiden oft an Lungenkrankheiten, hervorgerufen durch die Luftverschmutzung. Auch die Minenarbeiter haben Sorgen, dass die Radioaktivität, die häufig von den Kobalt- und Tantalerzen ausgeht, ihnen gesundheitlich schaden kann. Hinzu kommen Krankheiten durch Staub und Schadstoffe. Das Fatale: Viele Kinder arbeiten in Kobaltminen. Schätzungsweise 50 000 sind es alleine im Kongo, manche sind gerade einmal sieben Jahre alt. Oft arbeiten sie ohne Schutzkleidung, teilweise halbnackt. Keine Helme, keine Handschuhe, nur ein Meißel in der Hand. Eine Schule können sie nicht besuchen, sie schuften wie Erwachsene. Die Bergarbeiter verdienen nur rund zwei bis vier Euro am Tag, davon können sie noch nicht einmal ausreichend Lebensmittel für ihre Familien kaufen, geschweige denn Medikamente. Die Bergbaufirmen und Rohstoffhändler hingegen verdienen gut – die Nachfrage nach den Metallen ist groß.

fatal: schlimme Folgen habend, verhängnisvoll

M4 Was Deutschland damit zu tun hat

In Deutschland gibt es nur wenige Metallvorkommen. Doch Deutschland ist einer der größten Metallverarbeiter in der Europäischen Union. Das bedeutet gleichzeitig, dass viel Rohmetall importiert werden muss. Der Bundesverband der deutschen Industrie schätzt, dass rund 80 Prozent der importierten Rohmetalle Deutschland als veredelte Endprodukte wieder verlassen. Somit ist Deutschland zum einen auf den Rohstoffabbau in anderen Ländern wirtschaftlich angewiesen, zum anderen ist unser Land dadurch auch für die Zustände in den Abbauländern mitverantwortlich [...] Natürlich existieren internationale [...] Gesetze und Standards, das Problem ist, dass diese vielerorts nicht eingehalten werden. Hier sind die Weiterverarbeiter in den Importländern gefordert, die Druck auf die Bergbauunternehmen ausüben können. Es ist die Pflicht großer Konzerne, zum Beispiel aus der IT- und Mobilfunkbranche, Zulieferer zu kontrollieren bzw. die Abnahme von Rohstoffen an bestimmte Auflagen zu knüpfen, deren Einhaltung regelmäßig überprüft wird.

M1-M4: Verbraucherzentrale Nordrhein-Westfalen e.V.

importieren: Waren aus dem Ausland einführen

Standards: einheitliche, allgemein anerkannte Regelungen

Konzern: Zusammenschluss mehrerer Unternehmen, welche von einem Unternehmen beherrscht werden

existieren: leben, da sein

AUFGABEN

1. Klebe ein Foto von einem alten Handy, welches man noch in einzelne Bestandteile zerlegen kann, auf ein Blatt (du kannst auch eine Kopie von M1 verwenden). Beschrifte die Bestandteile. Recherchiere und ergänze die Namen der Materialien, aus denen das Handy besteht, sowie deren Herkunft. > M1
2. Erkläre die Behauptung, dass am Smartphone Blut klebt. > M2
3. Stelle in einer Tabelle alle Rechtsverletzungen beim Abbau der Rohstoffe für das Handy/Smartphone zusammen. Stelle in einer zweiten Spalte gegenüber, welche Folgen es hätte, wenn diese Rechtsverletzungen hier in Deutschland stattfinden würden. > M2/M3
4. Nennt Möglichkeiten, diesen Ungerechtigkeiten (siehe Aufgabe 3) entgegenzuwirken. Tragt diese auch in die Tabelle ein. > M4
5. Diskutiert, inwieweit wir als Handykäufer Verantwortung für die Umstände der Rohstoffgewinnung tragen. Formuliert Argumente für die Diskussion. > M1-M4

TIPP
Informationen zu den Handy-Materialien und Bestandteilen erhältst du im Internet z.B. unter http://www.vz-nrw.de/handyrohstoffe.

Gibt es Rechte für jeden Menschen?

initiiert: etwas in die Wege leiten, etwas beginnen oder dazu anregen

Bürgerrechte: Rechte, die sich auf das Verhältnis zwischen Staat und Bürger beziehen

Manifest: eine Erklärung oder Bekanntmachung von meist politischen Zielen und Absichten

Diskriminierung > Ethik-Glossar

M1 Kurz notiert

Einige Meldungen und Berichte von „Amnesty International" und „terre des hommes" aus den Jahren 2013 bis 2015:

Iran: Am 4. März 2015 wurde Hamed Ahmadi mit fünf weiteren zum Tode verurteilten Männern hingerichtet. Sie wurden der „Feindschaft zu Gott" für schuldig befunden. Die Behörden weigerten sich, die Fälle erneut zu überprüfen, obwohl sie die Möglichkeit dazu gehabt hätten.

Syrien: Regierungskräfte wählten bewusst Zivilpersonen als Zielscheibe, indem sie wahllos Wohngebiete und Gesundheitseinrichtungen bombardierten.

China: Friedensnobelpreisträger Liu Xiaobo sitzt seit 2009 im Gefängnis, weil er das Bürgerrechtsmanifest Charta 08, das zum Schutz der Menschenrechte aufruft, initiiert und veröffentlicht hat.

El Salvador: Die 28-Jährige Teresa wurde zu 40 Jahren Haft verurteilt, da sie eine Fehlgeburt erlitt. Das Gericht sah dies als Abtreibung an. El Salvador gehört zu den fünf Ländern Lateinamerikas, in denen Abtreibungen ausnahmslos verboten sind.

Ägypten: In der neuen ägyptischen Verfassung wird die Diskriminierung von Frauen nicht ausdrücklich untersagt. Stattdessen wird auf ihre Pflichten als Hausfrauen verwiesen.

Philippinen: In der Großstadt Davao gibt es ca. 3000 Straßenkinder. Besonders Mädchen fliehen vor häuslicher Gewalt und landen auf der Straße.

nach www.amnesty.de, www.tdh.de

M2 Kleine Schritte der Ruby Bridges

Ruby Bridges: 1960 wurde das Mädchen Ruby Bridges als erstes schwarzes Kind in Louisiana (USA) an einer weißen Schule eingeschult. Das Bild stellt seinen Gang zur Schule dar. Mehr Informationen zum Bild siehe S. 75.

M3 Ein Mensch kann die Welt verändern

Rosa Parks, eine Schwarze, wuchs in Alabama auf. Das ist ein Bundesstaat im Süden der USA. Es ist gar nicht so lange her, da gab es dort strenge Gesetze, die die Rassentrennung regelten. Es gab Schulen für Weiße und Schulen für Schwarze. Parkbänke und Aufzüge, die für Weiße reserviert waren, durften von den Schwarzen nicht benutzt werden. Und in den Bussen waren die vorderen Sitze für die Weißen bestimmt, die hinteren für die Schwarzen. Hinten war immer alles überfüllt. In der Mitte gab es Sitze, die von den Schwarzen benutzt werden durften. Aber wenn sich auch nur ein einziger Weißer dorthin setzte, musste die ganze Reihe von den Schwarzen geräumt werden.

Im Jahr 1955 geschah in Montgomery, der Hauptstadt von Alabama, Folgendes: Rosa Parks fuhr mit dem Bus zur Arbeit wie die meisten Schwarzen. Sie saß auf einem Platz in der Mitte, wo sie sitzen durfte, neben ihr drei Männer. Als sich ein Weißer in die Reihe setzen wollte, forderte der Busfahrer die Schwarzen auf, ihren Platz zu räumen. Die Männer standen auf und gingen nach hinten. Dort mussten sie stehen. Nur Rosa Parks blieb sitzen. Der Busfahrer rief die Polizei und verlangte die Verhaftung von Rosa Parks. Sie wurde festgenommen und ins Gefängnis gesteckt. Sie musste nur eine kleine Strafe bezahlen, verlor aber ihre Arbeit, und es gab Morddrohungen. Die Bürgerrechtsvereinigung, zu der auch Rosa Parks und ihr Mann gehörten, rief zum Boykott der Busse auf. Länger als ein Jahr wurden in Montgomery die Busse nur von Weißen benutzt. Die Schwarzen bildeten Fahrgemeinschaften oder gingen lange Strecken zu Fuß. Den Bus-Boykott leitete der später so berühmte schwarze Pastor Martin Luther King. Das Ergebnis des Boykotts: Das Oberste Gericht der USA urteilte 1956, dass die Rassentrennung in Bussen verfassungswidrig war. Immer mehr Menschen forderten die Gleichberechtigung von Schwarz und Weiß und setzten sich für die Bürgerrechte ein. 1963 gab es den Marsch nach Washington. Über 200 000 Menschen aller Rassen versammelten sich vor dem Capitol und demonstrierten für Gerechtigkeit, unter ihnen auch Rosa Parks.

1964 wurde endlich ein Gesetz erlassen, das gleiche Rechte für alle garantierte, auch für die Schwarzen. Das war ein überwältigender Erfolg der Streiter für die Bürgerrechte. Durch ihre Tat – oder soll man sagen: durch ihr Nicht-Tun? – hat Rosa Parks ein ganzes Land verändert.

Boykott: Vermeiden von etwas, um seine (politische) Ablehnung auszudrücken

Bürgerrechtsvereinigung: Vereinigung, die für die Durchsetzung von Bürgerrechten eintritt

Martin Luther King
> Ethik-Glossar

AUFGABEN

1 Formuliert zu jeder Meldung drei Fragen. Informiert euch im Internet über die Hintergründe der Ereignisse und recherchiert nach Antworten auf eure Fragen. > M1

2 Diskutiert in Kleingruppen, welche Rechte in den Fällen, von denen die Kurznachrichten handeln, verletzt werden und diskutiert mögliche Ursachen dafür. > M1

3 Arbeite aus einer dieser Meldungen eine Norm heraus, gegen die verstoßen wurde. Nutze diesen Satz und formuliere dazu einen Kommentar für eine Jugendzeitung. > M1

4 Beschreibe das Bild und finde einen eigenen Titel dafür. Informiere dich über die Bildungschancen für „Schwarze" in den USA der 1960er Jahre. > M2

5 Beschreibe, wie die „Schwarzen" für ihre Rechte gekämpft haben. Kann man das überhaupt als einen „Kampf" bezeichnen? Begründe deine Meinung. > M3

plus 6 Informiere dich, welche schweren Missstände US-Präsident Obama im März 2015 in Ferguson (Bundesstaat Missouri) angeprangert hat. Nimm Stellung dazu.

Was sind die Menschenrechte?

M1 Die Regierung hat beschlossen

... **ab morgen** dürfen sich die Bürger höchstens zu zweit treffen und unterhalten;

... **ab morgen** darf jeder, der verdächtigt wird, etwas getan zu haben, in Haft genommen werden, so lange bis er zugibt, dass er es getan hat;

... **ab morgen** dürfen Kinder nicht mehr zur Schule, sondern müssen in den Fabriken aushelfen;

... **ab morgen** müssen alle die Hälfte ihres Besitzes an den Bürgermeister abgeben;

... **ab morgen** gilt, dass jeder Junge das Mädchen heiratet, das an seinem Wohnort genau nach ihm geboren wurde, sobald beide 13 Jahre alt sind;

... **ab morgen** wird jedem, der irgendeine Straftat begeht, ein Buchstabe auf die Stirn tätowiert, den der Bürgermeister aussucht;

... **ab morgen** gilt, dass alle, die nicht völlig fehlerfrei Deutsch sprechen, nicht mehr sprechen dürfen;

... **ab morgen** darf sich jeder nur noch in seiner Stadt aufhalten;

... **ab morgen** darf jeder nur noch dann sagen, was er gut oder schlecht findet, wenn der Bürgermeister ihm vorher die Erlaubnis dazu gegeben hat;

... **ab morgen** darf sich keiner mehr über diese Gesetze beschweren, sonst wird er verhaftet.

M2 Alle Menschen sollen gleiche Rechte haben

Menschenrechte
> Ethik-Glossar

Der Gedanke, dass alle Menschen Rechte haben, ist uralt. Doch wurde die „Allgemeine Erklärung der Menschenrechte" erst am 10.12.1948 vor der UNO verkündet. Es waren zwei Jahre harter Arbeit vorausgegangen: Acht Männer und Frauen aus Australien, Chile, China, Frankreich, dem Libanon, der Sowjetunion, Großbritannien und den USA hatten in zähen Verhandlungen um ihre Formulierung gerungen. Die damals 58 Mitgliedstaaten der Vereinten Nationen nahmen die Erklärung ohne Gegenstimme, aber mit acht Enthaltungen an. Sie verpflichteten sich, schrittweise die Einhaltung der allgemeinen Rechte zu sichern. (Was bis heute keineswegs überall geschehen ist!) Viele meinen, die Beachtung der Menschenrechte sei nur Sache der Staaten. Die Vorsitzende der Menschenrechtskommission Eleanor Roosevelt war anderer Ansicht: „Wo beginnen die Menschenrechte?" Auf diese Frage gab sie folgende Antwort: „An den kleinen Plätzen, nahe dem eigenen Heim. So nah und so klein, dass diese Plätze auf keiner Landkarte der Welt gefunden werden können. Und doch sind diese Plätze die Welt des Einzelnen: die Nachbarschaft, in der er lebt, die Schule oder die Universität, die er besucht, die Fabrik, der Bauernhof oder das Büro, in dem er arbeitet. Das sind die Plätze, wo jeder Mann, jede Frau und jedes Kind gleiche Rechte, gleiche Chancen und gleiche Würde ohne Diskriminierung sucht. Solange diese Rechte dort keine Geltung haben, sind sie auch woanders nicht von Bedeutung."

nach Julia Lohrmann

TIPP
Die „Allgemeine Erklärung der Menschenrechte" im Internet: www.un.org/depts/german/menschenrechte/aemr.pdf

M3 Die Allgemeine Erklärung der Menschenrechte

- Wir alle sind von Geburt an frei und gleich an Rechten. Wir alle sind frei geboren. Alle Menschen sind mit Vernunft und Gewissen begabt. *nach Artikel 1*
- Niemand darf grundlos unterschiedlich behandelt werden. Wir alle haben ein Recht auf Gleichbehandlung. Die Rechte in dieser Erklärung gelten für alle Menschen, wie auch immer sie sich nach Sprache, Aussehen, Hautfarbe oder Religion unterscheiden mögen. *nach Artikel 2*
- Niemand hat irgendein Recht, uns grausam zu behandeln oder zu foltern. *nach Artikel 5*
- Wir alle haben das Recht, in unserem Land zu leben, wo wir wollen, und dorthin zu reisen, wohin wir wollen. *nach Artikel 13*
- Jeder Erwachsene hat das Recht, zu heiraten und eine Familie zu gründen, wenn er möchte. Mann und Frau haben in der Ehe, und auch bei deren Auflösung, die gleichen Rechte. *nach Artikel 16*
- Jeder hat das Recht, etwas zu besitzen oder es mit anderen zu teilen. Niemand darf uns ohne guten Grund Dinge wegnehmen. *nach Artikel 17*
- Wir alle dürfen uns unsere eigene Meinung bilden und denken, was wir wollen. Und wir dürfen sagen, was wir denken, und uns mit anderen über unsere Ideen unterhalten. *nach Artikel 19*
- Wir alle haben das Recht, an der Regierung unseres Landes mitzuarbeiten. Jeder Erwachsene hat das Recht, seine Politiker selbst zu wählen. *nach Artikel 21*
- Bildung ist ein Recht. Grundlegende Bildung (wie in der Grundschule) darf kein Geld kosten. Eltern können vorrangig bestimmen, was Kinder lernen sollen. Bildung muss die Achtung vor den Menschenrechten stärken und zu Verständnis, Toleranz und Freundschaft zwischen den Nationen und unter den Menschen beitragen. *nach Artikel 26*

Vereinte Nationen

AUFGABEN

1 Nimm Stellung zu den Regierungsbeschlüssen. Beschreibe die Probleme, die sich daraus ergeben können. > M1

2 Erarbeitet aus dem Text, wie es zur „Allgemeinen Erklärung der Menschenrechte" kam. > M2

3 Erkläre, wo deiner Meinung nach die Menschenrechte beginnen. Vergleiche deine Überlegungen mit der Antwort von Eleanor Roosevelt. > M2

4 Vergleicht eure Ergebnisse aus Aufgabe 1 mit den Auszügen aus der „Allgemeinen Erklärung der Menschenrechte". Ordne zu, welche Artikel auf welche Regierungsentscheidung (M1) zutreffen. Begründet eure Zuordnung. > M1/M3

5 Informiert euch über die 30 Artikel der „Allgemeinen Erklärung der Menschenrechte". Bildet Expertengruppen zu einem oder mehreren Artikeln und stellt Informationen zu den Artikeln anschaulich zusammen. > M3

6 Ordne einzelnen Menschenrechten (siehe Aufgabe 5) aktuelle Beispiele zu, bei denen sie in Gefahr sind, verletzt zu werden. > M3

Wie sieht eine ideale Welt aus?

M1 Im Zukunftsstaat

Friedrich Eduard Bilz, Das Volk im Zukunftsstaat, 1904

M2 Was eine Utopie ist

Der Begriff Utopie setzt sich aus den beiden griechischen Wörtern „ou" und „topos" zusammen. „Ou" bedeutet „nicht" und „topos" lässt sich mit „Ort" übersetzen. Die Utopie ist also ein Nicht-Ort oder anders gesagt, ein Ort, den es nicht gibt und den es niemals geben wird.

Das Ziel einer Utopie besteht darin, eine bessere, ja sogar die bestmögliche aller Welten zu beschreiben, um auf diese Weise die Welt, wie man sie derzeit vorfindet, zu kritisieren. Mit Hilfe der Utopie kann man seinen Zeitgenossen einen kritischen Spiegel vorhalten und deutlich machen, was gesellschaftlich und politisch im Argen liegt. Die Utopie ist somit eine Wunschvorstellung, die nicht oder zumindest nicht sofort realisiert werden kann.

AUFGABEN

1. Beschreibe die einzelnen Bildszenen, aus denen sich die linke Bildseite zusammensetzt. > M1
2. Stelle den Szenen der linken Seite die dargestellten Ideen auf der rechten Seite gegenüber. > M1
3. Begründe, warum es sich rechts auf dem Bild um eine Utopie handelt. > M1/M2
4. Zeichne oder beschreibe in Form einer Utopie, wie du dir den besten Ort der Welt wünschst. > M2
5. Prüfe, inwieweit sich deine gewonnenen Vorstellungen von Gerechtigkeit in der Utopie des Malers Friedrich Eduard Bilz wiederfinden (siehe Aufgabe 2). Erläutere, inwiefern sie in deiner eigenen Utopie eine Rolle spielen – oder eben nicht (siehe Aufgabe 4). > M1/M2

Was wir wissen – was wir können

M Ich will Gerechtigkeit

Was ist nur mit uns gescheh'n,
keiner hat es gemerkt,
keiner hat es geseh'n.
Wir haben einfach alles ignoriert,
was um uns rum passiert.
Uns war es immer egal.
Doch bald ist es zu spät.
Es ist jetzt an der Zeit,
dass ein jeder Mensch versteht.

Wir sind da,
um einen Anstoß zu geben,
frei zu handeln, frei zu fühlen,
frei zu denken, frei zu leben, frei zu sein.
In dieser Zeit, sei bereit für mehr
Menschlichkeit,
denn diese Zeit braucht Gerechtigkeit.

Was wir jeden Tag im Fernseh'n sehen,
ist alles so extrem:
Die Zerstörung ist an der Macht.
Sie hat uns nichts als Hass gebracht.
Vielmehr sollten wir
das Positive seh'n.
In einer Zeit, die schreit:
Ich will Gerechtigkeit!

Wir sind da,
um einen Anstoß zu geben,
frei zu handeln, frei zu fühlen,
frei zu denken, frei zu leben, frei zu sein.
In dieser Zeit, sei bereit für mehr
Menschlichkeit,
denn diese Zeit braucht Gerechtigkeit.

Wir sind nicht die Propheten.
Es lohnt sich nicht, uns anzubeten.
Wir können nur ganz laut schrei'n
und hoffen,
dass du uns hörst, dass du uns hörst,
dass du uns hörst.

Wir sind da,
um einen Anstoß zu geben,
frei zu handeln, frei zu fühlen,
frei zu denken, frei zu leben, frei zu sein.
In dieser Zeit, sei bereit für mehr
Menschlichkeit,

Seid ihr bereit?
Jetzt ist die Zeit für Gerechtigkeit.

Killerpilze

AUFGABEN

1 Lies den Songtext. Schreibe alle Verse, in denen das Lied die heutige Zeit beschreibt, in blauer Farbe und die Verse, in denen es um Gerechtigkeit geht, in grüner Farbe in dein Heft.

2 Beschreibe die Kennzeichen der heutigen Zeit aus der Sicht der „Killerpilze" und finde passende Beispiele.

3 Erläutere die Auffassung der „Killerpilze" von Gerechtigkeit und vergleiche diese mit anderen Gerechtigkeitsdefinitionen (auch deiner eigenen).

4 „Diese Zeit braucht Gerechtigkeit" sagen die „Killerpilze". Teilst du diese Auffassung? Formuliere je zwei Pro- und Contra-Argumente sowie ein Abschlussurteil.

Definition
> S. 58

SELBSTDIAGNOSE

1 Übertrage die Tabelle in dein Heft oder lade dir die Tabelle als Arbeitsblatt aus dem Internet herunter und fülle sie aus. Wenn deine Antwort „nicht gut" lautet, schlage die passende Schulbuchseite nach, die dir bei dem Thema weiterhelfen kann, und lies noch einmal nach.

2 Ergänzt zusammen die Tabelle: Was könnt ihr noch? Berücksichtigt auch die Fragen, die ihr auf eurem Plakat zusammengetragen habt (siehe S. 101). Markiert alle Fragen, die noch offen sind, farbig.

Ich kann ...	sehr gut	gut	nicht gut
erklären, was für mich Fairness ist und warum Fairness für das Zusammenleben wichtig ist.			
verschiedene Prinzipien der Gerechtigkeit nennen.			
die Formen von Gerechtigkeit nach Aristoteles nennen und beschreiben.			
Motive und Gründe für gerechtes Verhalten anderer nennen und beurteilen.			
die Bedeutung und die Funktion von Regeln für die Gemeinschaft erklären.			
die Bedeutung staatlicher Gesetze für mein Leben erklären.			
Beispiele für Ungerechtigkeiten beschreiben.			
Gründe für Ungerechtigkeiten nennen.			
Rechte, die für alle Menschen gelten, nennen und erläutern.			
...			

Arbeitsblatt:
Selbstdiagnose-tabelle „Recht und Gerechtigkeit"

Mediencode: 20081-03

Sonne der Menschenwürde
und der Menschenrechte
Wüste der
Einsamkeit
Fluss des Lebens
Hauptbahnhof Berlin
Nebel der Vorurteile
Familienwiese
Platz der Grundrechte
§
Brücke der Toleranz
Mauer der
Diskriminierung
Wald der Gefühle
Garten der Kulturen der Welt
Fluss des Lebens

Mensch und Gemeinschaft

AUFGABEN

Menschen leben in Gemeinschaften und gestalten frei ihre Lebensverhältnisse. Die Landkarte zeigt verschiedene Aspekte des Zusammenlebens. Du kannst sie erkunden, hinterfragen und dir einen eigenen Überblick über das Thema verschaffen anhand der Placemat-Methode.

1 **Einzelarbeit:** Halte in deinem Feld in kurzen Sätzen begründet fest, an welchen Orten des Zusammenlebens auf der Landkarte du dich gerne aufhältst und welche du lieber vermeiden würdest. Formuliere zwei Fragen, die dir für die Planung und Erarbeitung des Themas „Mensch und Gemeinschaft" besonders wichtig sind.

2 **Gruppenarbeit:** Dreht nun das Blatt, lest euch die Ideen eures Nachbars/eurer Nachbarin durch und ergänzt diese oder schreibt eure Fragen dazu. Dreht dann das Blatt erneut, bis ihr alle Abschnitte gelesen habt.
Ordnet die Orte des Zusammenlebens nach ihrer Wichtigkeit für euch in der Mitte des Plakats. Einigt euch auf drei gemeinsame Fragen zum Unterrichtsthema und tragt sie ebenfalls ein.

Weshalb leben Menschen in Gemeinschaften?

M1 Welcher Gemeinschaft gehöre ich an?

M2 Ein schönes Leben

Du willst dir ein schönes Leben machen – wunderbar. Aber du willst auch, dass dieses schöne Leben nicht das eines Blumenkohls oder eines Käfers ist, bei allem Respekt für beide Arten, sondern ein schönes menschliches Leben. Das ist, was dir entspricht, glaube ich. Und ich bin sicher, dass du darauf für nichts auf der Welt verzichten würdest.

Mensch zu sein, das haben wir bereits erwähnt, besteht in erster Linie darin, mit den anderen Menschen Beziehungen zu haben. Wenn du einen Haufen Geld haben könntest, ein Haus, viel prächtiger als ein Palast aus Tausendundeiner Nacht, die besten Klamotten, das teuerste Essen [...], die modernste Elektronik, aber dies alles zu dem Preis, dass du niemals wieder Menschen siehst – wärst du dann glücklich? Wie lange könntest du so leben, ohne verrückt zu werden? Ist es nicht die größte Dummheit, Sachen haben zu wollen auf Kosten der Beziehung zu Menschen? Aber wenn genau der Vorzug all dieser Dinge darin besteht, dass sie dir zu erlauben scheinen, eine bessere Beziehung zu den anderen zu haben? Mithilfe des Geldes hofft man, die anderen blenden oder kaufen zu können; die Klamotten sollen helfen, dass wir ihnen gefallen oder dass sie uns beneiden; genauso ist es mit dem schönen Haus, den guten Weinen. [...] Das schöne Leben des Menschen ist ein schönes Leben unter Menschen – das Gegenteil könnte auch Leben sein, aber es wird weder schön noch menschlich sein.

Fernando Savater

M3 Wir brauchen einander

Der Mensch wird in eine Familie hineingeboren, im Unterschied zu vielen Mikroben, die sich durch Teilung vermehren, oder zu den Pflanzen, die aus Samenkörnern entstehen. [...] Für den Menschen ist die Familie die Kerngemeinschaft, in der er eine überaus wichtige Fähigkeit erwirbt – das Sprechen. Eine zweite Ebene ist die der Freundschaft. [...] Jetzt wollen wir uns [...] vor Augen führen, warum der Mensch die Gemeinschaft nötig hat, um glücklich zu sein: An erster Stelle deswegen, weil wir auf eine ganze Reihe von Zuwendungen und Hilfeleistungen angewiesen sind, die wir uns nicht selbst zuteil werden lassen können. Wer schwer krank ist, braucht jemanden, der ihm das Essen zubereitet; ein Baby braucht jemanden, der ihm die Windeln wechselt; und auch ein älterer Mensch braucht häufig jemanden, der sich um ihn kümmert. Sogar ein junger, kräftiger und gesunder Mensch wäre auf sich allein gestellt nicht in der Lage, all die Dinge zu erwerben, die ihm die Gemeinschaft zur Verfügung stellt. [...] Während ein Bär isoliert in einem Wald leben kann, ist der Mensch auch biologisch nur lebensfähig, wenn er in einer Gemeinschaft lebt; und Gemeinschaft unter Menschen gibt es nur dank der Sprache. [...] Auch Robinson Crusoe hätte ohne die Kenntnisse, die er zuvor in der Zivilisation erworben hatte, nicht sehr lange überleben können. [...] Wir kommen somit zu dem Ergebnis: Nur mit Hilfe anderer Menschen kann der Mensch seine Natur voll zur Entfaltung bringen; nur mit Hilfe anderer Menschen kann er ein echter Mensch werden.

Héctor Zagal / José Galindo

Robinson Crusoe: Hauptfigur im gleichnamigen Roman von Daniel Defoe (1660-1731). Robinson strandet darin als Schiffbrüchiger auf einer einsamen Insel und kämpft dort um sein Überleben.

M4 Der Ursprung der Gesellschaft

Die Neigungen der Menschen und ihre Bedürfnisse bringen sie dazu, sich zusammenzuschließen; ihr Verstand und ihre Erfahrung sagen ihnen, dass dieser Zusammenschluss unmöglich ist, wenn sich keiner einer Regel unterwirft und Rücksicht auf das Eigentum anderer nimmt: und aus der Verbindung dieser [...] Überlegungen hat sich [...] das Gefühl der Gerechtigkeit zu allen Zeiten unfehlbar und sicher, in einem stärkeren oder schwächeren Grad bei jedem menschlichen Individuum entwickelt.

David Hume

David Hume
> Ethik-Glossar

AUFGABEN

1 Beschreibe die Bilder und erläutere, was die abgebildeten Personen miteinander verbindet. > M1

2 Was macht das schöne Leben des Menschen aus? Was gehört nicht dazu? Fasse die Kernaussage des Textes in eigenen Worten zusammen. > M2

3 Beantworte die Frage „Wie lange könntest du ohne Menschen leben, ohne verrückt zu werden?“ > M2

4 Erläutere, warum der Mensch nur mit Hilfe anderer Menschen ein „echter“ Mensch ist. Teilt David Hume die Auffassung von Héctor Zagal und José Galindo? Stelle Gemeinsamkeiten und Unterschiede heraus. > M3/M4

plus 5 Verfasse einen kurzen Artikel für die Schülerzeitung zum Thema „Brauchen Menschen die Gemeinschaft zu einem glücklichen Leben?“ > M1-M4

Welche Chancen hat die Familie heute?

M1 Zusammen leben

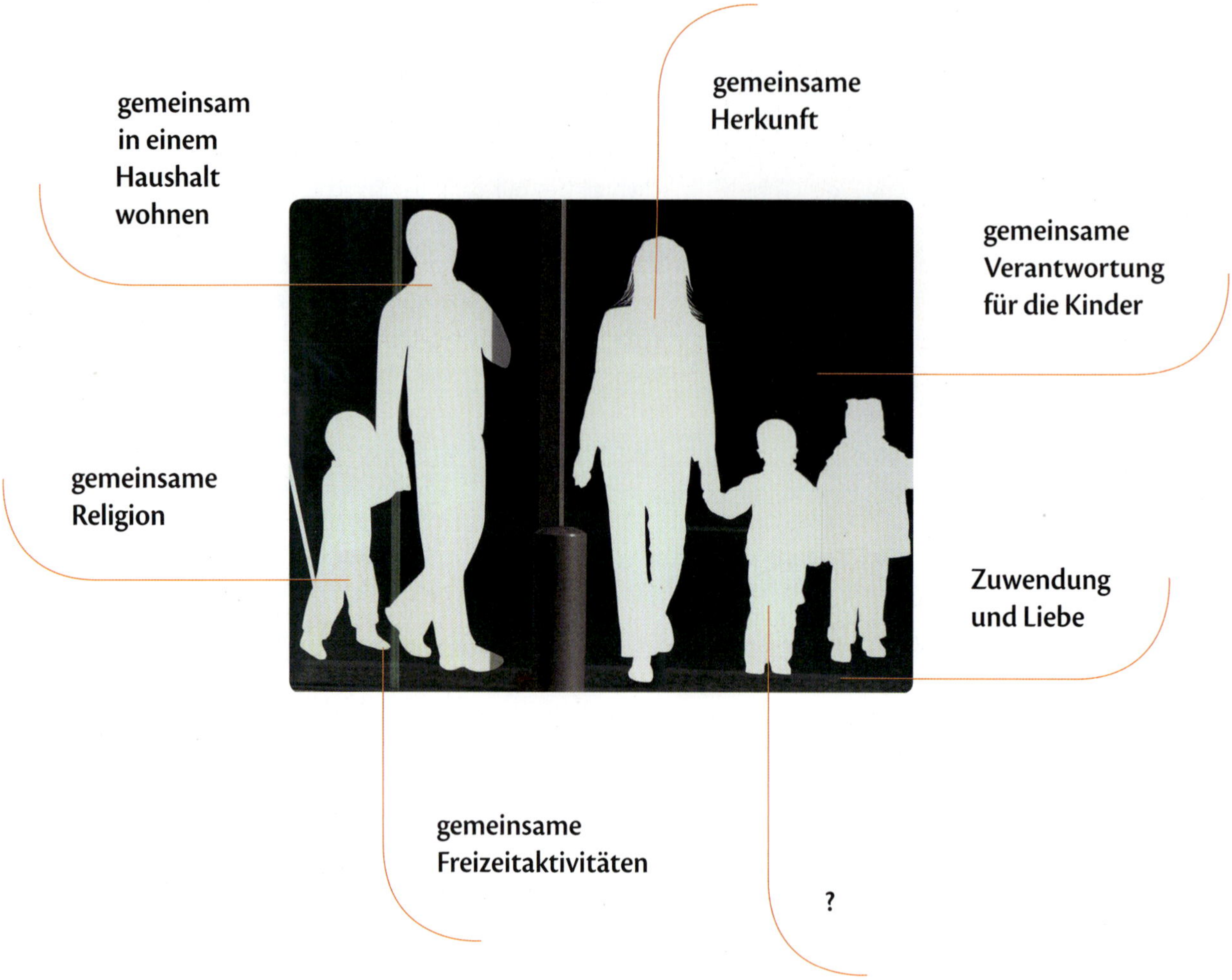

M2 Alle Menschen haben Familie

Menschen sind bei Geburt noch nicht alleine überlebensfähig. Der Säugling braucht Erwachsene, die sich intensiv um ihn kümmern. Dies wird fast immer von den leiblichen Eltern oder Pflegeeltern, Großeltern oder sonstigen Verwandten übernommen.

Viele Menschen gehen als Erwachsene dauerhafte Beziehungen ein (Ehe, Partnerschaft), die meisten werden auch selbst Eltern, gründen also eine neue Familie. Familiäre Erfahrungen im Kindes-, Jugend- und Erwachsenenalter stehen in engem Zusammenhang mit der seelischen und körperlichen Gesundheit eines Menschen. So wichtig und einflussreich Familien für die menschliche Entwicklung sind, so wenig kann man sich Familien wählen. In Familien wird man hineingeboren, Freunde kann man sich – mehr oder weniger – aussuchen.

M3 Familie und Glück

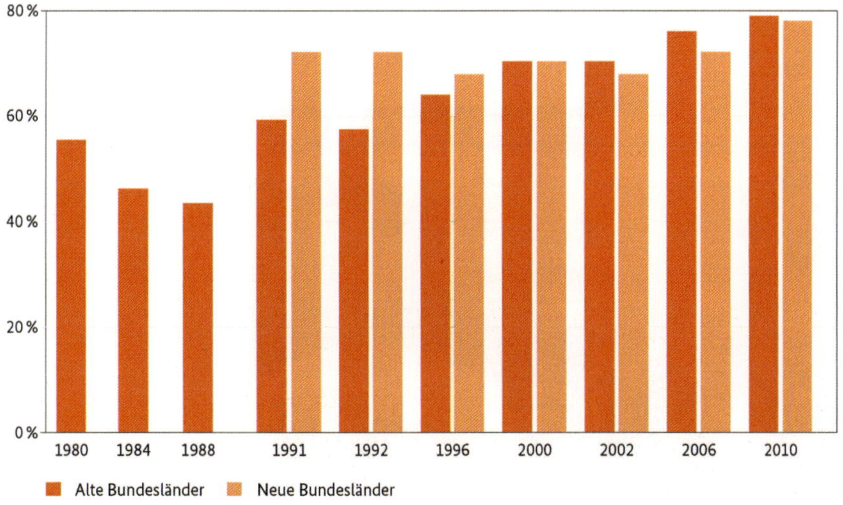

Anteil der jungen Erwachsenen, der angibt: „Man braucht eine Familie zum Glück" (Quelle: Familienreport 2012).

M4 Chancen einer Familie

1. Erfahrung von Annahme und Geborgenheit, von Heimat und Wärme
2. die nächste Generation aufbauen helfen
3. Zuwachs an Verantwortung, Steigerung des eigenen Wertbewusstseins
4. Neubestimmung von Rollen: Partner und Partnerin werden zu Vater und Mutter
5. Zeit für die Zweierbeziehung haben
6. Zeit für mehr gemeinsame Unternehmungen
7. neue Kräfte, Energien spüren, mit zusätzlichen Belastungen (z. B. weniger Schlaf) fertig werden können

AUFGABEN

1 Entscheide, welche Aussage auf den Familienbegriff zutrifft und welche nicht. Halte deine Wahl in einer Tabelle fest. > M1
2 Ergänze die fehlenden Aussagen. Was gehört deiner Meinung nach noch zu einer Familie? Was ist nicht unbedingt notwendig? > M1
3 Erstelle eine eigene Definition von Familie. Vergleicht eure Ergebnisse. > M1
4 Erläutere, was eine Familie von allen anderen Formen des Zusammenlebens unterscheidet. Welchen Zwecken dient sie? > M2
5 Braucht man eine Familie, um glücklich zu sein? Begründe schriftlich deine Meinung und belege sie mit Beispielen. > M3
6 Vergleiche deine Meinung (siehe Aufgabe 5) mit den Angaben in dem Diagramm. > M3
7 Welche der genannten Chancen einer Familie sind dir am wichtigsten? Welche fehlen noch? Ordne (und ergänze) die Liste und begründe deine Einschätzung. > M4
plus 8 Sammelt aus den Medien verschiedene Äußerungen über die Zukunft der Familie und erstellt ein Plakat.

Definition:
> S. 58

Medien:
> S. 80

Welche Formen von Familien gibt es?

M1 Familienleben

M2 Familienformen

A Diese Familie besteht nur aus den Eltern und Kindern, wobei alle miteinander biologisch verwandt sind. Ein modernes Rollenverständnis zeichnet die heutige Kleinfamilie aus: Der Vater beteiligt sich aktiv an der Entwicklung der Kinder; die Mutter ist selbstbestimmt. Die Verantwortung für die Erziehung der Kinder tragen beide gemeinsam.

B Das sind Mütter oder Väter, die ohne Ehe- oder Lebenspartner/in mit ihren minder- oder volljährigen Kindern in einem Haushalt zusammenleben. Aufgaben trägt jeweils Mutter oder Vater allein: Haushalt führen, Kinder erziehen, das andere Elternteil ersetzen, Berufstätigkeit.

C Diese Familienform zeichnet sich durch eine klare Rollenaufteilung auf: Vater ist das „Haupt", Mutter ist das „Herz" der Familie. Frauen versorgen die Kinder und den Haushalt. Männer sind Alleinverdiener.

D Mindestens einer der Partner bringt ein oder mehrere Kinder mit in die Beziehung. Die Kinder leben oft an mehreren Orten, haben ein Zuhause bei dem einen oder anderen Elternteil, sie müssen mit dem neuen Partner bzw. der Partnerin der Eltern und eventuell deren Kindern zurecht kommen.

E Seit 2001 besteht die Möglichkeit, eine eingetragene Lebenspartnerschaft zu begründen. In Deutschland gab es 2012 fast 32 000 eingetragene Lebenspartnerschaften.

F Familienverband, der außer den Eheleuten und ihren Kindern auch die verheirateten Kinder und Kindeskinder umschließt und eine Wirtschafts- und Siedlungseinheit bildet. Einer ist für den anderen da, in guten wie in schlechten Zeiten.

M3 Familienarten

- Familie mit gleichgeschlechtlichen Eltern (Regenbogenfamilie)
- Großfamilie
- konservative Familie
- Patchwork-Familie
- Alleinerziehende
- Kleinfamilie

AUFGABEN

1 Beschreibe die Personen und ihre Lebenssituationen, die auf den Bildern zu sehen sind. > M1

2 Wählt in Gruppen jeweils ein Bild aus und gestaltet einen Bilddialog. Erläutert, was die Personen auf den Bildern jeweils denken oder fühlen könnten. > M1

3 Ordne in einem ersten Schritt die Beschreibungen der Familienformen M2 den Familienarten M3 zu. Ordne anschließend den Bildern die Familienarten zu. > M1-M3

4 Schreibe einen kurzen Kommentar zu jedem Bild. Welche Vor- und Nachteile hat die jeweilige Familienform? Würdest du gerne in dieser Familie leben? Begründe deine Meinung. > M1-M3

plus 5 Erstelle eine Collage zu den Familienformen, die du kennengelernt hast. > M1-M3

Wie funktioniert Gemeinschaft?

Egoismus
> Ethik-Glossar

M1 Egoist

Die ganze Welt dreht sich um mich
Denn ich bin nur ein Egoist
Der Mensch, der mir am nächsten ist
Bin ich, ich bin ein Egoist
Ein Egoist, ein Egoist…
Ganz oben auf der Liste, ja, da stehe ich
Du musst mir schon verzeih'n, aber ich liebe mich
Das obwohl ich überaus und durchaus kritisch bin
Hab ich den ganzen lieben langen Tag nur mich im Sinn
Ich habe über meinem Bett 'nen Spiegel angebracht
Damit mein eigenes Spiegelbild mir meinen Schlaf bewacht
Ich will niemanden wollen, nein, ich will, dass man mich will
Bis ich kriege, was ich brauche, halt ich niemals still
Die ganze Welt dreht sich um mich
Denn ich bin nur ein Egoist …

Falco

Medien
> S. 80

M2 Auf Kosten der anderen?

Stell dir vor, du gehst mit Freunden in ein gutes Restaurant; bezahlt werden soll zu gleichen Teilen. Was würdest du bestellen? Das Tagesgericht zu 5 Euro oder das teure Gericht zu 15 Euro? Du könntest auf diese Weise ein tolles Essen fast geschenkt bekommen, wenn du als Einzige/r auf Kosten der anderen speist. Denkt aber jeder so in der Gruppe, gibt es am Ende für alle eine gepfefferte Rechnung. Diese in privater Runde noch relativ harmlose Zwickmühle steht für eine Reihe durchaus ernster und schwieriger Probleme, die immer dann auftauchen, wenn momentaner persönlicher Nutzen gegen dauerhaften sozialen steht.

M3 Wenn jeder an sich denkt ...

Vor einigen Jahren ereignete sich in den Vereinigten Staaten folgende Geschichte. Ein keineswegs wohlhabender Mann fand einen Sack voll Geld, der von einem Transportwagen der Firma Brinks gefallen war. Er brachte das Geld der Firma, die den Verlust noch gar nicht bemerkt hatte. Die Medien feierten ihn als Helden – aber er erhielt unzählige Briefe und Anrufe, in denen es hieß, er sei ein Narr und solle in Zukunft besser für sich selbst sorgen. Diese Geschichte zeigt, wie weit in unserer Gesellschaft die Vorstellung verbreitet ist, erst einmal für sich selbst zu sorgen, sei das einzig Vernünftige, und zu mehr Geld zu kommen, sei der Weg dahin. [...]

Das ethische Alltagsleben kennt unzählige kleinere Opfer für die Gemeinschaft, angefangen damit, dass wir den Abfall in den richtigen Behälter tun, bis zur Teilnahme an einer Arbeitsgruppe in der Schule. [...] Der Lohn ist immateriell: manchmal ist es das Gefühl der Kameradschaft bei gemeinsamer Arbeit für eine gute Sache [...]. Auf welche Weise diese Handlungen auch bestärkt werden, sie zeigen Interesse für andere.

Peter Singer

Medien
> S. 80

immateriell: unstofflich, unkörperlich; geistig

M4 Egoismus oder Solidarität?

Der schottische Philosoph David Hume zeigt, wie sich aus eigennütziger Motivation kooperatives Handeln entwickeln kann. Das Beispiel handelt von zwei Leuten, die sich entschlossen haben, zusammen zu rudern. Sie wollen ein gemeinsames Ziel erreichen.

Jeder der beiden versucht, den anderen mittels gewisser Vorleistungen zum Mitmachen zu animieren. Einer der beiden beginnt etwa mit einer Überlegung der folgenden Art: „Vielleicht wird der andere dann und nur dann rudern, wenn ich es tue. Es kann nicht von Nachteil sein, wenn ich dies herauszubekommen versuche." Also beginnt er ein bisschen zu rudern, ohne sich besonders anzustrengen. Der andere hat eine ähnliche Einstellung und beginnt ebenfalls, ein wenig zu rudern, wodurch er den Ersten ermutigt. In dem Maße, als jeder der beiden bemerkt, dass seine Leistung durch eine entsprechende Leistung des anderen belohnt wird, kommt es zu einer Stabilisierung der Kooperation zwischen den beiden.

Wolfgang Stegmüller

David Hume, Solidarität
> Ethik-Glossar

kooperativ: gemeinsam, zusammenarbeitend

Stabilisierung der Kooperation: dauerhafte Zusammenarbeit

AUFGABEN

1 Erarbeite aus dem Falco-Song die Merkmale eines Egoisten und verfasse mit Hilfe der Information zum Begriff „Egoismus" einen kurzen Kommentar: „Ein Egoist ist ein Mensch, der ..." > M1

2 Entscheide, wie du selbst in der geschilderten Situation handeln würdest. Beschreibe die Vor- und Nachteile deiner Entscheidung für dich und für die Gemeinschaft und wäge sie gegeneinander ab. > M2

3 Bewerte die Folgen für die Gesellschaft, wenn jeder nur an sich selbst denkt. Begründe deine Antwort mit Beispielen. > M3

4 Zeige anhand des Beispiels, unter welchen Bedingungen Egoismus zwangsläufig zur Zusammenarbeit führen muss. > M4

plus 5 Teilt euch in zwei Gruppen und erarbeitet Argumente für die beiden Positionen „Handeln im Interesse anderer" – „Handeln im Eigeninteresse". Führt eine Pro-Contra-Diskussion durch. > M1-M4

Wann zeige ich Zivilcourage?

zivil: bürgerlich (im Gegensatz zu militärisch)

Werte
> Ethik-Glossar

sozial: die menschliche Gemeinschaft betreffend

Verantwortung
> S. 87, M2

M1 Was ist Zivilcourage?

Zivilcourage kann mit „Bürgermut" übersetzt werden. Mit Zivilcourage bezeichnet man Mut in Alltagssituationen, im zivilen Leben. Heute wird unter Zivilcourage das Auftreten gegen die öffentliche Meinung verstanden, mit dem der Einzelne, ohne Rücksicht auf sich selbst, soziale Werte oder die Werte der Allgemeinheit vertritt, von denen er selbst überzeugt ist. Voraussetzungen für zivilcouragiertes Eingreifen sind soziale Feinfühligkeit und dass die Situation erkannt wird. Notwendig ist auch Empathie bzw. Mitgefühl zusammen mit einem Gefühl persönlicher Verantwortung.

M2 In der U-Bahn

„Ich habe mal in der U-Bahn gesehen, wie eine Gruppe von Jugendlichen einen Schwarzen belästigt hat. [...] Keiner der anderen Fahrgäste hat etwas gesagt. Als dann der nächste Halt kam, wollte der Mann aussteigen. Die Jugendlichen haben ihn aber nicht gelassen und immer wieder auf den Sitz zurückgeschubst. Ich musste dann auch aussteigen und bin schnell weggegangen, aber ich hatte ein total schlechtes Gewissen. [...] Beim nächsten Mal mische ich mich ein. Das habe ich mir geschworen."

Christian, 16 Jahre

Arbeitsgemeinschaft Jugend und Bildung e.V. (Hrsg.)

M3 Was tust du?

Rassismus auf dem Rasen
In deiner Fußballmannschaft ist seit kurzem ein Spieler mit schwarzer Hautfarbe aktiv. Immer wenn ihr ein Spiel habt und Anthony am Ball ist, buht das gegnerische Publikum.

Schikane auf dem Schulhof
Dein Schulfreund Christoph hat einem jüngeren Schüler unbemerkt einen Zettel auf den Rücken geklebt. Darauf steht: „Ich piss mir in die Hosen".

Prügelnde Partygänger
Auf einer Party fangen zwei ziemlich besoffene Jungs an, sich zu prügeln. Erst sieht es aus wie Spaßkloppe, doch dann fällt einer von ihnen gegen die Kante eines Tisches. Es fließt Blut.

M4 Was kann jeder tun?

- **Ich helfe, ohne mich selbst in Gefahr zu bringen.** Es gibt Situationen, in denen die Täter offensichtlich stärker und zu jeder Art von Gewalt bereit sind. Wegsehen oder weglaufen aber ist keine Lösung: Suche Mitstreiter und verständige umgehend die Polizei. Achte auf räumliche Distanz zum Täter und sprich das Opfer an: „Kommen Sie her zu uns, wir helfen Ihnen!" Greife ein und mache klar, dass Gewalt keine Privatangelegenheit ist. Wichtig: „Duze" den Täter nicht, denn sonst könnten andere einen rein persönlichen Konflikt vermuten. Vermeide es auch, den Täter zu provozieren oder dich provozieren zu lassen!

- **Ich fordere andere zur Mithilfe auf.** Appelliere laut und deutlich an die umstehenden Personen: „Sie, die Dame mit dem Hut: Holen Sie die Polizei." Wende dich an das Personal in öffentlichen Verkehrsmitteln.

- **Ich beobachte genau, präge mir die Täter-Merkmale ein.** Oft sind es vermeintliche Nebensächlichkeiten, die am Ende den Ausschlag geben, dass der Täter überführt werden kann. Dabei ist die Polizei auf Unterstützung angewiesen: Melde der Polizei deshalb alles, was du gesehen hast – möglichst genau.

- **Ich organisiere Hilfe unter dem Notruf 110.** Bei diesem Anruf kommt es darauf an, dass der Polizei das Geschehen in wenigen Worten, aber dennoch umfassend geschildert wird („Wer?", „Was?", „Wo?", „Wann?"); bedenke: Auch Vermutungen helfen bei der Ermittlungsarbeit oft einen großen Schritt weiter.

- **Ich kümmere mich um Opfer.** Helfen kann jeder – auch wenn du es dir im ersten Augenblick womöglich nicht zutraust. Wer allerdings nicht aktiv bei der Versorgung des Opfers tätig ist, sollte die Unfallstelle oder den Tatort meiden: Rettungsdienste und Polizei verlieren nicht selten wertvolle Minuten, weil Schaulustige die Zufahrtswege blockieren.

- **Ich stelle mich als Zeuge zur Verfügung.** Denke daran: Auch du könntest einmal in die Situation kommen, dass du auf die beherzte Unterstützung von Helfern und Zeugen angewiesen bist. Sorge mit einer Aussage dafür, dass Straftaten aufgeklärt werden können.

nach www.aktion-tu-was.de

Distanz: Abstand, Entfernung

Konflikt: Streit, Auseinandersetzung

provozieren: herausfordern, reizen

appellieren: jemanden auffordern

AUFGABEN

1. Erkläre den Begriff Zivilcourage. Schlage ihn gegebenenfalls auch in einem Wörterbuch nach. > M1
2. Beurteile, ob der geschilderte Fall ein Beispiel für Zivilcourage darstellt. Begründe deine Meinung anhand deiner Definition der Zivilcourage aus Aufgabe 1. > M2
3. Beschreibe, wie du in den gegebenen Situationen handeln würdest. Stelle guten Gründen, nichts zu tun, gute Gründe, etwas zu tun, gegenüber. > M2/M3
4. Vergleicht eure Ergebnisse aus Aufgabe 3 mit den Ratschlägen der Polizei. Ergänzt und verbessert eure Handlungsratschläge. > M2/M3
5. Sammelt in Gruppen Reaktionen auf den Fall von Christian sowie weitere Beispiele für Zivilcourage. Vergleicht eure Ergebnisse und beurteilt sie, indem ihr überlegt, welche Folgen das Helfen oder Nicht-Helfen jeweils für unser gesellschaftliches Zusammenleben hätte. > M2/M3

Definition > S. 58

Jeder ist ein Fremder – fast überall?

M1 Jeder ist ein Fremder …

Dein Christus ein Jude
Dein Auto ein Japaner
Deine Pizza italienisch
Deine Demokratie griechisch
Dein Kaffee brasilianisch
Dein Urlaub türkisch
Deine Zahlen arabisch
Deine Schrift lateinisch
Und Dein Nachbar nur ein Ausländer?

Anonymer Verfasser

Ein Plakat zu der Ausstellung „Jeder ist ein Fremder – fast überall" im Jahr 2003/2004 zeigte diesen Spruch.

M2 Ausländer oder Inländer?

Kultur, Vorurteil
> Ethik-Glossar

kontrolliert: überwacht, beaufsichtigt

Ich bin in der Türkei geboren worden und mit einem Jahr hierher gezogen. Ich fühle mich als Deutscher und kenne die türkische Kultur kaum. Die Türkei ist für mich nur ein Urlaubsziel. Meine Großeltern und einige andere Verwandte leben an der Schwarzmeerküste.

Die sehe ich nur einmal im Jahr, in den Sommerferien, und dann freue ich mich auch auf sie. Aber nach spätestens zwei Wochen will ich wieder zurück, zu meinen Kumpels hier. Die sind cool drauf, und zusammen machen wir oft Party. Ich darf das, auch wenn meine Schwestern das unfair finden. Sie sind älter, 17 und 19 Jahre alt, und werden viel stärker kontrolliert als ich. Unsere Eltern sagen, sie sind schließlich Mädchen und sollen als Jungfrauen in die Ehe gehen. Ich kann das irgendwie auch verstehen. Ich will später eigentlich auch keine Frau, die schon andere Kerle hatte.

Ali, 16

Ich komme aus Bosnien und bin seit acht Jahren hier. Deutschland ist für mich zu einer neuen Heimat geworden. Vieles finde ich hier immer noch ganz toll, z. B. dass man zur Schule gehen darf, ohne etwas dafür zu bezahlen, und natürlich, dass man in Frieden und Sicherheit leben kann. Klar, mir fallen ein paar Menschen ein, die mich nicht besonders nett behandeln und mir unbedingt zeigen wollen, dass ich nicht dazugehöre. Aber die sind eindeutig in der Minderheit. Die meisten Deutschen sind sehr nett zu mir, und ich bin ihnen wirklich dankbar. Sie haben mir eine Zukunft gegeben. Für mich heißt das: Ich werde natürlich hier in Deutschland bleiben, damit ich ein Stückchen von dem zurückgeben kann, was ich hier wie selbstverständlich bekomme.

Branca, 16

Um es gleich vorweg zu sagen: Ich bin Afrodeutscher, kein Schwarzer, kein Neger und erst recht kein Nigger. Ich komme aus Ghana; meine Eltern sind mit meinen Geschwistern und mir ausgewandert, als ich 5 war. Ich fühle mich in Deutschland erbärmlich, weil die Deutschen voller Vorurteile sind. Wenn ich krank bin, hält man mich für einen Simulanten. Ich komme in einen Laden und alle glotzen mich an – frei nach dem Motto: Wer hat Angst vorm schwarzen Mann? Wenn ihr mich fragt: Ich will zurück nach Afrika, und zwar so schnell wie möglich. Statt im Fernsehen immer nur mit ansehen zu müssen, wie die Menschen in meiner Heimat verhungern und viel zu früh sterben, will ich versuchen zu helfen. Dazu brauche ich aber erst einen geeigneten Job. Ich will in Deutschland Medizin studieren und dann vor Ort helfen, statt mich hier mein Leben lang als Alien behandeln zu lassen.

Chabraska, 18

Simulant: jemand, der etwas vortäuscht

Alien: außerirdisches Wesen, Lebewesen von einem fremden Planeten

M3 Fremdenfeindlichkeit

Hinter Fremdenfeindlichkeit verbirgt sich oftmals die Angst vor dem Anderen, dem Fremden, die sich in Misstrauen, Abwehr und Feindschaft v. a. gegenüber Ausländern ausdrückt und zu Diskriminierungen führt. Dabei werden negative Vorstellungen vom Fremden konstruiert und als Gegenstück zum vorteilhaften Selbstbild eingesetzt.

nach Damir Skenderovic

Diskriminierung
> Ethik-Glossar

konstruieren: etwas gedanklich herstellen

AUFGABEN

1 Was ist für dich „ein Fremder"? Beschreibe seine Eigenschaften. > M1
2 Setze dich mit der Kernaussage des Plakates auseinander: Stimmst du ihr zu? Begründe deine Meinung. Vergleiche auch mit deinen Ergebnissen aus Aufgabe 1. > M1
3 Lies die Texte und erkläre, wie Ali, Branca und Chabraska ihr Leben in Deutschland empfinden und welche Folgen sie daraus ableiten. > M2
4 Erläutere die positiven und negativen Aspekte der Erfahrungen der Jugendlichen. Worauf sind sie zurückzuführen? > M2
5 Gestalte ein Schaubild oder ein Comic, das zeigt, wie Fremdenfeindlichkeit entsteht. Benenne die Gründe für die Entstehung von Fremdenfeindlichkeit und nimm Stellung dazu. > M3
6 Nenne Verhaltens- und Denkweisen, die der Entstehung von Fremdenfeindlichkeit entgegenwirken können. > M3
plus 7 Fertigt in Kleingruppen Collagen an, die eure Wünsche für das Zusammenleben von Menschen unterschiedlicher Kulturen (in Deutschland?) veranschaulichen.

Sind kulturelle Missverständnisse unvermeidbar?

Kultur
> Ethik-Glossar

M1 Andere Länder – andere Sitten?

Verschiedene Kulturen zeichnen sich durch unterschiedliche Umgangsformen und Verhaltensregeln aus. Im Folgenden findest du eine Auswahl einiger Verhaltensweisen, die in bestimmten Kulturen verbreitet sind.

1. Einladungen auszuschlagen oder das angebotene Essen oder Getränk abzulehnen gilt hier als sehr unhöflich.

2. Der 15. Geburtstag eines Mädchens bedeutet den Schritt zur Frau. Aus diesem Anlass gibt es in dieser Kultur aufwändige Feiern, ähnlich der Kommunion, Konfirmation oder Jugendweihe. Man darf aber keine Geschenke aus Silber oder scharfe Gegenstände wie Messer schenken.

3. Hier begrüßt man sich meist per Handschlag und man ist recht schnell beim „Du". Titel zählen nicht sehr viel im Umgang mit den anderen.

4. Zu einer korrekten Begrüßung gehört es hier unbedingt dazu, sich die Hand zu geben.

5. In diesem Land ist die Zahlung von Trinkgeld unüblich.

6. Hier ist es unerwünscht, dass die Nase in Gesellschaft anderer Menschen geputzt wird. Entweder verlässt man dabei den Raum, dreht sich zur Seite oder zieht am besten die Nase einfach nach oben.

Kommunion Konfirmation, Jugendweihe: Die katholische Kommunion, die evangelische Konfirmation und auch die nicht-religiöse Jugendweihe stellen bei allen Unterschieden im Einzelnen drei Feste dar, die einen wichtigen Schritt beim Übergang von der Kindheit zum Erwachsenwerden bilden.

M2 Verstehen – Verständnis für den anderen

„Man mag sich noch so viel Mühe geben, fremde Sprachen, Sitten und Bräuche zu erlernen, all das ist wenig hilfreich, wenn man von dem festen Willen ausgeht, dass dies der Weg ist, um den Fremden von der alleinigen Richtigkeit der eigenen Kultur zu überzeugen.“ *Ram Adhar Mall*

M3 Sebastian und Amira – nur ein Konflikt?

Sebastian ist in seine ägyptische Mitschülerin Amira verliebt. Er hat sie für Samstag zu einer Grillparty eingeladen und sie hat zugesagt. Seitdem freut er sich auf die Verabredung. Doch eine halbe Stunde, bevor er sie abholen will, ruft Amira an und sagt, sie fühle sich nicht wohl und könne nicht mitkommen. Enttäuscht macht Sebastian sich allein auf den Weg. Unterwegs sieht er plötzlich in der Ferne auf der Straße Amira, die offensichtlich mit ihrer Schwester einkaufen geht. Am nächsten Tag in der Schule treffen die beiden sich auf dem Flur.

Konflikt: Streit, Auseinandersetzung

Amira hatte bloß keine Lust mit mir auf die Grillparty zu gehen, sie interessiert sich kein bisschen für mich. Aber dann soll sie wenigstens so ehrlich sein und mir das sagen. Auf so eine kann ich gut verzichten.

Sebastian

Ich bin schon seit Ewigkeiten in Sebastian verliebt und war so glücklich, als er mich endlich eingeladen hat. Ich konnte nur ja sagen! Dabei wusste ich genau, dass Grillpartys für mich verboten sind ... Ich bin eben muslimisch erzogen und meine Eltern würden mir niemals erlauben auszugehen, schon gar nicht in Begleitung eines unbekannten Jungen. Deshalb musste ich diese Notlüge erfinden!

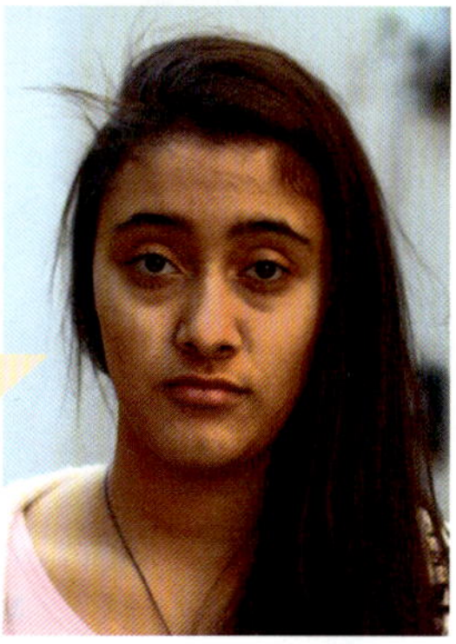

Amira

AUFGABEN

1 Finde heraus, welche Umgangsformen zu welchem Land gehören. > M1
2 Überlege, welchen Sinn oder praktischen Zweck die jeweiligen Verhaltensweisen haben könnten und schreibe deine Vermutungen auf. Vergleicht eure Ergebnisse erst untereinander und anschließend mit der Auflösung (siehe S. 270). > M1
3 Arbeitet in Kleingruppen jeweils die Aussage des Zitates heraus. Formuliert dann eine Regel für das Verstehen zwischen den Kulturen, die auf eurem Zitat gründet. > M2
4 Stelle dir vor, wie sich Sebastian und Amira jeweils fühlen, und formuliere einen Dialog zwischen den beiden, den sie am nächsten Tag in der Schule führen könnten. > M3
5 Erläutere, worauf die Ursachen für das Missverständnis zwischen den beiden zurückzuführen sind. Schreibe einen Brief an Amira oder an Sebastian, indem du ihr/ihm einen Ratschlag gibst, wie man solch ein Missverständnis künftig verhindern könnte. > M3

Wie entstehen Vorurteile?

Vorurteil
> Ethik-Glossar

M1 (Vor-)Urteile?

ABGESTEMPELT

BEAMTE SIND FAUL

AUSLÄNDER SIND KRIMINELL

LEHRER SIND BESSERWISSER

ROCKMUSIKER NEHMEN DROGEN

MÄNNER KÖNNEN NICHT ZUHÖREN

FRAUEN KÖNNEN NICHT EINPARKEN

AMERIKANER SIND OBERFLÄCHLICH

KÜNSTLER SIND CHAOTISCH

DEUTSCHE SIND HUMORLOS

M2 Mädchen können nicht Ball spielen – Jungen sind unordentlich

„Da stimmt doch etwas nicht!" werdet ihr vielleicht sagen, wenn ihr so eine Äußerung hört. Oder ihr stimmt vielleicht spontan zu. Führt in eurer Klasse eine anonyme Umfrage durch. Alle schreiben auf, was ihnen zu den folgenden Sätzen einfällt.

- Mädchen verhalten sich so …
- Jungen verhalten sich so …
- An Mädchen mag ich …
- An Jungen mag ich …
- Das mag ich an Mädchen nicht …
- Das mag ich an Jungen nicht …

Sammelt eure Antworten getrennt nach Mädchen und Jungen. Wertet die Ergebnisse in Gruppen aus und stellt sie an einer Plakatwand zusammen; die Antworten der Mädchen und die der Jungen sollen gesondert dargestellt sein. Stellt dann fest, welche Eigenschaften in den Äußerungen enthalten sind.

nach Gerda Niessen / Lucia Wieners

M3 Über wen werden Vorurteile geäußert?

- Über Menschen, die aus anderen Ländern kommen.
- Über Menschen, die anders aussehen.
- Über Menschen, die anders leben.
- Über Menschen, die eine andere Sprache sprechen.
- Über Menschen, die behindert sind.
- Über Menschen, die ...

M4 Ich habe keine Vorurteile

Du sagst, du hast keine Vorurteile.
Aber du lachst über die Leute
aus dem anderen Stadtviertel,
weil sie in alten Häusern wohnen.
Du sagst wie alle anderen:
Typisch Arme-Leute-Viertel –
da möchte ich nicht geschenkt wohnen.
[...]

Du sagst, du hast keine Vorurteile.
Aber du lachst über die Leute
aus einem anderen Land,
weil sie einen anderen Dialekt sprechen.
Du sagst wie alle anderen:
Typisch Norddeutsche, großes Maul
und nichts dahinter!

Du sagst, du hast keine Vorurteile.
Aber du schimpfst über die Leute
aus einem anderen Volk,
weil sie eine andere Sprache sprechen,
weil sie anders erzogen sind als du,
weil sie eine andere Hautfarbe haben,
eine andere Religion,
andere Ansichten als du.
Du sagst wie alle anderen:
Typisch Franzosen, typisch Engländer,
typisch Italiener, typisch Russen,
Polen, Tschechen, typisch Juden ...

Du sagst, du hast keine Vorurteile.
Und hast recht!
Denn du wirfst sie über Bord,
wenn du sie nicht mehr brauchst.
Denn du hast keine Vorurteile mehr gegen
deinen Nachbarn, wenn er dir helfen kann.

Lutz Krause

AUFGABEN

1 Erarbeite aus den Äußerungen Merkmale eines Vorurteils und erstelle ein Akrostichon über den Begriff „Vorurteil". Vergleiche das Ergebnis mit der Definition im Ethik-Glossar. > M1/M2

2 Beschreibe an Beispielen, wie Menschen mit Vorurteilen abgestempelt und diskriminiert werden und wie sie sich dabei fühlen. > M1/M3

3 Nenne mögliche Gründe, warum Vorurteile zustande kommen. Sind Vorurteile immer ein Problem? Begründe deine Antwort. > M3

4 Erkläre, welche Arten von Vorurteilen im Gedicht beschrieben werden. > M4

5 Setze dich mit der Aussage der letzten Strophe auseinander und nimm begründet Stellung dazu. > M4

plus 6 Macht eine Umfrage in eurer Schule zum Thema Vorurteile und wertet sie im Ethikunterricht aus. > M1-M4

Definition
> S. 58

diskriminieren
> Diskriminierung, Ethik-Glossar

Wie können Vorurteile überwunden werden?

M1 Fußball – Männersache?

M2 Anders sehen

Versuch mal, mit dem Herzen zu sehn
das geht zwar nicht im Handumdrehn
Es ist schwerer, als es klingt
Aber wenn es dir gelingt
Wirst du vieles besser verstehn.

Versuch mal, mit dem Herzen zu sehn
Und dann so auf eine Reise gehn
Du sagst dir zu guter Letzt:
Warum tat ich das erst jetzt?
Wie viel Schönes ließ ich mir entgehn?

Natürlich kannst du bleiben, wo du bist
Und alles nur so sehen, wie es ist
Du glaubst, du bist zu Haus
Du glaubst, du kennst dich aus
Da weißt du, was du hast
Doch weißt du leider nicht, was du verpasst.

Versuch mal, mit dem Herzen zu sehn
das bringt dich auf ganz neue Ideen
Vielleicht triffst du irgendwann
einen, der das Gleiche kann
und dann wird eine Freundschaft entstehn
wenn du's schaffst, mit dem Herzen zu sehn
wenn du's schaffst, mit dem Herzen zu sehn

Herman van Veen / Thomas Woitkewitsch

M3 Vom Vorurteil zum Urteil

Das Vorurteil ist […] kein richtiges Urteil, sondern etwas, das „vor" dem Urteil ist, „vor" im Sinn des zeitlich Früheren „vor" aber auch im übertragenen […] Sinn, als etwas, was vor dem Urteil steht und uns damit den Zugang zum richtigen Urteil verstellt […]. Das eigene Urteil erfordert vom Menschen immer eine erhebliche Anstrengung, während der Mensch im Vorurteil sehr viel bequemer dahinlebt.

Ich würde ihnen raten, für jede Behauptung auch immer die Gegenthese aufzustellen und Argumente für beide Positionen zu suchen. Dann müssen sie prüfen, welche Argumente haltbar sind und welche nicht. So kommt man zu richtigen Urteilen und erlangt Wissen.

These: (vorläufige) Behauptung

Otto Friedrich Bollnow

Thomas von Aquin

Thomas von Aquin > Ethik-Glossar

Otto Friedrich Bollnow: deutscher Philosoph und Pädagoge (1903-1991)

M4 Tipps gegen Vorurteile

- sachliches Gespräch mit Argumenten
- praktische Widerlegung eines Vorurteils
- Bewusstmachung der eigenen Vorurteile
- Änderung der eigenen Haltung
- Unterstützung durch andere
- eigene Fähigkeit unter Beweis stellen
- ernstgemeinte Fragen
- gemeinsames Ziel

AUFGABEN

1 Benenne, welche Vorurteile in dem Foto widerlegt werden. > M1

2 Erkläre, was es bedeutet, mit dem Herzen zu sehen. Suche Beispiele, die auf die Themen „Vorurteile" und „Begegnung mit Fremden" zutreffen und erläutere an ihnen die Bedeutung der Aussage. > M2

3 Diskutiert die Aussage von Otto Friedrich Bollnow: Warum lebt der Mensch im Vorurteil seiner Meinung nach bequemer? Was macht Urteilen so anstrengend? > M3

4 Erläutere den Ratschlag von Thomas von Aquin. Warum kann er gegen Vorurteile angewendet werden? > M3

5 Beurteile die Tipps. Welche sind deiner Meinung nach hilfreich, welche nicht? Mache drei weitere Vorschläge zum Umgang mit Vorurteilen. > M4

plus 6 Organisiert einen Aktionstag gegen Vorurteile und Diskriminierung in eurer Klasse bzw. in eurer Schule. > M1-M4

Diskriminierung > Ethik-Glossar

Was ist die Grundlage der Toleranz?

M1 Der Begriff der Toleranz

Toleranz bedeutet:

1. ertragen wollen	=	subjektiv
2. ertragen können	=	objektiv
3. ertragen sollen	=	Gesetze

nach Markus Rabanus

M2 Formen der Toleranz

Fall 1

Patricia ist evangelisch, findet aber, dass alle Religionen „im Grunde gut" seien und dass es eigentlich darauf ankomme, wie sich der einzelne Gläubige konkret verhalte. Sie lernt eines Tages den Muslim Murat kennen, der zur Religion eine ähnliche Einstellung hat. Beide finden sich sehr sympathisch. Trotz der verschiedenen Religionen gehen die beiden eine feste Partnerschaft ein, nach einem Jahr denken sie sogar an Heirat.

Ist Patricia tolerant?

konvertieren: zu einem anderen Glauben übertreten

Fall 2

Petra ist evangelisch, findet aber, dass alle Religionen „im Grunde gut" seien und dass es darauf ankomme, wie sich der einzelne Gläubige konkret verhalte. Sie lernt eines Tages den sehr charmanten Mehmet kennen, der überzeugter Muslim ist. Nach einigen Monaten möchte sie heiraten und auch Kinder bekommen. Nun fordert Mehmet, dass Petra zum Islam konvertiert, andernfalls käme für ihn eine Familiengründung nicht in Frage.

Ist Mehmet tolerant?

Michael Raub

M3 Reicht Euch die Hände!

M4 Bedeutung von „Toleranz"

1.1 Toleranz bedeutet Respekt, Akzeptanz und Anerkennung der Kulturen unserer Welt, unserer Ausdrucksformen [...] in all ihrem Reichtum und ihrer Vielfalt. Gefördert wird sie durch Wissen, Offenheit, Kommunikation und durch Freiheit des Denkens, der Gewissensentscheidung und des Glaubens. Toleranz ist Harmonie über Unterschiede hinweg. Sie ist nicht nur moralische Verpflichtung, sondern auch eine politische und rechtliche Notwendigkeit. Toleranz ist eine Tugend, die den Frieden ermöglicht, und trägt dazu bei, den Kult des Krieges durch eine Kultur des Friedens zu überwinden.

1.2 Toleranz ist nicht gleichbedeutend mit Nachgeben, Herablassung oder Nachsicht. Toleranz ist vor allem eine aktive Einstellung, die sich stützt auf die Anerkennung der allgemeingültigen Menschenrechte und Grundfreiheiten anderer. Keinesfalls darf sie dazu missbraucht werden, irgendwelche Einschränkungen dieser Grundwerte zu rechtfertigen. Toleranz muss geübt werden von Einzelnen, von Gruppen und von Staaten. [...]

1.4 [...] Toleranz bedeutet die Anerkennung der Tatsache, dass alle Menschen, natürlich mit allen Unterschieden ihrer Erscheinungsform, Situation, Sprache, Verhaltensweisen und Werte, das Recht haben, in Frieden zu leben und so zu bleiben, wie sie sind. Dazu gehört auch, dass die eigenen Ansichten anderen nicht aufgezwungen werden dürfen. [...]

M5 Toleranz und Zusammenleben

2.3 Für ein harmonisches internationales Zusammenleben ist es wesentlich, dass Einzelne, Gemeinschaften und Nationen den multikulturellen Charakter der Menschheit anerkennen und respektieren. Ohne Toleranz gibt es keinen Frieden, und ohne Frieden kann es weder Demokratie noch Entwicklung geben. [...]

4.1 Bildung ist das wirksamste Mittel gegen Intoleranz. Der erste Schritt bei der Vermittlung von Toleranz ist die Unterrichtung des einzelnen Menschen über seine Rechte und Freiheiten und die damit verbundenen Ansprüche sowie die Herausbildung des Willens zum Schutz der Rechte und Freiheiten anderer Menschen.

M4/M5: Deutsche UNESCO-Kommission e.V.

Menschenrechte, Gewissen, Kultur, Tugend, Werte
> Ethik-Glossar

Akzeptanz: Bereitschaft, etwas anzunehmen

Respekt: Wertschätzung, Ehrerbietung

Kommunikation: Verständigung untereinander

multikulturell: viele Kulturen umfassend

UNESCO: 1945 gegründete Sonderorganisation der Vereinten Nationen (> S. 17) mit den Aufgabengebieten Bildung, Wissenschaft, Kultur und Kommunikation

AUFGABEN

1. Verfasse einen kurzen Kommentar: „Toleranz bedeutet für mich ..." > M1
2. Entscheide, ob Patricia und Mehmet tolerant sind oder nicht. Begründe deine Antworten anhand deines Kommentars zur Toleranz (siehe Aufgabe 1). > M1/M2
3. Verfasse einen kurzen Text zu dem Bild. > M3
4. Erstellt eine Mindmap, in der ihr die zentralen Aussagen der UNESCO zur Toleranz ordnet. > M4/M5
5. „Keine(r) ist kein Mensch" – formuliert in Gruppenarbeit fünf Regeln für den Umgang miteinander, die auf den Grundsätzen der UNESCO-Kommission gründen. > M3-M5
6. *plus* Informiert euch über die UNESCO und stellt eure Ergebnisse vor. > M4/M5
7. Erarbeitet gemeinsam eine Definition des Begriffs Toleranz. Vergleicht diese mit euren Kommentaren aus Aufgabe 1. > M1-M5

Definition
> S. 58

Wie kann ich streiten, ohne zu verletzen?

Methodenkompetenz: Ich- und Du-Botschaften

Konflikte, die aufgrund von Meinungsverschiedenheiten entstanden sind, können durch die Anwendung von sogenannten Ich-Botschaften erfolgreich beigelegt werden. Ich-Botschaften sind dabei von Du-Botschaften zu unterscheiden. Bei den Ich-Botschaften spreche ich von dem, was ich möchte und warum, und davon, wie ich empfinde. Damit wirken Ich-Botschaften im Unterschied zu Du-Botschaften nicht aggressiv oder verletzend, sie sind nicht abwertend oder beschuldigend formuliert. Vielmehr tun sie lediglich eigene Empfindungen kund. Folgende Punkte sind bei Ich-Botschaften zu beachten:

- Versetze dich in eine bestimmte Situation, die du dir ausdenkst oder die du erlebt hast.
- Es werden nur Beobachtungen formuliert, keine Bewertungen des anderen. (Aufgepasst: Auch Wörter wie „immer", „ständig" usw. können als Vorwurf aufgefasst werden!)
- Es werden nur die eigenen Gefühle formuliert.
- Es werden nur die eigenen Bedürfnisse formuliert, ohne die Schuld auf den anderen zu schieben (also nicht: „weil du…").
- Es wird nur eine Bitte formuliert, keine Forderung.

M1 Du Trottel!?

Du Trottel, du nimmst dir immer meine Federmappe, ohne mich zu fragen!

Du-Botschaft:

- Ich verletze den anderen mit meinen Worten.
- Ich bin verärgert und suche Streit.
- Ich lasse dem anderen keine Wahl.

Ich ärgere mich, wenn meine Federmappe nicht da ist, wenn ich sie brauche. Deshalb bitte ich dich, mich zu fragen, wenn du etwas aus der Federmappe benötigst.

Ich-Botschaft:

- Ich erkläre dem anderen, was mich stört, ohne ihn zu beleidigen.
- Ich sage, was ich fühle und was ich mir wünsche.
- Ich formuliere es als Bitte oder als Wunsch.

M2 Du oder ich?

Du-Botschaft:	Ich-Botschaft:
▪ Du ungeschickter Quatschkopf, du hast mir die Arbeit versaut!	▪ Ich ärgere mich, weil ich gerade mit der Arbeit fertig war und jetzt muss ich alles wieder neu machen.
▪ Immer kommst du zu spät!	▪ Es ist mir unangenehm und ich bin enttäuscht, weil ich lange auf dich warten musste.

M3 Welche Botschaft ist es?

Ich bin enttäuscht, dass deine Antwort sich verzögert hat.

Findest du deine Hose etwa geschmackvoll?

Immer beginnst du zu spät mit den Hausaufgaben!

Nie räumst du das Frühstücksgeschirr weg!

Es ärgert mich, dass ich die Präsentation jetzt alleine vorbereiten muss.

Immer lässt du mich im Regen stehen!

Du hörst mir nie richtig zu!

AUFGABEN

1 Spielt die Gespräche jeweils in Gruppen- oder Partnerarbeit und beschreibt jeweils die Folgen der Du- und der Ich-Botschaften. > M1/M2
2 Findet heraus, welche der Sätze Du-Botschaften, welche Ich-Botschaften sind. Ordnet die Sätze danach in einer Tabelle und ergänzt diese mit weiteren Beispielen. > M3
3 Formuliere für jede der Du-Botschaften eine geeignete Ich-Botschaft. > M3

Welches ist das vollkommenste Wesen der Welt?

M1 Wer kann mehr?

Mistkäfer
Alter: 300 Millionen
Paar Füße: 3
Flügel: 2
Panzer: 1
Fresser: alles,
auch Gummi und Lack

Delfin
Alter: ca. 5 Millionen
Flossen: 3
Arten
(Brust-, Rücken-,
Schwanzflossen)
Fresser: Fisch

Mensch
Alter: 2 Millionen
Paar Füße: 1
Paar Hände: 1
Fell: nur noch wenige Haare
als „Rest"
Fresser: Tiere und Pflanzen

Eisbär
Alter: ca. 600 000
Paar Füße: 2
Fell: dicht und
wasserabweisend
Geruchssinn: sehr ausgeprägt
Fresser: Robben, Walrosse, Fisch

Gepard
Alter: ca. 2,5 Millionen
Paar Füße: 2
Geschwindigkeit: bis zu
110 km/h
Fresser: Antilopen, Gazellen

Fledermaus
Alter: ca. 50 Millionen
Flügel: 2
Gehör: im Ultraschall-
bereich
Fresser: Insekten, Früchte

Ultraschall: Schall bzw. Klang, der oberhalb der menschlichen Hörgrenze liegt

M2 Eine ungewöhnliche Sommer-Universität

„Willkommen, meine sehr verehrten Damen und Herren zur Eröffnung unserer diesjährigen Sommer-Universität. Ich freue mich, dass so viele von Ihnen den Weg in diesen Schuppen gefunden haben." Eine weise alte Fledermaus hing kopfüber vom Dachbalken eines Schuppens und begrüßte ihre zahlreichen Zuhörer, die in respektvoller Entfernung vom Schuppendach hingen wie sie und ihr durch Flügelschlagen applaudierten. Der erste Ultraschallvortrag zur Eröffnung der Sommer-Universität war immer ein großes Ereignis, und man hatte die Freude, einer besonders berühmten und klugen Fledermaus zuhören zu dürfen. „Mit meinem Vortrag, sehr verehrte Damen und Herren, möchte ich Ihnen die besondere Stellung der Fledermäuse im Kosmos und insbesondere im Reich der Säugetiere vor Augen halten. Schließlich sind wir die einzigen Säugetiere, die fliegen können! Dadurch haben wir eine andere und natürlich viel weitergehende Raumerfahrung als alle anderen Säugetiere, Menschen eingeschlossen. Wir können uns weitere Welten erschließen und damit Grenzen überschreiten, die anderen Arten gesetzt sind.

Aber es gibt noch einen anderen Grund für unsere Überlegenheit, der Ihnen vielleicht noch gar nicht zu Bewusstsein gekommen ist. Die anderen Säugetiere sind Mängelwesen! Ihnen fehlt etwas! Ihre Wahrnehmungsfähigkeit ist eingeschränkt. Nehmen wir die Menschen, zum Beispiel. Sie haben fünf Sinne; sie können sehen, hören, riechen, schmecken und tasten. Dadurch machen sie Sinneserfahrungen und können die Welt wahrnehmen. Ist Ihnen schon mal aufgefallen, dass Menschen sich im Dunkeln nicht zurechtfinden? Sie rennen gegen Hindernisse, und wahrscheinlich empfinden sie noch nicht einmal Schmerzen. Wir aber haben den sechsten Sinn: Radar! Etwas, was die Menschen mühsam erfinden mussten, gehört zu unserer natürlichen Ausstattung.

Die Menschen und die anderen Säugetiere sind weitgehend passiv. Sie nehmen mit ihren Sinnen Eindrücke aus der Erfahrungswelt auf. Wir aber sind aktiv und passiv, und deshalb entwickeln wir auch Bewusstsein. Unser hochentwickeltes Gehirn ist Sender und Empfänger für Ultraschallsignale [...]. Und unser Gehirn weiß automatisch, welche Hindernisse wir wo meiden müssen. So finden wir unseren Weg auch in der Dunkelheit. Und weil unsere eigenen Ultraschallsignale [...] zu uns zurückkehren, entwickeln wir Selbstbewusstsein. Die anderen Säugetiere können nur ihre inneren Zustände wahrnehmen, ohne zu wissen, dass sie es sind, die da sehen und hören. So kann sich natürlich kein Geist entwickeln!

Wir aber können seit Jahrtausenden unseren Geist von Generation zu Generation weitergeben. Wir haben schließlich ein akustisches Gedächtnis, das es uns erlaubt, jede gehörte Information exakt zu speichern! Deshalb brauchen wir auch keine Bücher wie die Menschen zum Beispiel. Und dann muss all dies Wissen nur noch an die nächste Generation weitergegeben werden. So, wie wir das gerade wieder tun. Und es wächst beständig weiter, unser Wissen! [...]"

Gabriele Münnix

Kosmos: Weltraum, Weltall

Selbstbewusstsein > Ethik-Glossar

akustisch: klanglich

AUFGABEN

1 Wähle ein Kärtchen aus und stelle das auf ihm abgebildete Lebewesen vor. Halte eine Rede über seine Vollkommenheit. Recherchiere bei Bedarf weitere Informationen. > M1

2 Beschreibe, wie der Mensch in der Fabel dargestellt wird, und trage die einzelnen Eigenschaften, die ihn ausmachen, zusammen. > M2

3 Erläutere, über welche besonderen Fähigkeiten Menschen verfügen und was sie dadurch erreichen können. > M2

4 Diskutiert, wer denn nun wirklich das vollkommenste Wesen ist. Was heißt überhaupt „Vollkommenheit"? > M1/M2

5 Schreibe einen kurzen Bericht über die ungewöhnliche Sommer-Universität für eine Tageszeitung, in dem du die Rede des Referenten kommentierst. > M2

plus 6 Erstelle eine Collage über hervorragende Leistungen, die der Mensch mit seiner schöpferischen Tätigkeit hervorgebracht hat.

Fabel: kürzere Erzählung, in der Tiere wie Menschen auftreten

Was unterscheidet den Menschen vom Tier?

M1 So lebt der Mensch

Mythos: Erzählung aus der Frühzeit eines Volkes z. B. über Götter, übernatürliche Wesen oder die Entstehung der Welt

Prometheus: nach den Mythen der alten Griechen ein Titan, d. h. ein Riese in Menschengestalt und ein Angehöriger eines mächtigen Göttergeschlechts

Platon
> Ethik-Glossar

M2 Der Mythos von Prometheus

Nachdem die ganze Welt erschaffen worden war, sollte der gottähnliche Epimetheus den Lebewesen bestimmte Eigenschaften zuordnen. Bei den Tieren hat er die Fähigkeiten gerecht verteilt: wärmendes Fell, Krallen zur Jagd und Verteidigung usw. Doch dann entdeckt sein Bruder Prometheus ein kleines, nacktes Wesen, das bei der Verteilung zu kurz gekommen ist: den Menschen. Da ist er ratlos, was er für diesen tun soll.

In dieser Ratlosigkeit kommt ihm Prometheus zu Hilfe. Auch er sieht die Tiere auf kluge Weise versorgt, den Menschen hingegen ohne Bedeckung, Schuhe und Waffen. Dies war der Tag, an dem der Mensch aus der Finsternis hervortreten und ans Licht geführt werden sollte. Um das Leben der menschlichen Wesen zu retten, stiehlt Prometheus von den Göttern das Feuer und schenkt es den Menschen. Denn ohne Feuer hätten sie nicht überleben und nützliche Dinge herstellen können.

nach Platon

Arnold Gehlen, Kultur
> Ethik-Glossar

M3 Das Mängelwesen

Um die Natur des Menschen besser bestimmen zu können, vergleicht der Philosoph Arnold Gehlen sie mit der Natur der Tiere. Hierbei zeigt er auf, dass jede Tierart von Natur aus irgendwelche speziellen Eigenschaften besitzt, die für ihr Überleben einen Vorteil bieten. So weisen bestimmte Tierarten körperliche Merkmale auf, durch die sie sich besonders gut ihrer Umwelt anpassen können. Die Tiere der einen Art sind sehr schnell und können daher gut fliehen, wie etwa die Antilope. Die Vertreter einer anderen Tierart sind dagegen besonders stark und haben scharfe Zähne, sodass sie sich gut verteidigen können (Löwe). Anders verhält es sich mit dem Menschen. Er besitzt keine bestimmten körperlichen Voraussetzungen, die sein Überleben sichern. Er ist „organisch mittellos“, hat keine speziellen Angriffs-, Schutz- oder Fluchtorgane, er hat keine geschärften Sinne, kein dichtes Haarkleid, das ihn wärmt. In Anbetracht dieser unvorteilhaften körperlichen Ausstattung bezeichnet Gehlen den Menschen als „Mängelwesen“. Er kommt nackt und hilflos

auf die Welt, ist auf Schutz, Pflege und Hilfe angewiesen. Gehlen spricht hierbei davon, dass der Mensch quasi von Natur aus als Frühgeburt auf die Welt kommt.
Diese Nachteile kompensiert der Mensch indes dadurch, dass er ungeheuer lernfähig ist und so im Zusammenleben mit anderen Menschen Fähigkeiten und Fertigkeiten erwirbt, die ihm dabei helfen, das Leben zu meistern. Er kann nicht nur sehr gut lernen, er kann darüber hinaus planend in seine Umwelt eingreifen und sie so verändern, dass er in ihr überleben kann. So besitzt er beispielsweise kein dichtes Haarkleid, das ihn wärmt, wohl aber kann er sich Hütten bauen, um in kalten Regionen der Erde zu überleben. Diese zweite Welt, die der Mensch durch die Bearbeitung der Natur hervorbringt, bezeichnet man gemeinhin als Kultur. Mit Blick auf die mangelhafte, natürliche Ausstattung des Menschen lässt sich mit Gehlen sagen, dass der Mensch von Natur aus darauf angelegt ist, ein Kulturwesen zu sein. Er muss mit anderen zusammenleben, von ihnen lernen und planend in die Welt eingreifen, um zu überleben.

Instinkt: die angeborene Fähigkeit von Lebewesen, auf bestimmte innere oder äußere Reize mit einem gleichen Verhaltensablauf zu reagieren

M4 Im Vergleich

Tier	Mensch
angeborene Verhaltens- und Leistungsformen	
	spät alternd
	lange Spielzeit
	späte Geschlechtsreife
	Gedächtnis, Erinnerung, Fantasie
geringe Auswertung der Erfahrungen	
trieb- und instinktsicher	
relativ starres Sozialverhalten, da angeboren oder geprägt	
	wollendes, planendes, sich entscheidendes, gestaltendes Wesen

nach Susanne Behlert

Prägung: Bezeichnung für eine bestimmte Form des Lernens bei Tieren, die nur innerhalb eines streng begrenzten Zeitraums stattfindet und nicht umkehrbar ist

AUFGABEN

1 Beschreibt die Lebensweise der dargestellten Menschen. Erklärt, welche Bedeutung die Bedingungen der Umwelt für ihre Lebensweise hat. > M1

2 Gib Platons Mythos mit eigenen Worten wieder. > M2

3 Ergänze die „Mängel" des Menschen gegenüber den Tieren. Beschreibe anschließend, auf welche Weise die Menschen diese „Mängel" ausgleichen können. Gehe dabei auch auf den Mythos von Prometheus ein. > M1-M3

4 Übertrage die Tabelle in dein Heft und wende sie auf die Texte dieser Seite an. Welche Unterscheidungsmerkmale finden sich in den Texten? Wie werden dort die Unterschiede zwischen Tieren und Menschen beschrieben? > M2-M4

plus 5 Diskutiert an Beispielen: Worin ist der Mensch dem Tier unterlegen und wodurch gleicht er es aus? > M1-M4

Was macht den Menschen aus?

antikes Griechenland: Die Geschichte des antiken Griechenlands hat die Entwicklung der europäischen Kultur stark mitgeprägt. Sie umfasst etwa den Zeitraum vom 8. Jahrhundert v. Chr. bis 146 v. Chr.

Aristoteles
> Ethik-Glossar

M1 In Kontakt mit den Göttern

1

Im antiken Griechenland wurde der Mensch als das höchste Wesen in einer Stufenfolge des Lebendigen gesehen. So stellt der griechische Philosoph Aristoteles (384–324 v. Chr.) die Pflanzen als unterste Stufe des Lebendigen dar, die über die Grundfunktionen des Lebens verfügen, sich ernähren und sich vermehren können. Die Tiere besitzen darüber hinaus das Vermögen der Empfindung, sie fühlen z. B. Lust und Schmerz. Der Mensch zeichnet sich dadurch aus, dass er überdies noch denken kann. Seine geistigen Fähigkeiten bringt er in den Künsten, den Wissenschaften und der Philosophie zum Ausdruck, wie die Werke der griechischen Klassik eindrucksvoll zeigen.

M2 Die höchste Lebensform

2

Im europäischen Mittelalter (6.–15. Jahrhundert) versteht sich der Mensch als ein Geschöpf Gottes. Gott hat die Erde und den Menschen in den Mittelpunkt seiner Schöpfung gestellt. Sein Auge ruht auf den Menschen und wacht darüber, ob sie nach seinen Geboten leben. Die Engel sind zu ihrem Schutz abgestellt, der Teufel versucht, die Menschen vom rechten Weg abzubringen. Die Menschen haben die Freiheit, sich für das Gute oder Böse zu entscheiden. Sünder werden nach ihrem Tod durch Höllenqualen bestraft, Fromme durch ein ewiges Leben im Himmel belohnt.

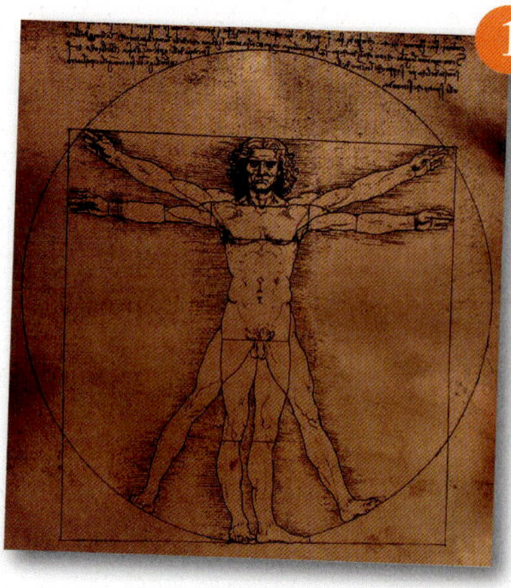
1

2

Renaissance: eine europäische Kulturepoche hauptsächlich des 15. und 16. Jahrhunderts

M3 Unter dem Auge Gottes

3

Das neuzeitliche Menschenbild ist entscheidend geprägt durch die Renaissance (wörtlich: Wiedergeburt), die Rückbesinnung auf die Ideale der griechischen Klassik, die im 15. Jahrhundert einsetzt. Nicht mehr das Himmlische, sondern das Irdische steht im Mittelpunkt des Interesses. Der Mensch versteht sich als ein mit Geist begabtes Wesen, das Wissenschaft betreibt, um die Bedingungen seines Daseins zu erforschen. Durch seinen Erfindungsreichtum sieht er sich in der Lage, seine Existenzbedingungen zu verbessern, Krankheit, Hunger, Armut usw. zu besiegen und so sein Geschick selbst in die Hand zu nehmen.

3

M4 Der Mensch im Mittelpunkt

4

Das gegenwärtige Verständnis des Menschen ist entscheidend durch die Evolutionslehre von Charles Darwin (1809–1882) geprägt. Der Mensch wird in seiner Abstammung und Entwicklung aus dem Tierreich heraus gesehen. Mit seinen geistigen Fähigkeiten ist er das höchst entwickelte Tier, kann Wissenschaft betreiben, Künsten nachgehen usw. Sein tierisches Erbe, z. B. seine Triebhaftigkeit und Aggressivität, besteht jedoch fort. Durch seine Vernunft kann der Mensch versuchen, dieses Erbe zu bändigen, seine Aggressivität im Zaum zu halten, was ihm aber niemals vollständig gelingt, wie sich an zahlreichen Beispielen aus der Geschichte belegen lässt.

M5 Das Tier im Menschen

5

Das Menschenbild der griechischen Mythologie ist uns durch die Dichtungen Homers (um 850 v. Chr.) überliefert. Darin wird der Mensch als ein Wesen dargestellt, das in Kontakt zu den Göttern steht, die mächtiger sind als er. Die Götter stehen dem Menschen bei, sie können ihn aber auch ins Verderben stürzen. So wird in der Ilias – dem Epos vom Kampf um Troja – berichtet, dass die Göttin Athene dem griechischen Helden Achill half, den trojanischen Kämpfer Hektor zu besiegen. Als Apoll sah, wie viele Trojaner Achill erschlagen hatte, wurde er zornig und bestrafte ihn, indem er ihn mit einem Pfeil in die Ferse tötete – die einzige Stelle, an der er verwundbar war.

Mythologie: Gesamtheit der Überlieferungen eines Volkes über Götter, die Entstehung der Welt usw.

Charles Darwin britischer Naturforscher (1809-1882)

Aggressivität: Angriffslust

4

5

AUFGABEN

1 Hier ist etwas durcheinandergeraten! Ordne den Überschriften jeweils das passende Bild und den richtigen Text zu und beschreibe die jeweiligen Menschenbilder. > M1-M5

2 Kennzeichne die Epochen, indem du jeweils eine kurze Definition des Menschen für jede Epoche schreibst. > M1-M5

3 Wähle eine Epoche aus und schreibe einen Brief an einen Jugendlichen aus dieser Zeit. Wie bewertest du das jeweilige Menschenbild? > M1-M5

plus 4 „Nichts auf der Bühne der Welt erscheint bewunderungswürdiger als der Mensch", lautet eine Aussage, die der italienische Philosoph Pico della Mirandola zitiert. Erörtert, worin in den verschiedenen Epochen jeweils das Bewunderungswürdige bzw. Besondere des Menschen gesehen wurde. > M1-M5

Epoche: großer geschichtlicher Zeitabschnitt

Definition > S. 58

Giovanni Pico della Mirandola > Ethik-Glossar

Wie vollkommen muss ein Mensch sein?

M1 Wahre Schönheit?

„Schön sein heißt, gut durchtrainiert und fit auszusehen.“

„Schönheit ist vor allem innere Ausstrahlung.“

„Ich liebe es, mich vor dem Ausgehen zu stylen.“

„Ein paar Kilo zu viel sind noch kein Drama.“

„Nur ein schlanker Körper ist wirklich schön.“

„Nur wer gut aussieht, hat Chancen im Leben.“

„Piercings machen das Aussehen interessant und anziehend.“

„Mir gefällt es, wenn Männer Kosmetik verwenden.“

„Schönheit zeigt sich vor allem im guten Benehmen und Umgang mit den anderen.“

M2 Innere Ausstrahlung

Ich habe, so sagte die alte Dame, in meinem Leben sehr viele unterschiedliche Menschen kennengelernt. Und ich habe dabei immer wieder Folgendes beobachten können: Es gibt Menschen, die auf den ersten Blick oder auch auf den zweiten Blick wirklich hässlich sind. Aber wenn man nur eine Viertelstunde mit ihnen geredet hat, merkt man nichts mehr davon. Sie haben so viel Charme, Witz und Freundlichkeit, dass ihre innere Lebendigkeit das hässliche Äußere geradezu unsichtbar macht und man sich in ihrer Gegenwart wohlfühlt. Ich habe auch Menschen kennengelernt mit einer ebenmäßigen, geradezu klassischen Schönheit. Aber wenn man sich mit ihnen nur eine Viertelstunde unterhalten hat, wirken ihre Gesichter leer und nichtssagend, und ihre äußere Schönheit lässt den Betrachter kalt und gleichgültig.

Ich muss allerdings auch zugeben, dass es schöne Menschen gibt, die zugleich eine wunderbare innere Ausstrahlung besitzen. Aber diese sind eher selten.

Psychologie: Wissenschaft, die sich mit dem Erleben und Verhalten von Menschen, ihren bewussten und unbewussten Zuständen beschäftigt

Attraktivität: Anziehungskraft

M3 Rat der Psychologen

Niemandem ist es egal, wie er auf andere wirkt. Die Sorge um unser Äußeres treibt uns mehr um, als wir manchmal wahrhaben wollen: Wir möchten so gut aussehen wie möglich. Doch die Beschäftigung mit dem eigenen Aussehen kann zum Lebenshindernis werden. Äußere Schönheit verschafft zwar manchmal Vorteil, aber die Attraktivität ist eher eine Frage des Verhaltens als des Aussehens.

Psychologie heute 09/2006, Inhaltsübersicht

M4 Eine Werbung um 1922

Werbung für Bonbons, die das Körpergewicht erhöhen sollen.

M5 Schönheits-OP

Immer mehr Mädchen im Alter von 16 bis 19 Jahren wünschen sich in Venezuela eine Schönheits-OP. Als Grund nennt Conchita (18) „die Teilnahme an Schönheitswettbewerben“ und Alicia betont ihre „Vervollkommnung des Schönen“. Tatsächlich gibt es kaum ein Land, in dem so viele Mädchen an Schönheitswettbewerben teilnehmen wie in Venezuela. Um dabei sein zu können und Siegeschancen zu haben, wünschen sich 70 Prozent der Abiturientinnen eine Schönheits-OP. Busenvergrößerung, Nasenkorrektur und Auffüllen der Lippen stehen dabei besonders hoch im Kurs.

AUFGABEN

1 Übertrage die Aussagen in dein Heft und erstelle eine Rangfolge nach ihrer Wichtigkeit für dich. > M1

2 Was macht Attraktivität aus? Fasse die Aussagen der beiden Texte M2 und M3 zusammen. > M2/M3

3 Diskutiert darüber, ob es Dinge gibt, die wichtiger sind als das Aussehen. > M2/M3

4 Sammle Bilder von Menschen aus Zeitschriften, die deinem persönlichen Schönheitsideal entsprechen und benenne Eigenschaften, die die dargestellten Personen schön machen. Präsentiere anschließend der Gruppe deine Ergebnisse. > M1-M3

5 Vergleiche die Werbung aus dem Jahr 1922 mit den Bildern, die in deiner Gruppe präsentiert wurden (Aufgabe 4). Beurteile, worauf die (unterschiedlichen?) Schönheitsideale zurückzuführen sind. > M4

6 Nimm Stellung zu folgender Frage: Würdest du dich einer Schönheitsoperation unterziehen, um anderen Menschen zu gefallen? Begründe deine Auffassung. > M5

plus 7 Diskutiert, ob bzw. an welchen Schönheitsidealen und -vorbildern sich junge Menschen heutzutage orientieren sollen. > M1-M5

Was heißt „menschenwürdig"?

M1 Menschenwürdig?

Schlammschlacht auf dem „Matchfield" der Big Brother-Show 2005: In 40 Kubikmeter Kuhmist sind Plastikeier versteckt, um die sich die Bewohner in der stinkenden Masse streiten.

Grundgesetz: Bezeichnung für die Verfassung der Bundesrepublik Deutschland. In der Verfassung legt ein Staat die wichtigsten Regeln für sich selbst und das Zusammenleben der Menschen fest.

Gang: 1. (hier) Weg; 2. (aus dem Englischen) Bande, Gruppe

M2 Im Grundgesetz verankert

„Die Würde des Menschen ist unantastbar. Sie zu achten und zu schützen ist Verpflichtung aller staatlichen Gewalt."

Grundgesetz für die Bundesrepublik Deutschland, Artikel 1

M3 Aufgenommen

Jeden Tag dasselbe mulmige Gefühl. Wenn Niels in die Straßenbahn zur Schule einsteigt, sitzen die Jungs aus der Parallelklasse schon hinten und blockieren den Gang zu den Sitzplätzen, die noch frei sind. Sie sehen so aus, als ließen sie niemanden vorbei – außer Niels. Denn mit Niels haben sie diesen Deal gemacht. Er beliefert sie mit Videos, die man sonst nirgendwo bekommt, mit Videos, die er selber dreht. Das Ganze hatte eigentlich ganz anders angefangen.

Eines Tages war Niels gerade dabei gewesen, mit der neuen Digitalkamera seines Vaters Fotos zu schießen. Er brauchte sie für ein Projekt, bei dem es um die sozialen Brennpunkte seines Heimatortes ging. Auf einmal kamen diese Jungs und nahmen ihm seine Kamera weg. Einer von ihnen sah sich die Bilder an und damit begann das große Problem. „Hey, du Starfotograf, willst du deine Kamera zurückhaben? Dann musst du ab jetzt für uns die Fotos machen, wenn wir mit unserer Gang unterwegs sind." Zuerst wollte Niels wegrennen, aber einerseits durfte er auf keinen Fall ohne die Kamera wieder zurück nach Hause kommen und andererseits wusste er, dass diese Gang vor Gewalt nicht haltmachte. Schließlich hatten sie die kleine Schwester von Ben schon oft vor allen ihren Freundinnen auf dem Schulhof festgehalten und verspottet und dem kurzsichtigen Mahmut die Brille weggenommen und ihn in die Toilette eingesperrt. Und dann war da letzten Monat doch diese Sache bei der Straßenbahn, von der keiner wusste, ob diese Gang nicht doch Schuld an den Verletzungen des alten Mannes war. Der Anführer machte klar: „Von heute an gehörst du als Fotograf dazu und wir sind die Stars. Halte dich bereit und sag keinem

was, sonst ist das nicht nur das Ende für deine Kamera ..."
Von da an hatte er wenigstens einen Platz in der Straßenbahn, aber sein schlechtes Gewissen wurde immer größer. Immerhin hatte er alles aufgezeichnet, was in den letzten Tagen passiert war. Und die Fotos und Filme, die seine Mitschüler in albernen oder peinlichen Situationen zeigten, gab es jetzt auf dem Schulhof. Alle schauten sie sich an und lachten über das, was da zu sehen war. Wie konnte er nur aus dieser Lage wieder herauskommen? Er hatte die Gesichter derjenigen, die er fotografiert hatte, noch vor Augen, aber letztlich war er doch auch nur ein Opfer.

M4 Würdiges und Unwürdiges

menschen(un)würdig									
... leben	... sterben	... ernähren	... angesehen werden	... arbeiten	... untergebracht sein	... wohnen	... gepflegt werden	... behandelt werden	...

M5 Würde als Selbstzweck

Immanuel Kant schuf philosophische Grundlagen zum Verständnis der Menschenwürde.

Um zu verstehen, was Menschenwürde bedeutet, ist es wichtig, zwischen Personen und Sachen zu unterscheiden. Sachen sind zum Beispiel eine Schreibfeder oder ein Trinkglas. Sie dienen immer einem bestimmten Zweck.
Menschen sind aber keine Sachen, sondern Personen. Man kann nicht sagen, dass der Mensch als Person zu einem höheren Zweck bestimmt ist wie die Schreibfeder zum Schreiben oder das Trinkglas zum Trinken. Der Mensch ist sich vielmehr ein Selbstzweck, d. h. er ist kraft seiner Vernunft frei, sich selbst Zwecke zu setzen, sich selbst zu bestimmen. [...] Die Würde des Menschen zu respektieren, heißt also, immer auch sein Selbstbestimmungsrecht und seinen Eigenwert als Person zu respektieren. Unwürdig wäre es, ihn ausschließlich wie eine Sache zu behandeln, die fremden Zwecken dient.

Immanuel Kant
> Ethik-Glossar

AUFGABEN

1 Diskutiert darüber, ob das Bild etwas Unwürdiges zeigt und wenn ja, benennt, was ihr unwürdig findet. > M1
2 Sprecht darüber, was der Satz bedeutet. Warum beginnt wohl unser Grundgesetz mit diesen Worten? > M2
3 Formuliere Niels Problem in Bezug auf die Menschenwürde und überlege, wie du an seiner Stelle handeln würdest. Begründe deine Entscheidung. > M3
4 Finde Beispiele für die jeweiligen Begriffe, die die Unterscheidung von „menschenwürdig" und „menschenunwürdig" verdeutlichen. > M4
5 Erarbeite aus dem Text die wichtigsten Merkmale der Menschenwürde und erstelle ein Schaubild mit Begriffen und Bildern. Beurteile mit Hilfe dieser Merkmale deine Ergebnisse der Aufgaben 1 und 3. > M5
plus 6 Sammelt aus den Medien Beispiele für die Missachtung der Menschenwürde und klärt dabei euer Verständnis von „würdig" und „unwürdig". > M1-M4

Medien
> S. 80

Was wir wissen – was wir können

M Leben in der Gemeinschaft

Im Kapitel „Mensch und Gemeinschaft“ hast du dich mit folgenden Aspekten des Zusammenlebens in einer Gemeinschaft auseinandergesetzt:

AUFGABEN

1 Beschreibe, welche der genannten Aspekte eine positive, negative oder neutrale Bedeutung für die Gemeinschaft haben.
2 Erläutere, welche Probleme an den verschiedenen Orten des Zusammenlebens entstehen könnten und wie diese zu beheben sind.
3 Erkläre und begründe, was eine Gemeinschaft braucht, um glücklich zu sein. Du kannst dabei auf a) Menschenbilder oder b) Familienformen eingehen.
4 Erstelle eine eigene Landkarte, auf der du mit Bildern und Symbolen die für dich wichtigsten Orte des Zusammenlebens in einer Gemeinschaft darstellst.

Symbol: Sinnbild, Zeichen für etwas (z. B. eine weiße Taube als Zeichen für Frieden)

SELBSTDIAGNOSE

1 Übertrage die Tabelle in dein Heft oder lade dir die Tabelle als Arbeitsblatt aus dem Internet herunter und fülle sie aus. Wenn deine Antwort „nicht gut" lautet, schlage die passende Schulbuchseite nach, die dir bei dem Thema weiterhelfen kann, und lies noch einmal nach.
2 Ergänzt zusammen die Tabelle: Was könnt ihr noch? Berücksichtigt die Ergebnisse eurer Arbeit in diesem Kapitel. Markiert alle Fragen, die noch offen sind, farbig.

Ich kann ...	sehr gut	gut	nicht gut
erklären, wie sich der Mensch vom Tier unterscheidet.			
verschiedene Menschenbilder beschreiben.			
den Begriff der „Menschenwürde" erläutern.			
den Begriff „Vorurteil" definieren.			
weit verbreitete Vorurteile erkennen und entgegenwirken.			
Formen der Diskriminierung erkennen und Lösungsstrategien entwickeln.			
die Bedeutung der Toleranz im gesellschaftlichen Miteinander erläutern.			
Grundlagen der menschlichen Gemeinschaft nennen.			
die Bedeutung der Familie für die menschliche Entwicklung und die Gesellschaft erörtern.			
...			

Arbeitsblatt: Selbstdiagnosetabelle „Mensch und Gemeinschaft"

Mediencode: 20081-04

SCHULD
GEWISSEN
REGELN
MITLEID
HELFEN
ENTSCHEIDUNGEN

Handeln und Moral

> Entscheidungen treffen
> Gewissen und Moral
> Helfen als moralisches Handeln

AUFGABEN

Stell dir vor, du wolltest einem bzw. einer Außerirdischen – der/die unsere Sprache spricht – Auskunft über unser moralisches Denken, Fühlen und Handeln geben.

1 Schreibe drei Fragen auf, die dir der/die Außerirdische stellt. Die Begriffe auf dem Wegweiser können dir dabei helfen.

2 Zeige deinem Partner oder deiner Partnerin deine Fragen und diskutiert mögliche Antworten darauf.

3 Stellt eure interessanteste Frage mit Antwort der Klasse vor.

4 Nenne weitere Begriffe, die auf dem Wegweiser stehen könnten.

5 Wählt eine der folgenden Aussagen aus: 1. „I'm sorry!", 2. „Ich war's nicht!" oder 3. „Hilfe! Helfen Sie mir!" Erklärt im Dialog (fragender Außerirdischer und erklärender Mensch), welche Aufforderung zu moralischem Handeln hinter eurer Aussage steckt.

Was entscheiden wir?

M1 Entschieden

Entscheidung
> Ethik-Glossar

M2 Was musste Saskia entscheiden?

Saskia (19) hat ein Tagebuch darüber geführt, was sie täglich alles abzuwägen hat. Ein Auszug:

Dienstag: Am Morgen: Mache ich mein Adventskalendertürchen gleich auf, oder warte ich, bis ich aus der Schule zurück bin und freue mich den ganzen Tag darauf? Lösung: gleich öffnen! Neugier war größer. Am Abend: Ich bin todmüde, habe aber jede Menge für die Schule zu tun. Soll ich schlafen, obwohl ich Herzrasen bekomme, wenn ich Sachen aufschiebe?

Mittwoch: Die neunte Stunde findet in einem anderen Schulgebäude statt. Ich will nicht zu spät kommen. Fahre ich mit der Straßenbahn, obwohl sie oft unpünktlich kommt? Oder laufe ich, bin aber langsamer? Ich entscheide mich, zu laufen, werde auf halber Strecke aber von der Bahn überholt, in der meine Klassenkameraden sitzen. […]

Donnerstag: Auf dem Schulweg merke ich, dass ich meine Monatskarte für die Bahn vergessen habe. ___ ? ___ Am Nachmittag: Mein Handy klingelt. Vermutlich mein Freund. Er ruft oft an und will nur reden. Eigentlich hat er für die Schule genauso viel zu tun wie ich, aber er verschiebt alles auf die letzte Minute. Soll ich ___ ? ___

Saskia Gräser

M3 Ebenen der Entscheidung

Nicht alle Entscheidungen, die wir treffen, sind das Ergebnis sorgfältiger und vernünftiger Überlegungen. Im Gegenteil: Die meisten Entscheidungen treffen wir spontan, aus dem Bauch heraus oder auf Grund von Gefühlen, derer wir uns selbst kaum bewusst sind. Anders sieht es bei politischen Entscheidungen aus. Sie werden meist auf der Grundlage vernünftiger Argumente von verschiedenen politischen Gruppierungen diskutiert und auf ihre möglichen Folgen hin geprüft. Manche Entscheidungen werden auch gerade dadurch getroffen, dass jede bewusste Wahl vermieden wird. Dann entscheidet oft der Zufall oder die Zeit.

Entscheidungen lassen sich grob in dreierlei Hinsicht unterscheiden:

a) Sie können *individuell* oder *kollektiv* getroffen werden – also von Einzelnen oder durch eine Gruppe von Personen.
b) Sie können *privater* oder *öffentlicher* und damit politischer Art sein.
c) Sie können *gezielt getroffen*, aber auch *bewusst unterlassen* werden.

Zudem unterscheiden sie sich hinsichtlich ihrer Bedeutung für die Zukunft. Viele Entscheidungen sind mittelfristig bedeutungslos, andere Entscheidungen haben langfristige und schwerwiegende Folgen.

M4 Entscheidungen gestern und heute

Das Leben in der heutigen Gesellschaft fordert von jedem Einzelnen die Bereitschaft, fast ununterbrochen Entscheidungen zu treffen. Das war nicht immer so.

In der Gesellschaft des europäischen Mittelalters hatte ein Großteil der Menschen kaum die Möglichkeit, Entscheidungen zu treffen. Der berufliche Werdegang war oft schon durch das Elternhaus festgelegt – ebenso wie die Wahl des Lebenspartners. Anders als in unserer Gesellschaft gibt es in vielen Teilen der Erde bis heute Gesellschaftsformen, in denen der Lebensweg des Einzelnen bei der Geburt bereits vorgezeichnet ist. In vielen Kulturen werden vor allem Lebensentscheidungen traditionell von den Eltern getroffen.

Kultur
> Ethik-Glossar

AUFGABEN

1 Betrachtet die Fotos und benennt, welche Entscheidungen den dargestellten Situationen vermutlich vorausgingen. Formuliert die Entscheidungsfrage. Was sind für euch wichtige Entscheidungen? Formuliert diese Fragen ebenfalls. > M1
2 Saskias Tagebucheintrag für Donnerstag ist unvollendet. Vervollständige die Einträge in deinem Heft so, dass jeweils deutlich wird, welches Problem Saskia hat und welche Entscheidungen sie trifft. > M2
3 Erstellt eine Liste von Entscheidungen, die ihr heute bereits getroffen habt. Kennzeichnet außerdem, welche dieser Entscheidungen ihr spontan getroffen habt und welche sorgfältig abgewogen wurden. > M1/M2
4 Denkt euch Entscheidungssituationen aus und ordnet sie den drei Entscheidungsebenen zu. > M3
5 Diskutiert, welche Vor- und Nachteile das Leben in einer Gesellschaftsform mit sich bringt, in der die individuellen Entscheidungsmöglichkeiten stark eingeschränkt sind. > M4

Wie entscheiden wir?

M1 Entscheidungsbaum

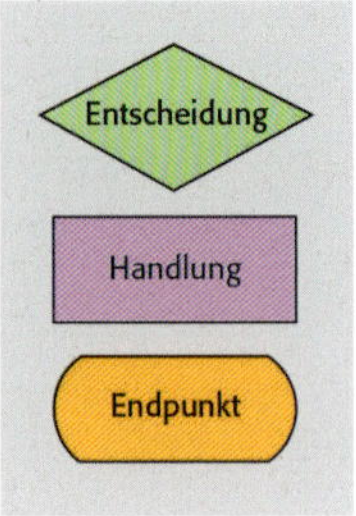

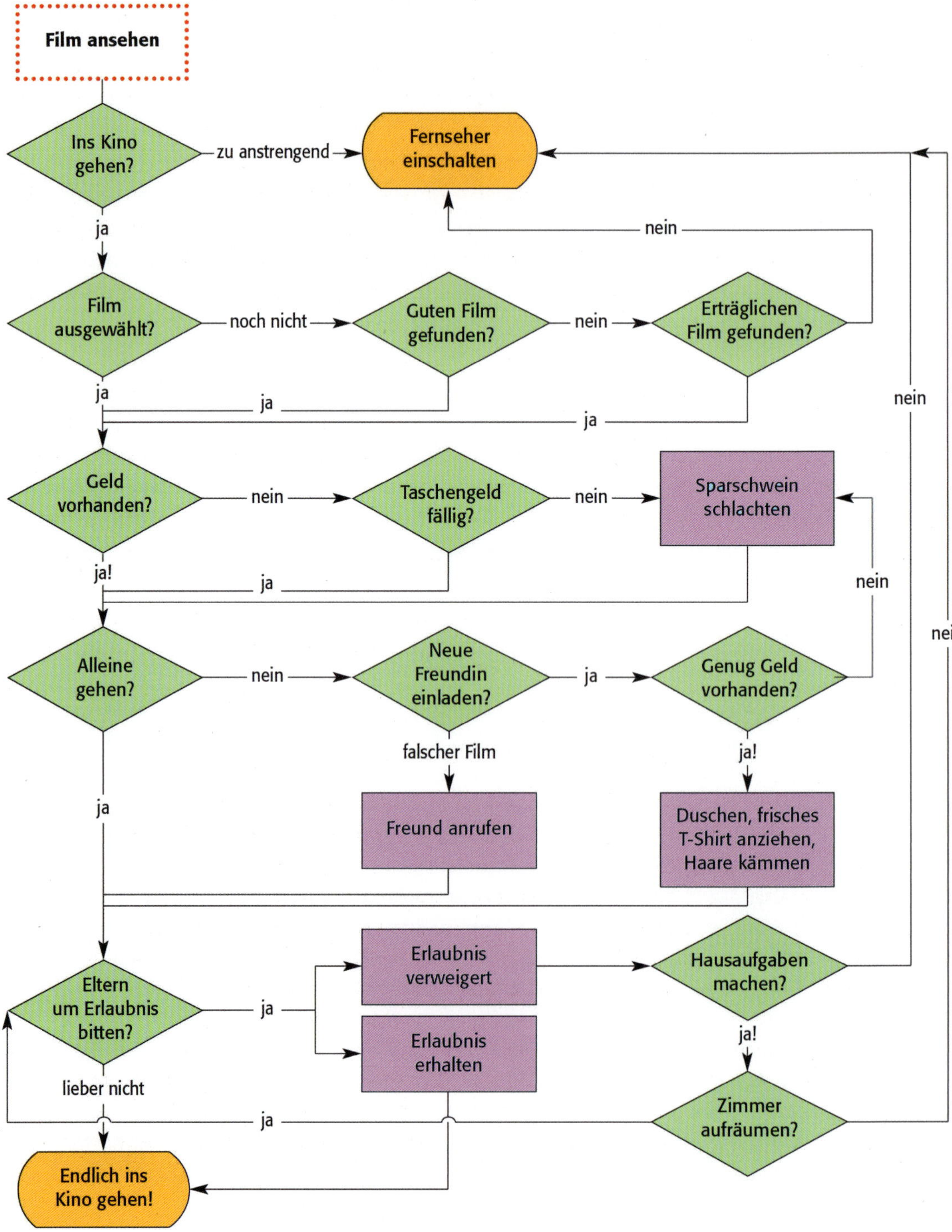

M2 Der Test

Ein junger Mann mit recht viel Geld verspürte den Wunsch nach einer dauerhaften Beziehung. Bevor er sich aber entschied, wollte er sich erst ganz sicher sein, dass die Auserwählte ihn auch wirklich glücklich machen würde. Deshalb beschloss er, sie zu testen. Er gab an drei aufeinanderfolgenden Tagen je einer in Frage kommenden Frau einen größeren Geldbetrag und ermunterte sie, dieses Geld einen Tag lang ausgiebig zu nutzen. Die erste Frau ging zum besten Friseur, kaufte sich ein wunderschönes Kleid, passende Schuhe und schaffte sogar noch den Besuch beim Kosmetiker. Als sie sich abends wieder trafen, sah sie einfach umwerfend aus. „Weil ich dich liebe, will ich die Schönste für dich sein!", flüsterte sie ihm ins Ohr.

Die zweite Frau war nicht weniger einfallsreich. Den ganzen Tag war sie sehr beschäftigt, nutzte das Geld und die guten Verbindungen ihres Vaters und zum abendlichen Wiedersehen konnte sie ihm eine große Überraschung bereiten. „Karten für das Endspiel der Fußball-Bundesliga", rief er verblüfft, „für mich und alle meine Kumpel!" „Da siehst du, wie sehr ich dich liebe!", sagte sie.

Die dritte Frau jedoch kannte sich ziemlich gut mit Aktien aus und tätigte sofort ein paar wohlüberlegte Investitionen. Bereits bei Börsenschluss hatte sich das Geld deutlich vermehrt. Als sie am Abend die Abschlusskurse vorlegte, war der junge Mann ziemlich beeindruckt. „Für unsere gemeinsame Zukunft", erklärte sie. „Siehst du, wie sehr ich dich liebe?"

Der junge Mann dachte lange über die „Liebesbeweise" der drei Frauen nach und rief schließlich seinen besten Freund an, um sich mit ihm zu beraten …

Aktie:
Mit einer Aktie besitzt man einen Anteil am Grundkapital z. B. einer Firma und wird an deren Gewinn beteiligt.

Investition:
Anlage von Geld in (Sach-)Gütern

Börse:
regelmäßig stattfindender Markt, an dem mit Aktien gehandelt wird

AUFGABEN

1 Klaus geht mit seiner Freundin ins Kino. Erläutert, welche Entscheidungen er getroffen hat und diskutiert, welche seiner Entscheidungen auch von anderen Menschen abhängen. > M1

2 Beschreibt die Kennzeichen eines Entscheidungsbaumes und erstellt einen eigenen Entscheidungsbaum, z. B. zum Thema „Kleiderauswahl vor der Party". > M1

3 Schreibe das Telefonat zwischen dem jungen Mann und seinem Freund in Dialogform auf. Am Ende des Telefonats sollte der junge Mann seine Entscheidung fällen. > M2

4 Was macht das Entscheiden eigentlich so schwer? Erläutere diese Frage und beziehe dich dabei auch auf die Komplexität der Entscheidungen in M1 und M2. > M1/M2

plus 5 Deine Großmutter hat dir 100 Euro zum Geburtstag geschenkt. Sie möchte, dass du von dem Geld zwei deiner Freundinnen oder Freunde zum Essen und ins Kino einlädst. Welche Entscheidungen musst du treffen und wie entscheidest du dich? Entscheide dich für eine Form der Bearbeitung dieser Aufgabe: Entscheidungsbaum – Tagebucheintrag – Brief an deine Großmutter. > M1/M2

plus 6 Der junge Mann trifft sich mit seinem Freund, um dessen Meinung einzuholen. Bereitet zu zweit das Treffen zwischen dem jungen Mann und seinem Freund als Rollenspiel vor und präsentiert euer Gespräch vor der Klasse. > M2

Komplexität:
Vielschichtigkeit, das Umfassen vieler verschiedener Dinge

Höre ich auf meinen Kopf oder Bauch?

M1 Wie würdest du entscheiden?

Eva (23) will sich neue Schuhe kaufen. Ein sehr modisches Paar, das auch ihre beste Freundin trägt, gefällt ihr sehr gut. Die Schuhe sind aber ziemlich unbequem und passen auch nicht für alle Gelegenheiten. Für das gleiche Geld bekäme sie auch recht hübsche und zudem noch vielseitig kombinierbare und bequeme Schuhe.

Grigore (32) hat Geld für einen Computer gespart. Im Laden spitzt sich die Wahl auf zwei Modelle zu. Das eine Gerät hat ein tolles Design, das ihm gut gefällt, das andere die etwas bessere Technik.

Stefan (17) könnte in den Ferien mit Freunden zu einer Wanderfreizeit in die Berge fahren. Eigentlich würde er aber lieber ans Meer fahren und dort schwimmen und vor allem schnorcheln – sein großes Hobby. Da würde aber keiner mitkommen, den er kennt.

Cagla (16) möchte in den Ferien lieber mit ihrer Freundin und deren Familie verreisen, als mit ihren Eltern zu den Großeltern in die Türkei zu fahren. Niemand hat etwas dagegen, aber die Großeltern sind schon sehr alt und auch nicht mehr ganz gesund.

komplex: vielschichtig, viele verschiedene Dinge umfassend

Alternative: (hier) Möglichkeit

M2 Schritte bei komplexen Entscheidungen

- A mögliche Lösungswege finden
- E mögliche Folgen jeder Alternative beurteilen
- B eine der Alternativen umsetzen
- F Notwendigkeit einer Entscheidung erkennen
- C ein Ziel finden
- G Ursachen und Bedingungen analysieren
- D Folgen der Entscheidung beobachten

M3 Was Hirnforscher herausgefunden haben

Der Widerspruch von Verstand und Gefühlen macht einen Großteil unseres Lebens aus. Gefühle raten uns, bestimmte Dinge zu tun, unser Verstand rät uns davon ab oder umgekehrt.

Verstand und Vernunft sind Funktionen des menschlichen Gehirns. Gefühle hingegen scheinen erst einmal gar nichts mit dem Kopf bzw. dem Gehirn zu tun zu haben, sondern mit unserem restlichen Körper. Uns hüpft das Herz vor Freude, uns schlottern die Knie vor Angst. Aber auch diese im Körper erfahrbaren Gefühle werden von verschiedenen Zentren im Gehirn gesteuert. In diesen Bereichen des Gehirns speichern wir unsere Erfahrungen gefühlsmäßig ab. Kommen wir wieder in ähnliche Situationen, so erinnern wir uns automatisch und entwickeln entsprechende Gefühle, die uns entweder vor Handlungen oder Personen warnen oder sie mit einem guten Gefühl verbinden.

Der Verstand kommt dann ins Spiel, wenn die Situationen zu kompliziert oder die Gefühle zu widersprüchlich werden. Dann brauchen wir den

Verstandesmensch: jemand, der seine Gefühle weitgehend im Griff hat und die Folgen seines Handelns meist genau abwägt

Verstand, um über die Folgen unserer Entscheidungen nachzudenken. Die letztliche Entscheidung darüber, was wir tun, bleibt aber von Gefühlen bestimmt. Der Verstand kann uns nur aufzeigen, was für Möglichkeiten verbunden mit welchen Folgen wir haben. Wir entscheiden uns dann für die Möglichkeit, die mit den stärksten Gefühlen verbunden ist.

Gefühlsmensch: jemand, der oft seinen Stimmungen und Neigungen nachgibt, ohne an die Auswirkungen seines Tuns zu denken

M4 Gehirnregionen

Das menschliche Gehirn ist in eine linke und rechte Gehirnhälfte gegliedert. Jede Hälfte übernimmt bestimmte Aufgaben, aber beide Hälften sind auch in ständigem Austausch miteinander.

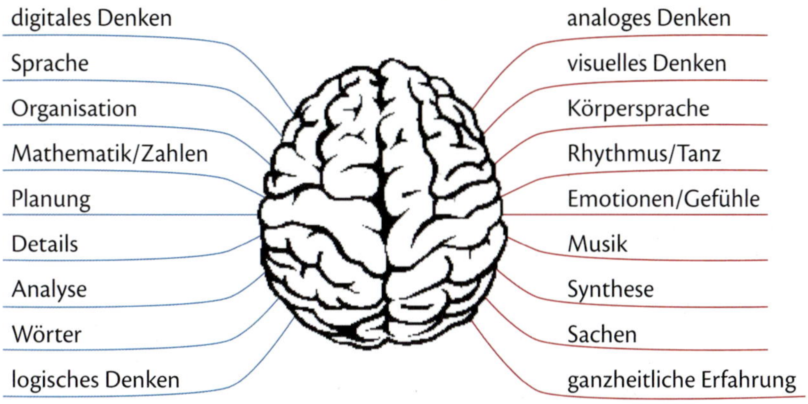

nach Werner Ebner

AUFGABEN

1 Erläutere die Themenfrage „Höre ich auf meinen Kopf oder meinen Bauch?“.

2 Diskutiere mit einem Partner oder einer Partnerin darüber, wofür Eva und Grigore sich wohl schließlich entscheiden werden. Formuliert Begründungen und stellt euer Ergebnis in der Klasse vor. > M1

3 Eva und Grigore müssen andere Entscheidungen treffen als Stefan und Cagla. Erkläre, worin der Unterschied besteht. > M1

4 Bringe die Entscheidungsschritte in eine richtige Reihenfolge und erläutere die einzelnen Schritte dann anhand einer der Situationen aus M1. > M1/M2

plus 5 Cagla versucht zu einer Lösung zu kommen, indem sie mit ihrer Ethiklehrerin spricht. Schreibe diesen Dialog, an dessen Ende Cagla eine Entscheidung trifft. > M1/M2

plus 6 Stefan bespricht seine Situation beim Abendessen mit seiner Familie. Jedes Familienmitglied (Vater, Mutter, Schwester ...) bringt einen anderen Vorschlag in die Diskussion ein. Schreibe diesen Dialog oder setze ihn mit einigen Mitschülern und Mitschülerinnen in ein Rollenspiel um, das ihr der Klasse präsentiert. > M1/M2

7 Welche Antwort gibt die Hirnforschung auf die Frage „Kopf oder Bauch“? Diskutiert die letzten beiden Sätze aus M3. Bezieht in eure Überlegungen auch die Grafik M4 mit ein. Schlagt unbekannte Begriffe, falls nötig, gegebenenfalls in einem Wörterbuch nach. > M3/M4

Will ich oder muss ich etwas tun?

M1 Lust und Unlust

Es gibt vieles, das uns im Leben antreibt: Eltern, Lehrer, Trainer, Freunde … Aber der stärkste Antrieb kommt nicht von außen, er steckt in uns selbst. Es ist das Streben nach Lust, das uns in vielen Situationen zum Handeln motiviert. Im Grunde ist Lust eine Art Wohlempfinden, ein schönes, angenehmes Gefühl. Lust zu haben bedeutet, etwas zu wollen, sich auf etwas zu freuen, weil es sich gut anfühlt, dies zu tun. Wer z. B. Lust auf ein Computerspiel hat, empfindet die Spannung beim Spielen als angenehm. So wie wir gerne Dinge tun, auf die wir Lust haben, so vermeiden wir Aktivitäten, die mit Unlust verbunden sind. Unlust lässt in uns den Wunsch entstehen, etwas anderes tun zu wollen, als das, womit wir gerade beschäftigt sind. Manchmal führt Unlust dazu, dass Aufgaben, die dringend erledigt werden müssen, dennoch nicht getan werden.

M2 Immer dieselbe Leier

Emmas Mutter blickt von der Zeitung auf und sieht ihre Tochter streng an. Genervt rollt Emma die Augen. „Sag nichts! Ich weiß auch so, was du denkst: Wenn man sich entschieden hat, muss man auch zu dieser Entscheidung stehen." Unwillig rutscht Emma vom Stuhl und schnappt ihre Tasche. Die Stimme ihrer Mutter nachahmend fährt sie fort: „Man kann nicht nur das tun, wozu man Lust hat. Wenn sich alle so verhalten würden! Disziplin ist wichtig!" Im Flur angelangt, zerrt Emma ihre Jacke von der Garderobe, immer noch schimpft sie im Stil ihrer Mutter: „Man muss sich aufeinander verlassen können! Dazu gehört vor allem, die anderen nicht im Stich zu lassen. Natürlich kann ich dich nicht zwingen, aber du musst doch einsehen, dass du eine Verpflichtung eingegangen bist!" Hastig zieht sie ihre Schuhe an: „In einer Gemeinschaft ist es nun mal wichtig, dass alle das ihrige dazu beitragen." Sie rennt in die Küche und stopft eine Flasche Wasser in ihre Tasche: „Und schließlich gilt es, ein Ziel zu erreichen …!" Sie bleibt kurz vor ihrer Mutter stehen und die beiden blicken sich an. „Ist es nicht schön, dass ich schon so erwachsen bin?", seufzt Emma und rennt zur Haustür hinaus. Lächelnd wendet sich die Mutter wieder der Zeitung zu.

Disziplin: Einhalten von bestimmten Vorschriften, Regeln

M3 Zwei Listen

Not-to-do-Liste: enthält Dinge oder Verhaltensweisen, die schlecht für dich oder andere oder auch für die Umwelt sind

M4 Freiwillig Verpflichtungen eingehen

Ria wünscht sich seit Langem eine Reitbeteiligung. Beim Abendessen versucht sie erneut, ihre Eltern davon zu überzeugen:

„Ich könnte mich an den Kosten beteiligen und vor der Schule Zeitungen austragen." Ihre Mutter schüttelte den Kopf. „Das werde ich keinesfalls erlauben. Du hast jetzt schon kaum noch Freizeit." „Aber Freizeit bedeutet doch, dass man tut, wozu man Lust hat. Mir würde nichts mehr Spaß machen, als mich um ein Pferd zu kümmern, auch wenn ich dafür zusätzlich einen Teil meiner Freizeit opfern müsste, um zu jobben." „Mit einer Reitbeteiligung kämen viele neue Aufgaben auf dich zu. Und deine schulischen Verpflichtungen darfst du auf keinen Fall vernachlässigen." „Du hast Recht: Schule ist wichtig." Sie nickte bekräftigend mit dem Kopf. „Andererseits braucht man bei so viel schulischer Arbeit einen Ausgleich. Und viel Bewegung an frischer Luft wäre da doch ideal." „Die Bewegung im Stallmist ebenfalls", warf ihr Bruder Christoph grinsend ein. „Aber mal im Ernst", fuhr Christoph fort, „Ria könnte doch ihre Mitgliedschaft im Tanzstudio aufgeben. Dadurch würdet ihr die hohen Mitgliedsgebühren sparen und sie hätte mehr Zeit für ihre neuen Aufgaben." Ihre Eltern sahen Ria fragend an.

Pflicht
> Ethik-Glossar

M5 Lust *und* Pflicht

Friedrich Schiller

Es ist nicht notwendig so, dass man seine Pflichten verletzt, wenn man das tut, wozu man Lust hat, oder dass man seine Pflicht nur mit Unlust erledigt. Es gibt genügend Beispiele dafür, dass jemand das, was er tun soll, auch mit Freude tut. Pflicht und Lust können auch miteinander harmonieren! Menschen, bei denen das der Fall ist, nenne ich eine schöne Seele. Es ist ein Kennzeichen höchster Tugend, wenn Menschen ihre Pflichten mit Freuden erfüllen, wenn sie ihrer Lust folgen und damit zugleich das tun, was ihre Pflicht ist.

Tugend
> Ethik-Glossar

Friedrich Schiller: berühmter deutscher Dichter und Philosoph (1759-1805)

AUFGABEN

1 Erläutert, welche Bedeutung Lust und Unlust für unser Handeln haben. > M1
2 Nennt fünf überzeugende Gründe, warum man für eine Klassenarbeit lernen sollte. Begründet, warum Schülerinnen und Schüler es trotzdem oft sein lassen. > M1
3 Nennt mögliche Beispiele für die Verpflichtung, die Emma hier eingegangen sein könnte. Was spricht dafür und was dagegen, sie einzuhalten? > M1
4 Warum lächelt die Mutter? Schreibe einen inneren Monolog, in dem sie über die Sätze nachdenkt, die sie gerade von ihrer Tochter gehört hat. > M2
5 Findet vier Beispiele von Dingen, die auf die „Not-to-do-Liste" kommen sollten. Erklärt, inwieweit sich eine solche Liste von der „To-do-Liste" unterscheidet. > M3
plus 6 Sammelt in Gruppenarbeit Ideen für ein Computerspiel, das Lust darauf macht, alltägliche Pflichten zu erfüllen. Präsentiert eure Ideen der Klasse. > M3
7 Benennt, welche Pflichten Ria freiwillig auf sich nehmen würde, und diskutiert anschließend, wie Ria auf den Vorschlag ihres Bruders reagieren könnte. > M4
8 Erklärt, in welchem Verhältnis Lust und Pflicht bei Schiller zueinander stehen. Wendet seine Auffassung auf Rias Situation an. > M4/M5

Wer entscheidet – ich oder die anderen?

M1 Komm, mach mit!

M2 Sich vor den Karren spannen lassen

Ist es dir auch schon einmal passiert, dass du nach einem von dir und der Gruppe gefassten Beschluss (zum Beispiel deiner Klasse) unzufrieden warst, weil du ja eigentlich für etwas ganz anderes stimmen wolltest?

Hast du dich auch schon einmal dabei ertappt, wie du bei einer Abstimmung per Handzeichen erst einmal gecheckt hast, wofür die anderen stimmen, um dann auch dafür zu stimmen?

Gab es Situationen, in denen du eine Meinung geäußert hast, nur weil du glaubtest, dass die anderen die auch haben?

M3 Vater, Sohn und Esel

Nachdem Hodscha und sein Sohn einen Esel auf dem Viehmarkt gekauft haben, machen sie sich auf den Weg nach Hause. Zufrieden laufen die beiden neben dem Tier her, bis ein entgegenkommender Reisender spöttisch bemerkt: „Einen Esel habt ihr, aber reiten tut ihr ihn nicht? So setzt sich nun der Sohn auf den Esel. Aber schon nach kurzer Zeit kommt ihnen ein Wanderer entgegen, der mit dem Jungen zu schimpfen beginnt: „Schäme dich! Du hast junge Beine und reitest auf dem Esel, während dein Vater laufen muss!" Also steigt der Junge ab und lässt den Vater reiten. Doch auch jetzt schütteln die entgegenkommenden Leute den Kopf. „Was bist du für ein Vater! Lässt den zarten Jungen zu Fuß gehen!" Schließlich setzen sich beide auf den Esel. Doch auch das scheint den Leuten nicht recht zu sein. „Das arme Tier! Ihr solltet euch schämen, es bricht ja fast zusammen unter der Last!" Daraufhin entschließen sich Vater und Sohn, den Esel an eine Stange zu binden und ihn nach Hause zu tragen. Als sie dort spät und erschöpft ankommen, schüttelt die Mutter ungläubig den Kopf: „Ihr seid vielleicht zwei Dummköpfe! Warum lasst ihr den Esel nicht selber zu seinem neuen Stall laufen?"

Hodscha Nasreddin

Hodscha Nasreddin: berühmte Figur in türkisch-islamischen Geschichten; dass Hodscha Nasreddin wirklich gelebt hat, wird vermutet, ist aber nicht sicher

M4 Recht so?

Platon

Ich kenne keinen sicheren Weg zum Erfolg, aber einen sicheren Weg zum Misserfolg: Es allen Recht machen zu wollen.

Platon
> Ethik-Glossar

AUFGABEN

1 Formuliere Gedanken für die leeren Sprech- und Gedankenblasen. > M1
2 Schildere einem Mitschüler oder einer Mitschülerin eine Situation, in der du dich auch einmal einer Gruppenmeinung angepasst hast. Beschreibe, welche Gedanken und Gefühle du dabei hattest. > M1/M2
3 Äußere Vermutungen darüber, warum es Hodscha und seinem Sohn so schwer fällt, sich zu entscheiden. > M3
plus 4 Formuliere, was du den beiden geraten hättest, und begründe deinen Rat. > M3
5 Spielt die Szene in M3 in einem Rollenspiel nach und formuliert für den Vater und den Sohn jeweils eine Antwort auf die Frage der Mutter.
6 Formuliere schriftlich, was Platon Hodscha und seinem Sohn geraten hätte. > M3/M4
plus 7 Recherchiere und erläutere die Herkunft und Bedeutung der Redewendungen „sich vor den Karren spannen lassen" und „jemanden im Regen stehen lassen". Beschreibe, welches Bild von zwischenmenschlichen Beziehungen in der jeweiligen Redewendung steckt.

Wie kann ich ethische Fälle richtig analysieren?

Methodenkompetenz: Ethische Fälle analysieren

Moralische Konflikte sind Teil unserer Alltagserfahrung. In der Ethik kommt es unter anderem darauf an, ethische Fragen zu konkreten Beispielen zu formulieren und Handlungen auf ihre moralische Richtigkeit zu untersuchen und zu beurteilen.

Bei einer ethischen Fallanalyse kannst du folgendermaßen vorgehen:

1. Beschreibe, wie du den konkreten Fall spontan beurteilst. Begründe deine erste Meinung.
2. Beschreibe, wer beteiligt und wer betroffen ist.
3. Nenne Interessen und Wünsche der Beteiligten. Was möchten sie, was möchten sie nicht (Gefühle, Werte)?
4. Stelle Vermutungen an, welche anderen Handlungsmöglichkeiten es noch gibt.
5. Finde heraus, welche moralischen Werte und Normen in dem Fall zum Ausdruck kommen, und ordne sie den Handlungsmöglichkeiten zu.
6. Entscheide, wie du nun nach der Analyse den Fall beurteilst. Begründe dein Urteil.

Werte, Normen
> Ethik-Glossar

M1 Der Test

Thomas ist neu in der Klasse und schon am ersten Tag erweist er sich als ein sehr guter Schüler. Sein Mathelehrer lobt ihn und Thomas bekommt eine Eins für seine Mitarbeit. Manche seiner Mitschülerinnen und Mitschüler finden den „Neuen" gleich nett, doch andere wollen ihn testen. Sie wollen herausfinden, ob er wirklich zu ihrer Gemeinschaft dazugehören will. Am nächsten Tag schlagen sie Thomas deshalb vor, gemeinsam einfach die letzte Stunde zu schwänzen. Thomas fürchtet zwar, dass die Sache auffliegt und er bestraft wird, wenn er einfach schwänzt. Ihm ist es aber auch sehr wichtig, schnell in der neuen Klasse Freunde zu finden und nicht als Spielverderber dazustehen. Deshalb schließt er sich der kleinen Gruppe an und geht ein Eis essen.

Vorgehensweise bei der Beurteilung des Fallbeispiels:

1. Beurteile spontan, ob du die Handlung von Thomas für richtig hältst. Begründe deine Antwort.

Thomas handelt falsch. Richtige Freunde würden von ihm nicht erwarten, sich Ärger in der neuen Schule einzuhandeln.

2./3. Beschreibe die Beteiligten sowie deren Interessen und Wünsche.

Thomas: Er möchte durch das gemeinsame Schwänzen neue Freunde gewinnen, hat aber auch Angst vor negativen Folgen seiner Handlung.

Klassenkameraden und -kameradinnen von Thomas: Sie wollen ihn testen und prüfen, ob er zu der Klassengemeinschaft gehören möchte. Die Folgen für sich selbst und Thomas sind ihnen dabei nicht so wichtig.
Die Kameradinnen und Kameraden, die Thomas nett finden, schreiten nicht ein. Sie wollen vermutlich keinen „Stress".

Lehrer: Er möchte, dass seine Schülerinnen und Schüler im Unterricht etwas lernen.
Eltern von Thomas: Sie wollen, dass er weiterhin ein guter Schüler ist und keinen „Unsinn" macht. Sie wollen auch, dass er sich in der neuen Klasse wohlfühlt.

Handlungsmöglichkeiten	Wert
Thomas schwänzt den Unterricht, weil ihm neue Freunde wichtig sind.	Freundschaft
Thomas schwänzt den Unterricht nicht, weil er in der Schule lernen und den Unterricht nicht verpassen möchte.	Pflicht
…	…

Die Werte, die hier im Widerstreit stehen, sind Freundschaft und Pflicht.

4./5. Nenne weitere Handlungsmöglichkeiten und Werte.

6. Beurteile den Fall noch einmal nach der Fallanalyse und begründe dein Urteil.

M2 Der Fund

Lukas und Timo finden auf der Heimfahrt aus der Schule kurz vor der Endhaltestelle unter dem Sitz des Busses ein kleines, schön eingebundenes Buch. Lukas schlägt es auf und entdeckt, dass es das Tagebuch ihrer sehr beliebten Mitschülerin Sarah ist, die zuvor auf dem Platz saß. Er beginnt sofort interessiert darin zu blättern.

Timo meint: „Komm, lass das, das kann man doch nicht machen!"

„Wieso denn, das ist doch nicht verboten, oder?", antwortet Lukas und beginnt interessiert zu lesen.

„Aber man darf es trotzdem nicht!"

AUFGABEN

1 Führe die Fallanalyse selbst durch und ändere oder ergänze sie gegebenenfalls. Begründe dein abschließendes Urteil. > M1

2 Beantworte folgende Fragen: > M2
– Weshalb möchte Lukas das Tagebuch lesen?
– Was könnte Timo anführen, weshalb man das nicht darf?
– Was denkt und wie fühlt sich Sarah, wenn die beiden Klassenkameraden ihr am nächsten Tag das Buch geben?

3 Arbeitet in Gruppen die Fallanalyse zu M2 schriftlich aus, indem ihr die Interessen der Einzelnen analysiert und ihnen einen Rat für ihre Entscheidung gebt. > M2

4 Findet einen neuen Fall und erarbeitet eine schriftliche Fallanalyse in Gruppen. > M1/M2

Was ist eine moralische Entscheidung?

M1 Fragen über Fragen

Muss man Menschen in Not immer helfen?

Muss ich jedes Versprechen halten?

Warum ist es falsch, sich CDs oder Computerspiele zu kopieren und sie zu (be)nutzen?

Warum darf man gefundene Gegenstände nicht einfach behalten?

…

Warum darf ich mich nicht gegen Ungerechtigkeiten (auch mit Gewalt) wehren?

Warum soll man nicht lügen? Darf ich nicht auch hin und wieder mal schwindeln?

…

Warum sollte oder darf ich bestimmte Sendungen/Filme nicht anschauen?

Warum soll ich eigentlich nicht zurückschlagen, wenn ich geschlagen werde?

…

…

…

Ist es falsch, jemanden zu verpetzen?

…

M2 Soll ich oder soll ich nicht?

„Soll ich jetzt?" – „Ist das korrekt?" – „Müsste ich nicht?" Immer wieder kommt man in eine Lage, in der man nicht so genau weiß, was richtig ist. Andere scheinen es aber zu wissen: „Das tut man nicht!" – „Du musst!" – „Das ist unmoralisch!" Wenn man das schon hört: Moral und so weiter. Nichts als Verbote und Ermahnungen. Manchmal hat man das Gefühl, es gibt das alles nur, um einem das Leben schwer zu machen und den Spaß zu verderben.

Moral
> Ethik-Glossar

Obwohl, ein paar Sachen gibt es ja schon, die man gerne mag: dass man sich zum Beispiel auf jemanden verlassen kann, weil der bestimmt nicht lügt. Oder darauf, dass einem ein anderer sicher hilft, falls man es mal braucht.

Rainer Erlinger

M3 Entscheidungen vor sich selbst verantworten

Es gibt Entscheidungen, die man wirklich bereut. Wer schon einmal viel Geld für ein langweiliges Computerspiel ausgegeben hat, weiß, wie ärgerlich solche Fehlentscheidungen sein können. Aber dieser Ärger verfliegt meistens schnell. Es gibt aber auch Entscheidungen, die nicht so schnell vergessen sind. Das Gefühl, wenn man an sie denken muss, ist schmerzhafter, nagender, geradezu beißend. Fast immer, wenn wir eine Entscheidung treffen, in der es um einen *moralischen* Wert geht, meldet sich unser Gewissen. Obwohl es ein Teil von uns ist, ist es nicht unserem Willen unterworfen und lässt sich nicht auf Wunsch abstellen. Unser Gewissen sagt uns, was gut und was böse ist, meistens sogar noch, bevor wir genauer darüber nachgedacht haben. Das Gewissen ist also nicht einbezogen, wenn es darum geht, ob ein Computerspiel spannend oder langweilig ist. Aber wir würden es spüren, wenn wir überlegen, ob wir das Spiel illegal kopieren oder nicht.

M4 Wer a sagt, ...

„Wer a sagt,
der muß nicht b sagen.
Er kann auch erkennen,
daß a falsch war.“

Bertolt Brecht

M5 Dumm gelaufen

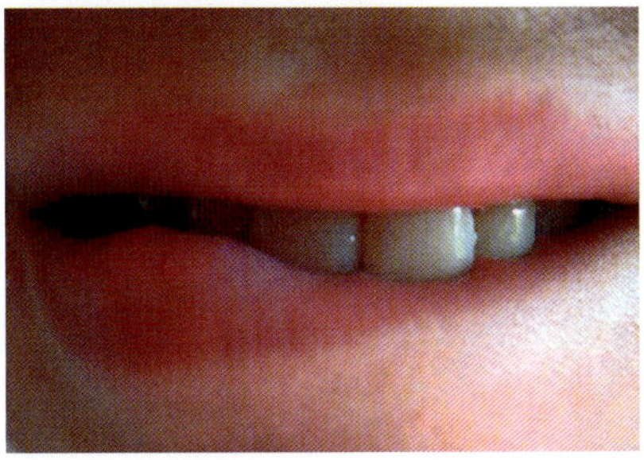

Bertolt Brecht: deutscher Schriftsteller, bekannt vor allem für seine Theaterstücke und Gedichte (1898-1956)

AUFGABEN

1 Schaut euch die Fragen genau an. Beschreibt, woran ihr erkennt, dass es moralische Fragen sind. Worin unterscheiden sie sich von anderen Fragen (z. B. „Scheint heute die Sonne?“). > M1

2 Formuliert in Gruppen weitere moralische Fragen und erklärt, wieso diese Fragen so schwer zu beantworten sind. > M1/M2

3 Definiert den Begriff „Moral“ in einem Satz und vervollständigt zu zweit die folgenden Satzanfänge. Formuliert jeweils zwei Begründungen. > M2
- Moral macht das Leben schwer, weil ...
- Moral hilft einem, weil ...

4 Nenne jeweils ein eigenes Beispiel für Fehlentscheidungen, die man leicht verschmerzt und Fehlentscheidungen, die schmerzhafter sind. > M3

5 Vergleiche das Brecht-Zitat mit den Aussagen in M2 und M3. Erkläre, zu welcher Verhaltensweise Brecht den A-Sager auffordert. > M2-M4

plus 6 Du hast einen Mitschüler monatelang deine Hausaufgaben abschreiben lassen und erkannt, dass dies eine falsche Entscheidung war. Nun möchtest du damit aufhören. Schreibe einen Dialog zwischen dir und deinem Mitschüler. > M2-M4

7 Welche Gedanken und Gefühle stecken hinter diesem Gesichtsausdruck? Schreibe einen inneren Monolog, in dem es um eine moralische Fehlentscheidung geht. > M5

Was ist das Gewissen?

Gewissen
> Ethik-Glossar

M1 Mein Gewissen ist wie …

M2 Ein Update für das Gewissen

In den meisten Fällen wissen wir recht genau, welche Handlung richtig oder falsch, gut oder schlecht ist. Als Wegweiser dient unser Gewissen, das sich meldet, wenn wir etwas Falsches getan haben.

In seinem Buch „Lügen haben rote Ohren" vergleicht der Autor Rainer Erlinger unser Gewissen mit einem Virenschutz-Programm für den PC. Ein solches Programm läuft im Hintergrund mit, wenn der PC arbeitet, es überwacht und überprüft alles, was im PC passiert, was hinein- oder hinausgeht. Genauso funktioniert unser Gewissen, es ist immer da und überprüft unsere Handlungen. Damit so ein Schutzprogramm funktioniert, muss es installiert und immer wieder durch Updates auf den neuesten Stand gebracht werden. Unser Gewissen muss sich ebenfalls erst einmal bilden und bedarf dann der regelmäßigen Überprüfung, d. h. es muss erst einmal „aufgespielt" werden und regelmäßig ein Update erfahren.

Der Ethikunterricht wäre dann eine von vielen Möglichkeiten, seinem Gewissen die Möglichkeit für ein „Update" zu geben.

M3 Das Gewissen beurteilt …

- Vergangenheit:
  In der Rückschau fragen wir, ob das, was wir getan haben, richtig war.
- Gegenwart:
  In einer Situation überlegen wir, was wir jetzt tun sollen.
- Zukunft:
  In einer Vorausschau wägen wir die Folgen ab, für das, was wir tun wollen.

M4 Was die großen Denker denken

Augustinus

Das Gewissen ist ein Mitwissen, eine innere Stimme, die unsere Entscheidungen begleitet und uns sagt, was gut oder schlecht ist. Diese innere Stimme ist letztlich die Stimme Gottes; durch sie spricht Gott zum Menschen. Indem wir nach dem Gewissen handeln, verwirklichen wir die göttlichen Gebote.

Augustinus, Immanuel Kant, Sigmund Freud
> Ethik-Glossar

Das Gewissen ist das Bewusstsein eines inneren Gerichtshofes im Menschen, vor dem sich seine Gedanken einander verklagen oder entschuldigen. Jeder Mensch findet sich durch einen inneren Richter beobachtet. Dieser innere Richter ist eine ideale Person, ein Idealbild, das die Vernunft sich selbst schafft.

Immanuel Kant

Sigmund Freud

Das Gewissen beruht auf einer Verinnerlichung der elterlichen und gesellschaftlichen Autorität, die seit der frühesten Kindheit auf uns einwirken. Es wird durch das Über-Ich repräsentiert, das die Äußerungen des Ich kontrolliert und gegebenenfalls hemmend auf sie einwirkt. Es veranlasst uns, gesellschaftlich übliche und erwartete Wertvorstellungen einzuhalten.

Autorität: (hier) der Einfluss einer Person oder Gruppe

repräsentieren: (hier) darstellen

AUFGABEN

1. „Mein Gewissen ist wie …". Formuliere weitere Vergleiche. > M1
2. Erkläre, wie ein Virenschutzprogramm für den Computer funktioniert und übertrage dies auf das Gewissen: Was entspricht dem PC? Welche Viren könnten für das Gewissen gefährlich werden? Wie stellst du dir ein „Update" für das Gewissen vor? > M2
3. Nenne je ein Beispiel für die Rolle des Gewissens in Vergangenheit, Gegenwart und Zukunft. > M3
4. Vergleicht in Gruppenarbeit eure Auffassungen vom Gewissen (siehe M1/Aufgabe 1) mit denen von Augustinus, Kant und Freud. Arbeitet nach der Think-Pair-Share-Methode. > M4
5. *plus* Augustinus, Kant und Freud diskutieren im Jenseits über das Gewissen. Wie argumentieren sie? Welche Beispiele finden sie? Geben sie einander Recht? Schreibe ihren Dialog. > M4
6. Du landest auf einem fernen Planeten. Erkläre den Bewohnern, die unsere Sprache sprechen, was wir auf der Erde unter Gewissen verstehen. > M1-M4

Was sind Gewissenskonflikte?

M1 Wer gewinnt?

Julia Gandras

M2 Das werde ich nicht los ...

Hi, neulich hab' ich in der Schule eine Schülerin so richtig fertig gemacht und diese Person ist dann heulend aus dem Klassenzimmer gerannt und gleich eine Woche zu Hause geblieben, weil sie Angst vor mir hatte. Es macht aber riesigen Spaß, jemanden fertig zu machen, der sich nicht wehrt. Ich weiß nicht – nun ist sie wieder in der Schule und irgendwie plagt mich das schlechte Gewissen seit Tagen. Eigentlich ist dies sonst nicht der Fall bei mir – mir ist das sonst alles egal. Naja, hatte wohl doch ein wenig übertrieben und nun weiß ich nicht, was ich machen soll. Ich würd' mich ja gern bei ihr für alles entschuldigen, aber das kommt ja dumm vor meinen Klassenkameraden. Mm, jedenfalls bekomm' ich das schlechte Gewissen nicht mehr weg – es ist immer bei mir. Es tritt erst richtig auf, wenn ich sie sehe. Wie soll ich handeln?

www.gewissen.de

Gewissen
> Ethik-Glossar

M3 Gewissensbisse

Alvaro erzählte:

„Als ich neulich mit meiner Mutter im Supermarkt war, hatten sie gerade Tennisbälle im Sonderangebot, und da hab ich mal einen mitgehen lassen. Niemand hat das gemerkt, und ich hab natürlich auch nicht bezahlt." [...] „Wie hast du dich denn gefühlt, als du den Tennisball in der Tasche hattest?", fragte Manuel. „Naja, ich hatte schon Gewissensbisse, das heißt, ich fühlte mich irgendwie schuldig. Es war auf jeden Fall ein schlechtes Gefühl, jedenfalls für Momente, aber auf der anderen Seite war ich letztlich auch zufrieden, weil ich ja den Ball so leicht bekommen hatte." „Wenn du Gewissensbisse hattest, dann ist das doch ein Anzeichen dafür, dass du etwas getan hast, was nach deinen eigenen Begriffen schlecht war", sagte Gloria. „Das sehe ich anders", entgegnete Sebastian. „Es stimmt zwar, dass sich manchmal das Gewissen bemerkbar machen kann, aber wenn die Vorteile nur groß genug sind, spielt das bei den meisten Menschen keine Rolle mehr. Wenn viel Geld auf dem Spiel steht, werden alle ihr Gewissen schnell vergessen." „Ja, das glaube ich auch", sagte Alvaro. „Wenn die Menschen öfter stehlen, hören sie ihr Gewissen immer weniger. Das ist ihnen dann ganz egal."

nach Ernst Tugendhat

M4 Mein gutes Gewissen

Idee nach Horst Dengler

AUFGABEN

1 Oft werden Gewissenskonflikte als „innerer Gerichtshof" dargestellt. Erkläre, was die Schatten symbolisieren. > M1

2 Besprecht in Gruppen das Fallbeispiel. Entscheidet, welchen Rat ihr dem Betroffenen geben würdet. > M2

plus 3 Erzählt in Gruppen von einem Gewissenskonflikt, findet einen Weg aus diesem Konflikt und beurteilt die verschiedenen Konfliktlösungen. > M1/M2

4 Stellt die Situation in einem Rollenspiel dar und ergänzt die Dialoge durch Beispiele und weitere Argumente. > M3

5 Erläutere, auf welche Gegenstimmen zum Gewissen Alvaros Geschichte aufmerksam macht. Nenne weitere mögliche Stimmen, die unser Gewissen verstummen lassen. > M3

6 Stellt euch Gewissenskonflikte vor, die in eurem schulischen oder familiären Alltag entstehen könnten. Schreibt ein entsprechendes Fallbeispiel und präsentiert es der Klasse. > M2/M3

7 Was meinst du: Würden der Mobber (M2) und Alvaro (M3) sich in Donald Ducks Gedanken wiederfinden? Begründe deine Antwort. > M2-M4

plus 8 Recherchiere im Internet und finde weitere bildliche Darstellungen für ein gutes bzw. schlechtes Gewissen. Präsentiere deiner Klasse ein ausgewähltes Bild und schlage vor, welches Bild auf dieser Doppelseite durch das von dir gewählte ausgetauscht werden könnte. > M1/M4

symbolisieren: sinnbildlich darstellen

Mobbing: gezieltes Schikanieren und Ausgrenzen von Einzelnen aus einer Gemeinschaft (englisch „to mob": anpöbeln)

Was ist „gut“ oder „nicht gut“?

M1 Gut oder nicht gut?

M2 Gut ist gleich gut?

Wenn wir eine Sache oder einen Menschen beurteilen, verwenden wir das Wort „gut“ in verschiedener Bedeutung. Wir sagen:

- Einen guten Tag, Frau Malika!
- Es ist gut, dankbar zu sein.
- Hassan ist ein guter Fußballspieler.
- Gutes Gelingen bei der Klassenarbeit!
- Mutter Theresa war ein guter Mensch.
- Das ist wirklich eine gute Musik.
- Petra ist heute besonders gut drauf.
- Asin ist eine gute Freundin.
- Es ist gut, etwas Gutes zu tun.

M3 Drei Bedeutungshöfe

M4 Gegensätze von „gut"

Das Wort gut hat zwei Gegensätze:

schlecht ← - - - - **gut** - - - - → **böse**

schlecht	böse
Beispiele:	Beispiele:
Ein schlechter Schüler ist ein Schüler, der nicht lernt, schlechte Noten schreibt usw.	**Ein böser Schüler** ist ein Schüler, der die anderen quält, belügt, hintergeht usw.
Ein schlechter Fußballspieler verschießt einen Elfmeter.	**Ein böser Fußballspieler** foult absichtlich den Gegenspieler.

M5 Moralisches Handeln

Von ganz klein auf sprechen wir eine moralische Sprache: Wir lernen zu lügen, um dem kleinen Bruder die Schuld anzuhängen; wir ärgern uns, wenn uns ein Lehrer ungerecht behandelt; wir klatschen dem Helden eines Comics Beifall und wollen nicht der Bösewicht im Film sein. Mit drei oder vier Jahren „weiß" ein Kind schon, dass es gute und schlechte Dinge gibt. Es weiß schon, dass es für seine Taten verantwortlich ist: Deshalb verlangt es auch, belohnt zu werden; und deshalb versucht es, sich Strafen zu ersparen. Ständig machen wir die Erfahrung, dass wir frei sind; deshalb machen wir auch die Erfahrung, dass wir für unsere Handlungen irgendwie verantwortlich sind. Wir haben es auch alle erlebt, dass wir daran zweifeln, ob unsere Handlung gut oder schlecht ist. Wir wissen, was ein Dilemma ist: Soll ich das eine tun oder doch lieber das andere? […]

Was sofort auffällt, ist, dass unser Fragen nach dem Guten und dem Bösen – und unser Erleben des Guten und des Bösen – eine alltägliche Angelegenheit ist, eine unbestreitbare Tatsache. Fernsehserien, Romane, Zeitungen drehen sich um Handlungen, die früher oder später als gut oder als schlecht bewertet werden.

Héctor Zagal / José Galindo

Moral
> Ethik-Glossar

Dilemma:
Zwickmühle, Zwangslage

AUFGABEN

1 Formuliere Überschriften für die einzelnen Bilder. Nenne oder zeichne weitere Beispiele für „gut" und „nicht gut". > M1

2 Benenne, in welchen Sätzen das Wort „gut" eine moralische Bedeutung hat. Erläutere den Unterschied zu den anderen Beispielen. > M2

3 Ergänze den Bedeutungshof des Wortes „gut", indem du zusätzliche Adjektive und Substantive findest. > M3

4 Entwirf jeweils einen Bedeutungshof für die Wörter „schlecht" und „böse". > M3/M4

5 Fasse die genannten Merkmale einer „moralischen Sprache" in deinen eigenen Worten zusammen. > M5

6 Nenne Beispiele aus Fernsehserien, Romanen, Zeitungen etc., die das Thema „Gut und Böse" behandeln. > M5

plus 7 Wähle eines der Bilder aus M1 und schreibe eine Geschichte, in der das scheinbar Schlechte (z. B. ein wurmstichiger Apfel) etwas Gutes ist – oder das scheinbar Gute schlecht oder böse. > M1-M5

Wird moralisches Handeln anerzogen?

M1 Der alte Großvater und der Enkel

Es war einmal ein steinalter Mann, dem waren die Augen trüb geworden, die Ohren taub, und die Knie zitterten ihm. Wenn er nun bei Tische saß und den Löffel kaum halten konnte, schüttete er Suppe auf das Tischtuch, und es floss ihm auch etwas wieder aus dem Mund. Sein Sohn und dessen Frau ekelten sich davor, und deswegen musste sich der alte Großvater endlich hinter den Ofen in die Ecke setzen, und sie gaben ihm sein Essen in ein irdenes Schüsselchen und noch dazu nicht einmal satt; da sah er betrübt nach dem Tisch, und die Augen wurden ihm nass. Einmal auch konnten seine zitterigen Hände das Schüsselchen nicht festhalten, es fiel zur Erde und zerbrach. Die junge Frau schalt, er sagte aber nichts und seufzte nur. Da kaufte sie ihm ein hölzernes Schüsselchen für ein paar Heller, daraus musste er nun essen. Wie sie da so sitzen, so trägt der kleine Enkel von vier Jahren auf der Erde kleine Brettlein zusammen. „Was machst du da?", fragte der Vater. „Ich mache ein Tröglein", antwortete das Kind, „daraus sollen Vater und Mutter essen, wenn ich groß bin." Da sahen sich Mann und Frau eine Weile an, fingen endlich an zu weinen, holten sofort den alten Großvater an den Tisch und ließen ihn von nun an immer mitessen, sagten auch nichts, wenn er ein wenig verschüttete.

Jakob und Wilhelm Grimm

irdenes: aus Ton hergestellt

satt: (hier) genug

Heller: frühere deutsche Währung von geringem Wert

Tröglein: verkleinerte Form von Trog; offene Schale

schelten: schimpfen

M2 Bilder zur Geschichte

Arthur Rackham, Illustrationen zu Grimms Märchen

Albert Anker, Der Großvater segnet seinen Enkel, 1910

M3 Was Erwachsene so alles sagen

Lass dir nichts [...]!
Sei lieb zu deinem Schwesterchen/Brüderchen!
Räum dein Zimmer auf!
Sei [...]!
Zappel nicht so herum!
Putz dir die Zähne!
Sei anständig!
Mit Essen spielt man nicht!
Du musst lernen zu [...]!
Sei leise!
Um sechs Uhr bist du zu Hause!
Du musst lernen, sonst wird aus dir nichts!
Man muss nicht alles haben!
Bedanke dich!

M4 Erziehung mit und zu Respekt

Jesper Juul, ein dänischer Familientherapeut, ist der Meinung, dass Erziehung darin bestehe, Kindern mit Respekt zu begegnen. Schließlich hänge die Welt von morgen davon ab, wie wir heute mit unseren Kindern umgehen. Die Erziehung von Kindern laufe überall anders ab, so Juul: In Dänemark sei man z. B. der Meinung, dass Kinder feste Bettzeiten brauchen. Davon habe man in Italien oder Spanien noch nie etwas gehört. Jesper Juul ist der Ansicht, dass es nicht entscheidend für das Familienleben sei, welche Regeln man aufstelle, sondern wie man miteinander umgehe. Er sagt, Kinder würden nicht durch Regeln und Strafen erzogen, sondern durch das, was die Eltern ihnen vorleben. Dazu brauche es mehr Vertrauen als Disziplin. Er selbst gibt zu, als junger Vater zu streng gewesen zu sein. Bei seinem kleinen Enkel wolle er es besser machen: Als dieser im Alter von zweieinhalb Jahren einmal das Essen auf dem Tisch verschmierte, habe er ganz ruhig gesagt: „Ich will, dass du das Essen auf den Teller zurücklegst. Machst du das für mich?" Und sein Enkel habe das tatsächlich getan.

Respekt:
Achtung, Wertschätzung, Ehrerbietung

Disziplin:
Einhalten von Vorschriften, Regeln

Familientherapeut:
Psychologe, der mit Familien arbeitet und dabei positive Veränderungen in Familien anstrebt

AUFGABEN

1 Erkläre, was Sohn und Schwiegertochter am Ende der Parabel erkennen. > M1

2 Die Märchen der Brüder Grimm sind u. a. ins Englische übersetzt worden. Nenne mögliche Gründe dafür, warum diese Parabel nicht nur Menschen in Deutschland interessiert. > M1

plus 3 Der Großvater kommt in dieser Parabel nicht zu Wort. Was denkt er wohl über seine Familie? Schreibe einen inneren Monolog. > M1

4 Diskutiere mit einem Partner oder einer Partnerin darüber, welche der Bilder die Parabel besser wiedergeben. Erläutert eure Überlegungen dann der Klasse. > M1/M2

5 Ergänze die Leerstellen in den Sätzen durch eigene Ideen. > M3

6 Erkläre, ob – und wenn ja, wie – sich Jesper Juuls Vorstellung von „vorbildlicher" Erziehung von den Sätzen der Erwachsenen unterscheidet. > M3/M4

7 Wird moralisches Handeln anerzogen? Formuliere eine Antwort und erläutere dabei auch, ob es Gemeinsamkeiten und/oder Unterschiede zwischen Juuls Auffassung von Erziehung und der Geschichte der Brüder Grimm gibt. > M1/M4

plus 8 Jakob und Wilhelm Grimm haben die Kinder- und Hausmärchen erstmals 1812, also vor etwa 200 Jahren, herausgegeben. Hat sich im Umgang mit Kindern und alten Menschen heute etwas verändert? Schreibe einen Aufsatz zu dieser Frage. Vergiss nicht, überzeugend zu begründen und deine Argumente durch Beispiele zu stützen. > M1/M4

Parabel:
lehrhafte, kurze Erzählung mit einem meist moralischen Thema

Wie kann ich üben, die Perspektive zu wechseln?

Perspektive:
Blickwinkel

Kultur
> Ethik-Glossar

TIPP
Folgende Methoden bzw. > Schreibanlässe helfen dir auch, einen Perspektivwechsel zu trainieren: szenisches Interview, innerer Monolog, Brief oder Tagebucheintrag aus fremder Sicht, Um- und Weiterschreiben von Texten.

Methodenkompetenz: Perspektivwechsel im Rollenspiel

Wie würdest du an seiner Stelle handeln? Kannst du dich denn nicht in ihre Lage versetzen? Welche Folgen hat dein Verhalten für dich, die anderen, die Welt? Solche Fragen sind eine Aufforderung, deine Welt nicht nur aus der eigenen Sicht, sondern auch mit den Augen des anderen zu betrachten, das heißt, eine fremde Perspektive zu übernehmen. Es geht also darum, besser zu verstehen, was der andere denkt, fühlt und will. Um die Perspektive eines anderen übernehmen zu können, sollten wir möglichst viel über dessen Herkunft und persönliche Erfahrungen sowie dessen Kultur, Religion usw. wissen bzw. erfahren. Darüber hinaus kannst du in der Gruppe den Perspektivwechsel auch mit der Methode des Rollenspiels trainieren. Am besten geht ihr dabei wie folgt vor:

1. **Vorbereitung:** Zunächst werden die Ausgangssituation besprochen und die Rollen genauer definiert, die Rollenkarten geschrieben und die Rollen verteilt. Es können auch Beobachtungsaufträge oder Protokolle vergeben werden.
2. **Erarbeitung:** Die Gruppe einigt sich darauf, zu welcher Lösung man am Ende kommen will. Dann werden die Dialoge in Gruppen einstudiert. Notizen sind zunächst erlaubt, aber überzeugender wird die Präsentation der Szene ohne Notizzettel.
3. **Präsentation:** Die Szene wird vor der Klasse präsentiert. Beobachtende Mitschülerinnen und Mitschüler achten unter anderem darauf, wie realistisch die Szene ist und zu welcher Problemlösung die Gruppe gefunden hat.
4. **Auswertung:** Die Spielerinnen und Spieler beschreiben, wie sie sich in ihrer Rolle gefühlt haben, und erläutern gegebenenfalls ihren Erarbeitungsprozess. Die Mitschülerinnen und Mitschüler teilen ihre Beobachtungen mit und die Klasse bewertet die Problemlösung gemeinsam im Plenum. Die Spielerinnen und Spieler sollten während der Auswertung mit ihren Rollennamen angeredet werden, damit es zu keiner Verwechslung zwischen Person und Rolle kommt (Namenskärtchen).

Rollenbiografie:
Selbstdarstellung einer Figur/Rolle in Ich-Form. Sie berücksichtigt z. B. Name, Alter, Beruf, Wohnort, Charakterzüge, Beziehung zu den anderen Figuren, besondere Erfahrungen, Überzeugungen, Ziele im Leben usw.

Funktion des Rollenspiels

Im Rollenspiel ...

- soll das Problem durch die verschiedenen Figuren aus verschiedenen Perspektiven betrachtet werden,
- lässt dich die Übernahme einer Figur „hautnah" erfahren, wie eine Person sich fühlt bzw. was diese denkt,
- verkörpert jede(r) Beteiligte eine wirkliche oder erdachte Figur (deshalb hat jede Figur eine eigene Rollenbiografie),
- kann diese Rollenbiografie von dir selbst erdacht oder dir von der Lehrkraft vorgegeben werden (Rollenkarten),
- hat jede Figur meist eine eigene Sicht auf ein zu lösendes Problem,
- führen überzeugende Argumentation und Kompromissfähigkeit im Idealfall zur Problemlösung; aber auch die „Uneinsichtigkeit" einer Figur kann in einem Rollenspiel dargestellt werden.

M Diebstahl in der Schule

Toms Eltern wurden von der Klassenlehrerin darüber informiert, dass Tom (13) während der Sportstunde in der Umkleidekabine Geld von mehreren Mitschülern gestohlen hat. Ihnen wurde auch mitgeteilt, dass es in der nächsten Woche eine Klassenkonferenz zu diesem Vorfall geben wird. Am Abend sitzt die Familie zusammen und diskutiert Toms Diebstahl und die möglichen Folgen seiner Tat. Zur Familie gehören der Vater John (42), die Mutter Anke (38) und Toms Schwester Irina (18). Die Familie lebt in einer 5-Zimmer-Wohnung in Berlin-Mitte.

John (42)

Beruf: Ingenieur, seit zwei Monaten arbeitslos, hat aber neuen Job in Aussicht

Charakterzüge: ehrgeizig, fleißig, ehrlich; jähzornig, manchmal ungerecht

Beziehung: liebt seine Frau und seine Kinder; nimmt seine Familienpflichten sehr ernst

Besondere Erfahrung: ist als Jugendlicher selber mal beim Diebstahl erwischt worden

Überzeugung: findet Toms Diebstahl falsch und will, dass er hart bestraft wird

Anke (38)

Beruf: Krankenschwester

Charakterzüge: ehrlich, hilfsbereit, humorvoll; kann schlecht mit Geld umgehen

Beziehung: liebt ihre Familie; sehnt sich manchmal nach einem freieren Leben

Besondere Erfahrung: ihr Handy wurde vor kurzem in der U-Bahn gestohlen

Überzeugung: findet Toms Diebstahl falsch; will lieber Wiedergutmachung statt Strafe

Tom (13)

Beruf: Schüler der 8. Klasse

Charakterzüge: schüchtern, eigentlich ehrlich, will „cool" sein

Beziehung: liebt seine Familie, bewundert seine Schwester, hat öfter Angst vor dem Vater

Besondere Erfahrung: war letztes Jahr mit dem Vater allein im Urlaub an der Ostsee

Überzeugung: bereut seinen Diebstahl

AUFGABEN

1 Schreibe eine Rollenkarte für Toms Schwester Irina (18). Orientiere dich dabei an den Beispielkarten für Tom, John und Anke. > M

2 „Am Abend sitzt die Familie zusammen und diskutiert Toms Diebstahl und die möglichen Folgen seiner Tat": Erarbeitet in Gruppen das Rollenspiel am Abend mit Hilfe der Rollenkarten und der Hinweise aus M1. Präsentiert eure Ergebnisse vor der Klasse und vergleicht die verschiedenen Problemlösungen. > M

plus 3 Wählt in Gruppen eine der folgenden Situationen, schreibt dazu die notwendigen Rollenkarten und erarbeitet, präsentiert und bewertet das jeweilige Rollenspiel: > M

A Toms Sportlehrer, Klassenlehrerin, Schulleiterin und der Sozialpädagoge seiner Schule beraten den Fall als Vorbereitung auf die Klassenkonferenz.

B Zwei bestohlene Mitschüler und die beiden Klassensprecher beraten den Vorfall als Vorbereitung auf die Klassenkonferenz.

Warum soll ich moralisch handeln?

M1 Ricardo macht eine Beobachtung

Ricardo wirkte geistesabwesend. Er blickte starr vor sich hin und hörte ganz offensichtlich nichts von dem, was die Lehrerin gerade erzählte. Das fiel auf, denn normalerweise war Ricardo ein guter, wenn auch etwas schüchterner Schüler, der sich ordentlich benahm und dem Unterricht aufmerksam folgte.

„Hast du was, Ricardo?", fragte Frau Vereda vorsichtig, als sie seinen Zustand bemerkte. [...]

„Also gut", sagte Ricardo nach einer kleinen Pause, in der es merklich in ihm arbeitete. „Es war so, dass ich vorhin, als ich in die Klasse kam, zwei große Jungen gesehen habe, wie sie einem kleineren Geld abgenommen haben. Darüber muss ich jetzt nachdenken." „Verstehe!", sagte Frau Vereda. „Und was hast du gemacht?", fragte Camilla spontan.

„Nichts. Ich wusste wirklich nicht, was ich tun sollte."

Ernst Tugendhat

M2 Stopp!

M3 Entscheidungshilfen

Warum soll ich dem anderen helfen?

a) Weil er mein Bruder ist.
b) Weil er unterlegen ist.
c) Weil er mich darum bittet.
d) Weil es das Gesetz verlangt.
e) Weil meine Eltern das von mir erwarten.
f) Weil mein Gewissen es mir befiehlt.
g) Weil ich dadurch von anderen geachtet werde.
h) Weil er ein Mensch ist wie ich.
i) Weil Gott das von mir erwartet.
j) Weil er mir dankbar sein wird.

M4 Zwei Zitate

„Es gibt nichts Gutes,
außer: Man tut es."

Erich Kästner

Erich Kästner: deutscher Schriftsteller (1899-1974), bekannt u. a. durch seine Kinderbücher

„Willst du glücklich sein im Leben,
trage bei zu anderer Glück, denn die Freude,
die wir geben, kehrt ins eigene Herz zurück."

M5 Der wehrlose Schneemann

E. O. Plauen

AUFGABEN

1 Nennt Gründe, warum Ricardo sein Erlebnis gerade mehr beschäftigt als der Unterricht. Nennt ähnliche Situationen. > M1
2 Entwirf ein eigenes Stoppschild gegen Gewalt bzw. Mobbing an deiner Schule. > M2
3 Welche Gründe findet ihr wichtiger als andere? Diskutiert die vorgeschlagenen Gründe und notiert eine Rangfolge. Tragt eure begründeten Diskussionsergebnisse in der Klasse vor. > M3
4 Gib Ricardo einen Ratschlag, was er in dieser Situation hätte tun können. > M1/M3
5 Erläutere die Botschaft der beiden Zitate und beziehe sie auf die Situation in M1. > M1/M4
6 Benenne mögliche Folgen der Handlung des Mannes. > M5
7 Was ist entscheidender: die Absicht oder die Auswirkung seiner Tat? Begründe deine Antwort. > M5
plus 8 Recherchiert im Internet Meinungen zu folgender Frage: Was ist für die moralische Bewertung einer Handlung entscheidender: die Absicht oder die Auswirkungen bzw. Folgen einer Handlung? > M5
plus 9 Du findest 20 Euro auf dem Schulhof und könntest deiner Mutter damit ein tolles Geburtstagsgeschenk machen. Was tust du? Schreibe zu dieser Frage einen Tagebucheintrag, einen inneren Monolog oder bitte andere in einem Blog um Rat. Formuliere anschließend einen Ratschlag für diese Situation. > M3-M5

Mobbing: gezieltes Schikanieren und Ausgrenzen von Einzelnen aus einer Gemeinschaft (englisch „to mob": anpöbeln)

Warum schämen sich Menschen?

M1 Der Säufer

In der Geschichte des kleinen Prinzen verlässt dieser seinen Heimatplaneten, um andere Planeten und Menschen zu entdecken. Es kommt auch zu folgender Begegnung:

Den nächsten Planeten bewohnte ein Säufer. Dieser Besuch war sehr kurz, aber er tauchte den kleinen Prinzen in eine tiefe Schwermut.
„Was machst du da?", fragte er den Säufer, den er stumm vor einer Reihe leerer und einer Reihe voller Flaschen sitzend antraf. „Ich trinke", antwortete der Säufer mit düsterer Miene. „Warum trinkst du?", fragte ihn der kleine Prinz. „Um zu vergessen", antwortete der Säufer. „Um was zu vergessen?", erkundigte sich der kleine Prinz, der ihn schon bedauerte. „Um zu vergessen, dass ich mich schäme", gestand der Säufer und senkte den Kopf. „Weshalb schämst du dich?", fragte der kleine Prinz, der den Wunsch hatte, ihm zu helfen. „Weil ich saufe!", endete der Säufer und verschloss sich endgültig in sein Schweigen. Und der kleine Prinz verschwand bestürzt. Die großen Leute sind entschieden sehr, sehr wunderlich, sagte er zu sich auf seiner Reise.

Antoine de Saint-Exupéry

Schwermut: Traurigkeit, Mutlosigkeit, innere Leere

Antoine de Saint-Exupéry: französischer Schriftsteller und Pilot (1900-1944); berühmtestes Werk: „Der kleine Prinz"

M2 Scham und Schuld

Man glaubt oft, dass Scham und Schuld ähnlich sind, aber Schuld und Scham sind nicht identisch. Üblicherweise fühlt sich jemand schuldig, wenn er etwas macht, das er im Sinne seiner persönlichen Verhaltensrichtlinien für verboten hält. Aber man schämt sich, wenn man gesellschaftliche Bräuche oder Übereinkommen verletzt hat und sich deshalb schlecht fühlt. Schuld wird gewöhnlich als etwas Privates, innerhalb der eigenen Person, erfahren. Aber wenn man sich schämt, so schämt man sich immer vor jemand anderem. Menschen erröten selten in ihrer Privatsphäre, das geschieht nur, wenn sie sich lebhaft vorstellen, dass sie jemand beobachtet. Wenn ein Kind einem anderen etwas wegnimmt und gleichzeitig ein starkes Gewissen hat, wird es sich wahrscheinlich schuldig fühlen. Aber ein Neunjähriger, bei dem man einen Schnuller im Schreibpult findet, wird sich höchstwahrscheinlich schämen.

Matthew Lipman

M3 Gibt es Menschen ohne Scham?

„Aber was ist nun mit den Menschen, die keine Schuldgefühle entwickeln, obwohl sie wirklich Grund dazu hätten?", fragte jetzt Camilla. „Zum Beispiel kenne ich Leute, die alles Mögliche versprechen, es aber mit der größten Selbstverständlichkeit nicht halten und wohl auch nicht die geringste Spur von Reue an den Tag legen."
„Da hast du Recht", sagte Herr Ibarra. „Auch ich kenne solche Leute. Aber eben weil sie kein Schamgefühl haben, nennt man sie ‚scham-los' oder ‚un-verschämt', und man will nichts mit ihnen zu tun haben. Aber sonst reagieren wir, wenn unser Anstandsgefühl entwickelt ist, doch alle mit dem gleichen Gefühl der Empörung, wenn jemand unmoralisch handelt. Und wenn wir selbst so handeln, reagieren wir mit Scham und Schuldgefühlen, so ist es doch – oder?" […]
„Aber wenn mir nun einmal dieses ganze Moralgerede schnurzegal wäre?", wendet nun Sebastian ein.

„In diesem Fall würdest du dich außerhalb der moralischen Gesellschaft stellen. Natürlich bist du frei, zu tun und zu lassen, was du willst, auch dann, wenn du kein Schamgefühl mehr an dich herankommen lässt, aber man wird dich dann eben auch als schamlos ansehen. Dazu kommt noch, dass du dich ab sofort nicht mehr über das Verhalten anderer empören könntest. – Übrigens", fügte Herr Ibarra mit plötzlich ernster Miene hinzu, „gibt es wirklich solche Menschen ohne moralische Gefühle. Sie werden in der Psychologie als Menschen mit fehlendem Moralbewusstsein bezeichnet, die meist nur schwer oder gar nicht mehr behandelt werden können. Man kann sie häufig nur in Gewahrsam nehmen und auf diese Weise unschädlich machen, traurig aber wahr!"

nach Ernst Tugendhat

M4 Schäm dich!

Ich stelle mich in die Ecke und schäme mich 'ne Runde.
Ich stelle mich in die Ecke und schäme mich 'ne Runde.
Ich stelle mich in die Ecke und schäme mich 'ne Runde.
Ich stelle mich in die Ecke und schäme mich 'ne Runde.
Ich stelle mich in die Ecke und schäme mich 'ne Runde.
Ich stelle mich in die Ecke und schäme mich 'ne Runde.

nach Harald Schlatterer

AUFGABEN

1 Der kleine Prinz kehrt einfach nochmals um, weil er dem Säufer doch helfen will. Welche Ratschläge gibt er ihm? Schreibt zu zweit den Dialog des kleinen Prinzen mit dem Säufer. > M1

2 Ordne die im Text genannten Merkmale von Schuld und Scham in Form einer Tabelle. > M2

3 Gib Herrn Ibarras Meinung mit eigenen Worten wieder. > M3

4 Der Säufer schämt sich. Aber trägt er auch Schuld? Begründe deine Antwort. > M1-M3

5 Herr Ibarra behauptet, dass man außerhalb der moralischen Gesellschaft steht, wenn man sich schamlos verhält. Finde ein Beispiel oder ein Gegenbeispiel zu seiner Behauptung. > M3

plus 6 Finde in den Medien Berichte über Personen, die als Menschen ohne moralische Gefühle dargestellt werden, und stelle einen Fall der Klasse vor. > M3

Medien
> S. 80

7 Erkläre, was der dargestellten Situation wohl vorausgegangen ist. > M4

plus 8 Diskutiert die Frage, ob man jemanden zum besseren Menschen erziehen kann, indem man ihn auffordert, sich zu schämen. > M1-M4

Kann Mitleid helfen?

M1 Fremdes Leid

M2 Weißt du, wie das ist?

Silas und seine Mutter gingen über die berühmte Einkaufsstraße an den Schaufenstern mit den sündhaft teuren Auslagen vorbei. Zwischen zwei Geschäften saß ein ärmlich aussehender Mann auf einer Wolldecke, neben ihm lag ein müder Schäferhund. Der Mann hatte ein Schild um den Hals: „Habe Hunger." Vor ihm lag ein flaches Pappkistchen mit einigen kupferfarbenen und bronzenen Geldstücken. Silas schaute den Mann an, kramte in seiner Hosentasche und warf eine Euro-Münze in das Kistchen. Der Mann nickte, sagte aber nichts. Als sie weitergingen, fuhr seine Mutter Silas an: „Was soll das? Der sollte lieber arbeiten gehen. Weißt du nicht, dass der Penner das doch alles versäuft?" „Und wenn schon", entgegnete Silas.

Helmut Engels

M3 Übernimm den Standpunkt des anderen!

Sich in die Lage eines anderen zu versetzen heißt, [...] ihn von innen zu verstehen, für einen Augenblick seinen Standpunkt zu übernehmen. [...] Und wenn du dich in seine Lage versetzt, musst du nicht nur fähig sein, die Gründe für sein Handeln zu beachten, sondern auch auf irgendeine Weise an seinen Leidenschaften und Gefühlen, an seinen Schmerzen, Sehnsüchten und Freuden teilzunehmen. Es geht darum, Sympathie für den anderen zu empfinden, sich in gewisser Weise mit dem anderen eins fühlen zu können, ihn in seinem Denken und Wollen nicht gänzlich allein zu lassen. [...] Den anderen ernst zu nehmen, sich in seine Lage versetzen zu können, um zu akzeptieren, dass er so real ist wie du, bedeutet nicht, dass du ihm immer darin recht geben sollst, was er fordert oder tut. [...] Sich in die Lage des anderen zu versetzen, heißt, sich anstrengen, objektiv zu sein, um die Sachen so zu sehen, wie er sie sieht, aber nicht, ihn beiseite zu stoßen und seinen Platz einzunehmen. Das heißt, er soll weiterhin er sein, und du musst weiterhin du sein.

nach Fernando Savater

M4 Mitleid als Grundlage der Moral

„Denn grenzenloses Mitleid mit allen lebenden Wesen ist der festeste und sicherste Bürge für das sittliche Wohlverhalten [...]. Wer davon erfüllt ist, wird zuverlässig keinen verletzen, keinen beeinträchtigen, keinem wehe tun, vielmehr mit jedem Nachsicht haben, jedem verzeihen, jedem helfen, so viel er vermag [...].“

Arthur Schopenhauer

Bürge: (hier) Garantie

sittliches Wohlverhalten: (hier) moralisch wertvolles Verhalten

Nachsicht: verzeihendes Verständnis

Moral, Arthur Schopenhauer
> Ethik-Glossar

AUFGABEN

1. Tausche dich mit anderen darüber aus, welches der Bilder euer Mitgefühl besonders erregt. Findet Begründungen für eure Eindrücke. > M1
2. Beschreibe, woran du erkennen kannst, dass im Bild mit den beiden Mädchen Trost gespendet wird. > M1
3. Findet in Partnerarbeit ähnliche Körperhaltungen des Trostes (Bild der zwei Mädchen) und präsentiert euer Standbild der Klasse. > M1
4. Zu Hause berichtet Silas beim Chatten mit seinen Freunden von seinem Erlebnis und der Reaktion seiner Mutter. Drei Freunde aus der Chat-Gruppe reagieren auf seinen Eintrag. Verfasst in Gruppenarbeit diese Einträge. > M2
5. Was muss man laut Fernando Savater können, um sich in einen anderen hineinzuversetzen? Fasse die genannten Voraussetzungen als Liste zusammen. > M3
6. Erläutere Schopenhauers Auffassung, dass Mitleid die Grundlage der Moral bildet. > M4
7. Stimmt ihr Schopenhauer zu? Diskutiert die Frage, ob „grenzenloses Mitleid“ allein ausreichen kann, damit es anderen Menschen besser geht. > M4
8. *plus* Finde mit Hilfe eines Wörterbuches heraus, ob folgende Begriffe sich inhaltlich voneinander unterscheiden: Mitempfinden – Mitgefühl – Mitleid – Einfühlungsvermögen – Empathie.
9. *plus* Diskutiert die Frage, inwiefern es Gemeinsamkeiten bzw. Unterschiede zwischen „Mitleid“ und „Gewissen“ gibt.

Gewissen
> Ethik-Glossar

Was brachte Ellebracht ins Schwitzen?

M1 Fahrerflucht

Ich habe nicht auf die neue Breite geachtet, dachte Ellebracht. Nur deswegen ist es so gekommen. Der hemdsärmelige Mann hob die rechte Hand vom Lenkrad ab und wischte sich hastig über die Brust. Als er die Hand zurücklegte, spürte er, dass sie noch immer schweißig war, so schweißig wie sein Gesicht und sein Körper. Schweißig vor Angst.

Nur wegen der Breite ist alles gekommen, dachte der Mann wieder. Er dachte es hastig. [...] Jäh drückte der Fuß Ellebrachts auf die Bremse. Der Wagen kreischte und stand. Eine Handbreit vor dem Rotlicht, das vor dem Eisenbahnübergang warnte. Fehlte grade noch! dachte Ellebracht. Fehlte grade noch, dass ich nun wegen einer so geringen Sache wie Überfahren eines Stopplichtes von der Polizei bemerkt werde. Nach der Sache von vorhin ... Mit hohlem Heulen raste ein D-Zug vorbei. [...] Die Ampel sprang auf Grün um. Ellebracht ließ seinen Wagen nach vorn schießen. Als er aufgeregt den Schalthebel in den dritten Gang hineinstieß, hatte er die Kupplung zu nachlässig betätigt. Im Getriebe knirschte es hässlich.

Bei dem Geräusch bekam Ellebracht einen üblen Geschmack auf der Zunge. Hört sich an wie vorhin, dachte er. Hört sich an wie vorhin, als ich die Breite des Wagens nicht richtig eingeschätzt hatte. Dadurch ist es passiert. Aber das wäre jedem so gegangen. Bis gestern hatte ich den Volkswagen gefahren. Immer nur den Volkswagen, sechs Jahre lang. Und heute Morgen zum ersten Male diesen breiten Straßenkreuzer. [...]

Karin und die Kinder. Ellebrachts Schläfen pochten. Er versuchte sich zu beruhigen. Du musstest weg von der Unfallstelle, gerade wegen Karin und der Kinder. Denn was wird, wenn du vor Gericht und ins Gefängnis musst? Die vier Glas Bier, die du während der Konferenz getrunken hast, hätten bei der Blutprobe für deine Schuld gezeugt und dann? Der Aufstieg deines Geschäfts wäre abgeknickt worden. Nicht etwa darum, weil man etwas Ehrenrühriges in deinem Unfall gesehen hätte. [...] Kavaliersdelikt! Nein, nicht vor der Schädigung meines Rufes fürchte ich mich. Aber die vier oder sechs Wochen, die ich vielleicht im Gefängnis sitzen muss, die verderben mir das Konzept! Während dieser Zeit schickt die Konkurrenz ganze Vertreterkolonien in meinen Bezirk und würgt mich ab. Und was dann? Wie wird es dann mit diesem Wagen? Und mit dem neuen Haus? [...] „Du hast richtig gehandelt!", sagte Ellebracht jetzt laut, und er verstärkte den Druck auf das Gaspedal. „Du hast so gehandelt, wie man es als Familienvater von dir erwartet." Verdammte Rotlichter! dachte Ellebracht und brachte den Wagen zum Stehen. Ich will nach Hause. Ich kann erst ruhig durchatmen, wenn der Wagen in der Garage steht und ich bei der Familie bin.

Und wann ist der Mann mit dem Fahrrad bei seiner Familie? Der Mann, der mit ausgebreiteten Armen wie ein Kreuz am Straßenrand gelegen hat? Der Mann, der nur ein wenig den Kopf herumdrehte [...]? Du, wann ist dieser Mann bei seiner Familie? Jetzt werd bloß nicht sentimental! dachte Ellebracht. Jetzt werd bloß nicht dramatisch! Bist doch ein nüchterner Geschäftsmann! Ellebracht sah stur nach vorn und erschrak. Da war ein Kreuz. [...] So ein Kreuz, wie es der Mann vorhin gewesen war.

Ellebracht versuchte zu grinsen. Krieg dich bloß wieder ein, dachte er. Du siehst doch, was es ist. Das war mal das Firmenzeichen auf der Kühlerhaube. Es ist von dem Zusammenprall mit dem Fahrrad angeknickt worden und hat sich zu einem Kreuz verbogen. Ellebracht musste immerfort auf dieses Kreuz starren. Ich steige aus, dachte er. Ich steige aus und biege das Ding wieder

hemdsärmelig: locker, lässig; in Hemdsärmeln

jäh: plötzlich

ehrenrührig: die Ehre verletzend

Kavaliersdelikt: unerlaubte Handlung, die jedoch als weniger schlimm angesehen wird

Vertreter: (hier) Ellebrachts Beruf (z. B. Vertreter für Staubsauger)

Vertreterkolonien: (hier) Ellebrachts berufliche Konkurrenten

nüchtern: (hier) sachlich, vernünftig denkend

Kühlerhaube: Schutzhaube über dem Kühler/Motor eines Autos zurecht. Schon tastete seine Hand zum Türgriff, als er zusammenzuckte. Am Kreuz schillerte es, verstärkt durch das Licht der Signalampel.

„Ich muss nach Hause!", stöhnte Ellebracht. „Wann kommt denn endlich Grün?"

Die feuchten Finger zuckten zum Hemdkragen, versuchten, den Knopf hinter der Krawatte zu lösen. Aber der Perlmutterknopf entglitt einige Male dem Zugriff. Grün! Der Schwitzende riss einfach den Hemdkragen auf und fuhr an. Das Kreuz macht mich verrückt, dachte er. Ich kann das nicht mehr sehen! Und wie der Mann dalag. Ob man ihn jetzt schon gefunden hat? Ob er schon so kalt und starr ist wie das Kreuz vor mir? Ellebracht stoppte. Diesmal war kein Rotlicht da. Nichts. Nur das Kreuz. Nur das Kreuz, das einen riesigen Schatten warf in den Wagen hinein. Nur das Kreuz, das vor dem Hintergrund des Scheinwerferlichtes stand. „Ich kann so nicht nach Hause!", flüsterte Ellebracht. „Ich kann so nicht zu Karin und den Kindern zurück. Ich kann so zu niemandem zurück!" [...]

Josef Reding

M2 Unterlassene Hilfeleistung

Wer bei Unglücksfällen oder allgemeiner Gefahr oder Not nicht Hilfe leistet, obwohl dies erforderlich und ihm den Umständen nach zuzumuten, insbesondere ohne erhebliche eigene Gefahr und ohne Verletzung anderer wichtiger Pflichten möglich ist, wird mit Freiheitsstrafe bis zu einem Jahr oder mit Geldstrafe bestraft.

§ 323c Strafgesetzbuch

M3 Die echte Gewissensentscheidung

„Es gibt nur ein einziges Indiz für die Echtheit der Gewissensentscheidung, das ist die Bereitschaft des Betreffenden, eine unangenehme Alternative in Kauf zu nehmen."

Robert Spaemann

Perlmutterknopf: Knopf aus Perlmutt, einer besonderen Muschelschale

Indiz: Merkmal

Alternative: andere Möglichkeit

Strafgesetzbuch: Gesetzbuch eines Staates, das seine Strafvorschriften enthält

Robert Spaemann > Ethik-Glossar

AUFGABEN

1 Diskutiert in Gruppen folgende Fragen und präsentiert euer Diskussionsergebnis in Form einer Mindmap. > M1/M2
- Wie reagiert Ellebracht zunächst auf den Unfall?
- Wovor hat Ellebracht Angst? (Siehe dazu auch M2)
- Mit welchen „Argumenten" versucht er, sich von seiner Schuld freizusprechen?

2 Dieser Kurzgeschichte fehlt das Ende. Welche Entscheidung wird Ellebracht wohl treffen? Schreibe ein Ende der Geschichte, das deutlich macht, dass Ellebracht eine echte Gewissensentscheidung trifft. > M1/M3

plus 3 „Engelchen" und „Teufelchen" sitzen Ellebracht im Genick und kämpfen um seine Gewissensentscheidung. Schreibt und/oder spielt diesen Dialog zu dritt. > M1/M3

4 Der verletzte Radfahrer ist bei Bewusstsein, liegt aber hilflos am Straßenrand. Was geht ihm durch den Kopf? Schreibe seinen inneren Monolog. > M1

Helfen – unter allen Umständen?

M1 Der barmherzige Samariter

Das „Alte Testament" der Bibel fordert: „Du sollst deinen Nächsten lieben wie dich selbst" (3. Mose 19,18). Und im „Neuen Testament" findet man die Geschichte vom barmherzigen Samariter, die Jesus einem Schriftgelehrten erzählt, als dieser ihn fragt, woher er denn wissen solle, wer sein Nächster sei:

30 Darauf antwortete ihm Jesus: Ein Mann ging von Jerusalem nach Jericho hinab und wurde von Räubern überfallen. Sie plünderten ihn aus und schlugen ihn nieder; dann gingen sie weg und ließen ihn halb tot liegen. 31 Zufällig kam ein Priester denselben Weg herab; er sah ihn und ging weiter. 32 Auch ein Levit kam zu der Stelle; er sah ihn und ging weiter. 33 Dann kam ein Mann aus Samarien, der auf der Reise war. Als er ihn sah, hatte er Mitleid, 34 ging zu ihm hin, goss Öl und Wein auf seine Wunden und verband sie. Dann hob er ihn auf sein Reittier, brachte ihn zu einer Herberge und sorgte für ihn. 35 Am andern Morgen holte er zwei Denare hervor, gab sie dem Wirt und sagte: Sorge für ihn, und wenn du mehr für ihn brauchst, werde ich es dir bezahlen, wenn ich wiederkomme. 36 Was meinst du: Wer von diesen dreien hat sich als der Nächste dessen erwiesen, der von den Räubern überfallen wurde? 37 Der Gesetzeslehrer antwortete: Der, der barmherzig an ihm gehandelt hat. Da sagte Jesus zu ihm: Dann geh und handle genauso!

Lukas, 10,30-37

Altes/Neues Testament: die zwei Teile der Bibel im Christentum

Bibel: Heilige Schrift im Judentum und Christentum

Samariter: Mann aus Samaria

Schriftgelehrter: jüdischer Gesetzeslehrer

Jericho: Stadt am Westufer des Flusses Jordan in Palästina

Priester: in einigen Religionen Mittler zwischen Gott und Mensch

Leviten: einer der zwölf Stämme Israels (> S. 220)

Denar: altrömische Münze

M2 Gute Frage …

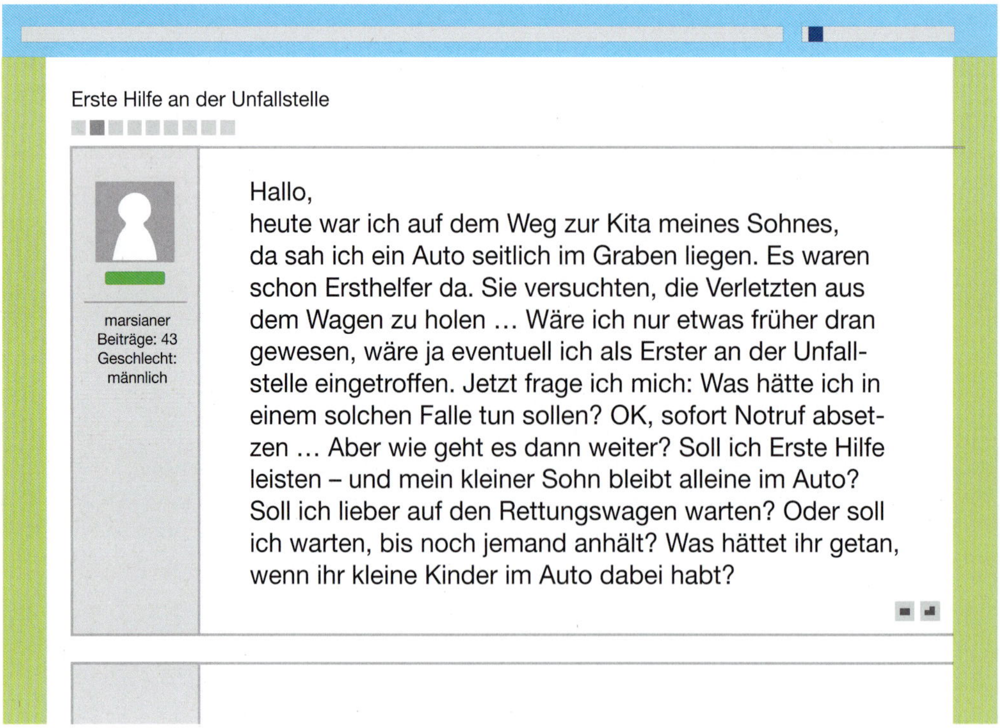

M3 Muss Miriam jetzt helfen?

Miriam hatte es eilig, als sie auf ihrem Fahrrad in den Waldweg einbog. Sie hatte versprochen, um zehn Uhr zu Hause zu sein, und jetzt war es fast elf. Sie wusste, dass ihre Eltern sich Sorgen machen würden, und bereute ihre Entscheidung, noch ins Kino gegangen zu sein. Wenn sie wenigstens ihr Handy nicht vergessen hätte!

Hastig trat sie in die Pedale. Der Fahrradweg war an dieser Stelle gut ausgebaut und Miriam kam schnell voran. Sie erschrak, als sie in einiger Entfernung vor sich den dunklen Umriss eines Menschen im Gegenlicht der Straßenlaterne erblickte. Er schien leicht zu schwanken und fiel dann an den Rand der Grabenböschung. Jetzt sah sie auch das Fahrrad, das auf der anderen Seite des Straßengrabens verkehrt herum im Gras lag.

Da braucht jemand dringend Hilfe, dachte Miriam und fuhr schneller. Vielleicht aber auch nicht, schoss es ihr durch den Kopf. Vielleicht ist das ein Trick.

Aber wenn nicht ..., ich muss doch helfen! Verzweifelt blickte sie sich um, aber die Landstraße lag leer und verlassen im Dunkel. Langsam rollte sie auf die Unfallstelle zu. Sie musste sich entscheiden, jetzt ...

AUFGABEN

1 Kläre mit Hilfe eines Wörterbuchs jeweils die Bedeutung der Begriffe „Barmherzigkeit" und „Nächstenliebe". > M1

2 Erkläre anhand der Geschichte vom barmherzigen Samariter, inwieweit Nächstenliebe über die gesetzliche Pflicht zur Hilfeleistung (siehe S. 205, M2) hinausgeht. > M1

3 Diskutiert, inwieweit „marsianer" verpflichtet ist zu helfen, und antwortet ihm auf seinen Eintrag im Internetforum.. > M2

4 Wie sollte Miriam reagieren? Begründe deine Antwort. > M3

5 „Vielleicht aber auch nicht ... Vielleicht ist das ein Trick." Wovor hat Miriam an dieser Stelle Angst? Begründe deine Antwort mit Hilfe von Textbelegen. > M3

plus 6 Finde im Internet Beispiele für vorgetäuschte Hilfsbedürftigkeit. Begründe in einem kurzen Aufsatz, inwieweit derart betrügerisches Verhalten unser Wertesystem erschüttern kann. > M3

plus 7 Stellt euch vor, es ist Winter und ihr habt einen Unfall auf der Autobahn. Zunächst hält niemand an, um euch zu helfen ... Schreibt einen Eintrag in einem Internetforum zum Thema „Unfall-Verhalten-Ersthelfer". > M1-M3

plus 8 Recherchiert, ab welchem Alter und unter welchen Umständen auch Jugendliche verpflichtet sind, an Unfallorten Hilfe zu leisten. > M3

TIPP
http://www.kursguru.de/erstehilfekurse/bin-ich-dazu-verpflichtet-erste-hilfe-zu-leisten.html

Wie kann ich Folgen meines Handelns abschätzen?

innehalten: mit einem Tun für kürzere Zeit aufhören

Mimik: Gesichtsausdruck (vermittelt Gefühle und Stimmungen)

Gestik: Bewegungen z. B. mit den Armen, mit denen viele Menschen bewusst oder unbewusst ihre mündlichen Äußerungen begleiten und verstärken

Werte, Normen
> Ethik-Glossar

Methodenkompetenz: Folgen abschätzen

Es ist wichtig, vor einer Handlung abzuschätzen, welche Auswirkungen eine Handlung auf deine Mitmenschen oder deine Umwelt hat. Denn du trägst die Verantwortung für dein Handeln – und auch dein Nicht-Handeln. Um ein solches Abschätzen zu üben, können dir zum Beispiel folgende Schritte helfen:

- Halte kurz inne, um über die Situation nachzudenken.
- Überlege, welche Gedanken oder Gefühle dein Handeln auslöst.
- Beobachte und deute Mimik, Gestik und Wortwahl von dir und deinem Gegenüber.
- Denke über weitere Handlungsmöglichkeiten (Handlungsalternativen) nach und entscheide erst dann.
- Beziehe deine bisherigen Erfahrungen in deine Entscheidungen mit ein.
- Orientiere dich an Vorbildern.
- Bedenke, welche positiven oder negativen Folgen dein Verhalten haben könnte (Freude, Erfolg, Vertrauen, Strafe, Verletzung, Vertrauensverlust ...).
- Wie würdest du dein Handeln bei einem anderen beurteilen?
- Beziehe deine Kenntnisse über geltende Gesetze, Regeln, Normen mit ein.
- Beziehe deine Kenntnisse zu Werten, Geboten, Sitten oder Gebräuchen auch in anderen Kulturen mit ein.

M1 Der Kreis

Mike ist eine der weißen Personen im Kreis. Ein Kursleiter fordert alle auf, langsam auf die rote Person in der Mitte zuzugehen und sie zu beschimpfen. Mike ist unsicher, welche Folgen diese Aufforderung haben kann bzw. wird. Er wendet deshalb die Schritte zum Folgen abschätzen an:

- Mike **hält inne**, denn er weiß nicht, ob er der Aufforderung folgen soll.
- Er **überlegt**, ob die rote Person sich dabei vielleicht unwohl **fühlt**.
- Er beobachtet die **Mimik** und **Gestik** der roten Person genau.
- Mike **fragt sich**, ob er aus dem Kreis **ausscheiden oder ihn öffnen** kann.
- Er **erinnert sich**, dass er **selbst** schon **erfahren** hat, wie man sich fühlt, wenn man bedrängt wird.
- Er **weiß**, dass sein **Vater** der Aufforderung des Kursleiters nicht folgen würde.
- Mike **vermutet**, dass die rote Person ihm **dankbar** wäre, wenn er den Kreis öffnete. Aber es könnte auch sein, dass er vom Kursleiter **bestraft** wird.
- Wenn Mike die rote Person wäre, würde er **erschrecken** und **wütend auf die anderen sein**, weil sie dem Kursleiter gehorchen.
- Er **weiß**, dass es die **Menschenwürde** verletzt, jemanden so zu behandeln.

M2 Filmclip mit Folgen

Gözel ist eine sehr leistungsstarke Schwimmerin und nimmt heimlich an Wettkämpfen teil, obwohl ihre Eltern ihr das verboten haben. Sie erreicht einen 1. Platz als Landessiegerin ihrer Altersklasse.

Ihre beste Freundin Valeria filmt die Siegerehrung mit Gözels Smartphone, weil sie ihr eine Freude machen will. In der allgemeinen Feierstimmung, vergisst Valeria, Gözel über den Filmclip auf deren Handy zu informieren. Am Abend entdeckt Gözels Mutter den Filmclip zufällig auf dem Handy ihrer Tochter.

AUFGABEN

1 Welche Schlussfolgerungen wird Mike aus seinen Überlegungen ziehen? Begründe deine Einschätzung. > M1
2 Stelle begründete Vermutungen darüber an, was die rote Person tun wird, wenn
– alle dem Kursleiter gehorchen,
– eine Person aus dem Kreis auf sie zukommt und sie umarmt. > M1
3 Beurteile anhand geeigneter, im Methodenkasten genannter Schritte, ob der Kursleiter die Folgen seines Übungsauftrages gründlich genug antizipiert hat. Finde Handlungsalternativen für den Kursleiter. > M1
4 Stelle Vermutungen darüber an, welche Folgen Valerias Verhalten für Gözel haben könnte. > M2
5 Beurteile anhand geeigneter, im Methodenkasten genannter Schritte, ob Valeria die Folgen ihres Verhaltens ausreichend antizipiert hat. > M2
6 Gözel bekommt großen Ärger mit ihren Eltern, ist sehr wütend auf ihre Freundin und kündigt Valeria die Freundschaft auf, obwohl sie weiß, dass sie unter dem Verlust dieser Freundschaft leiden wird. Finde Handlungsalternativen für Gözel. > M2

antizipieren: vorausschauend bedenken, was passieren könnte

Was wir wissen – was wir können

M Wie würdest du dich entscheiden?

Antonia (14) hat ihrer Klassenkameradin Asya (14) versprochen, ihr am Nachmittag beim Lernen für den morgigen Geschichtstest zu helfen, denn Antonias Noten in Geschichte sind nicht gerade gut.

Auch Antonia selbst erhofft sich Vorteile durch das gemeinsame Lernen, denn sie hat den Lernstoff in der Schule schon immer am besten verstanden, wenn sie ihn anderen erklärt hat.

In dem Moment, in dem Antonia sich auf den Weg zu Asya machen will, erhält sie auf ihrem Handy eine Nachricht von ihrer besten Freundin Maja, die in die Parallelklasse geht und am nächsten Tag eine Mathearbeit schreiben wird. Maja hat die Klassenstufe bereits einmal wiederholt und eine weitere Fünf in Mathe könnte bedeuten, dass sie das Gymnasium verlassen muss. Maja möchte, dass Antonia sofort zu ihr kommt und ihr beim Lernen hilft, denn Antonia hat in Mathe bereits mehrere Wettbewerbe gewonnen.

Die folgenden Begriffe können dir bei der Bearbeitung der Aufgaben helfen:

AUFGABEN

Wähle eine der drei folgenden Aufgaben und bearbeite sie.

1 Erkläre und beurteile schriftlich das vorliegende Fallbeispiel, indem du
- mit eigenen Worten erklärst, welche Entscheidung Antonia treffen soll.
- erläuterst, welche Werte Antonia dabei gegeneinander abwägen muss.
- auch das Verhalten von Maja beurteilst und
- eine begründete Entscheidung triffst.

2 Schreibe einen inneren Monolog aus Antonias Sicht, in dem sie
- über ihr Versprechen und Majas dringende Bitte nachdenkt,
- die Folgen für sich und die anderen abwägt und
- eine begründete Entscheidung trifft.

3 Erinnere dich an den Außerirdischen, dem du zu Beginn des Kapitels „Handeln und Moral" (siehe S. 172f.) Auskunft geben solltest zu unserem moralischen Denken, Fühlen und Handeln. Schreibe einen Dialog, in dem du dem Außerirdischen das ethische Problem des vorliegenden Fallbeispiels erklärst und mit ihm gemeinsam zu einer Entscheidung für Antonia findest.

Werte
> Ethik-Glossar

SELBSTDIAGNOSE

1 Übertrage die Tabelle in dein Heft oder lade dir die Tabelle als Arbeitsblatt aus dem Internet herunter und bewerte deine Fähigkeiten. Wenn deine Antwort „nicht gut" lautet, schlage die passende Schulbuchseite nach, die dir bei dem Thema weiterhelfen kann, und lies noch einmal nach.

2 Ergänzt zusammen die Tabelle: Was könnt ihr noch? Berücksichtigt auch die Fragen, die ihr mit dem Außerirdischen diskutiert habt (siehe S. 172f.). Markiert alle Fragen, die noch offen sind, farbig.

Ich kann ...	sehr gut	gut	nicht gut
verschiedene Ebenen der Entscheidung benennen.			
einen Entscheidungsbaum gestalten.			
die Bedeutung von Lust und Unlust für unser Handeln erläutern.			
die Rolle des Gewissens erklären.			
Merkmale von moralischer Sprache benennen.			
die Begriffe „Scham" und „Schuld" voneinander abgrenzen.			
...			

Arbeitsblatt:
Selbstdiagnosetabelle „Handeln und Moral"

Mediencode:
20081-05

RELIGION
ist etwas
für Langweiler
und Außenseiter!

RELIGION
hilft einem,
das Leben
zu meistern!

Homerismus –
Die Simpsons
sind jetzt sogar eine
RELIGION.

Merle Schlesselmann.
In: Welt online, 31.12.2008

RELIGION
…

RELIGION
ist doch nur etwas für
alte und kranke Leute!

RELIGION
ist nicht mehr zeitgemäß!

Borussia ist
RELIGION
für mich.

Steffi aus Dortmund

Die **RELIGION**
erschließt dem Menschen
mithilfe ihrer Bilder eine Welt,
die sich mit Worten allein
nicht öffnen lässt.

Eugen Drewermann

RELIGION
…

Wissen und Glauben

> Glaube und Religion
> Religion und Ethik
> Vom Anfang aller Dinge

AUFGABEN

1 Lest die Zitate und Äußerungen durch und besprecht, wie es zu diesen Aussagen gekommen sein könnte.

2 Frage fünf Personen in deinem Umfeld, was für sie Religion bedeutet. Schreibe deine Ergebnisse stichwortartig auf.

3 Formuliere eine eigene Aussage zum Begriff „Religion".

4 Recherchiert Erklärungen bzw. die Herkunft des Begriffs „Religion" und tragt eure Ergebnisse zusammen. Erarbeitet dann aufgrund eurer Ergebnisse gemeinsam eine Definition für „Religion".

Religionspuzzle: Judentum, Christentum, Islam

Zum WIEDERHOLEN oder KENNENLERNEN

Liebe Schülerinnen und Schüler,
auf dieser Doppelseite könnt ihr euch auf spielerische Weise über die drei Religionen Judentum, Christentum und Islam informieren. Ihr erfahrt etwas über das Erkennungszeichen (Symbol), die Heilige Schrift, das Gotteshaus, die religiösen Berufe sowie die Kleidungsvorschriften, die für diese Religionen wichtig sind. Viel Spaß!

BILD 1

TEXT 1

Die zentralen religiösen Figuren im Islam sind Mullahs und Imame. Sie legen den Koran aus. Ihre Aussagen sind nicht bindend, werden aber meistens befolgt.

BILD 2

TEXT 2

Die *Mondsichel* mit dem Stern ist das Symbol der islamischen Welt. Die Mondsichel deutet an, dass sich der Islam von einem zum anderen Ende der Welt ausbreiten soll. Die fünf Zacken des Sterns weisen auf die fünf Säulen des Islam hin (Glaubensbekenntnis, Gebet, Spenden, Fasten und Pilgerfahrt).

BILD 3

TEXT 3

Die *Moschee* ist der Ort, an dem Muslime – wenn möglich – ihre Gebete verrichten. Außerdem ist die Moschee ein Treffpunkt, an dem unter anderem Unterricht und Feiern stattfinden.

BILD 4

TEXT 4

Die *Bibel* ist die heilige Schrift der Christen. Sie umfasst zwei Teile: Im ersten Teil, dem Alten Testament, sind vor allem die Offenbarungen Gottes gegenüber den jüdischen Propheten enthalten. Im zweiten Teil, dem Neuen Testament, geht es um die Lebensgeschichte von Jesus und seine Lehre.

TEXT 5

Um dem christlichen Glauben Ausdruck zu verleihen, bedarf es *keiner besonderen Kleidung* und keines besonderen Zeichens. Allerdings tragen viele Christen eine Halskette mit Kreuz.

BILD 5

BILD 6

TEXT 6

Der *Davidstern* ist nach König David benannt und besteht aus zwei ineinander verschränkten Dreiecken. Er stellt die Beziehung zwischen den Menschen und Gott dar. Die sechs Dreiecke stehen für die sechs Schöpfungstage. Das Sechseck in der Mitte soll den siebten Tag, den Ruhetag, anzeigen.

BILD 7

TEXT 7

Als *Kirche* (vom griechischen Wort *kyriake*: dem Herrn gehörig) wird bei den Christen ein Bauwerk bezeichnet, in dem sich Gläubige zum Gebet, zur Andacht oder zum Gottesdienst treffen.

BILD 8

TEXT 8

Die zentrale religiöse Figur im Judentum ist der *Rabbi*. Er ist ein frommer Gelehrter, der sich mit Glaubensfragen beschäftigt und der Gemeinde mit Rat zur Seite steht.

BILD 9

TEXT 9

Der christliche Glaube wird in erster Linie von Priestern gelehrt. Priester der katholischen Kirche dürfen nicht heiraten. Für sie gilt ein Keuschheitsgelübde. Evangelische Pfarrer dagegen dürfen heiraten und eine Familie gründen.

BILD 10

TEXT 10

Eine *Synagoge* ist ein jüdisches Versammlungs- und Gebetshaus, das außerdem der Unterweisung in und dem Studium der Thora dient. Es werden mindestens zehn männliche Beter benötigt, ein sogenanntes *Minjan*, um eine Gemeinde aufbauen zu können.

BILD 12

BILD 11

TEXT 11

Muslimische Kleidung darf nicht körperbetont sein. Männer müssen von der Hüfte bis zum Knie bekleidet sein. Für Frauen schreibt der Koran eine Verhüllung der weiblichen Reize vor.

TEXT 12

Der *Koran* ist das heilige Buch der Muslime. Darin sind Gottes Offenbarungen an Mohammed in 114 Kapiteln, Suren genannt, enthalten. Ebenfalls ein Leitfaden ist die Sunna, in der der vorbildliche Weg des Propheten dargestellt ist.

BILD 14

TEXT 14

Die heilige Schrift der Juden ist die *Thora*, deren Kernstück aus den fünf Büchern Mose besteht.

TEXT 13

Das christliche Symbol ist das *Kreuz*. Es weist auf den Tod von Jesus hin, der am Kreuz gestorben ist. Es zeigt aber auch die Beziehung zwischen Gott und Mensch (von oben nach unten) und zwischen den Menschen (von links nach rechts) an.

BILD 13

TEXT 15

Für jüdische Männer ist das Tragen von *Gebetsschal* und *Gebetskapseln an Stirn und Arm* während der Gebete Pflicht. Die *Kippa*, das Käppchen der Männer, ist weit verbreitet, doch nicht überall Pflicht. In orthodoxen (strenggläubigen) Gemeinden tragen die Männer *schwarze Hüte, Anzüge* und *Mäntel*, die Frauen *Perücken, Kopftücher* und *lange Gewänder*.

BILD 15

AUFGABEN

1 Die Texte und Bilder zum Judentum, Christentum und Islam sind durcheinander geraten. Informiere dich über diese drei Religionen, indem du die Texte den richtigen Bildern zuordnest. Schlage unbekannte Begriffe gegebenenfalls nach.

2 Ordne deine Informationen, indem du die folgende Tabelle in dein Heft überträgst und ausfüllst. Lass unter der Tabelle genügend Platz für weitere Zeilen, damit du später zusätzliche Informationen zu den Religionen ergänzen kannst.

	Judentum	Christentum	Islam
Erkennungszeichen (Symbol)			
Heilige Schrift			
Gotteshaus			
religiöse Berufe			
Kleidungsvorschriften			

plus **3** Recherchiere Informationen zu den beiden folgenden Fragen und ergänze dann deine Tabelle:
a) Welche heiligen Orte auf der Welt sind für Juden, Christen und Muslime besonders wichtig?
b) Wie viele Juden, Christen und Muslime gibt es auf der Welt, in Deutschland, in Berlin?

Symbol:
Sinnbild, Zeichen für etwas (z. B. eine weiße Taube als Zeichen für Frieden)

Wer glaubt an welchen Gott?

M1 Osiris und Isis

Osiris mit seiner Frau Isis (links) sowie Thot, der Gott des Schreibens, des Wissens und der Weisheit (rechts)

Monotheismus, Polytheismus: Polytheismus bezeichnet die religiöse Verehrung von vielen Göttern, wie z. B. in der griechischen Götterwelt. Im Gegensatz dazu wird im Monotheismus ausschließlich ein Gott verehrt.

Der Name Gottes: Im Judentum wird der Name Gottes mit den hebräischen Buchstaben „Jod", „Hei", „Waw", „Hei" geschrieben (in der lateinischen Schrift „JHWH"). Der Name selbst wird von einem gläubigen Juden nie ausgesprochen, vielmehr verwendet er stets Umschreibungen wie „Herr" oder der „Ewige". Im Christentum spricht man von Gott, im Islam heißt Gott „Allah".

M2 Woran glaubten die alten Ägypter?

Die Ägypter waren Polytheisten. Sie glaubten an eine Vielzahl von Göttern, von denen jeder für einen bestimmten Lebensbereich zuständig war: Osiris war der Gott der Unterwelt (des Totenreichs) und der Landwirtschaft. Sein Bruder Seth war der Gott der Wüsten und der Stürme. Osiris wurde einst von seinem Bruder Seth aus Eifersucht getötet. Durch die Liebe seiner Gattin Isis erwachte Osiris wieder zum Leben. Diese Geschichte gab den Ägyptern die Sicherheit, dass auch sie nach dem Tod zu neuem Leben erwachen würden. Der Ort, an dem man nach seinem Tod weiterleben würde, wurde als „das Land des Westens" bezeichnet. Horus, der Sohn von Osiris und Isis, hatte einen Falkenkopf. Der ägyptische Pharao galt als menschliche Verkörperung von Horus und wurde ebenfalls als Gott verehrt.

Annett Hausten/Jürgen Kehnscherper/ Wolfgang Mochmann

M3 Judentum, Christentum und Islam

Die jüdische Gottesvorstellung

Und Gott redete all diese Worte und sprach: Ich bin der Ewige, dein Gott, der dich geführt hat aus dem Land Ägypten, dem Knechthause. Du sollst neben mir keine fremden Götter haben. Du sollst dir kein Gottesbild machen [...]. Du sollst dich nicht niederwerfen vor anderen Göttern und ihnen nicht dienen [...]. *2. Mose 20, 1-5*

Das Gottesbild der Christen

Der Anfang des christlichen Glaubensbekenntnisses lautet wie folgt:

Ich glaube an Gott, den Vater, den Allmächtigen,
den Schöpfer des Himmels und der Erde.

Das muslimische Gottesbild

Im Namen Gottes, des barmherzigen Erbarmers.
Sprich: „Er ist Gott, der Eine,
Gott, der Beständige,
er zeugte nicht und wurde nicht gezeugt,
und keiner ist ihm ebenbürtig."

Koran, Sure 112

[...] Wenn du sie fragst:
„Wer schuf die Himmel und die Erde?
Wer machte die Sonne dienstbar und den Mond?"
So sagen sie: „Der *eine* Gott!"

Koran, Sure 29, Vers 61

M4 Viele Götter und ein Gott

Ob man an einen Gott oder an viele Götter glaubt, ist nicht nur eine Frage der Zahl. Der Unterschied geht viel tiefer. In Religionen, die an viele Götter glauben, gibt es nicht das Eine, das die ganze Welt zusammenhält, wie in Religionen, die nur an einen Gott glauben. In Religionen mit vielen Göttern gibt es nicht den einen einzigen Gott, der dafür sorgt, dass Sonne und Eiche, Löwe und Tintenfisch einander wunderbar ergänzen und nach demselben großen Plan existieren. Das bedeutet, dass es Religionen, in denen die Menschen an viele Götter glauben, schwerer fällt, einen einzigen Grund dafür zu finden, warum alles auf der Welt funktioniert. In Religionen mit einem Gott wurde alles, was existiert, von diesem Gott erschaffen. Alles ergänzt sich in einem universalen Plan, der von dem einzigen Gott gemacht wurde. [...] Religionen, die an viele Götter glauben, fällt es leichter, das Schlechte auf der Welt zu erklären, als Religionen, die nur an einen Gott glauben. Viel-Götter-Religionen können sagen: „Das Schlechte kommt von den bösen Göttern, und das Gute kommt von den guten Göttern." [...] Ein-Gott-Religionen lehren, dass das Gute von Gott kommt und das Schlechte von den Menschen, die sich von Gott abgewandt haben. Diese Religionen erklären, dass Gott den Menschen die Freiheit gegeben hat, Gutes oder Schlechtes zu tun. Die Freiheit der Menschen, sich für das Schlechte zu entscheiden, ist die Quelle, der das meiste Übel der Welt entspringt. Gott ist gut, aber er schenkte den Menschen die Freiheit, schlecht zu sein.

Rabbi Marc Gellmann/Monsignor Thomas Hartman

AUFGABEN

1 Vergleiche die Religion der Ägypter mit der jüdischen, christlichen und muslimischen Religion. > M1-M3

2 Arbeite die Eigenschaften heraus, die „der Ewige", Gott und Allah gemeinsam haben. > M3

3 Die alten Ägypter fanden es richtig und hatten Gefallen daran, Götter wie Osiris und Isis künstlerisch darzustellen. Nimm zu der Frage Stellung, ob es auch Darstellungen von „JHWH", dem „Ewigen", geben darf. > M1/M3

4 Erläutere, was eine monotheistische bzw. polytheistische Religion jeweils leichter erklären kann. > M4

5 Diskutiert, ob euch die Erklärung überzeugt, die eine monotheistische Religion für das Schlechte in der Welt gibt. > M4

plus 6 Recherchiert, welche polytheistischen Religionen es gibt, und stellt sie in der Klasse vor.

Wie wird man Jude, Christ oder Muslim?

M1 Wie man Jude wird

progressives Judentum: Gegensatz zur strenggläubigen Richtung des Judentums (progressiv heißt übersetzt fortschreitend, sich entwickelnd)

Religiös oder religionsgesetzlich gesehen gibt es aus jüdischer Sicht zwei Möglichkeiten, Jüdin oder Jude zu sein. Die erste Möglichkeit ist, Tochter oder Sohn einer jüdischen Mutter zu sein, also ins Judentum „hineingeboren" zu werden – so etwa, wie jemand […], der von deutschen Eltern geboren wird […]. [Hinweis: Progressive Strömungen des Judentums erkennen inzwischen auch als Bedingung der Zugehörigkeit zum Judentum die Herkunft des Vaters an.]

Die zweite Möglichkeit, Jüdin oder Jude zu werden, besteht darin, zum jüdischen Glauben überzutreten. Genauer heißt das, die verschiedenen Gesetze und Gebote des Judentums zu lernen, für sich zu bejahen und feierlich zu versprechen, sie auch einzuhalten. *Jörg Bohn*

Nach dem 13. Geburtstag feiert ein jüdischer Junge ein wichtiges Fest: Er wird Bar Mitzwa, „Sohn der Pflicht". Das bedeutet, er darf zum ersten Mal aktiv am jüdischen Gottesdienst teilnehmen und wird als religiös erwachsenes Mitglied in die jüdische Gemeinde aufgenommen. Mädchen werden mit 12 Jahren religiös volljährig, d. h. „Tochter der Pflicht" (Bat Mitzwa).

M2 Taufe, Firmung und Konfirmation

Adam: Benedikt, wie werden denn die Christen in die Glaubensgemeinschaft aufgenommen?

Benedikt: Zunächst einmal durch die *Taufe*. Durch diesen Akt wird ein Mensch zum Christen. Die Taufe gibt es eigentlich schon sehr lange. Bekannt geworden ist sie aber durch Johannes, den Täufer. Die bekannteste Person, die er getauft bzw. – was dasselbe ist – getaucht hat, war Jesus. Er hat ihn und viele andere Menschen, die Christen werden wollten, im Jordan untergetaucht. Die Taufe war und ist immer noch das äußere Zeichen, dass man dem Teufel entsagt hat und nach dem christlichen Glauben leben will.

Jordan: Fluss im Nahen Osten

Teufel: Verkörperung des Bösen

Adam: In welchem Alter findet die Taufe statt?

Benedikt: Ursprünglich wurden Erwachsene getauft. Aber das hat sich geändert. Heute werden fast ausschließlich Babys getauft.

Adam: Aber Babys haben doch keinen eigenen Willen?

Benedikt: Deshalb übernehmen auch die Eltern und die Paten die Entscheidung. Außerdem gibt es bei den Katholiken noch die *Firmung*. Im Alter von 14 oder 15 Jahren bestätigen die Jugendlichen noch einmal das *Glaubensbekenntnis* aus freiem Willen. Kurz gesagt, die Firmung vollendet erst die Taufe.

Protestanten werden durch die *Konfirmation*, die mit 13 oder 14 Jahren erfolgt, zu vollwertigen Mitgliedern der Kirchengemeinde.

Katholiken, Protestanten: Angehörige verschiedener christlicher Glaubensrichtungen (Konfessionen)

M3 Das erste Wort

Das muslimische Leben eines neugeborenen Kindes beginnt damit, dass ihm, wenn möglich unmittelbar nach der Trennung der Nabelschnur, sein Vater den islamischen Gebetsruf in das rechte und linke Ohr flüstert. Der Gebetsruf beginnt mit dem viermaligen Ausruf *Allahu akbar*. Das erste Wort, das damit der Säugling hört, ist Allah, der sein Leben fortan bestimmen wird. Dazu wird auch aus dem Koran die erste Sure *Al-Fatiḥa*, die jeder Muslim auswendig kann, über dem Säugling rezitiert.

AUFGABEN

1 Lest in Gruppenarbeit die Texte und erklärt einander dann in eigenen Worten, wie man Jude, Christ oder Muslim wird. > M1-M3

2 Vergleicht die unterschiedlichen Rituale zur Aufnahme in die Religionsgemeinschaften. > M1-M3

plus 3 Begründe, warum die Mutter das Judesein bestimmt. > M1

plus 4 Informiere dich im Internet über eines der folgenden Feste: Bar/Bat Mitzwa, Kommunion, Firmung, Konfirmation. Fasse die wichtigsten Informationen schriftlich zusammen. > M2

Ritual: eine feierliche Handlung, die regelmäßig zu festen Anlässen erfolgt

Welche Feste feiern Juden, Christen und Muslime?

M1 Das jüdische Pessach-Fest

Ein Seder-Teller mit Speisen von besonderer Bedeutung (rechts im Bild Mazzot). Der Seder-Abend ist der Auftakt des jüdischen Pessach-Festes.

Mit diesem Fest wird im Frühling daran erinnert, wie das Volk Israel in der ägyptischen Knechtschaft lebte und wie es zur Befreiung und dem Auszug der Israeliten aus Ägypten kam. *Pessach*, „Vorübergehen", meint den Engel Gottes, der den ägyptischen erstgeborenen Söhnen den Tod brachte, aber die Israeliten verschonte.

Der Aufbruch aus Ägypten in die Freiheit bedeutet bis heute die Geburtsstunde des jüdischen Volkes.

Das Pessach-Fest feiert deshalb für jede Generation neu die wiedergewonnene Freiheit des Lebens. Pessach wird auch das „Fest der ungesäuerten Brote" genannt, da während dieser acht Tage nur mit Wasser und Mehl, ohne Salz und Hefe zubereitete *Mazzot*, ungesäuerte Fladenbrote, gegessen werden. Denn vor dem eiligen Auszug aus Ägypten war keine Zeit mehr, einen Sauerteig für das Brot gären zu lassen, und man konnte nur eilig gebackene Fladen mitnehmen.

Volk Israel: In 1. Mose 32,23-33 wird von einem Kampf Jakobs mit einem himmlischen Wesen erzählt. Danach erhält er den neuen Namen „Israel". Er gilt als ein Stammvater des Judentums, das deshalb als „Volk Israel" bezeichnet wird.

M2 Das christliche Weihnachtsfest

Ich bin Christina. Ich will euch erzählen, wie bei uns in der Familie Heiligabend gefeiert wird. [...] Morgens schmücken wir Kinder mit Vater den Weihnachtsbaum. Wir holen die Kerzenhalter, die silbernen Kugeln und den bunten Baumschmuck vom Dachboden und schmücken den Baum. [...] Danach legen wir unsere eingepackten Geschenke für die Eltern und für unseren Großvater unter den Baum. Bis zum Abend dürfen wir das Wohnzimmer nicht mehr betreten. Vater holt dann [...] unseren Großvater aus einem kleinen Dorf in der Nähe. [...] Währenddessen bereitet Mutter das festliche Essen vor. [...] Um vier Uhr trinken wir gemeinsam gemütlich Kaffee und schneiden dabei den Stollen, den Mutter jedes Jahr bäckt, an. Um fünf Uhr ziehen wir schnell festliche Kleidung an. Dann müssen wir uns auch schon beeilen, um in die Christmette zu kommen. Bei uns in der Kirche gibt es an Heiligabend zwei Gottesdienste, einen um sechs Uhr und einen anderen um elf Uhr, der aber für uns Kinder zu spät ist.

Heute müssen wir früh da sein, um noch einen Platz zu bekommen, denn an Heiligabend gehen viele Leute in die Kirche. [...] Es ist schön, mit so vielen Menschen Lieder zu singen und zur Kommunion zu gehen. Wenn wir die Kirche verlassen, wünschen wir allen „Ein frohes Weihnachtsfest". Der Pastor steht an der Kirchentür und begrüßt auch jeden mit dem Weihnachtsgruß.
Zuhause [...] [wird es jetzt] aufregend! Vater verschwindet auf einmal und ein kleines Glöckchen erklingt. Wir dürfen endlich in das Wohnzimmer. Hell erstrahlt der Tannenbaum. Unsere Geschenke stehen überall im Wohnzimmer herum. Jeder sucht nach Päckchen mit seinem Namen. Später liest der Großvater die Weihnachtsgeschichte vor, die erzählt, wie Gott als kleines Kind auf die Welt gekommen ist und in einem Stall geboren wurde. Danach essen wir unser festliches Abendessen.

nach Halim Cepni u.a.

Kommunion:
Spendung und der Empfang der Gaben von Brot und Wein im Rahmen des christlichen Gottesdienstes

Pastor:
Berufstitel für einen Geistlichen in einer Kirchengemeinde

M3 Das Opferfest im Islam

Das Opferfest *Id al-Adha*, das die Türken als *Kurban Bayrami* bezeichnen, ist ein hohes muslimisches Fest. Am Ende des *Hadsch* (Pilgerfahrt nach Mekka) opfern die Pilger in Erinnerung an Abraham – im Arabischen wird er Ibrahim genannt – ein besonders schönes Tier (meistens ein Schaf, Kamel, Rind oder eine Ziege).
Dies ist auch der Zeitpunkt, zu dem die Muslime auf der ganzen Welt ihr Opferfest begehen. Es wird gut zwei Monate nach dem Zuckerfest gefeiert und dauert vier Tage.
Zum Auftakt der Feierlichkeiten werden die Opfertiere auf eine ganz besondere Art und Weise geschlachtet. Diese Vorgehensweise nennt man schächten. Hierbei muss das Tier in Richtung Mekka, der heiligen Stadt, ausgerichtet, dann durch einen schnellen Schnitt in den Hals getötet und das gesamte Blut aus dem Tierkörper entfernt werden. Üblicherweise schlachtet jede Familie ein Tier bzw. bringt sie eines zum Schlachthof. Von dem Fleisch behält sie aber nur ein Drittel selbst. Ein weiteres Drittel kommt der Verwandtschaft und Freunden zugute, das letzte Drittel wird Bedürftigen geschenkt. Inzwischen verzichten viele Familien auf das Schlachten und sind dazu übergegangen, Geschenke anderer Art zu verteilen und für mildtätige Zwecke zu spenden. Im Mittelpunkt der Feierlichkeiten zu *Id al-Adha* stehen die zahlreichen Gebete auf öffentlichen Plätzen und in den Moscheen wie auch das gesellige Beisammensein im Familien- und Freundeskreis.

Abraham:
Abraham ist eine der zentralen Gestalten im Judentum und Christentum. Er gilt als der erste Jude. Auch die Muslime verehren ihn.

Zuckerfest:
dreitägiges Fest am Ende des Fastenmonats Ramadan („Fest des Fastenbrechens")

AUFGABEN

1 Was macht das Pessach-Fest zu einem wichtigen jüdischen Fest? Schreibe den Satz heraus, der es deiner Meinung nach am treffendsten erklärt. > M1
2 Für Juden ist das Pessach-Fest ein wichtiges Ereignis. Gibt es in deinem Lebensumfeld ein Fest, das eine große Bedeutung für dich hat? Tauscht euch in der Klasse darüber aus. > M1
3 Macht eine Umfrage unter Christen. Findet heraus, wie sie Weihnachten feiern und welche Bedeutung das Fest für sie persönlich hat. > M2
4 Beschreibe, wie Muslime ihr Opferfest feiern. > M3
5 Welche weiteren Feste in den drei Religionen kennt ihr? Listet sie auf und beschreibt eines davon. > M1-M3

Warum werden die religiösen Feste gefeiert?

M1 Auszug aus Ägypten

Moses: (auch: Mose) wichtige biblische Gestalt, die als Vermittler zwischen Gott und dem Volk Israel gilt (> S. 220)

Wegen der großen Hungersnot flohen viele Israeliten aus Kanaan nach Ägypten. Der ägyptische König fürchtete aber, das Volk Israel könne zu stark werden. Deshalb machte er alle Israeliten zu Sklaven. Eines Tages war Moses mit seiner Schafherde unterwegs, als er einen brennenden Busch sah. Der Busch sprach zu ihm: „Moses. Ich bin Gott, der Herr. Ich sehe, wie mein Volk leidet. Ich will, dass du zum König gehst und ihn bittest, dein Volk fortziehen zu lassen." Natürlich gab der ägyptische König das israelische Volk nicht frei. Da ließ Gott neun Plagen über das Land hereinbrechen, doch der ägyptische König blieb stur. Gott beschloss daher, dass der älteste Sohn einer jeden ägyptischen Familie, egal welchen Alters, sterben sollte. Als der ägyptische König das Unglück seines Volkes sah, ließ er Moses ausrichten: „Zieht fort! Kehrt nie wieder zurück, und dient eurem Gott in einem anderen Land!"

Am nächsten Morgen machten sich die Israeliten auf den Weg nach Kanaan, dem Land, das Gott ihnen versprochen hatte. Auf ihrer langen Reise durch die Wüste erhielt Moses am Berg Sinai die Zehn Gebote von Gott ausgehändigt. Schließlich gelangten sie an die Grenzen zu Kanaan. Moses schickte zwölf Kundschafter [...]. Sie kamen mit der Nachricht zurück: „Kanaan ist ein Land, in dem Milch und Honig fließen, doch die Menschen, die dort leben, sind groß wie Riesen. Sie werden uns nicht in ihr Land einziehen lassen." Nur zwei Kundschafter glaubten noch an Gottes Wort, dass sie dort leben würden. Da wurde Gott zornig und beschloss, die Menschen zu strafen. Er ließ ihnen durch Moses sagen, dass sie weitere vierzig Jahre durch die Wüste ziehen müssten, weil sie Gott nicht vertraut hätten. Keiner von ihnen würde jemals Kanaan betreten – nur ihre Kinder und die beiden Kundschafter.

M2 Abraham soll seinen Sohn opfern

Abraham: eine der zentralen Gestalten im Judentum und Christentum (> S. 221)

Abraham und Sara waren schon alt, doch Gott versprach Abraham, ihm einen Sohn zu schenken. Das Land solle Abrahams Nachkommen gehören. Diese werden sein Volk sein, und er ihr Gott.

Gott hielt Wort. Bald war Sara schwanger, und sie freute sich über alle Maßen. Als das Kind zur Welt kam, waren Abraham und Sara sehr glücklich, denn es war ein Sohn, so wie es Gott versprochen hatte, und sie nannten ihn Isaak.
Gott beschloss, Abraham auf die Probe zu stellen. Er befahl ihm, das größte Opfer zu bringen, das er jemals einem Menschen abverlangt hatte. „Abraham", sprach er, „ich weiß, dass du deinen Sohn über alles liebst. Nun, ich will, dass du Isaak nimmst, zu einem Berg im Land Morija führst und ihn dort als Brandopfer für mich opferst." Obwohl Abraham verzweifelt war, fügte er sich Gottes Willen und brach mit Isaak zu dem besagten Berg auf. Unterwegs fragte Isaak erstaunt: „Vater, wir haben Feuer und Holz für das Opfer, doch wo ist das Lamm, das wir opfern wollen?" „Gott selbst wird für das Lamm sorgen", erwiderte Abraham.
An einem geeigneten Platz errichteten sie einen Altar aus Steinen und stapelten das Holz auf. Dann fesselte Abraham seinen Sohn und legte ihn auf das Holz. Doch als er zu seinem Messer greifen wollte, um Isaak zu töten, hörte er die Stimme Gottes: „Abraham! Abraham! Lass dein Messer fallen. Jetzt weiß ich, dass du mich über alles liebst. Schau dich um!" Und als Abraham die Augen hob, da sah er einen Widder, der sich mit seinen Hörnern in einem Strauch verfangen hatte. Schnell befreite er Isaak von seinen Fesseln. Dann tötete er den Widder und opferte ihn Gott.

M1/M2: nach Geoffrey Marshall-Taylor

M3 Die Geburt Jesu

[1] In jenen Tagen erließ Kaiser Augustus den Befehl, alle Bewohner des Reiches in Steuerlisten einzutragen. [2] Dies geschah zum ersten Mal; damals war Quirinius Statthalter von Syrien. [3] Da ging jeder in seine Stadt, um sich eintragen zu lassen. [4] So zog auch Josef von der Stadt Nazaret in Galiläa hinauf nach Judäa in die Stadt Davids, die Betlehem heißt; denn er war aus dem Haus und Geschlecht Davids. [5] Er wollte sich eintragen lassen mit Maria, seiner Verlobten, die ein Kind erwartete. [6] Als sie dort waren, kam für Maria die Zeit ihrer Niederkunft, [7] und sie gebar ihren Sohn, den Erstgeborenen. Sie wickelte ihn in Windeln und legte ihn in eine Krippe, weil in der Herberge kein Platz für sie war. [8] In jener Gegend lagerten Hirten auf freiem Feld und hielten Nachtwache bei ihrer Herde. [9] Da trat der Engel des Herrn zu ihnen und der Glanz des Herrn umstrahlte sie. Sie fürchteten sich sehr, [10] der Engel aber sagte zu ihnen: Fürchtet euch nicht, denn ich verkünde euch eine große Freude, die dem ganzen Volk zuteil werden soll: [11] Heute ist euch in der Stadt Davids der Retter geboren; er ist der Messias, der Herr. [12] Und das soll euch als Zeichen dienen: Ihr werdet ein Kind finden, das, in Windeln gewickelt, in einer Krippe liegt. [13] Und plötzlich war bei dem Engel ein großes himmlisches Heer, das Gott lobte und sprach: [14] Verherrlicht ist Gott in der Höhe/ und auf Erden ist Friede/bei den Menschen seiner Gnade.

Neues Testament, Lukas 2, 1-14

Messias:
Der Messias ist im Judentum und im Christentum eine Hoffnungsfigur, die die Menschen erlösen soll. Im Unterschied zu den Juden, die die Ankunft des Messias noch erwarten, ist der Messias für die Christen bereits in der Person Jesu Christi angekommen.

AUFGABEN

1. Teilt euch in Dreiergruppen auf. Jeder bzw. jede von euch liest eine der Geschichten und erzählt sie den beiden anderen. Diese schreiben die Geschichten, die sie zu hören bekommen haben, so exakt wie möglich auf. Die schriftlichen Nacherzählungen werden dann von demjenigen bzw. derjenigen korrigiert, der oder die die Geschichte ursprünglich erzählt hat. > M1-M3
2. Begründet, welches religiöse Fest (siehe S. 220f.) sich jeweils von den Geschichten ableitet. > M1-M3
3. Erläutert, was es bedeutet, dass die Feste der drei Religionen auf biblische Geschichten zurückgehen. > M1-M3

Was bedeuten die Zehn Gebote im Judentum?

M1 Die Zehn Gebote

In der Bibel wird erzählt, dass Moses auf dem Berg Sinai die Zehn Gebote von Gott erhalten hat (siehe S. 222, M1). Die Zehn Gebote gelten sowohl für Juden als auch für Christen, wobei im Christentum eine etwas andere Zählweise erfolgt.

Schabbat: (auch: Sabbat) Ruhetag; im Judentum der siebte Wochentag, an dem nicht gearbeitet werden soll

nach 2. Mose 20, 2-17

M2 Wer ist schuld?

Talmud: Tausende von Rabbinern studierten im Laufe der Zeit die heilige Schrift der Juden, die Thora, und schrieben ihre Deutungen auf. Der Talmud ist eine Sammlung ihrer Kommentare zur Thora und damit ein sehr wichtiges Buch des Judentums.

Die Freunde Ben Schwarz und Abe Reich sind zerstritten. Ben behauptet, der Motor seines fast neuen Wagens wäre durch Abes Schuld ruiniert worden. Er fordert deshalb Schadensersatz. Diesen will Reich aber nicht leisten, weil er sich keiner Schuld bewusst ist.

„Was würden Sie vorschlagen, Rabbi, wenn sich zwei Gemeindemitglieder streiten?", fragte Wasserman. „Ich schlage einen *din-tojre* vor, eine Verhandlung, einen Urteilsspruch", erklärte der Rabbi, „denn das ‚Zu Gericht sitzen' gehörte früher zu den Hauptaufgaben des Rabbiners, und er fällte seine Entscheidungen nach dem Talmud". „Damit kämen wir wohl kaum weiter", meinte Schwarz, „weil sich der Talmud nicht mit Autos befasst." „Der Talmud befasst sich mit allem", erklärte der Rabbi. „Selbstverständlich ist im Talmud nicht von Autos die Rede, aber von Schadensersatzpflicht. Bestimmte Gegebenheiten sind zwar in jeder Zeit verschieden, die allgemeinen Grundsätze jedoch nicht."
Bald darauf trafen sich Schwarz und Reich beim Rabbi. „Sie sind der Geschädigte, Mr. Schwarz", sagte der Rabbi. „Ich schlage deshalb vor, Sie berichten uns, was vorgefallen ist." „Wir sind zu fünft zum Skilaufen in die Berge gefahren. Bevor es los-

ging, habe ich mein neues Auto noch getankt und fast zwei Liter Öl aufgefüllt." „Dann ist da ja wohl noch Garantie drauf!?" „Ja, aber kein Händler erkennt die Garantie an, wenn der Schaden aus Fahrlässigkeit des Besitzers entstanden ist. Becker Motors, wo ich den Wagen gekauft habe, ist eine anständige Firma, aber als ich Al Becker damit kam, hat er mich ganz schön abblitzen lassen." „OK, fahren Sie mit Ihrer Schilderung fort", sagte der Rabbi. „Also, Sarah Weizbaum ist bei uns im Wagen mitgefahren, während die Reichs mit ihrem Auto angereist sind. Abe bekam noch am selben Abend hohes Fieber und wollte nach Hause. Mrs. Weizbaum erhielt einen Anruf, eines ihrer Kinder habe einen Unfall gehabt. Daher drängte sie darauf, abzureisen. Abe bot sich an, sie nach Hause zu fahren." „Stimmt das, Mr. Reich?", fragte der Rabbi. „Es war genauso, wie Ben erzählt hat. Ich fuhr mit Mrs. Weizbaum los. Kurz vor Barnard's Crossing blieb der Wagen stehen und ich ließ ihn abschleppen. In der Werkstatt erfuhr ich, dass der Motor nicht mehr zu reparieren ist. Und genau das habe ich Ben mitgeteilt."

Damit war die „Beweisaufnahme" abgeschlossen. Der Rabbi las im Talmud, dachte eine Zeitlang nach und wandte sich dann Ben Schwarz zu. „Nach den Ausführungen im Talmud war Mr. Reich kein Entleiher des Wagens, sondern Ihr Bevollmächtigter. Als Entleiher wäre er haftbar, wenn er Ihnen den Wagen nicht einwandfrei zurückgegeben hätte. Als Ihr Bevollmächtigter musste Mr. Reich aber voraussetzen, dass Ihr Wagen in einem einwandfreien Zustand war. D. h. Sie, Mr. Schwarz, sind für den Zustand des Wagens verantwortlich, es sei denn, Mr. Reich hat fahrlässig gehandelt. – Aber da ist etwas, das ich noch nicht recht verstehe: Wieso braucht ein neuer Wagen gleich zwei Liter Öl?" „Irgendeine Dichtung war defekt. Al Becker sagte, er bringt das bei der nächsten Inspektion in Ordnung; ich könnte inzwischen ruhig weiterfahren." Der Rabbi lehnte sich in seinem Stuhl zurück, las in verschiedenen Büchern des Talmuds und dachte nach. Dann sagte er zu Schwarz: „Sie wussten, dass Ihr Wagen Öl verlor. Da Mr. Reich als Ihr Bevollmächtigter eingesetzt wurde, hätten Sie ihn auf den Ölverlust hinweisen müssen. Da das nicht geschehen ist, ist Mr. Reich von jeder Fahrlässigkeit freizusprechen." „Heißt das, ich muss die Kosten für einen neuen Motor tragen?", fragte Ben Schwarz entsetzt. „Nein. Sie haben einen Wagen gekauft, der Öl verlor und den Schaden sofort dem Hersteller durch seinen Vertreter, Mr. Becker, gemeldet. Weder Mr. Becker noch Sie konnten ahnen, dass sich der kleine Defekt unmittelbar verschlimmern würde." „Dann ist also eigentlich die Fabrik schuld, Rabbi?" „Genau, Mr. Schwarz. Ich behaupte, die Schuld liegt beim Hersteller, und er muss seine Garantie erfüllen."

nach Harry Kemelman

Fahrlässigkeit: auch: fahrlässiges Handeln (Begriff aus der Rechtssprache); fahrlässig handelt z. B., wer im Straßenverkehr nicht so sorgfältig und aufmerksam ist, wie es erforderlich ist

Inspektion: allgemein eine prüfende Tätigkeit, eine Kontrolle (hier des Zustandes des Autos) durch einen Experten

Bevollmächtigter: jemand, der mit dessen Erlaubnis stellvertretend für einen anderen handelt oder entscheidet

AUFGABEN

1 Erläutert jedes Gebot an einem eigenen Beispiel. > M1
2 Erklärt, inwiefern sich die Gebote 1-3 von den Geboten 4-10 unterscheiden. > M1
3 Erläutert die Aufgabe der Gebote und beurteilt, ob die Gebote heute noch wichtig sind. > M1
4 Erklärt, was ein „din-tojre" ist. > M2
plus 5 Beschreibt in eigenen Worten, wie der Rabbi das Auto-Problem löst. > M2
6 Erklärt, inwieweit der Talmud herangezogen werden kann, um Probleme der Gegenwart zu lösen. > M2

Welche moralische Orientierung gibt die Bergpredigt

Orientierung: (geistige) Ausrichtung, Einstellung

rechtschaffen: ehrlich und anständig

M1 Die Bergpredigt

Nach seinem Kreuzigungstod wurde Jesus von Nazareth von seinen Anhängern als Christus (der Gesalbte) bezeichnet und als Sohn Gottes verehrt. Es entstand eine neue Weltreligion, das Christentum. In seinen Predigten wich Jesus stark von den allgemein üblichen Auslegungen der Schriften der jüdischen Tradition ab, wodurch er bei vielen Gläubigen Aufsehen erregte. Er verkündete den Juden auch das nahe Reich Gottes und forderte sie deshalb in seiner Bergpredigt auf, rechtschaffen zu leben.

Tommaso Mastrandea u. a.

M2 Nächstenliebe

Einmal fragte ein gelehrter Mann Jesus nach seiner Meinung zu den Zehn Geboten. Der Gelehrte kannte sich in Überlieferungen der Väter genau aus. Er war sehr darauf bedacht, alle Gebote genau einzuhalten. Mit seiner Frage allerdings wollte er Jesus prüfen. Er dachte: Alle Gebote sind doch gleich wichtig. Wenn ich jetzt nach dem wichtigsten Gebot frage und Jesus eines besonders herausstellt, dann zeigt er damit, dass er über die Gebote nicht richtig nachgedacht hat.

Umgeben von einigen Menschen, mit denen Jesus geredet hatte, fragte der Gelehrte: Lehrer, welches ist das wichtigste Gebot des Gesetzes? Jesus schaute ihn lange an und antwortete dann: Du sollst den Herrn, deinen Gott, lieben von ganzem Herzen, von ganzer Seele und mit all deiner Kraft. Dies ist das höchste und größte Gebot. Das andere aber ist dem gleich: Du sollst deinen Nächsten lieben wie dich selbst.

Frank-Christian Raatz

M3 Die Bergpredigt heute

„Wenn Ihr Land und das meinige aufgrund der Lehren zusammenkommen, die von Christus in der Bergpredigt niedergelegt wurden, werden wir die Probleme gelöst haben, nicht nur diejenigen unserer Länder, sondern auch die der ganzen Welt."

Mahatma Gandhi

„Der Geist des Friedens will von unsern Herzen Besitz nehmen. Wer es im Ernst unternimmt, ihm Gehorsam zu leisten, wird etwas von Jesu Seligpreisung der Friedfertigen erleben."

Albert Schweitzer

„Je älter ich werde, desto mehr bin ich davon überzeugt: Diese Welt wird auch in ihren Machtstrukturen nur überleben, wenn sie sich Schritt für Schritt den Grundwerten der Bergpredigt annähert."

Heinrich Albertz

„Die großen Konflikte der Zeit wären lösbar, wenn wir Menschen die Kraft fänden, persönlich und politisch gemäß der Bergpredigt zu handeln."

Richard von Weizsäcker

Mahatma Gandhi: indischer Freiheitskämpfer und Verfechter des gewaltfreien Widerstandes (1869-1948)

Albert Schweitzer: deutsch-französischer evangelischer Theologe, Musiker, Arzt und Philosoph (1875-1965); erhielt den Friedensnobelpreis 1952

Heinrich Albertz: deutscher evangelischer Theologe und SPD-Politiker (1915-1993); war 1966-1967 Regierender Bürgermeister von Berlin

Machtstrukturen: Art der Machtverteilung

Richard von Weizsäcker: deutscher CDU-Politiker (1920-2015); war 1981-1984 Regierender Bürgermeister von Berlin und 1984-1994 Bundespräsident der Bundesrepublik Deutschland

Konflikt: Auseinandersetzung

Werte > Ethik-Glossar

AUFGABEN

1. Arbeitet die moralischen Werte der Bergpredigt heraus. > M1
2. Diskutiert und beurteilt die Aussage „Dieser Mann ist ohne Verstand." > M1
3. Erkläre, wie sich die Gebote der Gottesliebe und Nächstenliebe zu den Zehn Geboten (siehe S. 224, M1) verhalten. > M2
4. Formuliere eine kurze Stellungnahme zur Bedeutung der Bergpredigt heute. Beziehe dich dabei auf eine der Aussagen. > M3

Welche moralischen Pflichten haben Muslime?

Kodex: Sammlung von Gesetzen, Vorschriften

M1 Der islamische Pflichtenkodex

Der Koran ist die heilige Schrift des Islams und gilt als Gottes unmittelbares, unveränderliches und ewigen Bestand habendes Wort. Deshalb wird der Koran in der gesamten muslimischen Welt mit größter Ehrfurcht behandelt.

Weil der Koran auf Arabisch verfasst ist, wird er von rechts nach links und von hinten nach vorne gelesen. Er ist in 114 Kapitel unterteilt, die sogenannten Suren. Sie sind nicht inhaltlich oder chronologisch geordnet, sondern der Länge nach: Die längsten Suren, mit Ausnahme der kurzen Eingangssure, stehen am Anfang, die kurzen hinten.

Die Texte des Koran geben in schriftlicher Form die wortwörtlichen Offenbarungen wieder, die Mohammed durch den Engel Gabriel von Gott in Mekka und Medina empfangen hat. Mohammed selbst hat diese Offenbarungen nie aufgeschrieben. Die Verse wurden erst nach seinem Tod schriftlich festgehalten und zum Koran zusammengefasst.

nach Andrea Fischer

Im Namen des barmherzigen und gnädigen Gottes.
Setz nicht dem einen Gott einen anderen Gott zur Seite.
Und dein Herr hat bestimmt, dass ihr ihm allein dienen sollt.
Und zu den Eltern sollst du gut sein.
Und gib dem Verwandten, was ihm zusteht, ebenso dem Armen und dem, der unterwegs ist.
Und tötet nicht eure Kinder aus Furcht vor Verarmung.
Und tötet niemand, den Gott zu töten verboten hat.
Und lasst euch nicht auf Unzucht ein.
Und tastet das Vermögen der Waise nicht an.
Und erfüllt die Verpflichtung, die ihr eingeht.
Und gebt, wenn ihr zumesst, volles Maß und wägt mit der richtigen Waage.
Und geh nicht einer Sache nach, von der du kein Wissen hast.
Und schreite nicht ausgelassen auf der Erde einher. *Sure 17, 22-38*

Aus euch soll eine Gemeinschaft (von Gläubigen) entstehen, die zum Guten aufrufen, das Rechte gebieten und das Verwerfliche verbieten. Das sind die, denen es wohl ergeht. *Sure 3, 104*

O ihr, die ihr glaubt, tretet für Gott ein und legt Zeugnis für die Gerechtigkeit ab. Und der Hass gegen bestimmte Leute soll euch nicht dazu verleiten, nicht gerecht zu sein. *Sure 5, 8*

Helfet einander zur Rechtschaffenheit und Gottesfurcht und helfet einander nicht zur Sünde und Feindschaft. *Sure 5, 3*

Und wenn sie sich dem Frieden zuneigen, dann neige auch du dich ihm zu. *Sure 8, 61*

Hast du den gesehen, der das Gericht für Lüge erklärt? Das ist der, der die Waise zurückstößt und nicht zur Speisung des Bedürftigen anhält. Wehe den Betenden, die auf ihr Gebet nicht achtgeben, die nur gesehen werden wollen und die Hilfeleistung verwehren. *Sure 107, 1-7*

So meidet den Gräuel der Götzen und meidet die falsche Aussage. *Sure 22, 30*

Die Almosen gehören nur den Armen und Bedürftigen und denen, welche sich mit deren Austeilung befassen, und denen, deren Herz sich bekehrt hat, und sie dienen zur Auslösung der Gefangenen und für die, welche ihre Schulden nicht bezahlen können, und für die Förderung der Religion Allahs, und für den Wanderer. *Sure 9, 60*

Götzen: abwertende Bezeichnung für einen der eigenen Religion fremden Gott, oft auch gebraucht für allgemeine Dinge, die zu wichtig genommen werden

Almosen: Gabe aus Mitgefühl an einen Bedürftigen, ohne dass eine Gegenleistung erwartet wird. Im Islam ist es die Pflicht jedes Gläubigen, Almosen zu geben, es sei denn, er hat selbst nur das Nötigste zum Leben.

M2 Der Koran im Gespräch mit sich selbst

O ihr, die ihr glaubt, steht fest in Gerechtigkeit, wenn ihr vor Allah Zeugen seid, und nicht verführe euch Hass gegen Leute zur Ungerechtigkeit. *Sure 5, Vers 11*

Es sei kein Zwang im Glauben. Klar ist nunmehr unterschieden das Rechte vom Irrtum; und wer den Taghut [die Götzen der heidnischen Araber] verleugnet und an Allah glaubt, der hält sich an der stärksten Handhabe, in der kein Spalt ist; und Allah ist hörend und wissend. *Sure 2, Vers 257*

Und wenn ihr die Ungläubigen trefft, dann herunter mit dem Haupt, bis ihr ein Gemetzel unter ihnen angerichtet habt; dann schnüret die Bande [nehmt die übrigen gefangen und fesselt sie]. *Sure 47, Vers 4*

Sie wünschen, dass ihr ungläubig werdet, wie sie ungläubig sind, und dass ihr (ihnen) gleich seid. Nehmet aber keinen von ihnen zum Freund, ehe sie nicht auswanderten in Allahs Weg. Und so sie den Rücken kehren [der Aufforderung zum Islam nicht entsprechen], so ergreifet sie und schlagt sie tot, wo immer ihr sie findet; und nehmet keinen von ihnen zum Freund oder Helfer. *Sure 4, Vers 91*

M3 Der Koran heute

Wie kann man den Koran als Offenbarung ernst nehmen, ohne seine doch zum Teil offenkundig veralteten Vorschriften heute anwenden zu müssen? Dies war die Ausgangsfrage für den muslimischen Theologen Fazlur Rahman, der ein dreischrittiges Vorgehen vorschlägt:

Um den Koran zu verstehen, müsse man ihn im Kontext der Zeit seiner Verkündigung auslegen. Der erste Schritt ist also die Rückkehr in die Offenbarungszeit. Man muss versuchen zu verstehen, was die Aussagen des Koran zur Zeit Mohammeds bedeutet haben.

Der zweite Schritt besteht darin, die den Einzelregelungen zugrunde liegenden allgemeingültigen ethischen Prinzipien zu erschließen. Drittens folgt der Schritt in die Gegenwart. Es muss herausgearbeitet werden, was diese Prinzipien in der heutigen Zeit bedeuten.

Eine solche Methode macht es möglich, den Koran ernst zu nehmen, ohne ihn sklavisch zu befolgen. Dann geht es eben nicht mehr ums Hände-Abschlagen bei Diebstahl (Sure 5, 38), sondern darum, dass der Respekt vor dem Eigentum anderer wichtig ist.

nach Felix Körner

Prinzip: Regel, Richtschnur (Plural: Prinzipien)

Respekt: Achtung, die man etwas oder jemandem schuldet

AUFGABEN

1. Formuliert die in den Suren enthaltenen Gebote und Verbote mit eigenen Worten in Form eines Gruppenpuzzles. > M1
2. Vergleicht den islamischen Pflichtenkatalog mit den Zehn Geboten (siehe S. 224, M1). Haltet wichtige Gemeinsamkeiten und Unterschiede in einer Tabelle fest. > M1
3. Stellt dar, was euch im Gespräch des Korans mit sich selbst auffällt. > M2
4. Beschreibt, wie ihr euch die (vermeintliche) Widersprüchlichkeit der Aussagen erklärt. > M2
5. Erläutert in eigenen Worten die von Fazlur Rahman vorgeschlagene Methode zur Auslegung des Korans. > M3
6. Wendet die vorgeschlagene Methode auf Sure 24,2 an, in der es heißt, dass Ehebrecher mit 100 Schlägen gegeißelt werden sollen. Arbeitet das ethische Prinzip heraus, das hier gemeint sein könnte. > M3

Gibt es eine „richtige" Religion?

Monotheismus: religiöse Verehrung ausschließlich eines Gottes

M1 Die drei monotheistischen Religionen

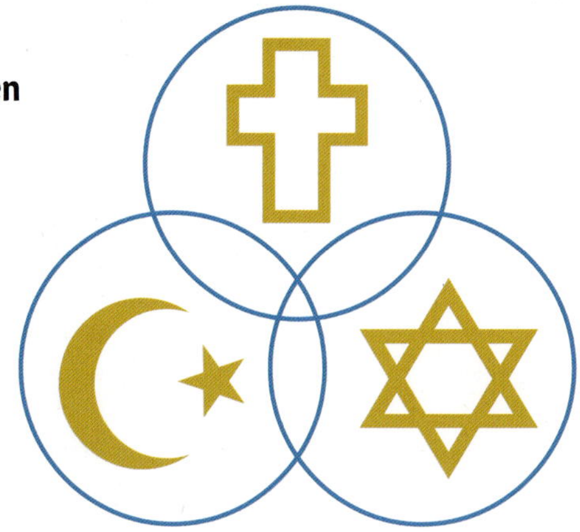

Gleichnis: Vergleich in dichterischer Sprache. Das Gleichnis dient dem Zweck, dem Leser oder Zuhörer eine Lehre mit Hilfe von Bildern und Symbolen zu verdeutlichen. Die bekanntesten Gleichnisse stammen im westlichen Kulturkreis aus der Bibel, z. B. das Gleichnis vom verloren Sohn, das Jesus erzählt, um seinen Zuhörern auf anschauliche Weise die unendliche Güte Gottes zu erklären.

M2 Das Gleichnis von den drei Ringen

Welche der drei monotheistischen Religionen ist die einzig wahre? Auf diese Frage antwortet das berühmte Gleichnis von den drei Ringen.

Vor vielen Jahren lebte ein Mann, der besaß einen Ring von unschätzbarem Wert. Der Stein war ein Opal, der in hundert Farben schimmerte. Diesem Ring nun wohnte eine geheime Kraft inne, nämlich dass er jeden, der ihn in diesem Glauben trug, vor Gott und den Menschen angenehm machte. Der Mann, der Besitzer des Rings, hinterließ diesen seinen kostbarsten Besitz dem Sohn, der ihm der liebste war, und verfügte in seinem Testament, dass dieser ihn wiederum seinem liebsten Sohn vermachen solle. Nicht dem ältesten, nicht dem klügsten, nicht dem stärksten, nein, dem, der ihm am liebsten war, und dieser Sohn sollte Oberhaupt der Familie werden. […]

Auf diese Art wurde der Ring von einem geliebten Sohn auf den nächsten vererbt, […] bis er schließlich an einen Mann geriet, der drei Söhne hatte, die ihm gleich lieb waren. Sobald er mit einem seiner Söhne zusammen war, wuchs seine Liebe ins Unermessliche und schwächte seine Vernunft so sehr, dass er im Lauf der Zeit jedem einzelnen Sohn insgeheim den Ring versprochen hatte. Als er alt wurde und spürte, dass seine Zeit bald zu Ende ging, tat ihm das Herz weh bei dem Gedanken, zwei seiner Söhne enttäuschen zu müssen. Deshalb ließ er heimlich einen Künstler kommen und beauftragte ihn, zwei Ringe herzustellen, die dem echten so sehr glichen, dass niemand sie unterscheiden könne. So geschah es. Sogar der Vater konnte nicht mehr erkennen, welcher Ring der echte war. Und als seine letzte Stunde nahte, rief er seine Söhne einzeln zu sich, den ältesten, den mittleren, den jüngsten, segnete einen jeden und gab ihm einen Ring. Dann starb er. […]

Nach seinem Tod zeigte jeder der drei Söhne seinen Ring vor, jeder behauptete, den rechten zu haben. Sie stritten, sie riefen Gott als Zeugen an, aber alles war vergebens. Die drei Ringe sahen vollkommen gleich aus. […] Die Söhne zogen vor den Richter, und jeder schwor, den Ring von seinem Vater persönlich bekommen zu haben, kurz vor seinem Tod, zusammen mit seinem Segen. […] Er war ein weiser Richter. Er sprach: „Ich bin nicht dazu da, um Rätsel zu lösen. Da ihr alle drei keine Zeugen bringen könnt und jeder den anderen beschuldigt, steht eine Aussage gegen die andere. Aber soll der rechte Ring nicht die Kraft besitzen, seinen Träger vor Gott und den Menschen angenehm zu machen? Nun denn, das wird das Rätsel wohl lösen. Wen lieben zwei von euch am meisten? Der muss dann doch der Besitzer des echten Rings sein."

Die zerstrittenen Söhne schwiegen und sahen sich betreten an, und der Richter sagte: „Keiner der Ringe macht seinen Besitzer angenehmer als die beiden anderen? So ist also keiner der Ringe echt? Vielleicht ist der echte ja verloren gegangen, und euer Vater ließ, um den Verlust zu verbergen, drei gleiche Ringe anfertigen. [...] Ich gebe euch einen Rat, kein Urteil. Nehmt die Sache, wie sie ist. Soll jeder glauben, er sei im Besitz des echten Rings. Denn eines steht fest, euer Vater hat euch geliebt, alle drei. Seid dankbar für diese Liebe, und bemüht euch, den Beweis für die Echtheit eures Rings zu erbringen, indem ihr sanftmütig und verträglich seid und nach guten, gottgefälligen Werken strebt. Ich lade euch wieder vor diesen Richterstuhl, in tausend Jahren. Dann sitzt hier vielleicht ein weiserer Richter, als ich einer bin."

Mirjam Pressler

M3 Ein weiser Erzähler

Die Geschichte von den drei Ringen wird von einem Juden namens Nathan erzählt. Er erzählt sie dem Sultan Saladin, einem gläubigen Muslim, der Nathan die Frage nach der wahren Religion gestellt hat.

Saladin runzelte die Stirn: „[...] Deine Geschichte von den drei Ringen hat einen Haken, [...] die drei Religionen unterscheiden sich sehr deutlich voneinander, vom Gottesdienst bis hin zu den Speisegesetzen." „Aber sie unterscheiden sich nicht im Wichtigsten, antwortete Nathan, im Glauben an Gott, der Himmel und Erde geschaffen hat, und in seinem Gebot, die Menschen zu lieben und Gutes zu tun. Alles andere, die Gebete, die Speisevorschriften, die Traditionen, sind nur Überlieferung, sind Geschichten." [...] „Und welche der Geschichten ist wahr?" [...] „Woher soll man das wissen, großer Sultan? Ich bin Jude, ich glaube meinen Vätern [...]. Du glaubst deinen [...]. Wie könnte ich meinen Vätern weniger glauben als deinen? Oder umgekehrt? Das gilt natürlich auch für den Christen." [...] Saladins Gesichtsausdruck veränderte sich. Erst war er zornig, dann hoben sich seine Mundwinkel und ein Lächeln breitete sich auf seinem Gesicht aus. „Nathan, man nennt dich wahrlich nicht umsonst den Weisen", sagte er langsam.

nach Mirjam Pressler

Traditionen: (hier) Bräuche, Gewohnheiten

AUFGABEN

1 Beschreibe das Bild zu den drei Religionen und erläutere seine Aussage. > M1

2 Bildet Gruppen und spielt das Gleichnis nach. > M2

3 Lest noch einmal den Rat des Richters am Ende der Geschichte. Formuliert die Lehre des Gleichnisses in eigenen Worten und erläutert sie. Nutzt dafür auch das Bild. > M1/M2

4 Zeichnet das Bild auf ein Plakat. Tragt die Unterschiede und die Gemeinsamkeiten der Religionen, die Saladin und Nathan nennen, in das Bild ein. > M1/M3

5 Tragt weitere Begriffe in das Bild (siehe Aufgabe 4) ein, a) die nur für eine Religion typisch sind, b) die zwei Religionen verbinden, c) die alle drei Religionen gemeinsam haben. > M1/M3

6 Schreibe einen Artikel für die Schülerzeitung zur Frage „Gibt es eine ‚richtige' Religion?" > M1-M3

plus 7 Lest den Roman „Nathan und seine Kinder" von Mirjam Pressler und haltet in eurer Klasse ein Referat über diesen Roman.

Gehen Moral und Religion Hand in Hand?

Moral, Werte
> Ethik-Glossar

Slogan: Werbeschlagzeile, einprägsam formulierte Redewendung

M1 „Werte brauchen Gott"

„Werte brauchen Gott": Dieser Slogan kann unterschiedlich gedeutet werden. Eine mögliche Deutung geht so: Die moralischen Werte, an denen wir unser ethisches Denken und Handeln orientieren sollen, sind fest mit einer Religion verbunden, z. B. mit dem Judentum, dem Christentum oder dem Islam. Nur wenn man in eine solche Religion hineinwächst, lernt man moralische Werte wirklich gut kennen und sieht ein, wie wichtig sie sind. Deshalb braucht man eine Religion, um moralische Werte für sich zu entdecken und nach ihnen zu handeln.

Anlässlich der Einführung des Pflichtfachs Ethik an den Berliner Oberschulen starteten die Evangelischen Berliner Kirchenkreise 2006 die Kampagne „Werte brauchen Gott". Sie wollten sich dafür einsetzen, dass Schülerinnen und Schüler zwischen dem Besuch des Ethikunterrichts und dem Besuch des Religionsunterrichts entscheiden können sollten.

Kampagne: zeitlich befristete Aktion oder Maßnahmen, Tätigkeiten mit einem bestimmten Ziel

Atheist: jemand, der nicht an Gott/Götter glaubt

universell: allgemein gültig

caritativ: mildtätig, von Nächstenliebe bestimmt

Engagement: persönlicher Einsatz für etwas

M2 Stellungnahme eines Atheisten

Man muss nicht an Gott glauben, um ein ethischer Mensch zu sein. [...] Der Mensch kann erkennen, was gut und was schlecht ist: Es ist beispielsweise gut, hilfsbereit zu sein. Das, was gut ist, ist universell und für jeden Menschen einzusehen, auch ohne Gott. [...] Es gibt auch viele Sachen, die Kirchen und andere religiöse Gruppen [...] überall auf der Welt anstoßen, z. B. das caritative Engagement oder die Fürsorge an Menschen in extremen Situationen wie Trauerfällen. Da spielt Religion eine entscheidende, positive Rolle. Dann ist man als Atheist immer in einer schwierigen Rolle: Man sieht, dass Religion Menschen dazu bringt, ethisch zu sein und findet das gut. Auf der anderen Seite würde man sich wünschen, dass die Menschen es schaffen, auch ohne ein Buch, das 2000 Jahre alt ist, ethisch zu leben.

nach Jon Worth

M3 Wie man mit religiösen Vorschriften am besten (nicht) umgeht

Viele religiöse Menschen meinen, es reicht, Gottes Gebote zu befolgen. Sie möchten eines Tages vor ihrem Gott stehen und dann sagen können: „Ich tat das, was du sagtest, ich folgte deinen Vorschriften." Aber ist das eigentlich eine gute Ethik? Hängt das nicht davon ab, welche Vorschriften man befolgt? […] In der Bibel steht, dass man Steine auf ungehorsame Kinder werfen soll. Aus den Berichten über Mohammed erfährt man, dass man die Menschen, die den Islam verlassen, köpfen soll. Aber sollte man solche Vorschriften befolgen? Sie sind ja böse und unterdrückerisch. Nicht alle religiösen Vorschriften werden befolgt – nicht einmal von den Anhängern der Religion selbst. Das ist nicht so merkwürdig. Denn auch wenn manche der Vorschriften ganz gut sind, sind andere sehr eigenartig.

Wie entscheiden die Anhänger einer Religion aber nun, welche Vorschriften sie befolgen sollen und welche nicht? Sie machen es genau wie die Nichtgläubigen! Sie benutzen ihren gesunden Menschenverstand und hören auch auf das, was andere Menschen meinen. *Patrik Lindenfors*

TIPP
Die Bibelstelle, auf die Patrik Lindenfors Bezug nimmt ist 5. Mose 21, 18-21. Schlagt sie nach und besprecht sie.

M4 Das Grundbedürfnis des Menschen nach Ethik

Nach meiner Überzeugung können Menschen zwar ohne Religion auskommen, aber nicht ohne innere Werte, nicht ohne Ethik. Der Unterschied zwischen Ethik und Religion ähnelt dem Unterschied zwischen Wasser und Tee.

Ethik und innere Werte, die sich auf Religion stützen, sind eher wie Tee. Der Tee, den wir trinken, besteht zum größten Teil aus Wasser, aber er enthält noch weitere Zutaten […], und das macht ihn gehaltvoller, nachhaltiger und zu etwas, das wir jeden Tag haben möchten. Aber unabhängig davon, wie der Tee zubereitet wird: Sein Hauptbestandteil ist immer Wasser. Wir können ohne Tee leben, aber nicht ohne Wasser. Und genau so werden wir zwar ohne Religion geboren, aber nicht ohne das Grundbedürfnis nach Mitgefühl – und nicht ohne das Grundbedürfnis nach Wasser.

Ich sehe immer deutlicher, dass unser spirituelles Wohl nicht von der Religion abhängig ist, sondern der uns angeborenen menschlichen Natur, unserer natürlichen Veranlagung zu Güte, Mitgefühl und Fürsorge für andere entspringt. Unabhängig davon, ob wir einer Religion angehören oder nicht, haben wir alle eine elementare und menschliche ethische Urquelle in uns. Dieses gemeinsame ethische Fundament müssen wir hegen und pflegen. *nach Dalai Lama*

spirituell: geistig

Fundament: Grund, Grundlage; auch: Unterbau, Sockel (z. B. bei einem Haus)

AUFGABEN

1 Betrachte nur das Bild. Erkläre in eigenen Worten, wie du den Slogan „Werte brauchen Gott" verstehst. > M1

2 Erklärt die Deutung des Slogans „Werte brauchen Gott". Vergleicht diese Deutung mit euren eigenen Erklärungen. > M1

3 Vergleicht die Auffassungen zum Zusammenhang von Ethik und Religion miteinander und haltet die wichtigsten Unterschiede und Gemeinsamkeiten in einer Übersicht stichwortartig fest. > M1-M4

4 Wähle einen Text aus, dem du nicht zustimmen kannst oder den du problematisch findest. Schreibe an den Autor dieses Textes einen Brief, in dem du deine Kritik bzw. deine Bedenken darlegst. > M1-M4

plus 5 Recherchiert Personen oder Gruppen aus Vergangenheit und Gegenwart, die entweder aus religiösen Motiven oder aus anderen, nichtreligiösen Gründen moralisch gut gehandelt haben. Stellt euch diese Personen und ihre Taten in der Klasse gegenseitig vor.

Wie kann ich Texte besser verstehen?

Methodenkompetenz: Texte lesen und verstehen

Sachtexte sind oft schwer zu verstehen. Das gilt besonders für wissenschaftliche und philosophische Texte, wie du sie auch in „Abenteuer Ethik" kennen lernst. Sachtexte vermitteln Informationen und stellen Sachverhalte dar. In philosophischen Texten geht es um philosophische Fragestellungen und Probleme, zu denen der Autor eine bestimmte Auffassung hat, die er im Text darstellt. Dabei spielen Argumente eine wichtige Rolle.

Um **Sachtexte allgemein** besser zu verstehen, gehst du am besten folgendermaßen vor:

1. Lies den Text aufmerksam durch und markiere am Rand die Stellen, die du nicht verstehst.
2. Beim zweiten Lesen schreibst du dir die Begriffe oder Gedanken heraus, die dir wichtig erscheinen. Hast du alle Wörter verstanden? Wenn nicht, schlage dir unbekannte Begriffe nach. Verstehst du alle Zusammenhänge? Wenn nicht, lies die entsprechenden Textstellen noch einmal, eventuell auch ein drittes Mal.
3. Nun kannst du auf verschiedene Art mit dem Text umgehen:
   - Gliedere den Text in Abschnitte und versieh jeden Abschnitt mit einer Überschrift.
   - Fasse den Inhalt jedes Abschnitts kurz in eigenen Worten zusammen.

Oftmals und besonders **bei philosophischen Texten** kannst du noch weiter fragen:

4. W-Fragen sind wichtig:
   - Was denkt der Autor? Was ist seine Überzeugung?
   - Wie stellt er seine Gedanken, seine Auffassung dar? Benutzt er Beispiele, Argumente?
   - Warum schreibt er diesen Text? Was ist seine Absicht?
5. Zum Schluss kannst du den (philosophischen) Text kritisch lesen und dir z. B. folgende Fragen stellen: Behandelt er Themen oder Probleme, die für dich wichtig sind? Gibt er eine Antwort auf deine Fragen? Überzeugt dich diese Antwort?

Wörter, die du nicht verstehst, werden markiert (z. B. unterstrichen) und nachgeschlagen

authentisch: echt, gesichert, wahr, glaubwürdig

Allah: Gott

zentral: sehr wichtig, sehr bedeutend, entscheidend

...

M1 Der Koran

Alle Muslime auf der Welt lernen den Koran in der arabischen Originalsprache. Denn nur in der Ursprache gilt er als das authentische Wort Allahs, das durch die menschliche Stimme unmittelbar und unverändert zum Ausdruck kommt.

Das erhabenste Zeichen Gottes

Für gläubige Muslime ist der Koran das erhabenste Zeichen Gottes im Universum und deshalb auch das zentrale Dokument der islamischen Kultur: Aus dem Koran wird in Radio und Fernsehen vorgelesen. Koranverse finden sich als Wandschmuck in Privathäusern, als Spruchbänder auch in Bussen und Autos. Muslime rezitieren den Koran bei ihren täglichen Gebeten, Kinder hören Passagen zu Beginn des Schulunterrichtes, er steht am Anfang von Hochzeiten und Beerdigungen, bei Vorträgen und Geschäftsessen. Zu Hause im Bücherregal steht er an erhöhter Stelle, und in muslimischen Buchhandlungen werden Koranexemplare nicht „verkauft", sondern man gibt eine angemessene „Spende" für den Band.

Gliederung: Suren der Länge nach geordnet

Für Nichtmuslime ist der Koran allerdings verwirrend: Gebete und rituelle Anweisungen, Glaubensermahnungen und ethische Grundsätze, Prophetengeschichten, Gleichniserzählungen und Anweisungen für die Auseinandersetzung mit Andersgläubigen wechseln einander ohne erkennbaren Zusammenhang ab. Denn die Suren des Koran sind nicht chronologisch (zeitlich) oder thematisch, sondern einfach der Länge nach geordnet – von der längsten Sure 2 mit 286 Versen (Die Eröffnungssure 1 gilt als Ausnahme) bis zur kürzesten Sure 108 mit drei Versen. Dies ermöglicht es, den Text an jeder beliebigen Stelle aufzuschlagen, mit dem Vortrag des Abschnittes zu beginnen, ihn gemeinsam mit anderen auswendig zu lernen und sich über das Verstehen seiner Inhalte auszutauschen.

Textabschnitte versiehst du mit Überschriften

M2 Religion und Ethik

In den letzten Jahren wurde mir immer deutlicher, dass die Welt, in der wir leben, nur dann eine Chance zum Überleben hat, wenn in ihr nicht länger unterschiedliche oder sogar sich bekämpfende moralische Überzeugungen / Ethiken existieren. Diese Welt braucht verbindende und verbindliche Normen und Werte. Und ich bin der Überzeugung, dass die Religionen einen Beitrag dazu leisten können, denn sie haben – trotz aller Unterschiede – zahlreiche Gemeinsamkeiten. Gewiss sind sich die Religionen dieser Welt in Bezug auf Fragen der Lebensführung keineswegs einig. Die von ihnen vertretenen moralischen Normen sind verschieden, zum Teil sogar widersprüchlich. Trotz solcher Unterschiede gibt es aber ein gemeinsames Fundament, das alle Religionen teilen. Allen Religionen geht es letztlich um das Wohl des Menschen, und alle Religionen stellen ethische Grundnormen, die dazu dienen sollen, dieses Wohl zu erreichen. In fünf großen Geboten sind sich alle großen Weltreligionen einig: 1. nicht töten; 2. nicht lügen; 3. nicht stehlen; 4. nicht Unzucht treiben; 5. die Eltern achten und die Kinder lieben. Das mag manchen trivial erscheinen; für viele Situationen, die uns im modernen Leben begegnen, scheinen damit noch keine hinreichenden Anweisungen für moralisches Handeln gegeben zu sein. Aber die Gemeinsamkeit der Religionen in ethischen Fragen geht noch weiter. Alle Religionen fordern nämlich so etwas wie eine *Goldene Regel*, die besagt, dass man das, was man selbst nicht wünscht, anderen nicht antut bzw. andere so behandelt, wie man selbst behandelt werden möchte. Diese Regel stellt eine oberste Norm dar, die für alle Handlungen leitend ist, ein unbedingtes Prinzip, das nicht von Fall zu Fall, sondern immer und überall gilt. Sie kann ein Fundament darstellen, auf dem sich ein gemeinsames Weltethos begründen lässt.

nach Hans Küng

AUFGABEN

1. Lies den Text M1 und vervollständige die Schritte der Methodenanleitung. Schlage hierfür weitere unbekannte Begriffe nach und fasse den Inhalt der einzelnen Abschnitte in eigenen Worten zusammen. > M1
2. Erarbeite den Text über Religion und Ethik nach der allgemeinen Methodenanleitung für Sachtexte (1. bis 3.). > M2
3. Stelle weiterführende Fragen an den Text M2 (Methodenanleitung 4. und 5.). > M2

Woher kommt die Welt?

M1 Reisen mit der Zeitmaschine

Zeitmaschine aus dem Film Time Machine (1960) von George Pal

aktivieren: in Gang setzen

Anfang: Entstehung, Ursprung, Beginn

Stell dir vor, du hättest eine Maschine, mit der man in die Vergangenheit reisen könnte. Nur ein paar Jahre oder auch ganz weit zurück – so weit, wie du es eben möchtest. Mit einem kleinen Hebel ließe sich bestimmen, ob die Maschine dich ein Jahr, zehn Jahre oder sogar 100 Jahre in die Vergangenheit mitnimmt. Du könntest zum Beispiel deine Eltern in ihrer Kindheit besuchen und sehen, wie sie mit ihren Eltern klarkamen. Vielleicht möchtest du auch gerne deine Ururgroßeltern kennenlernen. Alles möglich: ein kleiner Zug am Hebel und das Rad der Zeit fängt an, sich zurückzudrehen.

Seine eigenen Vorfahren kennenzulernen wäre schon toll. Aber wäre nicht auch ein Besuch bei den Rittern aufregend? Oder sogar bei den alten Römern? Schließlich wolltest du immer schon mal einen richtigen Gladiatorenkampf sehen. Etwas Schlimmes zustoßen könnte dir in der Maschine natürlich nicht, du müsstest nur rechtzeitig den Unsichtbarkeits-Schutzmodus aktivieren. Vielleicht solltest du noch ein wenig weiter gehen. Warum nicht einmal einen lebenden Säbelzahntiger oder gar Dinosaurier sehen? Dann würde deiner Karriere als echter Kenner von Vorzeit-Tieren oder als größter Dinosaurier-Forscher aller Zeiten nichts mehr im Wege stehen! Aber was wäre, wenn du den Schalter bis ganz an den Anfang zurückschiebst? An den Anfang der Welt?

M2 Woher kommt die Welt?

Im Roman „Sofies Welt" von Jostein Gaarder erhält die 15-jährige Sofie Amundsen geheimnisvolle Briefe. An einem Tag enthält der Umschlag im Briefkasten einen weißen Zettel, auf dem eine einzige Frage steht:

„Woher kommt die Welt?" [...]

Keine Ahnung, dachte Sofie. So was weiß ja wohl niemand! Und trotzdem – Sofie fand diese Frage berechtigt. Zum ersten Mal in ihrem Leben dachte sie, dass es fast unmöglich war, auf einer Welt zu leben, ohne wenigstens zu fragen, woher sie stammte. [...]

„Woher stammt die Welt?"

Nein, das wusste sie wirklich nicht. Sofie wusste natürlich, dass die Welt nur ein kleiner Planet im riesigen Weltraum war. Aber woher kam der Weltraum? Es war natürlich denkbar, dass der Weltraum immer schon da gewesen war; dann brauchte sie auch keine Antwort auf die Frage zu finden, woher er gekommen war. Aber konnte etwas denn ewig sein? Irgendetwas in ihr protestierte dagegen. Alles, was existiert, muss doch einen Anfang haben. Also musste irgendwann der Weltraum aus etwas anderem entstanden sein. Aber wenn der Weltraum plötzlich aus etwas anderem entstanden war, dann musste dieses andere ebenfalls irgendwann aus etwas anderem entstanden sein. Sofie begriff, dass sie das Problem nur vor sich hergeschoben hatte. Schließlich und endlich musste irgendwann irgendetwas aus null und nichts entstanden sein. Aber war das möglich? War diese Vorstellung nicht ebenso unmöglich wie die, dass es die Welt immer schon gegeben hatte?

M3 Sofies Problem

Im Religionsunterricht lernten sie, dass Gott die Welt erschaffen hatte, und Sofie versuchte jetzt, sich damit zufriedenzugeben, dass das trotz allem die beste Lösung für dieses Problem war. Aber dann fing sie wieder an zu denken. Sie konnte gern hinnehmen, dass Gott den Weltraum erschaffen hatte, aber was war mit Gott selber? Hatte er sich selbst aus null und nichts erschaffen? Wieder protestierte etwas in ihr. Obwohl Gott sicher alles Mögliche erschaffen konnte, konnte er sich ja wohl kaum selber schaffen, ehe er ein „Selbst" hatte, mit dem er erschaffen konnte. Und dann gab es nur noch eine Möglichkeit: Gott gab es schon immer. Aber diese Möglichkeit hatte sie doch schon verworfen. Alles, was existierte, musste einen Anfang haben. „Verflixt!"

M2/M3: Jostein Gaarder

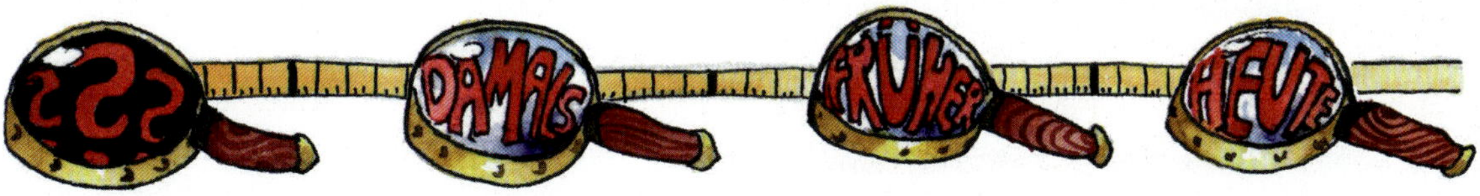

AUFGABEN

1 Beschreibe, was man mit einer Zeitmaschine machen kann. > M1
2 Seit sehr langer Zeit träumen Menschen davon, eine Zeitmaschine bauen zu können. Nennt mögliche Gründe dafür, warum Menschen einen solchen Traum haben. > M1
3 Führe das Gedankenexperiment einer Reise an den Anfang der Welt durch. Gestalte ein Bild, auf dem zu sehen ist, wie du dir diesen Anfang der Welt vorstellst. > M1
4 Stellt euch gegenseitig eure Bilder vor, und entwerft dann gemeinsam ein Bild, auf dem die Welt *vor* ihrem Anfang zu sehen ist. > M1
5 Untersucht Sofies Gedankengang, indem ihr die einzelnen Gedankenschritte auflistet. > M2
6 Formuliert eine Antwort auf die letzte Frage von Sofie. > M2
7 Ergänzt eure Auflistung von Sofies Gedankenschritten, und erläutert anhand dieser Übersicht, worin Sofies Problem besteht. > M3
plus 8 Erkläre in eigenen Worten, wie du den folgenden Satz des Philosophen Immanuel Kant verstehst: „Der Anfang ist ein Dasein, vor welchem eine Zeit vorhergeht, darin das Ding, welches anfängt, noch nicht war."

Immanuel Kant
> Ethik-Glossar

Wie erklären Mythen die Welt?

Schöpfungsmythos: Erzählung aus der Frühzeit eines Volkes von der Entstehung der Götter, der Welt und des Menschen

Parasit: Lebewesen, das aus dem Zusammenleben mit einem anderen Lebewesen (dem „Wirt"), einseitig Nutzen zieht, sich oft davon ernährt und es auch schädigt

Symbol: Sinnbild, Zeichen für etwas (z. B. weiße Taube als Zeichen für Frieden)

M1 Das Ur-Ei und der Riese P'an Ku

Ein chinesischer Schöpfungsmythos lautet so:

Im Anfang war das Chaos […] des Ur-Ozeans. Aus dem Chaos entstand das Ur-Ei […]. Im Ei schlief ein erstes lebendes Wesen: P'an Ku. Der Schlaf dauerte 18 000 Jahre. P'an Ku schlief und schlief und wuchs. Und P'an Ku begann sich zu strecken. Er wachte auf. Das Ei zerbrach. Da war der helle, leichte Teil des Eis, ganz vom Yang durchdrungen. Er hob sich auf. Er hob sich hoch. Der Yang-Teil wurde zum Himmel. Der untere, schwere Teil des Eis […] war vom Yin durchdrungen. Yin war dunkel. Es sank hinab. Der Yin-Teil wurde zur Erde. […]

P'an Ku war voller Furcht, dass Himmel und Erde sich wieder verbinden. Darum zwängte er seinen Körper […] zwischen Yang und Yin. So hielt sein Kopf den Himmel oben, sein Fuß die Erde unten. Das dauerte […] 18 000 Jahre. P'an Ku aber wuchs und wuchs. Täglich wuchs er um drei Meter. Erde und Himmel entfernten sich. P'an Ku aber wuchs und wuchs, größer und größer. Er wurde riesig. Schließlich sah er: […] Erde und Himmel bleiben getrennt. Da schlief er ein, der Riese. Er schlief und schlief. Dann war es zu Ende. P'an Ku war gestorben.

Doch da geschah es: Aus seinem Körper […] wuchs die Welt hervor. Sein Atem wurde zu Wind und Wolken. Seine Stimme erzeugte den Donner. Aus dem linken Auge erstrahlte die Sonne, aus dem rechten schien der Mond. Seine Arme und Beine wurden zum Süden, zum Norden, zum Osten und Westen. Aus seinem Leib entstanden die Berge, alle Gebirge der Welt. Aus seinen Tränen wurden die Flüsse, aus seinen Venen Straßen und Wege. Sein Fleisch […] brachte die Bäume hervor. Sein Körperhaar wurde zu Gras und Blumen. Aus seinem Kopfhaar entstanden die Sterne. Seine Knochen und Zähne wurden zu Steinen. Parasiten hatten auf ihm gelebt, Wanzen und Flöhe und Läuse. Aus ihnen wurden die Menschen der Welt, viele verschiedene Völker. So geschah es. So entstand die Welt aus dem Körper des toten Riesen.

nach Dietrich Steinwede/Dietmar Först (Hg.)

M2 Yin und Yang

Yin und Yang sind zwei wichtige Begriffe der chinesischen Philosophie. Sie stehen für zwei entgegengesetzte und dennoch aufeinander bezogene Kräfte. Ein weit verbreitetes Yin-Yang-Symbol zeigt das schwarze Yin (dunkel, weich, kalt, weiblich, Ruhe) und das weiße Yang (hell, hart, männlich, Aktivität), die zusammen eine Einheit bilden. P'an Ku aus dem chinesischen Schöpfungsmythos (M1) wird übrigens oft als sitzender Riese dargestellt, der das Yin-Yang-Symbol in seinen Händen hält.

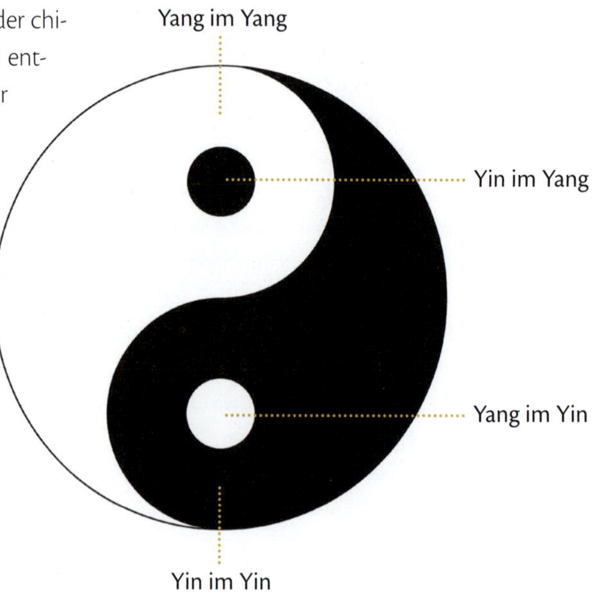

M3 Ordnung aus dem Chaos

In seiner Dichtung „Metamorphosen" (Verwandlungen) erzählt Ovid einen Schöpfungsmythos, der wichtige antike Mythen der Griechen und Römer verbindet.

Ehe es Meer, Land und Himmel gab, hatte die ganze Natur einerlei Aussehen; man nannte es Chaos: eine rohe, ungeordnete Masse. Diese Masse ordnete ein Gott. Er schied nämlich vom Himmel die Erde und von der Erde die Gewässer, und er sonderte von der dichten Luft den klaren Himmel.

Kaum hatte er das Durcheinander so geordnet, da ballte er zuerst die Erde zusammen und gab ihr die Gestalt einer großen Kugel. Dann gebot er den Meeren, die Küsten der Erde rings zu umfließen. Dazu schuf er noch Quellen, unermessliche Seen und Ströme. Darüber schwebt Luft. Dort gebot er den Wolken zu wohnen, den Donnerschlägen, die Menschenherzen erschrecken sollten, und den Winden, die Blitze bewirken. Und damit kein Bereich ohne Lebewesen sei, haben Gestirne und Göttergestalten den Himmelsboden inne, den Fischen fielen die Wogen als Wohnstatt zu, die Erde nahm Tiere auf und Vögel die Luft. Noch fehlte ein Lebewesen, heiliger als diese, fähiger, den hohen Geist aufzunehmen, und berufen, die übrigen zu beherrschen. Es entstand der Mensch.

Prometheus formte die Menschen aus Erde und Regenwasser zum Ebenbild der alles lenkenden Götter. Und während die übrigen Lebewesen nach vorn geneigt zur Erde blicken, gab er dem Menschen ein emporblickendes Antlitz, gebot ihm, den Himmel zu sehen und das Gesicht aufrecht zu den Sternen zu erheben.

nach Ovid (gekürzt)

Ovid: römischer Dichter, dessen vollständiger Name Publius Ovidius Naso lautet (43 v. Chr.-17 n. Chr.)

scheiden, sondern: trennen

innehaben: besitzen

Wohnstatt: Wohnung

Antlitz: Gesicht

Prometheus: In den Mythen der alten Griechen ist Prometheus ein Titan, d. h. ein Riese in Menschengestalt und ein Angehöriger eines mächtigen Göttergeschlechts. Er gilt als Freund der Menschen, der ihnen u. a. das Feuer bringt.

AUFGABEN

1 Untersucht den chinesischen Schöpfungsmythos, indem ihr herausarbeitet, a) wie der Anfang der Welt aussieht, b) welche Rolle der Riese P'an Ku bei der Weltentstehung spielt und c) welche Dinge genannt werden, die neu auf der Welt entstehen. > M1/M2

2 Vergleicht die beiden Schöpfungsmythen und haltet die wichtigsten Gemeinsamkeiten und Unterschiede in einer Tabelle fest. > M1/M3

3 Die Schöpfungsmythen der Menschheit haben Gemeinsamkeiten und Unterschiede, obwohl sie von demselben Ereignis, nämlich der Entstehung der Welt, erzählen. Benennt mögliche Ursachen für diese Unterschiede. > M1/M3

4 Nimm Stellung zu der folgenden These: „Eines haben alle Schöpfungsmythen gemeinsam: Sie sind Unsinn." > M1/M3

plus 5 Sammelt Schöpfungsmythen verschiedener Kontinente und Kulturen, stellt sie in der Klasse vor und vergleicht sie gemeinsam.

TIPP

Beispiele für Schöpfungsmythen findet ihr z.B., wenn ihr in der Suchmaschine www.fragfinn.de das Stichwort „Schöpfungsmythos" eingebt.

Kultur
> Ethik-Glossar

Wie erklärt die Bibel die Entstehung der Welt?

Genesis: Das Wort „Genesis" bedeutet „Entstehung" oder „Ursprung" und ist der Name des ersten Buchs des Alten Testaments der Bibel. Die Genesis enthält eine Reihe von Entstehungsgeschichten, z. B. die Entstehung der Welt und des Menschen. Nicht nur Juden und Christen berufen sich auf diese Schöpfungsgeschichten; auch für Muslime ist der erste Schöpfungsbericht von großer Bedeutung.

M1 Das Sechs-Tage-Werk Gottes

So wird die erste Schöpfungsgeschichte in der Bibel erzählt (Genesis 1-2):

Am Anfang schuf Gott Himmel und Erde. Die Erde war noch leer und öde, Dunkel bedeckte sie und wogendes Wasser, und über den Fluten schwebte Gottes Geist.

Da sprach Gott: „Licht entstehe!", und das Licht strahlte auf. Und Gott sah das Licht an: Es war gut. Dann trennte Gott das Licht von der Dunkelheit und nannte das Licht Tag, die Dunkelheit Nacht. Es wurde Abend und wieder Morgen: **der erste Tag.**

Dann sprach Gott: „Im Wasser soll ein Gewölbe entstehen, eine Scheidewand zwischen den Wassermassen!" So geschah es: Gott machte ein Gewölbe und trennte so das Wasser unter dem Gewölbe von dem Wasser, das darüber war. Und Gott nannte das Gewölbe Himmel. Es wurde Abend und wieder Morgen: **der zweite Tag.**

Dann sprach Gott: „Das Wasser unter dem Himmelsgewölbe soll sich alles an einer Stelle sammeln, damit das Land hervortritt." So geschah es. Und Gott nannte das Land Erde, die Sammlung des Wassers nannte er Meer. Und Gott sah das alles an: Es war gut.

Dann sprach Gott: „Die Erde lasse frisches Grün aufsprießen, Pflanzen und Bäume von jeder Art, die Samen und samenhaltige Früchte tragen!" So geschah es: Die Erde brachte frisches Grün hervor, Pflanzen jeder Art mit ihren Samen und alle Arten von Bäumen mit samenhaltigen Früchten. Und Gott sah das alles an: Es war gut. Es wurde Abend und wieder Morgen: **der dritte Tag.**

Dann sprach Gott: „Am Himmel sollen Lichter entstehen, die Tag und Nacht voneinander scheiden, leuchtende Zeichen, um die Zeiten zu bestimmen: Tage und Feste und Jahre. Sie sollen am Himmelsgewölbe leuchten, damit sie der Erde Licht geben." So geschah es: Gott machte zwei große Lichter, ein größeres, das den Tag beherrscht, und ein kleineres für die Nacht, dazu auch das ganze Heer der Sterne. Gott setzte sie an das Himmelsgewölbe, damit sie der Erde Licht geben, den Tag und die Nacht regieren und Licht und Dunkelheit voneinander scheiden. Und Gott sah das alles an: Es war gut. Es wurde Abend und wieder Morgen: **der vierte Tag.**

Dann sprach Gott: „Das Wasser soll von Leben wimmeln, und in der Luft sollen Vögel fliegen!" So schuf Gott die Seeungeheuer und alle Arten von Wassertieren, ebenso jede Art von Vögeln und geflügelten Tieren. Und Gott sah das alles an: Es war gut. Und Gott segnete seine Geschöpfe und sagte: „Seid fruchtbar, vermehrt euch und füllt die Meere, und ihr Vögel, vermehrt euch auf der Erde!" Es wurde Abend und wieder Morgen: **der fünfte Tag.**

Dann sprach Gott: „Die Erde soll Leben hervorbringen: Alle Arten von Vieh und wilden Tieren und alles, was auf der Erde kriecht." So geschah es. Gott machte die wilden Tiere und das Vieh und alles, was auf dem Boden kriecht, alle die verschiedenen Arten. Und Gott sah das alles an: Es war gut.

Dann sprach Gott: „Nun wollen wir Menschen machen, ein Abbild von uns, das uns ähnlich ist! Sie sollen Macht haben über die Fische im Meer, über die Vögel in der Luft, über das Vieh und alle Tiere auf der Erde und über alles, was auf dem Boden kriecht." So schuf Gott die Menschen nach seinem Bild, als Gottes Ebenbild schuf er sie und schuf sie als Mann und als Frau. Und Gott segnete die Menschen und sagte zu ihnen: „Seid fruchtbar und vermehrt euch! Füllt die ganze Erde und nehmt sie in Besitz! Ich setze euch über die Fische im Meer, die Vögel in der Luft und alle Tiere, die auf der Erde leben, und vertraue sie eurer Fürsorge an."

Weiter sagte Gott zu den Menschen: „Als Nahrung gebe ich euch die Samen der Pflanzen und die Früchte, die an den Bäumen wachsen, überall auf der ganzen Erde. Den Landtieren aber und den Vögeln und allem, was auf dem Boden kriecht, allen Geschöpfen, die den Lebenshauch in sich tragen weise ich Gräser und Blätter zur Nahrung zu." So geschah es. Und Gott sah alles an, was er geschaffen hatte, und sah: Es war alles sehr gut. Es wurde Abend und wieder Morgen: **der sechste Tag.**

So entstanden Himmel und Erde mit allem, was lebt. Am siebten Tag hatte Gott sein Werk vollendet und ruhte von aller seiner Arbeit aus. Und Gott segnete den siebten Tag und erklärte ihn zu einem heiligen Tag, der ihm gehört, denn an diesem Tag ruhte Gott, nachdem er sein Schöpfungswerk vollbracht hatte.

Dies ist die Geschichte der Entstehung
von Himmel und Erde;
so hat Gott sie geschaffen.

Die Bibel (nach Genesis bzw. 1. Mose 1,1-2,4)

M2 Die Erschaffung des Menschen

Michelangelo, Die Erschaffung Adams (Sixtinische Kapelle), zwischen 1508 und 1512

Michelangelo: italienischer Maler, Bildhauer, Architekt und Dichter (1475-1564). Besonders berühmt sind seine Decken- und Wandmalereien in der Sixtinischen Kapelle in Rom.

AUFGABEN

1 Gestalte eine kleine Bildergeschichte, auf der man erkennen kann, wie sich das Aussehen der Erde in der biblischen Schöpfungsgeschichte nach und nach verändert. Zeichne für jeden der sechs Schöpfungstage ein Bild. Achte genau auf die Reihenfolge der Erschaffung von Dingen und Lebewesen. > M1

2 Stelle auch den siebten Tag zeichnerisch dar. Erkläre, was das Besondere an diesem Tag ist. > M1

3 Beschreibe Michelangelos Bild von der Erschaffung des Menschen. Erläutere, wie der Maler das besondere Verhältnis zwischen Gott und dem Menschen darstellt. > M2

4 Benenne Stellen der Schöpfungsgeschichte, die das besondere Verhältnis zwischen Gott und dem Menschen deutlich machen. > M1/M2

5 Vergleicht die biblische Schöpfungsgeschichte mit den anderen Schöpfungsmythen, die ihr kennengelernt habt (siehe S. 238f.). Haltet die wichtigsten Gemeinsamkeiten und Unterschiede in einer Tabelle fest. > M1

6 „Schöpfungsmythen sind Geschichten und keine Tatsachenberichte". Erläutere die Aussage. > M1

plus 7 Informiert euch über die zweite biblische Schöpfungsgeschichte (Genesis 2). Stellt sie in der Klasse vor und vergleicht sie mit der ersten Schöpfungsgeschichte. Achtet dabei auf die Aussagen, die die beiden Geschichten über Gott und den Menschen machen. > M1

Welche Erklärung gibt die Naturwissenschaft?

M1 Wie entstand das Universum?

Russell Stannard, Professor für Physik und Autor von Sachbüchern für Kinder und Jugendliche, erklärt die Urknalltheorie:.

Galaxie:
Eine Galaxie ist eine Ansammlung von etwa 100 Milliarden Sternen, die von der Schwerkraft zusammengehalten werden und die sich langsam um ihr Zentrum, ihren Mittelpunkt, drehen.

Unsere Galaxie ist nur eine von 100 Milliarden. Mit anderen Worten, für jeden Menschen auf der Erde gibt es [...] 20 Galaxien da draußen im All! [...] Kannst du dir das vorstellen? [...] Insgesamt betrachtet [...] bewegen sich die Galaxien. Sie bewegen sich alle von uns weg. [...] Warum tun sie das? [...] Stell dir vor, dass die Galaxien gefilmt würden. Wie sähe der Film aus, wenn man ihn rückwärts laufen ließe? Statt von uns wegzufliegen, kämen die Galaxien auf uns zu. [...] Wenn man den Film rückwärts betrachtet, ist es so, als liefe die Zeit rückwärts. Er zeigt, dass es eine Zeit gegeben haben muss, in der alle Materie des Universums dicht zusammengepackt war. [...] Am Anfang war alle Materie zusammengepresst. Mit einem Mal hat sie sich ausgedehnt [...]. Diese Ausdehnung des Universums hält heute noch an. Das sehen wir, wenn wir die Bewegung der Galaxien betrachten. Diese große Explosion wird Urknall genannt. [...] Der Urknall fand ungefähr vor 15 Milliarden Jahren statt.

M2 Wo entstand das Universum?

Wir wissen, dass der Urknall stattfand. Aber wo? Da sich alles von uns entfernt, bedeutet das, dass es an dieser Stelle im All – wo wir sind – passiert ist? [...] Nimm an, du hast einige Papiersterne auf einen Luftballon geklebt. Während du ihn aufbläst, landet eine Fliege auf einem Stern. Sie sieht nach den anderen Sternen. Alle entfernen sich. [...] Die Fliege fragt sich, ob sie auf einem besonderen Stern sitzt, da sich alle anderen von ihr entfernen. Die Fliege weiß nicht, dass sie von jedem anderen Stern aus das gleiche sähe. Denn die Sterne bleiben an dem Punkt, wo du sie festgeklebt hast. Es ist die Gummioberfläche selbst, die sich ausdehnt. Und dabei trägt sie die Sterne mit.

Modell zur Entstehung des Universums

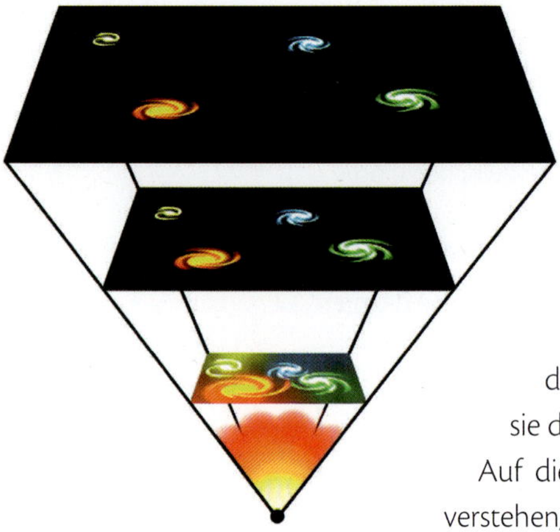

Urknall

Auf diese Weise können wir verstehen, was mit dem Universum passiert. Die Materie war nicht an einer besonderen Stelle zusammengepresst – nämlich dort, wo wir leben –, und der Rest des Raumes war leer. Sie ist auch nicht von dieser Stelle losgeflogen, um den übrigen Raum zu füllen. Nein. Die Materie war zusammengepresst, *weil der ganze Raum zusammengepresst war* (wie der Ballon vor dem Aufblasen). Es gab außerhalb dieser Stelle keinen Raum. Dann, mit dem Urknall, begann der Raum sich plötzlich auszudehnen. Dabei nahm er die Materie mit. Wenn wir also heute sehen, wie sich eine Galaxie entfernt, dann tut sie das, weil der Raum sich dazwischen ausdehnt. Was würde jemand von einer anderen Galaxie aus sehen? Das gleiche – alle Galaxien entfernen sich von ihm. Das heißt aber nicht, dass er im Mittelpunkt des Universums steht, genau so wenig wie wir.

Sich ausdehnender Raum? Wie kann ein Nichts sich ausdehnen? Seltsam, aber Wissenschaftler müssen den Raum oft als ein Ding betrachten, nicht als Nichts. [...] Ziemlich merkwürdig, oder? [...] Die Lehre von der Entstehung und Entwicklung des Weltalls heißt übrigens Kosmologie und gehört sicher zu den spannendsten Wissenschaften.

M1/M2: nach Russell Stannard

M3 Wie entstand das Leben auf der Erde?

Susi Neunmalklug erklärt in einer Unterrichtsstunde die Entstehung der Erde und des Lebens:

„Es dauerte [...] viele hundert Millionen Jahre, bis sich aus den riesigen Gas- und Staubwolken nach dem Urknall die ersten Sterne bildeten [...]. Unsere Sonne ist nur ein Stern unter unzähligen anderen Sternen. Sie entstand vor 4,5 Milliarden Jahren. Etwa genauso alt ist der kleine blaue Planet, auf dem wir leben, die Erde. Am Anfang war es auf der Erde sehr ungemütlich. Es gab keine Luft zum Atmen und dauernd brachen Vulkane aus. Außerdem blitzte es ständig und immer wieder schlugen große Gesteins- und Eisbrocken aus dem All auf der Erde ein. Erst nach 500 Millionen Jahren war die Erde so weit abgekühlt, dass sich die ersten Meere bilden konnten [...]. Sie waren warm und in ihnen schwammen Teile aus den Vulkanausbrüchen und den Eis- und den Gesteinsbrocken aus dem All. Eine ziemlich undurchsichtige Brühe, die die Wissenschaftler als ‚Ursuppe' bezeichnen. In dieser Ursuppe entwickelten sich nach und nach die ersten Urlebewesen. Sie waren winzig klein, bestanden nur aus einer einzigen Zelle, aber sie konnten sich vermehren und die Meere bevölkern. Die weitaus längste Zeit war unsere Erde nur von diesen winzigen Urlebewesen bewohnt. Es dauerte etwa drei Milliarden Jahre, bis aus ihnen die ersten Ur-Pflanzen und Ur-Tiere entstanden. Erst vor 400 Millionen Jahren siedelten sich Tiere und Pflanzen außerhalb des Meeres an. Vor etwa 200 Millionen Jahren [...] hatten sich schon unüberschaubar viele Tier- und Pflanzenarten entwickelt. Es war die große Zeit der Saurier, die das Land, das Meer und die Luft beherrschten. [...] Zur Zeit der Dinosaurier lebten bereits kleine Säugetiere [...]. Nachdem die Saurier ausgestorben waren, war für sie der Platz frei, die Erde zu erobern. Über Jahrmillionen hinweg entwickelten sich aus diesen [...] Tieren die heute bekannten Säugetierarten: Katzen, Elefanten, Pferde, Kühe, Schweine und natürlich auch wir Menschen. [...] Vor rund 200 000 Jahren entstand in Afrika unsere Art, der moderne Mensch, Homo sapiens. Obwohl sich unsere Vorfahren von uns nicht groß unterscheiden, lebten sie fast 190 000 Jahre als Jäger und Sammler. Erst vor 10 000 Jahren begannen die Menschen, Städte zu bauen. [...] So verlief die [...] Entwicklung von den einfachsten Lebewesen aus der Ursuppe über die Ursäuger bis hin zu uns Menschen [...]. [...] Eine verrückte Geschichte! Doch mit dem lieben Gott hat das rein gar nichts zu tun!"

Michael Schmidt-Salomon/Helge Nyncke

AUFGABEN

1 Stelle die Urknalltheorie in eigenen Worten dar. Nutze dafür auch das Modell zur Entstehung des Universums. > M1/M2

2 Führe das Experiment mit dem Luftballon selbst durch. Erkläre, was man aus diesem Experiment über die Entstehung des Universums lernen kann. > M2

3 Erstellt eine Zeittafel, in die ihr eintragt, vor wie vielen Jahren nach den Theorien der Naturwissenschaften das Universum, die Erde, das Leben und der Mensch entstanden sind. > M1-M3

4 Vergleicht die Erklärungen der Naturwissenschaften mit den Erklärungsversuchen, die ihr auf den Seiten 238-241 gelesen habt. > M1-M3

5 Nimm Stellung zu dem letzten Satz von Susi. > M3

Bleibt der Anfang der Welt ein Rätsel?

M1 Tom denkt über Gott und die Welt nach

Aisha hat das Wochenende mit ihrem Freund Tom in Frankreich verbracht und im Moment fahren sie auf der Fähre zurück nach England. Sie liegen oben an Deck [...] und trinken gemütlich Tee [...]. Auf einmal hören sie ein leises Zischen, gefolgt von einer Explosion von Licht in südlicher Richtung. Auf einem Schiff wurde ein Feuerwerkskörper abgeschossen. Tom beobachtet, wie die Lichtfunken langsam nach unten schweben und [...] blickt auf Aisha.

Tom: Weißt du, je mehr ich darüber nachdenke, desto sicherer bin ich mir, dass es einen Gott geben muss.

Aisha: Was macht dich da so sicher? [...]

Tom: Wie sonst könnten wir uns erklären, dass es das hier alles gibt? Woher ist das alles gekommen? [...] Vor etlichen Milliarden Jahren entstand das Universum. Damals gab es den Urknall.

Aisha: Ich weiß.

Tom: Aber ich möchte dir erklären, wie es zu dem Urknall kam. Wie konnte auf einmal, aus dem Nichts heraus, plötzlich ein Universum entstehen?

Aisha: Na, könnte das nicht einfach ganz ohne Grund passiert sein?

Tom: Sei nicht albern! Dinge geschehen nicht einfach so. Alles hat eine Ursache. Lawinen, Erdbeben, einstürzende Brücken, ein Börsenkrach – in all diesen Fällen haben wir keine Zweifel, dass es eine oder mehrere Ursachen gibt, obwohl wir nicht immer begreifen, welche es genau waren. [...]

Nehmen wir zum Beispiel diesen Feuerwerkskörper eben. Kein Mensch käme auf die Idee, zu behaupten, er wäre einfach so in die Luft geschossen, oder? Das passiert nicht einfach so. Wir gehen logischerweise davon aus, dass die Explosion eine Ursache hatte, selbst wenn wir diese nicht kennen. Stimmt's?

Aisha: Klar. Es ist logisch, dass jemand die Rakete abgeschossen hat. [...]

Tom: Na, siehst du? Gott muss es geben! Wenn [auch] der Urknall eine Ursache hatte, dann kann nur Gott diese Ursache sein!

Aisha: Gott hat die Zündschnur gezündet?

Tom: Logisch!

M2 Aisha zweifelt

Doch Aisha ist nicht so recht davon überzeugt. Sie glaubt, einen Fehler in Toms Erklärung erkannt zu haben.

Aisha: Deine These hinkt etwas, Tom. Du stützt dich auf die Behauptung, dass alles eine Ursache haben muss, richtig?

Tom: Ja.

Aisha: Aber wenn alles eine Ursache hat, dann folgt daraus, dass auch Gott eine Ursache haben müsste, nicht wahr?

Tom: Hm, ja, du hast Recht.

Aisha: Dann würde ich gern Folgendes wissen: Wenn alles eine Ursache hat, welches ist dann die Ursache für die Existenz Gottes?

These: (noch zu beweisende) Behauptung

Existenz: Dasein, Vorhandensein

M3 Das Problem mit der Ursachenkette

M4 Gott als Ausnahme?

Tom: Ah, ich verstehe, was du meinst. Stimmt, ich habe mich nicht richtig ausgedrückt. Ich hätte natürlich hinzufügen sollen, dass alles eine Ursache hat, mit Ausnahme von Gott. Gott ist die große Ausnahme von dieser Regel.

Aisha: Eine Ausnahme von dieser Regel?

Tom: Er ist das Einzige, was keine Ursache braucht. Und da alles außer Gott eine Ursache haben muss, ist klar, dass Gott der Verursacher des Universums ist. [...]

Aisha: Ein guter Schachzug. Aber ich fürchte, so ganz haut deine These noch immer nicht hin.

Tom: Warum nicht?

Aisha: Nun, wenn du anfängst, Ausnahmen von der Regel gelten zu lassen, dass alles eine Ursache hat, warum sollte dann ausgerechnet Gott diese große Ausnahme sein? Warum sagen wir dann nicht einfach, dass das Universum die große Ausnahme ist?

Tom: Hm, okay, das *könnte* man vielleicht auch sagen.

Aisha: In diesem Fall bräuchten wir Gott nicht als Ursache des Universums ins Feld führen, nicht wahr?

Tom: Stimmt. [...] Okay, aber dann erklär mir bitte, woher das Universum kommen soll, wenn nicht von Gott? [...]

Aisha: Um ganz ehrlich zu sein - das kann ich nicht. Ich habe mir nur erlaubt zu sagen, dass du mir nicht den kleinsten Beweis dafür geliefert hast, dass es von Gott geschaffen wurde.

Tom: Hmmm ... [...] Ich fürchte, du hast Recht. Kann dieses Rätsel also *niemals* gelöst werden?

M1-M4: Stephen Law

AUFGABEN

1 Untersuche den Gedankengang von Tom. Benenne zunächst den Punkt, der ihn überhaupt zum Nachdenken bringt. Nenne dann den Grund, warum Tom denkt, dass es Gott geben muss. > M1

2 Erkläre, weshalb Aisha den Beweis von Tom nicht für überzeugend hält. Nutze dafür auch die Abbildung. > M2/M3

3 Erkläre, wie sich Tom verteidigt und warum Aisha auch das nicht überzeugt. Stelle die Ergebnisse der Aufgaben 1 bis 3 in einem Schaubild dar. > M4

4 Formuliere eine Antwort auf die letzte Frage von Tom und begründe sie. > M4

Wie kann ich mit Gedanken experimentieren?

Szenario: (hier) Vorstellung, ausgedachtes Ereignis

Methodenkompetenz: Gedankenexperiment

Das Gedankenexperiment ist eine zentrale Methode in der Ethik und Philosophie. Wenn du mit Gedanken experimentierst, kannst du dir neue Welten erschaffen und mit ihnen einen anderen Blick auf die vorhandene Welt richten. Du schaust also auf das, was sein könnte und gelangst so zu neuen Erkenntnissen über das, was ist. So kannst du mögliche Antworten auf ethische und philosophische Fragen finden. Um mit Gedanken zu experimentieren, solltest du folgende Schritte einhalten:

- Formuliere eine ethische bzw. philosophische Frage, die dich interessiert.
- Entwirf ein Szenario, das aus Annahmen zur Frage besteht und die Beantwortung möglich macht. In dem Szenario stellst du dir eine Situation vor, die in der wirklichen Welt aller Wahrscheinlichkeit nach so nicht eintreten kann, dir aber zur Beantwortung deiner Frage hilft. Folgende Satzanfänge können dir bei der Formulierung der Annahmen helfen:
  – Stell dir vor, es gäbe ...
  – Nehmen wir einmal an, dass ...
  – Angenommen, ...
- Überlege dir nun, was aus diesem Szenario folgt, und schreibe es auf. Behalte dabei immer deine ursprüngliche Frage im Auge.
- Beantworte deine Frage. Bedenke, dass ethische oder philosophische Fragen meist keine abschließende Antwort zulassen. Betrachte darum deine Antwort als vorläufig und überlege, welche neuen Fragen nun auftreten.

M1 Unsterblichkeit – ein erstrebenswerter Zustand?

Formulierung einer ethischen bzw. philosophischen Frage

Stell dir vor ...: Szenario mit Annahmen zur Frage

Überlegungen: Was folgt aus dem Szenario – positiv wie negativ?

Stell dir vor, eine Wissenschaftlerin hat eine Essenz entwickelt, die den Menschen unsterblich macht. Die Essenz besteht aus einer sehr komplizierten Mixtur und die Wissenschaftlerin hat Jahre an ihr gearbeitet. Ein einziger Tropfen reicht aus, um einen Menschen unsterblich zu machen. Und nicht nur das – das Mittel schützt auch vor schweren Krankheiten, so dass ein schmerzfreies ewiges Leben mit ihm möglich ist. Nebenwirkungen gibt es keine. Angenommen, die Wissenschaftlerin stellt dieses Mittel nun der Öffentlichkeit vor und bietet es den Regierungen aller Länder zum Kauf an, so dass diese es ihren Bürgerinnen und Bürgern zur Verfügung stellen können. Sollen die Regierungen das Mittel erwerben und ihre Bürgerinnen und Bürger unsterblich machen? Welche Auswirkungen auf ihr Leben hätte es, wenn alle Menschen unsterblich wären?

Wenn die Regierungen das Mittel erwerben, können sie es ihren Bürgerinnen und Bürgern anbieten und ihnen zur Unsterblichkeit verhelfen. Für die einzelnen Bürgerinnen und Bürger hätte das viele Vorteile. Sie müssten Dinge nicht mehr in einem bestimmten Zeitraum erledigen, sondern können es auch später tun. Sie haben unendlich viele Möglichkeiten, ihr Leben zu gestalten, Erfahrungen zu machen, Dinge auszuprobieren. Sie brauchen auch keine Angst mehr vor dem Tod zu haben. Nicht vor ihrem eigenen und auch nicht vor dem anderer Menschen. Ein schmerzfreies ewiges Leben – ein Traum für viele Menschen!?

Nicht unbedingt. Wie viele Erlebnisse kann ein Mensch haben, bevor ihm langweilig wird und er zu nichts mehr Lust hat? Zudem lässt sich alles auf später verschieben und daraus könnte folgen, dass letztendlich gar nichts mehr getan wird. Unendlich viel Zeit zu haben, mag sich im ersten Moment sehr schön anhören, kann aber auch als große Belastung empfunden werden. Es gibt keine Eckpunkte im Leben eines Menschen mehr. Die verschiedenen Lebensabschnitte, in denen bestimmte Erfahrungen gemacht werden, sind nicht länger festgelegt. Alles ist immer möglich – und dies kann leicht überfordern. Unsterblichkeit ist daher kein erstrebenswerter Zustand, da für mich die negativen Folgen überwiegen. Was bedeutet dies für die Angst vor dem Tod? Ist sie unbegründet? Oder verhilft gerade unser Todesbewusstsein uns zu einem erfüllten Leben? Können wir die uns gegebene Zeit eben gerade deswegen besonders genießen, weil sie begrenzt ist? Gibt uns diese Begrenzung und damit unser Todesbewusstsein vielleicht sogar Halt in unserem Leben? Wie sollten wir mit unserem Todesbewusstsein umgehen?

(vorläufige)
Antwort auf die Fragestellung

neue Fragen, die sich stellen

M2 Ein Leben ohne Gott – erstrebenswert?

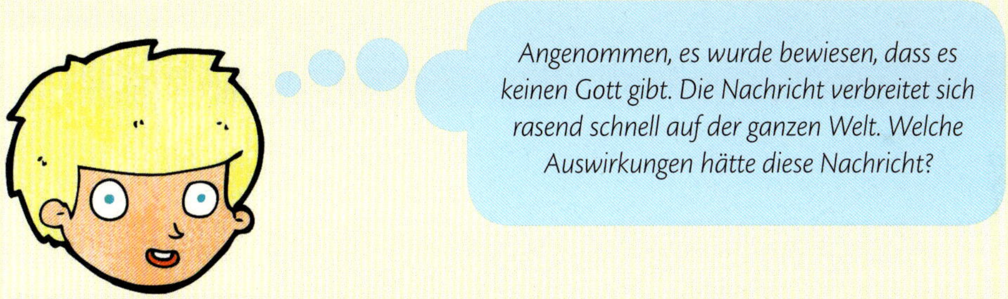

AUFGABEN

1 Lest das erste Gedankenexperiment und geht gemeinsam die einzelnen Überlegungen durch. Stimmt ihr mit den beispielhaft aufgeführten Folgen des Szenarios überein? Begründet eure Auffassung und formuliert gegebenenfalls eigene Überlegungen und Fragen. > M1

2 Führe das zweite Gedankenexperiment durch. Beachte dabei folgende Punkte: > M2
a) Beschreibe die Auswirkungen der Nachricht.
b) Erkläre, warum die Nachricht veröffentlicht oder nicht veröffentlicht werden sollte.
c) Ziehe ein Fazit. Stelle dazu einen Bezug zur Ausgangsfrage her und beantworte sie auf der Basis deines durchgeführten Gedankenexperiments.
d) Formuliere Fragen, die sich aus deinem Fazit ergeben.

Fazit:
Ergebnis, Schlussfolgerung

Was wir wissen – was wir können

M Religionen und das richtige Leben

Wenn es nur einen Menschen auf der Welt gäbe, könnte es ihm egal sein, was richtiges Leben bedeutet. Es gäbe ja nur ihn allein, und er könnte leben, wie er wollte. Aber sobald es zwei Menschen gibt, muss man wissen, wie man miteinander leben soll. Durch die Religion haben die Menschen zum ersten Mal gelernt, auf gute und freundliche Art miteinander zu leben. Wir halten die Religion noch immer für den besten Weg, auf dem die Menschen lernen, wie sie in Frieden zusammenleben können. Was uns erstaunt, ist, dass die Religionen überall auf der Welt die gleichen Lehren über das richtige Leben verkünden. [...] Alle diese Lehren über die richtige Lebensführung ähneln einem Weg. Die Religionen sagen, wenn wir ein gutes Leben führen und auf diesem Weg bleiben, geht es uns gut, aber wenn wir vom Weg abweichen, stürzen wir die Welt ins Verderben und richten uns selbst zugrunde. [...]

Wir wissen, dass es Leute gibt, die behaupten, ihre Religion sei die wahre. Es stört uns nicht, wenn jemand glaubt, seine Religion sei die einzig wahre, und es stört uns auch nicht, wenn jemand meint, seine Religion sei wahrer als alle anderen. Aber es stört uns ganz entschieden, wenn Leute glauben, dass sie die *einzig* wahre Religion haben, und dann losziehen und anderen Menschen deshalb Schaden zufügen. Wer andere schädigt, weil er glaubt, das lehre seine Religion, beweist nur, dass er nie begriffen hat, was die Religion ihn *wirklich* lehrt.

Rabbi Marc Gellman / Monsignor Thomas Hartman

AUFGABEN

1. Die Autoren schreiben, dass „die Religionen überall auf der Welt die gleichen Lehren über das richtige Leben verkünden". Nenne Beispiele aus der jüdischen, der christlichen und der islamischen Ethik, die diese These unterstützen.
2. Vergleiche diesen Text mit dem Gleichnis von den drei Ringen (siehe S. 230f., M2).
3. Nimm zu dem folgenden Satz Stellung und begründe dein Urteil: „Wir halten die Religion noch immer für den besten Weg, auf dem die Menschen lernen, wie sie in Frieden zusammen leben können."
4. *plus* Führe das Gedankenexperiment, das im ersten Satz des Textes vorgeschlagen wird, selbst durch. Überprüfe, ob du zu demselben Ergebnis gelangst wie die Autoren.

1 Der Baum zeigt die drei großen monotheistischen Weltreligionen: Judentum, Christentum und Islam. Ordne die Blätter den einzelnen Stämmen zu. Erstellt gemeinsam einen Baum der Religionen und ergänzt Blätter mit Stichworten und Symbolen.

SELBSTDIAGNOSE

2 Übertrage die Tabelle in dein Heft oder lade dir die Tabelle als Arbeitsblatt aus dem Internet herunter und fülle sie aus. Wenn deine Antwort „nicht gut" lautet, schlage die passende Schulbuchseite nach, die dir bei dem Thema weiterhelfen kann, und lies noch einmal nach.

3 Ergänzt zusammen die Tabelle: Was könnt ihr noch? Berücksichtigt die Ergebnisse eurer Arbeit in diesem Kapitel. Markiert alle Fragen, die noch offen sind, farbig.

Ich kann ...	sehr gut	gut	nicht gut
den Begriff „Religion" definieren.			
das jeweilige Gottesbild von Judentum, Christentum und Islam beschreiben.			
wichtige religiöse Feste nennen und ihre Hintergründe erklären.			
zentrale moralische Regeln und Pflichten von Judentum, Christentum und Islam nennen.			
das Verhältnis von Moral und Religion diskutieren.			
mehrere Schöpfungsmythen erläutern, die den Anfang der Welt erklären.			
den Anfang der Welt aus Sicht der Naturwissenschaft darstellen.			
...			

Symbol: Sinnbild, Zeichen für etwas (z. B. eine weiße Taube als Zeichen für Frieden)

Arbeitsblatt: Selbstdiagnose tabelle „Wissen und Glauben"

Mediencode: 20081-06

Ethik-Glossar

Aristoteles (384-322 v. Chr.): bedeutender griechischer Philosoph, dessen Schriften das gesamte Wissen des Altertums umfassen. Aristoteles, der ein Schüler des Philosophen > Platon war, formulierte unter anderem den Grundsatz, dass es für den Menschen am besten sei, einen Mittelweg zu wählen und Extreme zu vermeiden. Für Aristoteles spielte Freundschaft eine wichtige Rolle beim Zusammenleben in der Gemeinschaft. In seinem Buch „Nikomachische Ethik", das er seinem Sohn Nikomachos widmete, bestimmte er Glück als Zweck menschlichen Handelns für ein tugendhaftes und gelingendes Leben.

Augustinus (354-430): Kirchenvater und Philosoph des Mittelalters. Er beschäftigte sich in seinem Werk mit der Allmacht und dem Wesen Gottes sowie der Bestimmung des Menschen.

Beauvoir, Simone de (1908-1986): französische Schriftstellerin. Ihre Schriften wurden für die Frauenbewegung, die sich für die Gleichberechtigung von Frauen in Staat und Gesellschaft einsetzt, sehr wichtig (unter anderem: „Das andere Geschlecht", 1949).

Bentham, Jeremy (1748-1832): englischer Jurist und Philosoph. Für Bentham stellte allein der Nutzen den Maßstab einer moralisch guten Handlung dar. Dabei wurde der Nutzen an den Folgen der Handlung gemessen. Die Handlung sollte das größtmögliche Wohlergehen aller Betroffenen zur Folge haben (Grundsatz: „das größte Glück der größten Zahl").

Descartes, René (1596-1650): französischer Philosoph, Mathematiker und Physiker. Descartes war Vertreter des sogenannten Rationalismus, in dessen Mittelpunkt der Gebrauch und die Ausstattung des Menschen mit Vernunft steht (lateinisch „ratio": Vernunft). Tiere hielt Descartes für reine Automaten.

Diskriminierung: Benachteiligung von Menschen oder Gruppen (meist Minderheiten) aufgrund von Merkmalen wie zum Beispiel Hautfarbe, Abstammung, Herkunft, Glauben, politische oder religiöse Anschauungen, Geschlecht, sexuelle Neigungen oder Behinderung. Diskriminierung kann somit als Ausdruck von Intoleranz (Gegenteil von Toleranz, siehe Seite 156) und dem Vorherrschen von > Vorurteilen betrachtet werden; sie widerspricht dem Grundsatz der Gleichheit der Rechte aller Menschen.

Egoismus: Eigenliebe (lateinisch „ego": ich). Egoismus ist eine moralische Einstellung, die sich in selbstsüchtigem Handeln äußert. Eigennützige Zwecke sind Beurteilungsmaßstab für das Handeln. Egoismus wird allgemein verstanden als Selbstinteresse, als Beweggrund eines Menschen, dem es in allem Tun und Lassen letztlich nur um sich selbst geht.

Entscheidung: Wer sich entscheidet, trifft eine mehr oder weniger bewusste Wahl zwischen mindestens zwei Möglichkeiten, die sich nicht gleichzeitig verwirklichen lassen. Täglich trifft ein Mensch eine Menge Entscheidungen, auch wenn er oftmals gar nicht extra darüber nachdenkt. Die Entscheidungen beginnen schon morgens: Was ziehe ich heute an? Esse ich ein Marmeladenbrot oder Müsli zum Frühstück? Trinke ich Milch oder Saft? Daneben gibt es auch weiterreichende moralische Entscheidungen (> Moral).

Ethik-Kommission (auch: Ethikkommission): Kommission, die Wissenschaftlerinnen und Wissenschaftler in ethischer und rechtlicher Hinsicht beraten und kontrollieren soll. Eingerichtet wird sie in der Regel von Universitäten, Ärztekammern oder Bundesländern, beispielsweise wenn medizinische Forschung an Tieren oder Menschen erfolgt. Unternehmen lassen sich oft freiwillig von Ethik-Kommissionen beraten.

Fair Trade (auch: Fairtrade; Fairer Handel): Initiative mit dem Ziel, die Lebens- und Arbeitsbedingungen von Menschen in den ärmeren Ländern zu verbessern. Diese können von ihrer Arbeit oft nicht leben, weil ungerechte Handelsbedingungen z. B. zu sehr niedrigen Löhnen führen. Im fairen Handel werden dagegen die Produkte aus diesen Ländern zu fairen Bedingungen hergestellt und zu fairen Preisen eingekauft und weiterverkauft. Fairtrade-Produkte gibt es vor allem von Lebensmitteln wie Kaffee, Tee, Schokolade, Kakao oder Bananen. Zur Kennzeichnung gibt es Fairtrade-Siegel.

Freud, Sigmund (1856-1939): österreichischer Nervenarzt. Er entwickelte die sogenannte Psychoanalyse, ein Verfahren zur Untersuchung unbewusster seelischer Vorgänge.

Fromm, Erich (1900-1980): deutscher Psychoanalytiker (> Freud, Sigmund), Philosoph und Sozialpsychologe. Vor allem seine Bücher „Die Kunst des Liebens" (1956) und „Haben oder Sein" (1976) wurden zu Bestsellern und seine Gedanken viel diskutiert.

Gehlen, Arnold (1904-1976): deutscher Philosoph und Vertreter der sogenannten Philosophischen Anthropologie, die sich mit dem Wesen des Menschen befasst. Gehlen stützte sich auf die Ergebnisse der Biologie und ging vom Tier-Mensch Vergleich aus: Anders als das Tier, das an seine Umwelt genau angepasst ist und durch Instinkte gesteuert wird, ist der Mensch biologisch gesehen ein Mängelwesen. Aber anders als Tiere ist der Mensch nach Gehlen auch ein handelndes Wesen, d.h. er kann durch seine Tätigkeit die Natur zu seinem Zweck verändern und umformen.

Gewissen: innere Stimme, moralische Überzeugung einer Person; die Fähigkeit, zwischen Gut und Böse der eigenen Handlungen entscheiden zu können.

Handlungsfreiheit: Freiheit, die sich auf das menschliche Handeln bezieht. Sie ist letztlich die Fähigkeit eines Menschen, das tun zu können, was er tun will. Diese Freiheit ist negativ zu bestimmen als eine „Freiheit von", also z. B. eine Freiheit von äußeren Einschränkungen der Handlungen. Zur Handlungsfreiheit zählen politische Freiheiten (z. B. Meinungs-, Presse-, Reise- oder Versammlungsfreiheit). Beispiel: Ein Gefangener hat keine Handlungsfreiheit, da er in seinem Bewegungsspielraum eingeschränkt ist. Er hat jedoch nach wie vor einen freien Willen (> Willensfreiheit).

Hume, David (1711-1776): schottischer Philosoph. Hume vertrat z. B. die Ansicht, die Ethik sei auf Fühlen und nicht auf Wissen zu begründen, und kritisierte die Herleitung von ethischen Normen aus reinen Tatsachen („Aus dem Sein folgt kein Sollen", siehe auch Seite 22f.).

Identität: die unverwechselbare Besonderheit und Eigenheit des Menschen; seine Erfahrung, ein einzigartiges Wesen zu sein.

Kant, Immanuel (1724-1804): bedeutendster Philosoph der deutschen Aufklärung, einer europäischen geistigen Bewegung im 17./18. Jahrhundert, deren Kennzeichen unter anderem die Hervorhebung der Bedeutung der Vernunft und des eigenständigen Denkens des Menschen sowie der Kampf gegen > Vorurteile und die Hinwendung zu den Naturwissenschaften waren. Immanuel Kant legte z. B. in seiner Ethik dar, dass moralisches Handeln nicht Sache des Glaubens, der Tradition oder des persönlichen Gefühls ist. Vielmehr gibt sich nach Kant die sogenannte „praktische Vernunft" das moralische Gesetz selbst.

King, Martin Luther (1929-1968): US-amerikanischer Pastor (Geistlicher im Dienste einer Kirchengemeinde). Er war zwischen Mitte der 1950er und Mitte der 1960er Jahre der bekannteste Sprecher der Bürgerrechtsbewegung, die sich für die Gleichberechtigung aller amerikanischen Bürgerinnen und Bürger einsetzte. Sie kämpfte besonders gegen die Rassentrennung in den Südstaaten der USA, die die schwarze Bevölkerung diskriminierte (> Diskriminierung). Dabei waren jedoch die „Waffen" von Martin Luther King und seinen Anhängern gewaltfreie Aktionen wie Märsche, Sitzblockaden und Gebetskreise.

Kultur: die Gesamtheit dessen, was der Mensch hervorbringt, im Unterschied zu der von ihm nicht geschaffenen, unveränderten Natur. Kulturleistungen sind alle formenden Umgestaltungen eines gegebenen Materials (Technik, Handwerk) sowie alle Schöpfungen menschlichen Geistes (Sprache, Literatur, Philosophie, Religion, Kunst, Wissenschaft). Verschiedene Gruppen von Menschen haben dabei unterschiedliche Kulturen.

Locke, John (1632-1704): englischer Philosoph. In seinem Buch „Über den menschlichen Verstand" (1690) vergleicht er das Bewusstsein eines Neugeborenen mit einer leeren Tafel. Diese wird im Verlauf des Lebens durch die Erfahrung beschrieben. Als Philosoph prägte er den Liberalismus, das ist eine Auffassung von Staat, Gesellschaft und Wirtschaft, in der die Freiheit des Einzelnen eine wesentliche Rolle spielt.

Menschenrechte: Rechte, die ähnlich wie die Menschenwürde (siehe Seite 168f.) jedem Menschen zustehen, allein weil er Mensch ist (kategorische Gültigkeit). Die Menschenrechte sind in vielen offiziellen Erklärungen durch mehrere Staaten formuliert worden, die sich alle darauf geeinigt haben, sie einzuhalten. Sie gelten für jeden Menschen in jedem Land der Erde (universelle Gültigkeit), und zwar immer gleich (egalitäre Gültigkeit). Sie setzen sich aus vielen einzelnen Rechten zusammen, die miteinander verbunden sind, wie z. B. das Recht auf Leben, das Recht auf körperliche Unversehrtheit, das Recht auf Freiheit und Sicherheit. Die bekannteste Menschenrechtserklärung wurde durch die Vereinten Nationen (derzeit 193 Staaten) im Jahr 1948 formuliert.

Mill, John Stuart (1806-1873): britischer Philosoph. Bedeutende Werke Mills sind die Schriften „Über die Freiheit" (1859) und „Utilitarismus" (1861; als Buch 1863). Wie für Jeremy Bentham ist für Mill der Nutzen der zentrale Maßstab einer moralisch guten Handlung. John Stuart Mill unterscheidet jedoch verschiedene Arten von Lust (höhere und niedere Freuden).

Montaigne, Michel de (1533-1592): französischer Schriftsteller und Philosoph. Er schrieb das Buch „Über die Freundschaft" aus einem privaten Anlass: Während der französischen Bürgerkriege erlebte er Nähe und großes Vertrauen in einer Freundschaft mit Étienne de La Boétie. Dieser starb sehr jung mit 33 Jahren und Montaigne betrauerte seinen Freund sehr lange.

Moral: spiegelt den „Ist-Zustand" von sittlichen Verhaltensweisen, Übereinkünften und Wertvorstellungen in einer Gemeinschaft wieder. In > Normen und > Werten äußert sich die Moral.

Normen: Verhaltensregeln bzw. Verhaltenserwartungen. Man kann sie nach ihrer Herkunft und Geltung in rechtliche und moralische Normen unterscheiden. Moralische Normen ergeben sich aus den Moralvorstellungen der Menschen. Ein Teil der moralischen Normen entspricht den rechtlichen Normen (z. B. du sollst nicht töten), ein anderer Teil jedoch nicht (z. B. du sollst nicht lügen). Wer gegen moralische Normen verstößt, muss damit rechnen, dass er z. B. verachtet wird, dass niemand mehr mit ihm zu tun haben will, dass man ihm nicht mehr vertraut.

Nussbaum, Martha (*1947): amerikanische Philosophin und Professorin für Rechtswissenschaften und Ethik. Im Mittelpunkt ihrer Arbeit steht die Frage nach dem guten Leben. Sie setzt sich dabei unter anderem mit der Philosophie des > Aristoteles auseinander. Martha Nussbaum beschäftigt sich auch sehr mit dem Thema Gerechtigkeit, insbesondere der Frage der Gerechtigkeit zwischen armen und reichen Ländern.

Person: bezeichnet die Einheit des Menschen in seinem Denken und Handeln, die Gesamtheit eines Menschen. Das deutsche Wort „Person" stammt dabei vom lateinischen „persona" ab und meint die Maske eines Schauspielers.

Pflicht: in der Ethik etwas (eine Aufgabe oder Handlung), das getan werden muss. Die Begründung für die moralische Pflicht erfolgt durch > Normen, Moralvorstellungen oder in freier Vernunftentscheidung (> Immanuel Kant).

Pico della Mirandola, Giovanni: (1463-1494): italienischer Philosoph. Er ist vor allem durch seine Rede „Über die Würde des Menschen" bekannt. Darin stellte er die Frage nach dem Wesen des Menschen und der Stellung des Menschen in der Welt.

Platon (427-348/347 v. Chr.): einer der bedeutendsten griechischen Philosophen und Schüler des Sokrates. Seine Werke sind meist kunstvolle Dialoge, in denen Sokrates als wichtigster Gesprächspartner auftritt. Platon begründete mit der sogenannten Akademie in Athen eine philosophische Schule, die rund 1000 Jahre Bestand hatte.

Recht: Man unterscheidet mindestens zwei Bedeutungen: 1. Recht auf etwas, ein Anrecht, ein Anspruch, etwas, das mir zusteht oder das ich verdient habe. 2. Die Gesamtheit der Gesetze und Regeln, die ein Staat erlassen hat und deren Einhaltung er durchzusetzen versucht. Diese Gesetze und Regeln können gerecht, aber auch ungerecht sein. Das heißt: „Recht" kann ungerecht sein!

Rollenkonflikt: Widerspruch zwischen verschiedenen Erwartungen, die an eine Person (ihre Rollen) gestellt werden.

Schopenhauer, Arthur (1788-1860): deutscher Philosoph. Schopenhauer stellte das Mitleid als Quelle und Triebfeder moralischen Handelns heraus, das sich in Menschenliebe und Gerechtigkeit äußert. Mitleid bezieht sich nach Schopenhauer dabei nicht nur auf Menschen, sondern auch auf Tiere.

Seele: Gesamtheit dessen, was das Fühlen, Empfinden und Denken eines Menschen ausmacht. In den verschiedenen Kulturen, Religionen und Philosophien ist die Seele mit unterschiedlichen Vorstellungen verbunden. Oft wird sie dabei mit Bildern des Windes oder Atems beschrieben. In alten Naturreligionen und Kulturen ist die Seele die Lebenskraft, die im Augenblick des Todes den Menschen verlässt. In den Weltreligionen Judentum, Christentum und Islam haucht Gott den Menschen die Seele ein.

Selbstbewusstsein: Bewusstsein von sich selbst als denkendem Einzelwesen und die Überzeugung vom Wert der eigenen Persönlichkeit.

Seneca, Lucius Annaeus, der Jüngere (um 4. v. Chr.-65 n. Chr): römischer Dichter und Philosoph. Er war der Erzieher des späteren Kaisers Nero und nach dessen Regierungsantritt sein Berater. Später fiel er in Ungnade, wurde fälschlicherweise der Beteiligung an einer Verschwörung beschuldigt und von Nero zum Selbstmord gezwungen. Senecas Lehre lautete, dass man die Wechselfälle des Schicksals nicht fürchten und im Einklang mit den Gesetzen der Natur leben solle.

Solidarität: ein Zusammengehörigkeitsgefühl von Individuen (Einzelnen) oder Gruppen in einer Gesellschaft. Sie äußert sich in gegenseitiger Hilfe und Unterstützung.

Spaemann, Robert (*1927): deutscher Philosoph. Neben seiner wissenschaftlichen Tätigkeit an Universitäten schrieb er auch immer wieder Beiträge für Zeitungen, in denen er sich zu ethischen, politischen und religiösen Fragen äußerte und sich an aktuellen Diskussionen beteiligte.

Thomas von Aquin (1225-1274): mittelalterlicher christlicher Philosoph und einer der einflussreichsten Philosophen der Geschichte. Er gehört zu den bedeutendsten Kirchenlehrern der römisch-katholischen Kirche.

Tugend: moralisch gute Eigenschaft; erworbene Lebenshaltung, das sittlich Gute zu verfolgen. > Platon beispielsweise hob vier Grundtugenden (Kardinaltugenden) hervor: Weisheit, Tapferkeit, Besonnenheit und Gerechtigkeit.

Vorurteil: meist negative Bewertung einer Person, einer Menschengruppe, einer Nation oder eines Sachverhalts. Diese Bewertung wird häufig in Form von Verallgemeinerungen geäußert, über die man nicht nachgedacht hat, wie z. B. „Deutsche sind humorlos" oder „Beamte sind faul". Solche Verallgemeinerungen gelten natürlich nicht für alle Fälle und den einzelnen Menschen. Vorurteile sind bequemer als die kritische und vernunftgeleitete (rationale) Sicht und sie ersparen das eigene Nachdenken. Sie sind grundsätzlich übernommen und auch durch entgegengesetzte Erfahrungen nur schwer zu korrigieren.

Werte: Vorstellungen von etwas, das gewünscht, erstrebt, anerkannt ist, allgemeine und grundlegende Orientierungsmaßstäbe bei Handlungen (Beispiele siehe S. 20, M1). Ein Wert ist also eine allgemein anerkannte oberste Leitlinie. Eine > Norm dient der Erfüllung dieser Leitlinie. Ein einfaches Beispiel: Für den Straßenverkehr ist es ein Wert, dass eine möglichst hohe Sicherheit herrscht. Es muss also eine Norm geben, die Unfälle verhindert. Daher ist die Norm vorgeschrieben, dass Fahrzeuge auf der Straße rechts – oder in anderen Ländern links – fahren müssen. Wie eine Norm im Einzelnen geregelt ist, spielt zunächst keine Rolle; wichtig ist, dass sie vorhanden ist, umgesetzt werden kann und allgemein anerkannt wird.

Willensfreiheit (auch: Entscheidungsfreiheit): die Fähigkeit einer Person, selbstständige > Entscheidungen aufgrund vernünftiger Überlegungen treffen zu können. Es ist also der Wille entscheidend. Diese Freiheit wird positiv bestimmt als „Freiheit zu etwas". Freie (Willens-)Entscheidungen sind von solchen abzugrenzen, die unter Zwang getroffen werden, sowie von rein zufälligen Entscheidungen oder Entscheidungen aufgrund von Begierden oder Lust.

Wollstonecraft, Mary (1759-1797): englische Philosophin und Schriftstellerin. Mary Wollstonecraft beschäftigte sich besonders mit den Rechten von Frauen und Kindern und der Beziehung zwischen Mensch und Tier. Sie ist die Mutter von Mary Shelley, der Autorin des Romans „Frankenstein".

Methodenübersicht

Du kennst sicher bereits einige Methoden des Lernens und Arbeitens im Unterricht. In „Abenteuer Ethik" findest du in den Aufgaben der Doppelseiten besonders folgende Methoden, die dir beispielsweise helfen können, Informationen zu beschaffen, Sachverhalte zu erfassen oder Probleme zu lösen.

Bilddialog

Jeder sucht sich eine Person des Bildes aus und versucht, sich in sie hineinzuversetzen:

1. Was fühlt diese Person?
2. Welche Gedanken hat sie?
3. Welche Beziehung hat sie zu anderen Personen des Bildes?

Anschließend wird ein Dialog zwischen den Personen geführt.

Brainstorming

Oft schießen uns spontan Ideen und Gedanken durch den Kopf, die wir nur flüchtig wahrnehmen und selten festhalten. Die Methode des Brainstormings hilft dabei, diesen Gedankensturm auch in einer Gruppe zu bändigen. Voraussetzungen für das Brainstorming:

1. Die Frage, zu der Einfälle gesammelt werden sollen, wird klar benannt.
2. Es wird eine zeitliche Begrenzung festgelegt (5-10 Minuten).
3. Es wird vereinbart, wer die Einfälle wie festhält (Moderator/Moderatorin). Am besten eignet sich für die Ideensammlung eine große Tafel oder eine Wandzeitung.

Ablauf: Die Teilnehmerinnen und Teilnehmer äußern alle Gedanken, Ideen oder Vorschläge zu dem Thema, die ihnen einfallen. Diese werden von dem Moderator/der Moderatorin festgehalten (am besten in Stichworten). Kurz vor Ende der vereinbarten Zeit liest der Moderator/die Moderatorin alle Einfälle noch einmal vor. Kommen keine Ergänzungen mehr, ist das Brainstorming abgeschlossen. Nun können die Ideen weiter bearbeitet oder diskutiert werden.

Cluster bilden

Cluster (Knoten) dienen wie Mindmaps dazu, Ideen zu sammeln und Gedanken zu sortieren („Ideennetz"). Man beginnt mit dem Cluster-Kern, einem einzelnen Wort oder einem kurzen Satz. Er wird in die Mitte des Blattes geschrieben und mit einem Kreis versehen. Hiervon ausgehend werden Gedanken, so wie sie gerade auftauchen, aufgeschrieben, und zu jedem neuen Wort werden wiederum weitere Einfälle notiert. Jedes neue Wort, jeder neue Einfall wird wieder umkreist und mit dem vorangehenden Wort durch einen Strich verbunden.

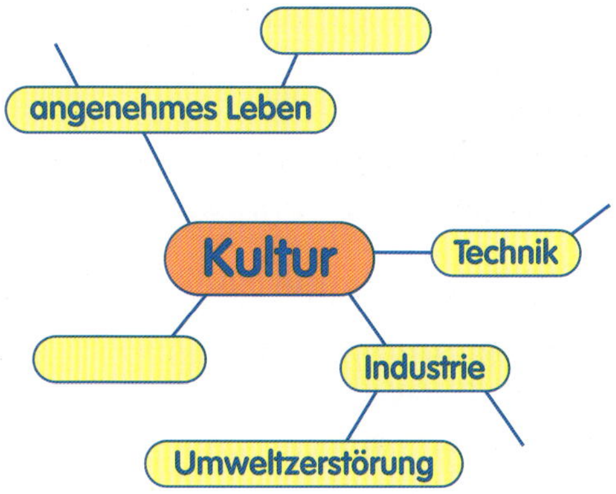

Collage

In einer Collage werden verschiedenen Einzelteile, z. B. Bilder, Fotos, Zeitungsausschnitte, Papierstücke, zu einem neuen Ganzen zusammengefügt. Und so geht ihr dabei vor:

1. Bildet Kleingruppen und sammelt (inhaltliche) Ideen für die Collage. Welche Aspekte oder Gesichtspunkte fallen euch als erste ein, welche sind euch besonders wichtig? Welche Besonderheiten lassen sich gut darstellen oder ausdrücken? Welche Gestaltung passt am besten zu den ausgewählten Inhalten?
2. Für das Erstellen einer Collage benötigt ihr verschiedene Materialien: große Papierbögen (Plakatkarton), Scheren, Klebstoff, Farb- oder Plakatstifte, Textmarker, farbiges Papier zum Hervorheben ...
3. Sammelt aus Zeitungen, Illustrierten, Prospekten usw. möglichst viele verschiedene Bilder und Texte.
4. Eine Collage ist Kunst. Seid kreativ und gebt eurer Collage einen besonderen Ausdruck.

Diskussionen

Wenn ihr komplexe und strittige Sachverhalte in Gesprächen und Diskussionen klären wollt, sollte jeder von euch folgende Regeln einhalten:

1. Höre deinen Mitschülerinnen und Mitschülern gut zu.
2. Falle ihnen nicht ins Wort; lasse sie ausreden.
3. Knüpfe an die Gedanken deiner Vorredner an.
4. Drücke dich so klar wie möglich aus.

Podiumsdiskussion

Hier nehmen einige Schülerinnen und Schüler die Position von Fachleuten oder Vertreterinnen und Vertretern bestimmter Interessengruppen in einem Gespräch vor der Klasse ein. Sie stellen ihre Auffassungen dar und vergleichen sie. Es ist dabei unbedingt zu beachten, dass das Gespräch kein Streitgespräch wird, sondern auf wechselseitigem Verständnis beruht. Es kann hilfreich sein, einen Moderator oder eine Moderatorin zu bestimmen.

Pro- und Contra-Diskussion (Streitgespräch)

Mit einer Pro- und Contra-Diskussion oder einem Streitgespräch könnt ihr unterschiedliche Standpunkte zum Ausdruck bringen und auf ihre Tragfähigkeit hin prüfen. Eine Diskussion bietet sich dann an, wenn ein umstrittenes Thema oder eine Entscheidungsfrage ansteht. Der in der Sache harte, aber faire Austausch von Argumenten soll die gegnerische Partei von der eigenen Meinung überzeugen. Eine Diskussion kann zum Beispiel so geführt werden:

1. Vorstellung des zu diskutierenden Problems
2. Erste Abstimmung
3. Sammeln von Argumenten in Gruppen (Pro und Contra)
4. Vorstellen der Argumente vor der Klasse
5. Gedankenaustausch über die Argumente
6. Zweite Abstimmung

Elfchen

Ein Elfchen ist ein kleines Gedicht aus elf Wörtern und fünf Zeilen. Es muss sich dabei nicht reimen! Fest steht jedoch der Bauplan:

1 Wort (= ein Substantiv, z. B. ein Gegenstand, eine Eigenschaft, das Thema)
2 Wörter (= beschreiben das Wort aus dem ersten Vers; was macht das Wort?)
3 Wörter (= beschreiben das Wort aus dem ersten Vers nochmal genauer; wo oder wie ist das Wort?)
4 Wörter (= eigene Gedanken zu dem Wort/Thema; was meinst du?)
1 Wort (= Abschluss, Ergebnis)

Internetrecherche

Damit du dich bei deiner Recherche im „world wide web" nicht verlierst, solltest du gezielt vorgehen:

- Stelle dir zunächst eine detaillierte Liste für Suchbegriffe zusammen. Je enger und genauer du den oder die Begriffe formulierst, desto höher sind deine Erfolgschancen.
- Mithilfe von sogenannten Operatoren kannst du noch genauer suchen: Schreibe ein +-Zeichen oder „und" zwischen zwei Begriffe, wenn alle Begriffe im Suchergebnis enthalten sein sollen. Setze mehrere Begriffe in Anführungszeichen, wenn du genau diese Formulierung oder den Namen suchst (zum Beispiel „Hans Küng" oder „ausgleichende Gerechtigkeit").
- Notiere dir stets die gesamte Internetadresse und das Datum deiner Recherche, damit du den Fundort deiner Informationen immer angeben kannst. Am besten kopierst du den Link in eine Datei.
- Vergewissere dich, ob die Informationen zuverlässig und glaubwürdig sind. Da jedermann im Internet seine Meinung verbreiten kann, findet man hier auch viele Unwahrheiten. Vertrauenswürdige Seiten mit zuverlässigen Informationen sind zum Beispiel die Internetseiten von Behörden und Institutionen (zum Beispiel Bibliotheken, Museen, Universitäten) oder von Tageszeitungen und Nachrichtenagenturen, die überregional bekannt sind. Folgende Fragen zur Zuverlässigkeit der Internetseite kannst du beispielsweise stellen: Wer sind die Autoren, wer hat die Seite ins Netz gestellt (Impressum)? Wie aktuell sind die Informationen? Wann war das letzte Update? Gibt es Literatur- oder Quellennachweise?

Interviews

Folgendes Vorgehen empfiehlt sich:

- Überlege dir, wer für dein Thema ein geeigneter Interviewpartner wäre und vereinbare mit ihm einen Termin und einen Ort für das Gespräch. Die Zeit und Dauer für das Interview solltest du dabei mit ihm abklären.
- Auch die Art des Interviews sollte geklärt werden. Eine telefonische Befragung ist meist für alle Beteiligten etwas anstrengender als ein persönliches Gespräch.
- Vor dem Gespräch solltest du dir klar machen, welches Ziel das Interview verfolgt. Am besten überlegst du dir auch mögliche Antworten auf deine Fragen, an die du ggf. weitere Fragen anschließen kannst. Beim tatsächlichen Interview solltest du allerdings je nach Verlauf flexibel sein und nicht zu starr bei deinen vorbereiteten Fragen bleiben. Das Vorformulieren ist dennoch nicht überflüssig, denn es hilft dir, deine Fragen im Kopf zu haben. Oft wird die Frageliste beim Interview selbst dann gar nicht benötigt.
- Es werden folgende Fragearten unterschieden:
  1. Offene Fragen: Diese beginnen meist mit den Fragepronomen („Wie", „Warum", „Weshalb", „Wodurch", „Woher/Wohin"...) und lassen zahlreiche Antwortmöglichkeiten offen.
  2. Geschlossene Fragen: Diese schränken die Antworten stark ein und stellen meist reine Ja-Nein-Fragen oder Wissensfragen dar.

Karikaturen beschreiben und interpretieren

Karikaturen sind Zeichnungen, die ein Problem zugespitzt und übertrieben darstellen. Um eine Karikatur zu interpretieren, kannst du wie folgt vorgehen:

1. Beschreibe die Karikatur möglichst genau: Was ist zu erkennen? (Personen, Orte, Symbole ...) Was wird gesagt? Was fällt auf? Was wird besonders übertrieben dargestellt?

Beachte: Oft erkennt man wichtige Details erst beim genauen Beschreiben.

2. Deute nun die Aussage der Karikatur: Um welches Thema geht es? Was bedeuten die Symbole? Auf welches Problem möchte der Karikaturist hinweisen? Welche Meinung hat der Zeichner? Welche Fragen hast du noch an die Karikatur?

3. Beurteile: Teilst du die Sichtweise des Zeichners oder bist du anderer Meinung? Nimm begründet Stellung. Wie ist deine Meinung zu dem Thema? Wie ist deine Meinung zur Aussage des Karikaturisten?

Mindmapping

Mindmap, wörtlich „Gedächtnislandkarte", ist eine Methode, Informationen zu ordnen und zu veranschaulichen. Dabei werden Gedanken in Begriffe oder Symbole gefasst und in einem Bild dargestellt. Auf diese Weise soll deutlich werden, wie die einzelnen Begriffe zusammenhängen. Das Thema der Mindmap steht im Mittelpunkt des Blattes, die Hauptgedanken bilden die Äste, von denen wiederum Nebenäste abzweigen können. Sie eignen sich auch gut dazu, Assoziationen, Gedanken, Vorstellungen und Wünsche von mehreren Personen in einer „map" darzustellen. Hier ein Mindmap-Beispiel für deine Gruppen als „Rollenspieler" (siehe S. 196f.):

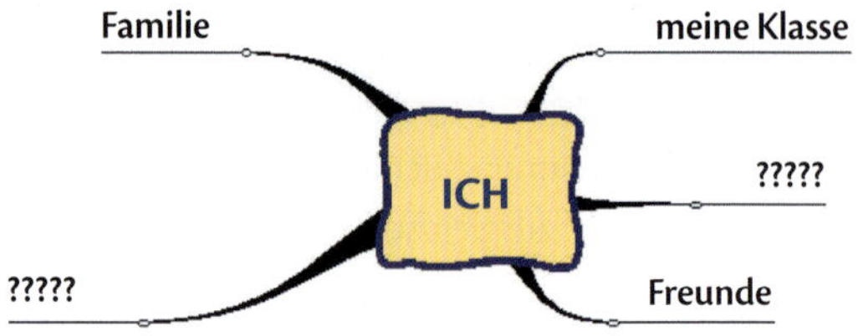

Museumsgang (Gallery Walk)

Bei dieser Methode werden die Ergebnisse unterschiedlicher Gruppen (Expertengruppen) einer Arbeitsphase, z. B. dem Standbild oder der Plakatgestaltung, ausgewertet. Nach der Fertigstellung werden die Ergebnisse festgehalten und anschließend wie in einer Ausstellung vorgestellt. Hierzu werden neue Gruppen gebildet, in denen die Mitglieder der früheren Expertengruppe auf alle Gruppen gleichmäßig verteilt werden (bei ursprünglich vier Expertengruppen müssten also in jeder Gruppe des Museumsgangs vier Experten aus den verschiedenen Expertengruppen sein). Die Gruppen gehen dann durch das Museum und begutachten die „Ausstellungsstücke". Jeweils das Gruppenmitglied, das an dem Ausstellungsstück mitgearbeitet hat, präsentiert den anderen das Ergebnis seiner Expertengruppe.

Placemat

Beim Placemat (deutsch: „Platzdeckchen") wird pro Gruppe eine große Papiervorlage ausgeteilt, die in Einzelfelder und ein großes Gemeinschaftsfeld in der Mitte aufgeteilt ist. Jedem Gruppenmitglied wird ein Einzelfeld zugeordnet. Der Arbeitsauftrag der Gruppe besteht darin, eine Aufgabe aus einer oder mehreren Fragen zu bearbeiten, zu der möglichst viele Antworten gefunden werden sollen. Und so geht ihr dabei vor:

1. Jede Gruppe zeichnet sich auf dem Papier ein „Deckchen" in einer beliebigen Form.
2. Jeder Teilnehmer und jede Teilnehmerin hat außen ein eigenes Feld, um eigene Gedanken zu der Fragestellung zu notieren (Einzelarbeit).
3. Nach der Einzelarbeit tauscht ihr euch in der Gruppe über eure individuellen Antworten aus, indem das „Deckchen" rotiert und ihr gegenseitig eure Ergebnisse zur Kenntnis nehmt.
4. Anschließend einigt ihr euch auf diejenigen Antworten, die ihr als gemeinsames Ergebnis in das mittlere Feld eintragt.
5. Zum Schluss wird das mittlere Feld ausgeschnitten und die Ergebnisse werden im Klassenraum präsentiert.

Plakatgestaltung

Auf folgende Punkte solltet ihr achten:

- Meine Überschrift ist groß und deutlich.
- Mein Plakat ist bunt gestaltet.
- Mein Plakat ist übersichtlich.
- Mein Plakat ist mit Bildern und / oder Zeichnungen geschmückt.
- Mein Plakat enthält alle wichtigen Angaben.
- Ich habe eine besondere Textstelle ausgesucht und auf meinem Plakat festgehalten.
- Ich habe den Inhalt meines Themas kurz in eigenen Worten wiedergegeben.
- Meine Schrift ist sauber, ordentlich und gut lesbar.
- Ich habe alles richtig geschrieben.

Personenkonstellation

Die Personenkonstellation ist eine Methode, um die Beziehungen zwischen den wichtigsten Personen in einem Text oder Film zu veranschaulichen. Folgende Vorgehensweise kann dir helfen:

1. Notiere die Hauptperson oder die Hauptpersonen in der Mitte und ordne die anderen Personen um diese herum an.
2. Stelle die Beziehungen der Personen zueinander durch unterschiedliche Pfeile, Symbole und andere grafische Elemente möglichst treffend dar: Welche gemeinsamen Erfahrungen und Interessen verbinden die Personen? Welche Konflikte haben sie?

Positionslinie

Mit dieser Methode werden die Standpunkte einiger oder aller Schülerinnen oder Schüler eurer Klasse zu einer bestimmten Frage gesammelt und besprochen. Dazu markiert ihr im Klassenzimmer durch eine lange Schnur oder einen Klebestreifen eine Linie auf dem Boden. Die Mitte der Linie wird ebenfalls markiert: Sie stellt den Standpunkt „unentschieden" dar. Das eine Ende der Linie ist dann der Standpunkt „Ja"/„Stimme zu", das andere Ende der Standpunkt „Nein"/„Lehne ab". Dann positioniert ihr euch entsprechend eurer Meinung zu der Fragestellung an einer Stelle der Linie. Ist eure Zustimmung oder Ablehnung nicht eindeutig, könnt ihr einen Abstand zu „Ja" oder „Nein" wählen, der eurer Meinung entspricht. Begründet anschließend euren Standpunkt bzw. warum ihr an dieser Stelle steht.

Präsentation

Auf dem Weg zum eigenen Thema

Überlege für dich: Wovon bin ich sofort berührt? Was möchte ich untersuchen bzw. klären? Welche Fragen stellen sich mir?

- Überlege zum Thema: Worum geht es? Habe ich schon Vorkenntnisse? Welche unterschiedlichen Auffassungen zum Thema gibt es? In welchem Zusammenhang mit dem Unterricht steht mein Thema?
- Daraus folgen Überlegungen zum Publikum: Was wissen meine Mitschüler und Mitschülerinnen schon über das Thema? Wo kann ich anknüpfen? Wie kann ich ihr Interesse wecken?

Wer sucht, der findet – Recherche

Vergleiche die Hinweise zur > Internetrecherche.

Wie sag ich's dir? – Vortrag

Vergleiche die Hinweise zum Halten einer Rede (> Rede halten).

Das will ich sehen! – Veranschaulichung

- Setze Medien und Anschauungsmaterial ein, um deine Präsentation zu unterstützen. Überlege dir, welche Medien für deinen Vortrag sinnvoll sind und übertreibe nicht mit dem Medieneinsatz.
- Beschränke dich auf die wichtigsten Punkte und gestalte deine Veranschaulichung mög-

lichst knapp. Denke an das Publikum: Jeder im Publikum muss alle Elemente deiner Veranschaulichung (z. B. Powerpoint, Schaubilder) sehen können. Wichtig sind:

1. **Lesbarkeit:** Druckbuchstaben in Groß- und Kleinschreibung verwenden; Stichworte, keine ganzen Sätze; Schriftgröße nicht zu klein
2. **Anordnung:** logische Struktur (vergleichend/gegensetzend, dem zeitlichen Ablauf nach, reihend ...); Übersichtlichkeit, möglichst einfache Darstellung, Leserichtung (von links nach rechts, von oben nach unten)
3. **Gestaltung:** sinnvoller Farbeinsatz (dunkle Töne für die Schrift, maximal drei Farben, Symbolcharakter der Farben beachten); Blattaufteilung vornehmen; Gestaltungselemente sinnvoll einsetzen (Pfeile, Symbole, Diagramme, Karten, Grafiken, Bilder ...); ausgewogenes Verhältnis zwischen Schrift und Bild
4. **Organisation:** Dauer der Präsentation einzelner Darstellungen vorher überlegen; eigenen Standort festlegen

Eine Rede halten

Eine Rede zu halten, der das Publikum auch interessiert folgt, ist gar nicht so einfach. Hier ein paar Tipps zur Vorbereitung und Durchführung:

Rede vorbereiten

1. Checkliste erstellen:
   - Warum halte ich diese Rede? (Ziel)
   - Zu wem rede ich? (Adressaten)
   - Worüber möchte ich sprechen? (Inhalt)
   - Wie möchte ich mein Anliegen „rüberbringen"? (Formulierungen, Körpersprache)
2. Entscheide dich für einen inhaltlichen Schwerpunkt deiner Rede und recherchiere gründlich.
3. Gliedere die Informationen logisch und nachvollziehbar.
4. Formuliere deine Rede aus. Die Anrede richtet sich nach deinem Publikum. Wichtig ist vor allem der Einstieg (denkbare „Aufhänger" sind Fragen, Zitate, eine bewusste Herausforderung/Überraschung ...).
5. Notiere dir Stichpunkte (auch Zahlen oder Punkte, die man leicht vergisst) aus deiner ausformulierten Rede auf Karteikarten.
6. Übe deine Rede am besten vor einer dir vertrauten Person. Achte vor allem auf die Redezeit!

Rede halten

1. Warte ab, bis dein Publikum nicht mehr redet und begrüße es angemessen.
2. Halte Blickkontakt und sprich frei, Ablesen ist ein absolutes Tabu!
3. Sprich nicht zu schnell, sondern klar und deutlich, mit Pausen.
4. Kontrolliere deine Gestik.
5. Fasse deinen Gedankengang am Ende der Rede noch einmal genau zusammen.
6. Bedanke dich bei deinem Publikum für die Aufmerksamkeit.

Schreibanlässe

Durch Schreibanlässe erhaltet ihr Anstöße, eure eigenen Gedanken und Gefühle zu formulieren und dadurch eigene Antworten auf bestimmte Fragen zu finden. Die Schreibanlässe können vielfältig sein und reichen von journalistischen Formen wie Zeitungsartikeln bis hin zu subjektiven, persönlichen Formen wie Blog- oder Tagebucheinträgen und (fiktiven, erdachten) Briefen. Wenn du beispielsweise einen Brief an dich selbst schreibst, kannst du eine fremde Perspektive (einen fremden Blickwinkel) einnehmen, denn dann stellst du dir vor, dass jemand anderes an dich schreibt. Aber natürlich kannst du auch eine ausgedachte oder reale Person einen Brief an eine weitere Person schreiben lassen. Um Figuren in einem Text besser verstehen zu können, kann man auch kreativ in einen Text eingreifen und z. B. eine Szene aus einer anderen Perspektive neu schreiben oder z. B. eine weitere Figur hineinschreiben, die eine neue Sicht auf ein Problem wirft. Oft werden Texte auch mit einem offenen Ende präsentiert, so dass du aufgefordert wirst, durch das Weiterschreiben eine eigene Lösung zu finden. Weitere Schreibformen sind z. B. das > Schreibgespräch, das Erstellen von Definitionen oder Dialogen oder das Verfassen innerer Monologe.

Schreibgespräch

Beim Schreibgespräch notiert ihr eure Gedanken zu einem Thema. Wichtige Regeln sind:

- Es darf nicht gesprochen werden!
- Das Blatt liegt entweder in der Mitte des Tisches oder wird reihum gereicht.
- Schreibt nicht einfach wild drauflos, sondern lasst euch Zeit, eure Gedanken zu formulieren.
- Es schreibt immer nur eine Person.
- Jeder schreibt nur, wenn er dran ist.
- Alle sollen einmal drankommen.
- Aussetzen ist erlaubt, wenn einer keine Idee hat.
- Es ist erlaubt, Einträge von anderen schriftlich zu kommentieren oder weiterzudenken.

Sprech- und Gedankenblasen

Zu einer Person in einem Bild zeichnet ihr eine Sprech- und Gedankenblase, in die ihr schreibt, was dieser Person durch den Kopf geht bzw. was sie sagen könnte. Verwendet für die Gedanken und Aussagen dabei die Ich-Form, als ob ihr selbst die Person wärt und diesen Gedanken habt.

Standbilder

Bildet Gruppen von vier bis fünf Schülerinnen und Schülern, die gemeinsam ein Standbild bauen. Ein Schüler oder eine Schülerin wird zum „Denkmalbauer" bestimmt. Aus den anderen wird ein Denkmal gebaut, das einen Text am besten darstellt. Der Denkmalbauer darf mit seinen Darstellerinnen und Darstellern nicht reden, sondern muss stumm sein Denkmal bauen und einfrieren lassen („Freeze"). Das Standbild kann anschließend besprochen, festgehalten (Foto) oder verändert werden, z. B. durch einen anderen Denkmalbauer oder die Klasse.

Statistiken und Schaubilder auswerten

Statistiken, oft in Schaubildern dargestellt, sind die zahlenmäßige Erfassung und systematische Ordnung von Informationen. Um sie zu untersuchen, solltet ihr unterschiedliche Schritte beachten:

1. **Fragestellung/Thema bestimmen:** Was ist das Thema des Diagramms oder Schaubilds Lies genau die Überschrift der Darstellung.
2. **Darstellungsform bestimmen**: Werden die Daten in Tabellen, Schaubildern oder Diagrammen dargestellt? Diagramme sind gezeichnete Zahlenwerte. Es gibt verschiedene Arten von Diagrammen:
   a) In **Balkendiagrammen** lassen sich verschiedene Zahlenwerte gut miteinander vergleichen.
   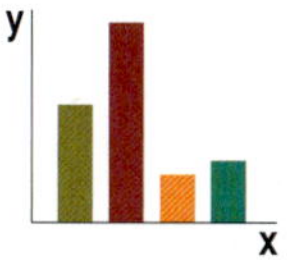

   b) Durch **Kurvendiagramme** können zeitliche Entwicklungen gut dargestellt werden.
   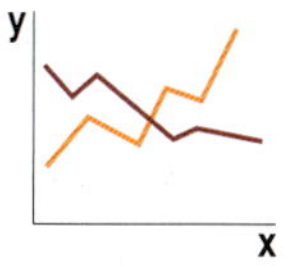

   c) **Kreisdiagramme** lassen die jeweiligen Anteile an der Gesamtmenge gut erkennen.

   In **Schaubildern** sind die Zahlendiagramme mit grafischen Elementen und Bildern verbunden. Dadurch soll die Aussage der Zahlen deutlicher gemacht und veranschaulicht werden – damit sie sich besser und schneller einprägt.
3. **Diagramm/Schaubild beschreiben:**
   - Welche Informationen wurden gesammelt? Zum Beispiel bei Umfragen: Wer ist gefragt worden? Was genau ist gefragt worden?

- Werden die Mengenangaben in absoluten Zahlen (dann steht dort zum Beispiel „in tausend" oder „in Millionen") oder in Prozentanteilen angegeben? Bei Prozentanteilen ist wichtig festzustellen, auf welche Basisgröße Bezug genommen wird.

4. **Statistik auswerten:** Um aus einer Statistik Aussagen gewinnen zu können, solltet ihr Auffälligkeiten beachten:
   - Gibt es besonders hohe oder besonders niedrige Werte?
   - Sind bestimmte Entwicklungen festzustellen, wenn beispielsweise die Informationen zu verschiedenen Zeitpunkten erhoben worden sind? Versuche abschließend, die Gesamtaussage des Diagramms in ein bis zwei Sätzen zu formulieren.

Think-Pair-Share

Think-Pair-Share (denken – austauschen – teilen) gliedert sich in drei Phasen:

- In der ersten Phase (Think) denkt jeder von euch still und für sich selbst über die Antwort auf eine bestimmte Frage nach. Es kann hier sinnvoll sein, dass ihr eure Antworten in Stichworten notiert.
- In der zweiten Phase (Pair) bildet ihr Zweiergruppen und teilt eurem Partner oder eurer Partnerin jeweils eure Antworten auf die Frage mit. Achtet darauf, eure Gedanken klar zu formulieren und euch gegenseitig gut zuzuhören.
- In der dritten Phase (Share) stellt ihr eure Antworten jeweils einer anderen Zweiergruppe vor und besprecht sie. So könnt ihr dann in der Gruppe über die verschiedenen Überlegungen ins Gespräch kommen und euch darüber austauschen.

Umfragen durchführen

Das solltest du für die Erarbeitung eines Fragebogens beachten:

Das Thema der Umfrage festlegen: Grenze das Thema der Umfrage möglichst so ein, dass du auch tatsächlich messen kannst, was du messen möchtest.

Den Personenkreis der Befragten festlegen: Schränke den Personenkreis, den du befragen möchtest, ein. Zu viele Fragebögen lassen sich nur mit großem Aufwand auswerten (sind allerdings im Hinblick auf die Aussagekraft des Ergebnisses auch zuverlässiger).

Achtung: Befragungen sind immer freiwillig; Anonymität sollte unbedingt gewährleistet sein, d. h. es darf nicht erkennbar sein, welche Person genau einen Fragebogen ausgefüllt hat.

Fragen formulieren:

- Du kannst offene Fragen (Fragen, bei denen der Befragte die Antworten frei formulieren kann) oder geschlossene Fragen (Fragen mit mehreren vorgegebenen Antwortmöglichkeiten) stellen, wobei sich geschlossene Fragen leichter auswerten lassen.
- Formuliere klare und genaue Fragen. Das gilt auch, wenn du mögliche Antworten vorgibst, aus denen eine ausgewählt werden soll („multiple choice").
- Vermeide Fragen, die die Richtung einer Antwort beeinflussen (statt: „Es stimmt doch, dass …?" besser: „Wie beurteilen Sie …?").
- Meinungen oder Urteile lassen sich am besten über eine Punkteskala abfragen, zum Beispiel 1 = trifft voll zu bis 6 = trifft überhaupt nicht zu.

Textnachweise

Ethik und Philosophie

S. 8/9: Angelika Rzehak (Originalbeitrag)

S. 10/11: M1/M5 Angelika Rzehak (Originalbeiträge); M2-M4 Senatsverwaltung für Bildung, Jugend und Wissenschaft Berlin: Rahmenlehrplan für die Sekundarstufe I. Ethik. Jahrgangsstufen 7-10. Integrierte Sekundarschule, Gymnasium. 1. Auflage 2015, S. 3, 19, 6

S. 12/13: M2 Antoine de Saint-Exupéry: Der kleine Prinz. Mit Zeichnungen des Verfassers. Ins Deutsche übertragen von Grete und Josef Leitgeb. Ungekürzte Buchgemeinschafts-Lizenzausgabe mit Genehmigung der Karl Rauch Verlag KG, Düsseldorf für die Bertelsmann Club GmbH, Gütersloh, S. 7f. © 1950 und 1956 Karl Rauch Verlag KG, Düsseldorf; M3 Lucius Annaeus Seneca: Dialoge. Briefe an Lucilius (Brief 71). In: Ders.: Philosophische Schriften. Dritter Band. Übersetzt, mit Einleitung und Anmerkungen versehen von Otto Apelt. Hamburg: Meiner 1993, S. 272

S. 14/15: M1/M2 Das große Wilhelm Busch Album. Mit 1800 Zeichnungen. Sonderausgabe. Stuttgart: Deutscher Bücherbund 1959, S. 184, 204-206

S. 16/17: M1 Paul McKenna: The Golden Rule Across the World's Religions. Online: http://www.scarboromissions.ca/wp-content/uploads/2015/01/item_34_lg.jpg (abgerufen am 22.01.2015; Übersetzung jeweils Jörg Peters, außer Zitat aus Neuem Testament); M2 Ernst Tugendhat / Celso López / Ana María Vicuña: Wie sollen wir handeln? Schülergespräche über Moral. Übersetzt von Reinhard Schwemmler. Stuttgart: Reclam 2004, S. 89-90; M3 nach Ernst Tugendhat / Celso López / Ana María Vicuña: Wie sollen wir handeln? Schülergespräche über Moral. Übersetzt von Reinhard Schwemmler. Stuttgart: Reclam 2004, S. 31, 83

S. 18/19: M1-M3 nach Monika Sänger; M4 Ernst Tugendhat / Celso López / Ana María Vicuña: Wie sollen wir handeln? Schülergespräche über Moral. Übersetzt von Reinhard Schwemmler. Stuttgart: Reclam 2004, S. 115; M5 Héctor Zagal/José Galindo: Ethik für junge Menschen. Grundbegriffe – Positionen – Probleme. Aus dem Spanischen übersetzt von Bernd Goebel. Stuttgart: Reclam 2000, S. 86-87

S. 20/21: M1 Angelika Rzehak (Originalbeitrag); M2 Shell Jugendstudie 2010. Online: www.shell.de/home/content/deu/aboutshell/our_commitment/shell_youth_study (abgerufen am 25.01.2012); M3 nach Matthew Lipman: Handbuch zu Harry Stottelmeiers Entdeckung. Übersetzt von Ursula Scheer und Claudio Zagoda. Wien: hpt 1990, S. 107-110; M4 Monika Sänger

S. 22/23: Methodenkompetenz/M1-M3 Angelika Rzehak (Originalbeiträge); Tabelle „Unterscheide Sachurteil-Werturteil" Monika Sänger

Identität und Rolle

S. 26/27: M2-M4 Jostein Gaarder: Sofies Welt. Ein Roman über die Geschichte der Philosophie. Übersetzt von Gabriele Haefs. München, Wien: Hanser 1993, S. 8-10; M5 Monika Sänger

S. 28/29: M3 John Locke: Versuch über den menschlichen Verstand. Band I. Zweites Buch: Über die Ideen. Übersetzt von Christoph Winckler. 4. durchgesehene Auflage. Hamburg: Meiner 1981, S. 421; M4 Lewis Carroll: Alice im Wunderland. Deutsch von Siv Bublitz. Hamburg: Rotfuchs 1993, S. 52-53

S. 30/31: M2 nach Winfried Böhm; M3 Malin Schwerdtfeger: Mein erster Achttausender. In: Dies.: Leichte Mädchen. Erzählungen. Köln: KiWi 2002, S. 9f.; M4 Ich+Ich: Stark. Text: Annette Humpe. © Ambulanz Musikverlag - Annette Humpe / Aquarium Edition

S. 32/33: M2 Melvin Burgess: Billy Elliot. I will dance. Aus dem Englischen von Heike Brandt. 3. Auflage. Ravensburg: Ravensburger Verlag 2006, S. 60-62; M3 Simone de Beauvoir: Das andere Geschlecht. Sitte und Sexus der Frau. Übersetzt von Uli Aumüller und Grete Osterwald. Reinbek bei Hamburg: Rowohlt 1996, S. 316; M4 basierend auf Frederik J. J. Buytendijk: Das Fußballspiel. Eine psychologische Studie. Würzburg: Werkbund-Verlag 1952, S. 20; M5 basierend auf Erving Goffmann: Das Arrangement der Geschlechter. In: Ders.: Interaktion und Geschlecht. Hg. und eingeleitet von Hubert A. Knoblauch. Mit einem Nachwort von Helga Kotthoff. Frankfurt/Main: Campus 1994, S. 107-110

S. 34/35: M2 Winfried Böhm; M3 Lions-Quest „Erwachsen werden": Ein Life-Skills-Programm für Schülerinnen und Schüler der Sekundarstufe I zur Förderung der Persönlichkeit, der sozialen Kompetenz und der Gesundheit. Autoren der deutschen Ausgabe: Heiner Wilms, Ellen Wilms. 3. Ausgabe/10. Auflage. Lions Club International, Multi-Distrikt 111, Deutschland. Wiesbaden 2012

S. 36/37: Methodenkompetenz/M1 nach Winfried Böhm

S. 38/39: M1 Ambrose Bierce: Aus dem Wörterbuch des Teufels. Auswahl, Übersetzung und Nachwort von Dieter E. Zimmer. Frankfurt/Main: Insel 1980, S. 32; Samuel Butler: The Notebooks. Hg. von Henry Festing Jones. London: The Hogarth Press 1985, S. 41 (eigene Übersetzung); Ralph Waldo Emerson: Essays: Erste Reihe. Ins Deutsche übertragen und hg. von Harald Kiczka. Zürich: Diogenes 1983, S. 159; Aristoteles. Zitiert nach Stefan Knischek (Hg.): Lebensweisheiten berühmter Philosophen: 4000 Zitate von Aristoteles bis Wittgenstein. 8. Auflage. Hannover: Humboldt. 2009, S. 193; Aristoteles. Zitiert nach Diogenes Laertios. Leben und Lehre der Philosophen. Aus dem Griechischen übersetzt und hg. von Fritz Jürß. Stuttgart: Reclam 1998, S. 225; M4 Mark

Twain: Die Abenteuer des Huckleberry Finn. Köln: Naumann Verlagsgesellschaft 2005, S. 245-246

S.40/41: M1 nach Aristoteles: Nikomachische Ethik. Übersetzung und Nachwort von Franz Dirlmeier. Stuttgart: Reclam 1994, S. 216-218 [1156a-1156b]; M2 Sophia Gerber (Originalbeitrag); M3 Herbert Grönemeyer: Freunde. Text: Herbert Grönemeyer. © Grönland Musikverlag, Berlin

S. 42/43: M1 nach Stefanie Schlüter: Kurzsynopsis. In: Dies.: Prinzessinnenbad. Filmheft. Online: http://www.kino-ab-10.de/downloads/begleitmaterial/prinzessinnenbad/PRINZESSINNENBAD_SCHULHEFT.pdf, S. 2 (abgerufen am 01.06.2015); M2 zitiert nach Stefanie Schlüter: Prinzessinnenbad. Filmheft. Online: http://www.kino-ab-10.de/downloads/begleitmaterial/prinzessinnenbad/PRINZESSINNENBAD_SCHULHEFT.pdf, S. 14 (abgerufen am 01.06.2015); M3 nach Michel de Montaigne: Über die Freundschaft. Deutsch von Hans Stilett. In: Klaus-Dieter Eichler (Hg.): Philosophie der Freundschaft. Leipzig: Reclam 1999, S. 95, 90f; M4 zitiert nach Prinzessinnenbad. Ein Film von Bettina Blümner. Presseheft. Online: http://www.reverse-angle.com/deutsch/filme/aktuell/Prinzessinnenbad/downloads/Pbad_Presseheft.pdf (abgerufen am 01.06.2015)

S. 44/45: M1 nach Beatrix Schnippenkoetter: Ich wäre gern ein Huhn. Was Kinder aus aller Welt erleben und sich erträumen. Frankfurt/Main: Campus 2006; M2 http://www.internet-abc.de/eltern/whatsapp-kinder-jugendliche-funktionen.php (abgerufen am 09.06.2015); M4 Gideon Ötinger: Amerikanerin fotografiert ihre Freunde aus dem virtuellen Leben. In: www.tagblatt.de, 24.04.2014 Online: http://www.tagblatt.de/Nachrichten/Amerikanerin-fotografiert-ihre-Freunde-aus-dem-virtuellen-Leben-85838.html (abgerufen am 09.06.2015)

S. 46/47: M1 Sophia Gerber (Originalbeitrag); M2 nach Antoine de Saint-Exupéry: Der kleine Prinz. Mit Zeichnungen des Verfassers. Ins Deutsche übertragen von Grete und Josef Leitgeb. Ungekürzte Buchgemeinschafts-Lizenzausgabe mit Genehmigung der Karl Rauch Verlag KG, Düsseldorf für die Bertelsmann Club GmbH, Gütersloh, S. 92-101 © 1950 und 1956 Karl Rauch Verlag KG, Düsseldorf; M3 nach Mary Wollstonecraft: Ein Plädoyer für die Rechte der Frau. Aus dem Englischen neu übertragen von Irmgart Hölscher. Weimar: Verlag Hermann Böhlaus Nachfolger 1999, S. 223, 237

S. 48/49: M1 Aktion Schulstunde zur ARD-Themenwoche „Zum Glück": Von Glücksbringern und Ritualen. Mach dich schlau! Was denkst du? Macht was zusammen! 2013 © Rundfunk Berlin-Brandenburg. Online: https://www.rbb-online.de/schulstunde-glueck/das-grosse-glueck/von-gluecksbringern-und-ritualen.file.html/B_schlau_Von%20Gl??cksbringern%20und%20Ritualen.pdf, S. 1 (abgerufen am 11.02.2016); M2 Aristoteles: Nikomachische Ethik. Übersetzung und Nachwort von Franz Dirlmeier. Stuttgart: Reclam 1994, S. 18 [1098a]; Jeremy Bentham. Zitiert nach: Lew N. Tolstoj: Für alle Tage: ein Lebensbuch. Auf Grundlage der russischen Ausgabe von letzter Hand von Christiane Körner revidierte und ergänzte Übersetzung von E. Schmitt und A. Skarvan. C. München: C.H.Beck, 2010, S. 66; Immanuel Kant. Zitiert nach: Beatrix Himmelmann: Kants Begriff des Glücks. Berlin/New York: Walter de Gruyter 2003, S. 179; M3/M4 Erich Fromm: Haben oder Sein. Die seelischen Grundlagen einer neuen Gesellschaft. Übersetzt von Brigitte Stein. Überarbeitet von Rainer Funk. 17. Auflage. Stuttgart: Deutsche Verlagsanstalt 1996, S. 88, 34, 76, 115

S. 50/51: M1 Monika Sänger; M2 Global lernen 03/2002. Institut für Friedenspädagogik (Hg.). Tübingen 2002; M3 Martha Nussbaum: Gerechtigkeit oder das gute Leben. Übersetzt von Ilse Utz. Frankfurt/Main: Suhrkamp 1999, S. 57f.

S. 52/53: M2 Die Prinzen: Ich wär so gerne Millionär. Text: Sebastian Krumbiegel. © Lakeworth Music Publishing / BMG Rights Management GmbH, Berlin/SMPG Publishing (Germany) GmbH, Berlin; M4 nach Fernando Savater: Tu, was du willst. Ethik für Erwachsene von morgen. Aus dem Spanischen von Wilfried Hof. 9. Auflage. Frankfurt/Main, New York: Campus 1997, S. 70f.; M5 Raphael Fellmer: Buch: Glücklich ohne Geld! Online: http://www.raphaelfellmer.de/buch-gluecklich-ohne-geld/ (abgerufen am 02.06.2015)

S. 54/55: M1 Robert Nozick: Anarchie, Staat, Utopia. Aus dem Amerikanischen übertragen von Dr. Hermann Vetter. München: Olzog 2011, S. 74f.; M3 Jörg Peters/Martina Peters/Bernd Rolf. M4/M5 Christiane F.: Wir Kinder vom Bahnhof Zoo. Nach Tonbandprotokollen aufgeschrieben von Kai Hermann und Horst Rieck. Lizenzausgabe des Deutschen Bücherbundes GmbH&Co. Hamburg: Gruner + Jahr o.J., S. 60f., 76, 123

S. 56/57: M2 Vittorio Hösle/Nora K.: Das Café der toten Philosophen. Ein philosophischer Briefwechsel für Kinder und Erwachsene. München: C.H. Beck 1996. S. 25f.; M4 Isabell Hülser: Viel Freilauf für glückliche Hühner. In: www.rp-online.de, 10.05.2014. Online: http://www.rp-online.de/nrw/staedte/wesel/viel-freilauf-fuer-glueckliche-huehner-aid-1.4229124 (abgerufen am 02.06.2015)

S. 58/59: Methodenkompetenz/M1: Sophia Gerber (Originalbeiträge). M2 Sophia Geber, Idee nach Philipp Cam: Zusammen nachdenken. Philosophische Fragestellungen für Kinder und Jugendliche. Eine praktische Einführung. Mühlheim an der Ruhr: Verlag an der Ruhr 1996, S. 95-96; M3 Gareth B. Matthews: Philosophische Gespräche mit Kindern. Übersetzt von Hans-Ludwig Freese. Berlin: Freese 1989, S. 24

S. 60-61: M Brüder Grimm: Die Sterntaler. In: Die schönsten Kinder- und Hausmärchen. Kapitel 162. Online: http://gutenberg.spiegel.de/buch/-6248/162 (abgerufen am 13.01.2016)

Freiheit und Verantwortung

S. 64/65: M1-M3 Melanie Heise (Originalbeiträge)

S. 66/67: M2 Grundgesetz für die Bundesrepublik Deutschland. Online: http://www.gesetze-im-internet.de/gg/ (abgerufen am 28.04.2015); http://youth.amnesty.ch/de/menschenrechte/menschenrechte/allgemeine-erklaerung-der-menschenrechte-in-einfachen-worten (abgerufen am 28.04.2015); M3 Melanie Heise, basierend auf John Stuart Mill: Über die Freiheit. Stuttgart: Reclam 1988 S. 16f.; Zitat John Stuart Mill: Über die Freiheit. Übersetzt von Bruno Lemke. Stuttgart: Reclam 2010, S. 18f.

S. 68/69: M1 Wolfgang Huber: Meine Freiheit ist auch deine Freiheit. Wie können wir zusammenleben? Über die Ethik als Grundlage menschlichen Handelns. In: Die Zeit 35/2013. Online: http://www.zeit.de/2013/35/freiheit-ethik-zusammenleben (abgerufen am 24.02.2016); M3 Melanie Heise, basierend auf Wolfgang Huber: Meine Freiheit ist auch deine Freiheit. Wie können wir zusammenleben? Über die Ethik als Grundlage menschlichen Handelns. In: Die Zeit 35/2013. Online: http://www.zeit.de/2013/35/freiheit-ethik-zusammenleben; abgerufen am 24.02.2016)

S. 70/71: M3 Melanie Heise (Originalbeitrag)

S. 72/73: M2-M4 nach Hans Leip: Bordbuch des Satans. Geschichte der Freibeuterei. München: List Verlag 1959, S. 11, 13, 170f. 181, 175, 187, 205-206

S. 74/75: Methodenkompetenz/M1/M2 Melanie Heise (Originalbeiträge)

S. 76/77: M2/M3 Melanie Heise (Originalbeiträge)

S.78/79: M2 dn: Weil er aufs Handy glotzt: Mann verpasst vorbeischwimmenden Wal. In: www.fokus.de, 05.02.2015. Online: http://www.focus.de/panorama/welt/schnappschuss-aus-kalifornien-wegen-smartphone-mann-verpasst-vorbeischwimmenden-wal_id_4455216.html (abgerufen am 29.04.2015); M3 Migros-Genossenschafts-Bund: Liebe(r) ohne Handy. Online: http://www.migrosmagazin.ch/leben/familie/artikel/liebe-ohne-handy (abgerufen am 29.04.2015); Zitat Charlene deGuzman basierend auf: Video über Handy-Wahn ist Internet-Hit. In: www.zeit.de, 05.09.2013. Online: http://www.zeit.de/news/2013-09/05/szene-video-ueber-handy-wahn-ist-internet-hit-05100403 (abgerufen am 24.02.2016)

S. 80/81: M2-M4/Projektkasten Melanie Heise (Originalbeiträge)

S.82/83: M2 Melanie Heise (Originalbeitrag); M3 Héctor Zagal/José Galindo: Ethik für junge Menschen. Grundbegriffe – Positionen – Probleme. Aus dem Spanischen übersetzt von Bernd Goebel. Stuttgart: Reclam 2000, S. 77: M4 dpa: Schüler verkauft Niere für ein iPhone. In: www.zeit.de, 07.04.2012. Online: http://www.zeit.de/gesellschaft/zeitgeschehen/2012-04/China-Niere-Organhandel-iPhone#comments (abgerufen am 30.04.2015)

S. 84/85: M2/M4 Melanie Heise (Originalbeiträge); M3 Héctor Zagal/José Galindo: Ethik für junge Menschen. Grundbegriffe – Positionen – Probleme. Aus dem Spanischen übersetzt von Bernd Goebel. Stuttgart: Reclam 2000, S. 47

S. 86/87: M2 nach Schülerduden Religion und Ethik. Hg. und bearbeitet von der Redaktion Schule und Lernen. 2. Auflage. Mannheim: Bibliographisches Institut &F.A. Brockhaus AG 2008, S. 391-392; M3 Monika Sänger

S. 88/89: M1 Stefanie Schütten: Cybermobbing lässt sich nicht allein im Netz bekämpfen. In: Zeit online, 25.10.2012. Online: http://www.zeit.de/digital/internet/2012-10/amanda-todd-anonymous/komplettansicht (abgerufen am 04.05.2015); M2 nach Monika Sänger; M3 Jugendgerichtsgesetz. Online: http://www.gesetze-im-internet.de/jgg/ (abgerufen am 04.05.2015); M4 Jens Augner. Online: http://www.humboldtschule-berlin.de/index.php/unterricht/arbeitsgemeinschaften/article/23-eine-welt-fair-trade-sambia-ag (abgerufen am 04.05.2015)

S. 90/91: M2 Erich Fromm: Die Kunst des Liebens. Übersetzt von Liselotte und Ernst Mickel. Ungekürzte Ausgabe. 52. Auflage. Berlin: Ullstein 1998, S. 68; M3 Melanie Heise, basierend auf Michael Remke: Paar stirbt nach 62 Jahren Ehe am selben Tag. In: Berliner Morgenpost, 04.08.2014. Online: http://www.morgenpost.de/vermischtes/article130878617/Paar-stirbt-nach-62-Jahren-Ehe-am-selben-Tag.html (abgerufen am 04.05.2016); M4 Héctor Zagal/José Galindo: Ethik für junge Menschen. Grundbegriffe – Positionen – Probleme. Aus dem Spanischen übersetzt von Bernd Goebel. Stuttgart: Reclam 2000, S. 74f.

S.92/93: M2 Melanie Heise, basierend auf Jorge Bucay: Komm ich erzähl dir eine Geschichte. Übersetzt von Stephanie von Harrach. Frankfurt/Main 2008, S. 77-81; M3 Astrid Herbold: Die Macht der Empörung – und ihre Folgenlosigkeit. In: www.tagesspiegel.de, 24.02.2013. Online: http://www.tagesspiegel.de/politik/die-macht-der-empoerung-und-ihre-folgenlosigkeit/7829314.html (abgerufen am 30.04.2015)

S. 94/95: M1 Melanie Heise (Originalbeitrag); M2 nach Urs Thurnherr: Tierethik. In: Annemarie Pieper/Urs Thurnherr (Hg.): Angewandte Ethik. München: C.H. Beck 1998, S. 56-59; M3 Tierschutzgesetz. Online: http://www.gesetze-im-internet.de/tierschg/ (abgerufen am 04.05.2015)

S. 96/97: M1 Melanie Heise (Originalbeitrag); Methodenkompetenzkasten/M2 nach Jörg Peters/Bernd Rolf

S. 98/99: M Santiano: Frei wie der Wind. Text: Andreas Fahnert/Hartmut Krecht/Mark Nissen © 50% EMI Music Publishing Germany GmbH, Berlin/50% Sony/ATV Music Publishing (Germany) GmbH, Berlin

Recht und Gerechtigkeit

S. 102/103: M1/M3 Angelika Rzehak (Orginalbeiträge); M4 dpa, 03.12.1998. Zitiert nach http://www.sport-unterricht.ch/spielregeln/fairplay.php (abgerufen am 22.04.2015)

S. 104/105: M1-M3 nach Hans-Joachim Vogler; M4 nach Winfried Böhm

S. 106/107: M2 Angelika Rzehak (Originalbeitrag); M3 nach Helmut Engels

S. 108/109: M1 nach Winfried Böhm; M2 nach Ines Possemeyer: Gerechtigkeit. Der bessere Egoist. In: Geo 10/2007, S. 56

S. 110/111: M2 Mathias Krupa: Der Rollstuhl muss mit! In: Die Zeit, 23.07.2009; M3/M5 http://www.berlin.de/sen/bildung/bildungspolitik/inklusive-schule/ (abgerufen am 22.04.2015)

S. 112/113: Methodenkompetenz/M1-M3 Angelika Rzehak (Originalbeiträge)

S. 114/115: M1 Ernst Tugendhat/Celso López/Ana María Vicuña: Wie sollen wir handeln? Schülergespräche über Moral. Übersetzt von Reinhard Schwemmler. Stuttgart: Reclam 2004, S. 93; M2 William Golding: Herr der Fliegen. Übersetzt von Hermann Stiehl. Frankfurt/Main: S. Fischer 1963, S. 31, 32; M4 Roland Simon-Schaefer: Kleine Philosophie für Berenike. Stuttgart: Reclam 1996, S. 182-185

S. 116/117: M1 Winfried Böhm; M2 vereinfacht nach Uwe Wesel: Fast alles, was recht ist. Jura für Nicht-Juristen. 6. Auflage. Frankfurt/Main: Eichborn 2002, S. 406; M3 Gerd Schneider/Christiane Toyka-Seid: Gerechtigkeit. In: Hanisauland. Hg. von der Bundeszentrale für politische Bildung. Lexikon. Politik für dich erklärt. Online: http://www.hanisauland.de/lexikon/g/gerechtigkeit.html (abgerufen am 22.04.2015)

S. 118/119: M2 Christine Brinck: Anders von Anfang an. In: Die Zeit, 03.03.2005. Online: http://www.zeit.de/2005/10/Erziehung_1 (abgerufen am 25.02.2015); M3 nach Wiltrud Thies/Charlotte Röhner: Erziehungsziel Geschlechterdemokratie. Interaktionsstudie über Reformansätze im Unterricht. Weinheim, München: Juventa 2000, S. 164-165; M4/M5 nach Waltraud Cornelissen: Bildung und Geschlecht. Sind Jungen in der Schule benachteiligt? In: Jungen. Schüler – Wissen für Lehrer. Seelze: Erhard Friedrich Verlag 2007, S. 82, 84-85

S. 120/121: M2 Bruno Schrep: Nur noch Schrott. In: Der Spiegel 13/2003. Online http://www.spiegel.de/spiegel/print/d-26670398.html (abgerufen am 25.02.2016); M3 Verena Töpper: Ein Brot geht um die Welt. In: www.spiegel.de, 11.04.2012. Online: http://www.spiegel.de/karriere/ausland/senior-experten-service-schickt-rentner-um-die-welt-a-823201.html (abgerufen am 22.04.2015); M4 nach Horst Opaschowski: Der Generationenpakt. Das soziale Netz der Zukunft. Darmstadt: Primus 2004, S. 143; M5 Stiftung für die Rechte zukünftiger Generationen (Hg.): Handbuch Generationengerechtigkeit. Bearbeitet von Jörg Tremmel. 2. überarbeitete Auflage. München: ökom 2003, S. 35. Online: http://www.generationengerechtigkeit.de/images/stories/Publikationen/buecher/handbuch_deutsch.pdf (abgerufen am 25.02.2016)

S. 122/123: M1 unicef Österreich. Online: https://www.unicef.at/kinderrechte/die-un-kinderrechtskonvention/ (abgerufen am 22.04.2015); M2 Schweizerisches Komitee für UNICEF. Baumackerstraße 24, 8050 Zürich, Schweiz: Konvention über die Rechte des Kindes: Für Kinder erklärt, Artikel 12: Kinder dürfen sagen, was sie denken. Online: http://www.unicef.de/fileadmin/content_media/Aktionen/Kinderrechte18/Kinder freundliche_Version_UN_Kinderrechtskonvention_UNICEF_Schweiz.pdf (abgerufen am 04.03.2010); M4 nach Kindersache: Ab wieviel Jahren darf man einen Ferienjob machen? Online: http://www.kindersache.de/bereiche/deine-rechte/fragen-rechte-konkret/artikel/ab-wieviel-jahren-darf-man-einen-ferienjob-mache (abgerufen am 27.04.2015); M5 Unicef: UN-Kinderrechtskonvention: Artikel 32. Schutz vor wirtschaftlicher Ausbeutung. Online: http://www.unicef.de/blob/9364/a1bbed70474053cc61d1c64d4f82d604/d0006-kinderkonvention-pdf-data.pdf (abgerufen am 25.02.2016)

S. 124/125: M1 ulz/dpa/AFP: 17-jährige Malala Yousafzai: Friedensnobelpreis in der Chemiestunde. In: www.spiegel.de, 10.10.2014. Online: http://www.spiegel.de/politik/ausland/malala-yousafzai-friedensnobelpreis traegerin-a-996586.html (abgerufen am 22.04.2015); M2 Wiebke Plasse: Weltveränderer: Malala Yousafzai. In: GEOlino.de. Online: http://www.geo.de/GEOlino/mensch/weltveraenderer-malala-yousafzai-75897.html (abgerufen am 22.04.2015); M3 ulz/dpa/AFP: 17-jährige Malala Yousafzai: Friedensnobelpreis in der Chemiestunde. In: www.spiegel.de, 10.10.2014. Online: http://www.spiegel.de/politik/ausland/malala-yousafzai-friedensnobelpreis-traegerin-a-996586.html (abgerufen am 22.04.2015); Frauenrechte sind Menschenrechte. Malalas Rede vor den Vereinten Nationen. Übersetzung: Sabine Stampfel. Online: http://www.kindernetz.de/info netz/thema/frauenrechte/malalarede/-/id=271614/nid=271614/did=286006/a46uoz/ (abgerufen am 22.04.2015)

S. 126/127: M2-M4 Verbraucherzentrale Nordrhein-Westfalen e.V.: Rohstoffabbau schadet Umwelt und Menschen. Online: http://www.vz-nrw.de/rohstoffab bau-schadet-umwelt-und-menschen (abgerufen am 23.04.2015)

S. 128/129: M1 nach https://www.amnesty.de/2015/4/1/brief-aus-der-todeszelle; https://www.amnesty.de/jahresbericht/2015/syrien; https://www.amnesty.de/2015/3/10/china-ueberwachung-und-verfolgung-beenden; https://www.amnesty.de/journal/2014/oktober/inhaftiert-wegen-fehlgeburt (Autorin: Christa Rahner-Göring); https://www.amnesty.de/jahresbericht/2013/aegypten; http://www.tdh.de/was-wir-tun/projekte/

suedostasien/philippinen/hilfe-fuer-maedchen-in-davao.html; M3 Helmut Engels
S. 130/131: M1 Matthias Gillissen; M2 nach Julia Lohrmann: Die Allgemeine Erklärung der Menschenrechte. Online: http://www.planet-wissen.de/politik_geschichte/menschenrechte/geschichte_der_menschenrechte/menschenrechtserklaerung.jsp (abgerufen am 27.04.2015); M3 nach Allgemeine Erklärung der Menschenrechte der Vereinten Nationen (AEMR) von 1948. Online: http://www.un.org/depts/german/menschenrechte/aemr.pdf (Stand: 27.04.2015)
S. 132/133: M2 Jörg Peters
S. 134/135: M Killerpilze: Ich will Gerechtigkeit. Text: Johannes Halbig/Maximilian Schlichter. © Edition One Louder/Fanfare Musikverlag, München

Mensch und Gemeinschaft

S. 138/139: M2 Fernando Savater: Tu, was du willst. Ethik für Erwachsene von morgen. Aus dem Spanischen von Wilfried Hof. 9. Auflage. Frankfurt/Main, New York: Campus 1997, S. 60-61; M3 Héctor Zagal/José Galindo: Ethik für junge Menschen. Grundbegriffe – Positionen – Probleme. Aus dem Spanischen übersetzt von Bernd Goebel. Stuttgart: Reclam 2000, S. 96-97; M4 David Hume: Eine Untersuchung über die Prinzipien der Moral. Übersetzt und hg. von Gerhard Streminger. Stuttgart: Reclam 1984, S. 240-241
S. 140/141: M1 Nora Held (Originalbeitrag); M2 nach Gerhard Gräber. M4 nach Monika Sänger (Hg.): Abenteuer Ethik. Unterrichtswerk für die Sekundarstufe I. Bamberg: C.C.Buchner 2011, S. 199
S. 142/143: M2 A-D: Nora Held, basierend auf http://www.statistik.baden-wuerttemberg.de/BevoelkGebiet/Fafo/Familien_in_BW/R20132.pdf (abgerufen am 03.06.2015); E: Report Familien in Baden-Württemberg 02/2013: Gleichgeschlechtliche Lebensgemeinschaften und Familien. Ministerium für Arbeit und Sozialordnung, Familie, Frauen und Senioren Baden-Württemberg. Stuttgart 2013, S. 3. Online: https://sozialministerium.baden-wuerttemberg.de/fileadmin/redaktion/m-sm/intern/downloads/Publikationen/Report_2_2013_Gleichgeschlechtliche_LebensgemFam.pdf (abgerufen am 25.02.2016); F: Nora Held, basierend auf http://www.enzyklo.de/Begriff/Gro%C3%9Ffamilie (abgerufen am 25.02.2016); M3 Nora Held (Originalbeitrag)
S. 144/145: M1 Falco: Egoist. Text: Steve Van Velvet. © Edition Diana HC SMPG Publishing (Germany) GmbH, Berlin/HC Publishing GmbH & Co. KG, Düsseldorf; M2 nach Monika Sänger; M3 Peter Singer: Wie sollen wir leben? Ethik in einer egoistischen Zeit. Aus dem Englischen von Hermann Vetter. München: dtv 1999, S. 101, 121; M4 Wolfgang Stegmüller: Hauptströmungen der Gegenwartsphilosophie. Band IV. Stuttgart: Kröner 1998, S. 248
S. 146/147: M1 basierend auf http://definition-online.de/zivilcourage/ und https://de.wikipedia.org/wiki/Zivilcourage (abgerufen am 17.06.2015); M2 Arbeitsgemeinschaft Jugend und Bildung e.V. (Hg.): Nur Mut – Zivilcourage lernen. Infos, Tipps und Übungen für Jugendliche. Text: Katrin Minarek. Wiesbaden 2006, S. 3. Online: www.basta-net.de/files/21/Nur-Mut_221106.pdf (abgerufen am 17.11.2010); M3 Winfried Böhm; M4 nach http://www.aktion-tu-was.de/ (abgerufen am 17.06.2015)
S. 148/149: M2 nach Martina Peters; M3 nach Damir Skenderovic: Fremdenfeindlichkeit. In: Historisches Lexikon der Schweiz. Online: http://www.hls-dhs-dss.ch/textes/d/D16529.php (abgerufen am 11.06.2015)
S. 150/151: M1/M3 Nora Held (Originalbeiträge); M2 Ram Adhar Mall: Philosophie im Vergleich der Kulturen. Interkulturelle Philosophie – Eine neue Orientierung. Darmstadt: Wissenschaftliche Buchgesellschaft 1995, S. 61-62
S. 152/153: M1 Winfried Böhm; M2 nach Gerda Niessen/Lucia Wieners: Mädchen und Jungen sind verschieden. In: Grundschule Sachunterricht 33/2007. Mädchen und Jungen. Velber: Kallmeyer 2007, S. 11; M3 nach Johannes Rohbeck; M4 Lutz Krause: Du sagst, du hast keine Vorurteile. In: Volksbund Deutsche Kriegsgräberfürsorge e.V. (Hg.): Vorurteile abbauen. Heft 2. Schwerte o. J.
S. 154/155: M2 Herman van Veen/ Thomas Woitkewitsch: Anders sehen. Text: Thomas Woitkewitsch. © Rechte beim Urheber; M3 Otto Friedrich Bollnow: Vorurteile. In: Ders.: Einfache Sittlichkeit. Kleine Aufsätze. 2. Auflage. Göttingen: Vandenhoeck & Ruprecht 1957, S. 150ff.; Bernd Rolf; M3 nach Werner Fuß
S. 156/157: M1 nach Markus Rabanus. Online: www.inidia.de/toleranz.htm (abgerufen am 25.02.2016); M2 Michael Raub: „Toleranz" als Thema im Ethikunterricht. In: Ethik & Unterricht, 04/2003, S. 44; M4/M5 Deutsche UNESCO Kommission e.V.: Erklärung von Prinzipien zur Toleranz. Online: http://www.unesco.de/infothek/dokumente/unesco-erklaerungen/erklaerung-toleranz.html (abgerufen am 25.02.2016)
S. 158/159: Methodenkompetenz/M1-M3 Nora Held (Originalbeiträge)
S. 160/161: M1 Idee nach Luigi Malerba: Wahrhaftige Gespenster. Geschichten. Übersetzt von Karin Fleischanderl. Berlin: Wagenbach 1990, S. 78; M2 Gabriele Münnix: Anderwelten. Eine fabelhafte Einführung ins Philosophieren. München: dtv/Reihe Hanser 2007, S. 228-230
S. 162/163: M2 Johannes Rohbeck, basierend auf Platon: Protagoras. In: Ders.: Sämtliche Werke. Hg. von Walter F. Otto/Ernesto Grassi/Gert Plamböck. Band. 1. Übersetzung von Friedrich Schleiermacher. Hamburg: Rowohlt 1984; M3 nach Arndt Stermann, basierend auf Arnold Gehlen: Der Mensch. Seine Natur und seine Stellung in der Welt. 7. Auflage. Frankfurt/Main: Athenäum Verlag 1972, S. 33-38; M4 nach Susanne Behlert: Sozialisation:

Mensch und Tier im Vergleich (AB). Online: www.digitale-schule-bayern.de/ds.py?sid=e7d43cf65a51069d8e&_controller=DSController&faecherid=15&themaid=127&Themenbereich_id=2#docs (abgerufen am 25.02.2016)

S. 164/165: M1-M5 nach Bernd Rolf; Zitat in Aufgabe 4 nach Giovanni Pico della Mirandola: Rede über die Würde des Menschen. In: Franz Josef Wetz (Hg.): Texte zur Menschenwürde. Stuttgart: Reclam 2011, S. 82

S. 166/167: M1 Nora Held (Originalbeitrag); M2/M5 Helmut Engels; M3 aus der Inhaltsübersicht von Psychologie heute 09/2006

S. 168/169: M1 Grundgesetz für die Bundesrepublik Deutschland: Artikel 1. Online: http://www.gesetze-im-internet.de/gg/ (abgerufen am 15.06.2015); M3/M4 Matthias Gillissen; M4 Bernd Rolf, basierend auf Immanuel Kant: Grundlegung zur Metaphysik der Sitten. BA 64-67. In: Immanuel Kant: Werke in zehn Bänden. Hg. v. Wilhelm Weischedel. Bd. 6: Schriften zur Ethik und Religionsphilosophie. 1. Teil. Darmstadt: Wissenschaftliche Buchgesellschaft 1983, S. 59-61

Handeln und Moral

S. 174/175: M2 Saskia Gräser: Wie soll ich mich entscheiden? So! In: www.faz.net, 19.12.2009. Online: www.faz.net/aktuell/feuilleton/2.1780/tagebuch-wie-soll-ich-mich-entscheiden-so-1625835.html (abgerufen am 02.04.2013); M3/M4 nach Rita Sandbrink

S. 176/177: M1/M2 nach Rita Sandbrink

S. 178/179: M1 nach Winfried Böhm; M2 Birgit Danderski (Originalbeitrag); M3 nach Gerhard Gräber; M4 nach Werner Ebner. Online: http://mindmapping.gch.de/pages/gehirnaufbau.php (abgerufen am 18.02.2016)

S. 180/181: M1-M4 Rita Sandbrink; M3 Not-to-do-Liste ergänzt von Birgit Danderski (Originalbeitrag); M5 Bernd Rolf, basierend auf Friedrich Schiller: Über Anmut und Würde. In: Ders.: Werke in drei Bänden. Bd. 2. München: Carl Hanser 1966, S. 405f., 408f.

S. 182/183: M2 Christa Bohschke; M3 Hodscha Nasreddin: Die Parabel von Vater, Sohn und Esel. Verändert nach: Enzyklopädie des Islam (eslam.de). Autorenkollektiv unter Leitung von Yavuz Özoguz; M4 Platon. Zitiert nach: Martina Aron-Weidlich: Essenz der Führung. Wie sie sich selbst und Ihre Mitarbeiter nachhaltig motivieren, steuern und führen. Berlin, Heidelberg: Springer-Gabler 2012, S. 64

S. 184/185: Methodenkompetenz nach Winfried Böhm; M1 Nora Held (Originalbeitrag); M2 Winfried Böhm

S. 186/187: M1 nach Winfried Böhm; M2 Rainer Erlinger: Lügen haben rote Ohren. Gewissensfragen für große und kleine Menschen. Berlin: List 2004, S. 9-10; M3 nach Rita Sandbrink; M4 Bertolt Brecht: Der Jasager und Der Neinsager. In: Ders.: Lehrstücke. Reinbek bei Hamburg: Rowohlt 1966, S. 17

S. 188/189: M2 Winfried Böhm, basierend auf Rainer Erlinger: Lügen haben rote Ohren. Gewissensfragen für große und kleine Menschen. Berlin: List 2004, S. 49-51; M3 Monika Sänger; M4 nach Augustinus: Sermo 12,4. Vgl. Karl Hörmann: Lexikon der christlichen Moral. Innsbruck: Tyrolia Verlag 1969, Sp. 706f.; Jörg Peters/Bernd Rolf

S. 190/191: M2 www.gewissen.de (abgerufen am 01.03.2016); M3 nach Ernst Tugendhat/Celso López/Ana María Vicuña: Wie sollen wir handeln? Schülergespräche über Moral. Übersetzt von Reinhard Schwemmler. Stuttgart: Reclam 2004, S. 35-36

S. 192/193: M2-M4 nach Monika Sänger; M5 Héctor Zagal/José Galindo: Ethik für junge Menschen. Grundbegriffe – Positionen – Probleme. Aus dem Spanischen übersetzt von Bernd Goebel. Stuttgart: Reclam 2000, S. 15-16

S. 194/195: M1 Jakob und Wilhelm Grimm: Kinder- und Hausmärchen. Online: http://www.textlog.de/40116.html (abgerufen am 15.5.2015); M2 nach Winfried Böhm; M3 Birgit Danderski, basierend auf Wolfgang Uchatius: Eine Frage des Respekts. In: Die Zeit, 30.04.2009. Online: http://www.zeit.de/2009/19/PD-Juul/komplettansicht?commentstart=9#comments (abgerufen am 29.02.2016)

S. 196/197: Methodenkompetenz/Funktion des Rollenspiels/M1: Birgit Danderski (Originalbeiträge)

S. 198/199: M1 Ernst Tugendhat/Celso López/Ana María Vicuña: Wie sollen wir handeln? Schülergespräche über Moral. Übersetzt von Reinhard Schwemmler. Stuttgart: Reclam 2004, S. 21; M2 Birgit Danderski (Originalbeitrag); M3 Erich Kästner: Das Erich Kästner Lesebuch. 17. Auflage. Zürich: Diogenes 1989, S. 5

S. 200/201: M1 Antoine de Saint-Exupéry: Der kleine Prinz. Mit Zeichnungen des Verfassers. Ins Deutsche übertragen von Grete und Josef Leitgeb. Ungekürzte Buchgemeinschafts-Lizenzausgabe mit Genehmigung der Karl Rauch Verlag KG, Düsseldorf für die Bertelsmann Club GmbH, Gütersloh, S. 61-62 © 1950 und 1956 Karl Rauch Verlag KG, Düsseldorf; M2 Matthew Lipman: Handbuch zu Harry Stottelmeiers Entdeckung. Übersetzt von Ursula Scheer und Claudio Zagoda. Wien: hpt 1990, S. 163; M3 nach Ernst Tugendhat /Celso López/Ana María Vicuña: Wie sollen wir handeln? Schülergespräche über Moral. Übersetzt von Reinhard Schwemmler. Stuttgart: Reclam 2004, S. 77, 92; M4 Harald Schlatterer. Online: http://schulhausmeisterseiten.de/yabbfiles/Attachments/schaemen.gif (abgerufen am 10.03.2016)

S. 202/203: M2 Helmut Engels: Blaue Schokolade. Geschichten zum Denken und Querdenken. Hannover: Siebert 2007, S. 20; M3 nach Fernando Savater: Tu, was du willst. Ethik für Erwachsene von morgen. Aus dem Spanischen von Wilfried Hof. 9. Auflage. Frankfurt/Main, New York: Campus 1997, S. 104-107; M3 Arthur Schopenhauer: Preisschrift über die Grundlage der Moral. Zitiert nach Friedrich Schorlemmer (Hg.): Das Buch der Werte. Wider die Orientierungslosigkeit in unserer Zeit. Stuttgart 1995, S. 249ff.

S. 204/205: M1 Josef Reding: Fahrerflucht. In: Ders.: Nennt mich nicht Nigger. Kurzgeschichten aus zwei Jahrzehnten. 2. Auflage. Würzburg: Arena 1991, S. 45-48; M2 Strafgesetzbuch. Online: http://www.gesetze-im-internet.de/stgb (abgerufen am 18.05.2015); M3 Robert Spaemann: Moralische Grundbegriffe. München: C.H. Beck, 1991, S. 84

S. 206/207: M1 Die Bibel: Einheitsübersetzung der Heiligen Schrift. Gesamtausgabe. Psalmen und Neues Testament. Ökumenischer Text. Stuttgart 2007. Verlag Katholisches Bibelwerk GmbH; M2 Birgit Danderski (Originalbeitrag); M3 Rita Sandbrink

S. 208/209: Methodenkompetenz/M1/M2 Birgit Danderski (Originalbeiträge)

S. 210/211: M Birgit Danderski (Originalbeitrag)

Wissen und Glauben

S. 212/213: Sylvia Kröger; Merle Schlesselmann: Die Simpsons sind jetzt sogar eine Religion. In: www.welt.de, 31.12.2008. Online: http://www.welt.de/vermischtes/article2949854/Die-Simpsonssind-jetzt-sogar-eine-Religion.html (abgerufen am 25.02.2016); Eugen Drewermann: „Jesus wollte diese Kirche nicht". In: Der Spiegel 52/1991; Zitat von Steffi aus Dortmund nach „Leuchte auf, mein Stern Borussia!" Fußball als Religion. Film von Martin Buchholz. Erstausstrahlung: 15.06.1997. Informationen online: http://www.martinbuchholz.com (abgerufen am 10.04.2014)

S. 214/215: Texte zum Judentum nach Teija Fiedler/Harald Schmitt: Die sechs Weltreligionen. 6 Teile. Teil 2: Judentum. Gottes auserwähltes Volk. Stern 48/2004 (18.11.2004), S. 132-133; Texte zum Islam nach Teija Fiedler/Harald Schmitt: Die sechs Weltreligionen. 6 Teile. Teil 4: Islam. Die Verheißungen des Propheten. Stern 50/2004 (02.12.2004), S. 100-101; Texte zum Christentum nach Teija Fiedler/Harald Schmitt: Die sechs Weltreligionen. 6 Teile. Teil 6: Christentum. Die Lehre der Liebe. Stern 52/2004 (16.12.2004), S. 100-101

S. 216/217: M2 Annett Hausten/Jürgen Kehnscherper/Wolfgang Mochmann: Was ist was? Band 105: Weltreligionen. Nürnberg: Tessloff 2010, S. 6; M3 Text zur jüdischen Gottesvorstellung nach Die vierundzwanzig Bücher der Heiligen Schrift nach dem masoretischen Text. Übersetzt von Leopold Zunz. Tel Aviv, Stuttgart: Sinai-Verlag/Doronia-Verlag 1997 (sprachlich vereinfacht und modernisiert); Das Gottesbild der Christen z. B. in Hans Küng: Credo. Das Apostolische Glaubensbekenntnis – Zeitgenossen erklärt. 6. Auflage. München, Zürich: Piper 2006, S. 15; Das muslimische Gottesbild: Der Koran. Die wichtigsten Texte. Ausgewählt und erklärt von Hartmut und Katharina Bobzin. München: Beck, 2015, S. 39, 109; M4 Rabbi Marc Gellmann/Monsignor Thomas Hartman: Wie buchstabiert man Gott? Die großen Fragen und die Antwort der Religionen. Mit einem Vorwort des Dalai Lama. Aus dem Englischen von Andrea Kann und Manuela Olsson. Hamburg: Carlsen 1996, S. 22f.

S. 218/219: M1 Jörg Bohn: Einführung in das Judentum. In: Studienhefte Religion – Judentum. Hamburg: Institut für Lernsysteme 1999, S. 7-8; M2 Jörg Peters, basierend auf http://de.wikipedia.org/wiki/Konfirmation (Stand: 07.04.2009) und www.augustinus.de/bwo/dcms/sites/bistum/glauben/sakramente/ firmung.html (Stand: 07.04.2009); M3 nach Wolfgang Straßer

S. 220/221: M1 nach Wolfgang Straßer; M2 Halim Cepni/Manfred Etscheid/Christophoros Papakonstantinou/Inga Schubert-Hartmann: Gemeinsam feiern. Bd. 2: Essen und Trinken im Judentum, Christentum und Islam. Ein Ergänzungsheft zur Gestaltung eines thematischen Schwerpunktes in einem interreligiösen Kalender. Landesinstitut für Schule und Weiterbildung. Soest 1994. S. M 2/4 (gekürzt); M3 Sylvia Kröger

S. 222/223: M1 nach Geoffrey Marshall-Taylor: Die Bibel. Ein Lese- und Bilderbuch für Kinder. Illustriert von Andrew Aloof, Jon Davis, Dick Eastland, Collin Shearing, Barrie Thorpe. Übersetzt von Burkhardt Kiegeland. Köln: Naumann & Göbel Verlagsgesellschaft 1991, S. 37 (1. Mose 42-50), S. 40 (2. Mose 3), S. 41 (2. Mose 5), S. 42 (2. Mose 7-10), S. 43 (2. Mose 12), S. 44-45 (2. Mose 14-15), S. 49 (2. Mose 20-31), S. 52-53 (4. Mose 13), S. 54-55 (Josua 2-3) und S. 56-57 (Josua 6); M2 nach Geoffrey Marshall-Taylor: Die Bibel. Ein Lese- und Bilderbuch für Kinder. Illustriert von Andrew Aloof, Jon Davis, Dick Eastland, Collin Shearing, Barrie Thorpe. Übersetzt von Burkhardt Kiegeland. Köln: Naumann & Göbel Verlagsgesellschaft 1991. S. 20-21 (1. Mose 18, 21, 22); M3 Die Bibel: Einheitsübersetzung der Heiligen Schrift. Gesamtausgabe. Psalmen und Neues Testament. Ökumenischer Text. Stuttgart Verlag Katholisches Bibelwerk GmbH 2007

S. 224/225: M1 Wolfgang Straßer, basierend auf „Die vierundzwanzig Bücher der Heiligen Schrift" nach dem masoretischen Text. Übersetzt von Leopold Zunz. Tel Aviv, Stuttgart: Sinai-Verlag/Doronia-Verlag, 1997; M2 nach Harry Kemelman: Am Freitag schlief der Rabbi lang. Reinbek bei Hamburg: Rowohlt Taschenbuch Verlag 1966, S. 9-20

S. 226/227: M1 Tommaso Mastrandea/Guiseppe Ramello/Roberto Rinaldi: Die Bibel. Comic. Bd. 1: Das Leben Jesu. Übersetzt von P. Heussinger. Graz: Adalbero, Styria Verlag 2002, S. 102f.; M2 Frank-Christian Raatz: Vom Doppelgebot der Liebe – ein Unterrichtsentwurf. Online: http://books.google.de/books?id=82DEPnFKj5EC&pg=PA23&lpg=PA23&dq=Der+Gelehrte+kannte+sich+in+den+%C3%9Cberlieferungen+der+V%C3%A4ter+genau&source=bl&ots=BX9ppBVLfa&sig=IwBv0jjEjWQwr0W7vQEOpHFVKcg&hl=de&ei=v0xATIqcNqeSOJGr4dUM&sa=X&oi=book_result&ct=result&resnum=1&ved=0CBYQ6AEwAA#v=onepage&q=Der%20Gelehrte%20kannte%20sich%20in%20den%20%C3%9Cberlieferungen%20der%20V%C3%A4ter%20

genau&f=false (abgerufen am 02.07.2010), S. 23; M3 Zitate online: http://glaube-und-kirche.de/bergpredigt_seligpreisungen.htm (abgerufen am 04.07.2010)

S. 228/229: M1 Vortext nach Andrea Fischer: Was glaubst denn du? Die Menschen und der liebe Gott. München: Goldmann Verlag 2008, S. 55; Suren: Der islamische Pflichtenkodex. In: Stiftung Weltethos: Ausstellung „Weltreligionen – Weltfrieden – Weltethos“ (12 Tafeln mit Begleitbroschüre). Hg. von der Stiftung Weltethos, Tübingen 2000, S. 16f.; M2 Der Koran. Übersetzt von Max Henning. Eingeleitet von Ernst Werner und Kurt Rudolph. Textdurchsicht, Anmerkungen und Register von Kurt Rudolph. Wiesbaden: VMA-Verlag o.J.; M3 nach Felix Körner: Wie ist der Koran heute zu verstehen? Online: http://www.sg.k12.tr/gemeinde/sg_blatt/2006/02/s7.htm (Stand: 01.10.2010)

S. 230/231: M2 Mirjam Pressler: Nathan und seine Kinder. Weinheim, Basel: Beltz 2011, S. 160-163; M3 nach Mirjam Pressler: Nathan und seine Kinder. Weinheim, Basel: Beltz 2011, S. 161f.

S. 232/233: M1 Jörg Freier (Originalbeitrag); M2 nach Jon Worth: „Man muss nicht an Gott glauben, um ein ethischer Mensch zu sein“. In: www.cicero.de, 11.01.2009. Online: http://www.cicero.de//man-muss-nicht-gott-glauben-um-ein-ethischer-mensch-zu-sein/39366 (abgerufen am 14.10.2015 ; übersetzt von Alexander Görlach); M3 Patrik Lindenfors: Gott gibt es wohl nicht. Illustriert von Vanja Schelin. Aus dem Schwedischen übersetzt von Rainer Lippold. Aschaffenburg: Alibri 2012, S. 54f.; M4 nach Dalai Lama: Der Appell des Dalai Lama an die Welt. Hg. von Franz Alt. Ethik ist wichtiger als Religion. 5. Auflage. Salzburg: Benevento Publishing 2015, S. 9f.

S. 234/235: Methodenkompetenz nach Monika Sänger; M1 nach Wolfgang Straßer; M2 nach Hans Küng: Projekt Weltethos. München: Piper 1992, S. 14, 80, 82, 84

S. 236/237: M1 nach Rita Sandbrink; M2/M3 Jostein Gaarder: Sofies Welt. Ein Roman über die Geschichte der Philosophie. Übersetzt von Gabriele Haefs. München, Wien: Hanser 1993, S. 12-14; Zitat in Aufgabe 8: Immanuel Kant: Werke in sechs Bänden. Hg. von Wilhelm Weischedel. Bd. II: Kritik der reinen Vernunft. Darmstadt: Wissenschaftliche Buchgesellschaft 1998, S. 434

S. 238/239: M1 nach Dietrich Steinwede/Dietmar Först (Hg.): Die Schöpfungsmythen der Menschheit. Düsseldorf: Patmos 2004, S. 84f.; M2 Jörg Freier (Originalbeitrag); M3 nach Ovid: Metamorphosen. Lateinisch/Deutsch. Übersetzt und hg. von Michael von Albrecht. Stuttgart: Reclam 2013, S. 7-13

S. 240/241: M1 Die Bibel. Ausgewählte Texte mit Bildern von Lisbeth Zwinger. Stuttgart: Deutsche Bibelgesellschaft und Verlag Katholisches Bibelwerk 2000, S. 6-9

S. 242/243: M1/M2 nach Russell Stannard: Unser Universum, eine aufregende Reise durch das Weltall. Übersetzt von Cornelius Siegel. München: Bertelsmann 1996, S. 53, 57, 59-61, 61-63, 57; M3 Michael Schmidt-Salomon/Helge Nyncke: Susi Neunmalklug erklärt die Evolution. Ein Buch für kleine und große Besserwisser. Aschaffenburg: Alibri Verlag 2009, o. S.

S. 244/245: M1-M4 Stephen Law: Philosophie. Denken ohne Grenzen. Aus dem Englischen von Anne Braun. Würzburg Arena 2004, S. 93-95, 96, 97f., 100

S. 246/247: Methodenkompetenz/M1/M2 Karen McGuigan (Originalbeiträge)

S. 248/249: M Rabbi Marc Gellmann/Monsignor Thomas Hartman: Wie buchstabiert man Gott? Die großen Fragen und die Antwort der Religionen. Mit einem Vorwort des Dalai Lama. Aus dem Englischen von Andrea Kann und Manuela Olsson. Hamburg: Carlsen 1996, S. 16f., 14

Ethik-Glossar

Informationen teilweise basierend auf Bibliographisches Institut & F. A. Brockhaus AG: Der Brockhaus multimedial premium 2007 (DVDRom), Der Jugend-Brockhaus in drei Bänden. 6. neu bearbeitete Auflage. Mannheim: Bibliographisches Institut & F. A. Brockhaus AG 2005, www.wikipedia.de

Methodenüberblick

Informationen teilweise basierend auf Sigune Barsch-Gollnau/Volker Herrmann/Hubert Rösch/Beate Weiss: Selbstständig arbeiten – überzeugend präsentieren. Ein Trainingsbuch für die Mittelstufe. Bamberg: C.C.Buchners 2007, S. 85-86 (Visualisierung Präsentation); www.mediamanual.at/mediamanual/workshop/radiobox/interview.php (Interview)

Lösung S. 151, A2:

1. Marokko – 2. Brasilien/Südamerika – 3. Schweden – 4. Italien – 5. Finnland – 6. Japan